Dieter Boris

Mexiko im Umbruch

Dieter Boris

Mexiko im Umbruch

Modellfall einer gescheiterten Entwicklungsstrategie

Wissenschaftliche Buchgesellschaft
Darmstadt

Einbandgestaltung: Neil McBeath, Stuttgart.

Die Deutsche Bibliothek – CIP-Einheitsaufnahme

Boris, Dieter:
Mexiko im Umbruch: Modellfall einer gescheiterten Entwicklungsstrategie / Dieter Boris. – Darmstadt: Wiss. Buchges., 1996
ISBN 3-534-12945-8

Bestellnummer 12945-8

Gedruckt auf säurefreiem und alterungsbeständigem Werkdruckpapier
Satz: Setzerei Gutowski, Weiterstadt
Druck und Einband: VDD – Darmstadt
Printed in Germany
Schrift: Linotype Times, 9.5/11

ISBN 3-534-12945-8

Inhalt

Vorwort

Den unmittelbaren Anstoß für die hier vorgelegte Studie gab die für viele überraschende Währungs- und Finanzkrise Mexikos Ende 1994, die sich mittlerweile zum schwersten ökonomischen Rückschlag des Landes seit 60 Jahren gesteigert hat. Selbst sozialwissenschaftlich geschulte und langjährige Kenner des Landes, die den Erste-Welt-Phantasien der offiziellen Regierungspropaganda skeptisch gegenüberstanden, hatten einen derartigen Absturz des „neoliberalen Musterschülers" nicht erwartet.

Eine jetzt von vielen Seiten zu hörende Relativierung des sogenannten „mexikanischen Wirtschaftswunders", das anscheinend auf der Basis einer besonders frühen und konsequent durchgesetzten neoliberalen Wirtschaftspolitik entstanden war, darf allerdings nicht zu kurz greifen und sich ausschließlich mit diesen oder jenen Versäumnissen der Regierungen 1993/94 oder technischen Umsetzungsfehlern dieser Politik befassen. Vielmehr wird eine zeitlich und sachlich angemessenere Analyse auf den Beginn dieser neuen Politik zurückgehen und zugleich ihre immanenten Widersprüche bzw. strukturellen Grenzen thematisieren müssen.

Die Untersuchung des tiefgreifenden ökonomischen und gesellschaftlichen Umbruchs, den Mexiko seit 1982 – dem Beginn der Verschuldungskrise – erlebt, will deutlich machen, daß es sich hier – wie auch in anderen Ländern der Dritten Welt – keineswegs bloß um einen Modernisierungsprozeß, eine marktwirtschaftliche Reform oder eine von ökonomischer Logik erzwungene Strukturanpassung handelt, sondern auch darum, daß mit den zweifellos notwendigen Veränderungen ganz spezifische Inhalte und Formen gesellschaftspolitischer Akzentuierung einhergehen, die sicherlich nicht als klassenneutral, bloß technisch oder schlicht fortschrittlich bezeichnet werden können.

Gegenüber den – auch im deutschsprachigen Bereich – nicht wenigen sozialwissenschaftlichen Arbeiten über Mexiko aus den letzten Jahren unterscheidet sich die hier gebotene Analyse durch diese theoretischen Ausgangshypothesen und -prämissen und ihre Konzentration auf die beiden letzten Präsidentschaftsperioden (1982–1994), in denen ein großer Teil der ökonomischen und gesellschaftlichen Transformationen stattgefunden hat. Demgegenüber mußten zwangsläufig andere wichtige Aspekte der jüngsten Veränderungen und Umorientierungen (z.B. in der Außenpolitik, dem Bildungswesen, der Kultur etc.) in den Hintergrund treten.

Vielen Freunden und Kollegen, die hier kaum aufgezählt werden können, habe ich für das Mitbringen oder Überlassen relevanter Literatur aus Mexiko und andere Formen der Unterstützung herzlich zu danken. Dennoch möchte ich besonders hervorheben: Frau Waltraud Beck, die in unermüdlichem Einsatz die technische Umsetzung des Manuskripts ermöglichte, und Frau Bettina Wallon, die diese in der Schlußphase fortgeführt hat, sowie Regina Stappelton und Kai Mosebach, die mit der Beschaffung von Literatur und Kommentaren zum besseren Gelingen der Studie beigetragen haben, und last but not least meine Frau Anita, die die Arbeit in allen Phasen als kritische, korrigierende und geduldige Diskussionspartnerin begleitet hat.

Marburg, im März 1996 Dieter Boris

1. Einleitung

Bis Weihnachten 1994 schien Mexiko ein politisch und ökonomisch vielversprechendes Schwellenland zu sein, das mit Inkrafttreten des Nordamerikanischen Freihandelsabkommens (NAFTA) am 1. 1. 1994 und mit der Aufnahme in die OECD (April 1994) gerade im Begriff war, in die Erste Welt einzutreten. Zwar waren schon seit Jahresbeginn mit dem bäuerlich-indigenen Aufstand in Chiapas, den Morden an dem Präsidentschaftskandidaten Luis Donaldo Colosio und dem Generalsekretär der langjährig regierenden „Partei der Institutionalisierten Revolution" (PRI) José Francisco Ruiz Massieu sowie mit einigen spektakulären Entführungsfällen von führenden Unternehmern des Landes Risse an der sprichwörtlichen politischen Stabilität sichtbar geworden. Doch die Umstände und der Ausgang der Präsidentschafts- und Parlamentswahlen vom 21. August 1994 schien jene zu bestätigen, die zuversichtlich in die Zukunft sahen: Hatte doch die „staatstragende" Partei mit ihrem neuen Präsidentschaftskandidaten Ernesto Zedillo mit ca. 50% der Stimmen ein überraschend gutes Ergebnis erzielt und dies bei relativ korrektem Ablauf des Wahlvorgangs und ziemlich hoher Wahlbeteiligung von ca. 78% (Couffignal, 1994: 3ff.). Zedillo hatte die Fortsetzung der anscheinend erfolgreichen neoliberalen Wirtschaftspolitik in Aussicht gestellt, zugleich aber eine bedeutende sozialpolitische Korrektur (im Gesundheits- und Erziehungswesen, bezüglich der Reallöhne, der Arbeitsplatzschaffung etc.) für notwendig erachtet und schließlich die energische Fortsetzung der politischen Reform (Liberalisierung des Wahlrechts, Ausbau des Rechtsstaats etc.) versprochen.

Durch den Ausbruch der Währungs- und Finanzkrise am 19. Dezember 1994 und ihre verschiedenen Konsequenzen sind all diese Hoffnungen zunichte gemacht worden. Mit der starken Abwertung des Peso, dem Sturz der Aktienkurse, der Flucht einheimischen und ausländischen Geldkapitals, dem Hochschnellen des Leitzinssatzes, dem Fälligwerden kurzfristiger, auf US-$ lautender staatlicher Schuldtitel in der Höhe von etwa 28 Mrd. US-$ sind einige Elemente der jüngsten Krise benannt, welche die heftige inländische wie auch internationale Reaktion miterklären können. Trotz des auf Initiative von US-Präsident Clinton zustande gekommenen großzügigen Hilfspakets von ca. 50 Mrd. US-$ und der Verkündung einer abermaligen

Austeritätspolitik (mit Haushaltskürzungen, Lohneinschränkungen, Zinserhöhungen und weiteren Privatisierungsversprechen etc.) hatte Mexiko 1995 ein Minuswachstum von ca. 7%, eine Inflationsrate von annähernd 50%, weitere Kapitalflucht und eine Verschlechterung der allgemeinen sozialen Situation hinzunehmen. Eine leichte Besserung wird erst für 1996 erwartet. Die mexikanische Krise von 1994/95 und die Reaktion darauf enthält eine Fülle interessanter und untersuchenswerter Aspekte: z.B. die Frage, warum diese tiefe Krise so überraschend eintreten konnte. Die Mehrheit der Wirtschaftskommentatoren, vor allem auch hierzulande, folgte in der aktuell herrschenden Markteuphorie der offiziellen Propaganda der mexikanischen Regierung und des Internationalen Währungsfonds (IWF) nahezu blind. Man lese einmal die ökonomischen Analysen der neoliberalen Wirtschaftspolitik sowohl von wissenschaftlicher wie auch wirtschaftsjournalistischer Seite von 1982/83 bis Ende 1994 nach! Natürlich wirft auch der Aspekt der Ausstrahlung der mexikanischen Krise auf ganz Lateinamerika, Ostasien, ja sogar – vermittelt über den fallenden Dollarkurs – auf Europa die von Michel Camdessus, dem Geschäftsführenden Direktor des IWF, zugespitzte Frage nach zukünftigen Krisen im Zeichen global vernetzter Finanzmärkte auf. Auch die ganz unkonventionelle Reaktion der US-Regierung und des IWF auf die mexikanische Krise und ihre Aktionen, die zum Hilfspaket geführt haben, zeigen, daß hier neue Gegensätze zwischen den USA und den Europäern aufgetaucht sind.

Vorliegende Studie möchte zur Beantwortung dieser Fragen beitragen. Im Mittelpunkt soll die Diskussion darüber stehen, ob die neoliberalen Strukturreformen von 1982–1994 die mexikanische Ökonomie tatsächlich stabiler, stärker und weniger krisenanfällig gemacht haben oder ob die durch die neoliberale Strategie bewirkten Veränderungen nur relativ oberflächlich waren und zudem neue Schwachstellen hervorgebracht haben, die den schweren Rückschlag weniger überraschend erscheinen lassen. Zugespitzt formuliert: Steht die neoliberale Politik, die über zwölf Jahre in besonders rigoroser Form in Mexiko durchgeführt wurde, vor einem Scherbenhaufen? Ist sie in ihren wesentlichen Grundlagen und ihren strukturellen Zusammenhängen als definitiv gescheitert zu betrachten, oder handelt es sich bei dem letzten Kollaps nur um ein unglückliches, zufälliges Zusammentreffen von negativen Faktoren und Ereignissen (vielleicht auch von technischen Fehlern in der Umsetzung der Wirtschaftspolitik), die bald überwunden werden können, da die mexikanische Wirtschaft im Kern gesund ist, und sie daher bald ihren „Wirtschaftswunder-Kurs" fortsetzen kann?

Manche Beobachter stellen das eingetretene Desaster auch als von außen provozierte Entwicklungsblockade dar, Mexiko erscheint gewissermaßen als hilfloses Opfer spekulativer Finanzströme. So formulierte es kürzlich der Nobelpreisträger für Nationalökonomie James Tobin in einem Interview: „In Mexiko wird ein ganzes Land mit seiner ökonomischen Entwicklung von den Finanzmärkten zurückgeworfen. Hier gibt es Heerscharen von Händlern, die nichts falsch gemacht und ihre Grenzen nicht überschritten haben. Sie bewegen so große Geldmengen mit Leichtigkeit über Landesgrenzen hinweg, daß es die Mittel eines Landes wie Mexiko, ja sogar der USA und des Internationalen Währungsfonds übersteigt, die Folgen des plötzlichen Kapitalrückzugs zu lindern. Dieses profitgierige, kurzfristige Rein und Raus führt zu falschen Ergebnissen. Mexiko hätte die Chance verdient, in Ruhe seine Entwicklung fortzusetzen. Statt dessen wird es jetzt in eine schmerzhafte Rezession oder gar in eine Depression getrieben." (Die Zeit v. 3. März 1995) Andere nicht weniger renommierte Analytiker machen darauf aufmerksam, daß die Abhängigkeit von volatilen, spekulativen Geldkapitalen und die Steigerung der kurzfristigen Dollarschulden sowie die Zulassung eines gewaltigen Handelsbilanzdefizits von 28 Mrd. US-$ auf Fehler in der mexikanischen Wirtschaftspolitik zurückzuführen seien, viele nach wie vor vorhandene Strukturelemente auf eine intern schwache bzw. schwerkranke (vielleicht auch bloß: abhängig-unterentwickelte) Ökonomie verweisen: „Mexikos Wirtschaft ist heute todkrank." (Rüdiger Dornbusch in Business Week v. 13. 3. 95, S. 10)

Die Analyse des mexikanischen Falles hat zum einen paradigmatische Bedeutung, weil Mexiko in mehrerer Hinsicht als neoliberales Modell für ganz Lateinamerika galt und in diesem Land die neoliberalen Reformen am frühesten und am konsequentesten durchgeführt wurden; zum anderen aber auch deswegen, weil in Mexiko besonders günstige Bedingungen für das Gelingen dieser wirtschaftspolitischen Strategie gegeben waren. Diese sind zu sehen in den besonderen Schuldendiensterleichterungen seitens der USA im Gefolge der Brady-Initiative, in den verbesserten Marktzugangsmöglichkeiten Mexikos für die USA infolge des NAFTA-Abkommens sowie in verschiedenen bilateralen und multilateralen Unterstützungsmaßnahmen. Als – aus dem Blickwinkel der neoliberalen Strategen – vorteilhafte interne Bedingung konnte das immer noch effektive Funktionieren sozial-integrativer Mechanismen in Mexiko gesehen werden, welches garantierte, daß eine harte und langandauernde Austeritätspolitik ohne größere soziale und politische Proteste von der Bevölkerung hingenommen würde.

Der tiefgreifende gesellschaftliche und ökonomische Transformationsprozeß in Mexiko während der letzten Jahre muß vor dem Hintergrund einer sehr spezifischen Geschichte und eines besonderen politischen Entwicklungsmodells gesehen werden. Die Grundlagen dieses für Lateinamerika singulären und überaus erfolgreichen Modus von raschem ökonomischem Wachstum und hoher politischer Stabilität werden summarisch in Kapitel 2 skizziert. Im dritten Kapitel ist die unmittelbare Ausgangssituation der nachfolgenden Veränderungen – die Krise von 1982/83 – Gegenstand der Analyse. Das vierte Kapitel konzentriert sich auf den Beginn der neoliberalen Anpassungspolitik unter Miguel de la Madrid (1982–1988) und stellt die wichtigsten wirtschaftspolitischen Maßnahmen sowie politischen Entwicklungen während dieser Präsidentschaftsperiode dar. Im fünften Kapitel wird die Fortsetzung und Intensivierung dieser Wirtschaftspolitik unter Präsident Carlos Salinas de Gortari (1988–1994) behandelt. Die sich anschließende Frage nach der Wirksamkeit und den Folgen dieser grundlegend neuen und vielversprechenden Strategie für die wirtschaftliche Entwicklung wird im sechsten Kapitel aufgegriffen. Hier ist auch der Ort, das während der Regierungszeit von Salinas de Gortari begonnene Projekt des Beitritts Mexikos zum Nordamerikanischen Freihandelsabkommen (NAFTA) zu thematisieren. Das siebente Kapitel untersucht die sozialen Akteure in Mexiko, die diesen grundlegenden Kurswechsel in der Ordnungs- und Wirtschaftspolitik vorangetrieben haben. Die Auswirkungen dieses Paradigmenwechsels auf die mexikanische Sozialstruktur und ihre wesentlichen Segmente sind die weiteren Gegenstände dieses Kapitels. Im achten Kapitel schließlich sind die politischen Veränderungen, die parallel zum wirtschaftspolitischen Umbruch stattfanden, darzustellen: Wahlen, Entwicklung der Parteien, politische Reformen und soziale Bewegungen. Der in den Aufstand von Chiapas zu Beginn des Jahres 1994 einmündende soziale und regionale Polarisierungsprozeß, den diese neue Wirtschaftspolitik gefördert hat, wird als herausragendes Beispiel erhöhter sozialer Unruhe in Mexiko gegen Ende der Regierungszeit von Salinas de Gortari in einem Exkurs analysiert. Ein Ausblick auf die nächste Präsidentschaftsperiode unter Ernesto Zedillo (1994–2000) und die sie begleitende tiefe Krise des neoliberalen Modells von 1994/95 steht am Ende der Studie, die sich nicht nur als Analyse des mexikanischen Falls versteht, sondern darüber hinaus auch um die Erarbeitung und Differenzierung einer verallgemeinerungsfähigen Kritik neoliberaler Wirtschafts- und Gesellschaftspolitik in der Dritten Welt bemüht ist.

2. Grundzüge der historischen Entwicklung des modernen Mexiko seit Ende des vorigen Jahrhunderts

Wenig umstritten scheint die Feststellung zu sein, daß entscheidende Grundlagen des modernen Mexiko Ende des 19. und zu Beginn des 20. Jahrhunderts gelegt wurden. Sowohl die der Mexikanischen Revolution vorausgehende Phase, die man nach dem langjährigen Diktator und Präsidenten Porfirio Díaz als „Porfiriat" (1876–1911) bezeichnet, wie auch die Revolution selbst (1910–1917/20) sind als wichtige Perioden der kapitalistischen Modernisierung zu charakterisieren, in die die beginnende Industrialisierung, die Neustrukturierung von Staat und Verwaltung, der Neubeginn im Bildungs- und Gesundheitswesen und nicht zuletzt die Entfaltung neuer politischer und gesellschaftlicher Strukturen fallen.

Diese Aussage bedeutet keineswegs, die vieltausendjährige vorkoloniale Geschichte indigener Völker, Stadtstaaten und Imperien sowie die Nachhaltigkeit der 300jährigen kolonialen Unterwerfung des Landes unter spanisch-europäische Herrschaft leugnen oder relativieren zu wollen. Zweifellos gehen viele Elemente der Kultur, der Sprache, des Alltagslebens, der Mentalität usw. auf diese oder jene „historische Gesteinsschicht" zurück, und es ist gerade diese eigentümliche Mischung unterschiedlicher ethnischer, kultureller und geschichtlicher Komponenten, die das neuzeitliche, unabhängige und mestizische Mexiko maßgeblich prägen (Ewald, 1994: 32ff.).

Der wichtigste Modernisierungsschub kam für Mexiko – wie für fast alle anderen lateinamerikanischen Gesellschaften – von außen. Die vor allem seit den letzten beiden Jahrzehnten des vorigen Jahrhunderts zu registrierende neue quantitative und qualitative Dimension der Weltmarkteinbindung hat – im Wechselverhältnis mit der sich zentralisierenden und effektivierenden Staatsmacht – einen entscheidenden Anstoß geliefert, die buntscheckigen, vorkapitalistischen, persönlich-lokalen Arbeits- und Ausbeutungsverhältnisse zugunsten der neuen kapitalistischen Lohnarbeit zurückzudrängen. In den Formen und Resultaten dieses kapitalistischen Modernisierungsprozesses können auch die sozialen Ursachen für den Beginn der Revolution von 1910/11 gesehen werden, die – aus heutiger Sicht – in ihren Ergebnissen nicht so sehr als Kontrapunkt zur bisherigen Entwicklung, sondern zu einem guten Teil als – wenn auch gebrochene – Fortsetzung des Porfiriats interpretiert werden kann (Tobler, 1976b: 188ff.).[1]

Mit dem Vorrücken der exportorientierten Hacienda-Wirtschaft war nicht selten die Vertreibung kleinbäuerlicher Existenzen von ihrem Land und die Auflösung indianischer Dorfgemeinschaften verbunden. Auch die ökonomische und vor allem die politische Marginalisierung von Teilen der in dieser Phase entstandenen mittleren Bourgeoisie (insbesondere in den nördlichen Bundesstaaten), die vor allem binnenmarktorientiert war und die Teilnahme am politischen Prozeß einforderte, schuf Oppositionspotential. Hier wuchs ebenfalls eine antidiktatorische Kraft in den mittleren Sektoren der vorrevolutionären mexikanischen Gesellschaft heran, die bei Beginn der Revolution und schließlich auch bei ihrem Abschluß eine hegemoniale Rolle spielen sollte. Der revolutionäre Elan war von einer Vielzahl von Motiven und Zielsetzungen bestimmt, wobei diesen jeweils unterschiedliche soziale Träger entsprachen. Die Forderung nach einem korrekten Wahlverfahren und der prinzipiellen Nicht-Wiederwahl des Präsidenten wurde ebenso breit unterstützt wie der Widerstand gegen eine starke ausländische Überfremdung (ausländische Direktinvestitionen im Bergbau, in der Landwirtschaft, im Infrastrukturbereich, privilegierte ausländische Berater etc.). Doch schon über die Frage der Agrarreform, vor allem aber über deren Ausmaß, die Art und den Umfang sozialstaatlicher Sicherungen, den Stellenwert liberaler Freiheitsrechte und vieles andere mehr bestand in der antidiktatorischen Koalition keineswegs Einmütigkeit. Die Vielfalt, ja teilweise Gegensätzlichkeit der Interessen spiegelte sich nicht nur in den militärischen Auseinandersetzungen zwischen unterschiedlichen Revolutionsarmeen wider, sondern auch in dem Kompromißcharakter der neuen Verfassung von 1917. Sie enthielt antiimperialistisch-nationalistische und antifeudale Elemente ebenso wie soziale, reformerische und paternalistische Bestrebungen. Die starke Rolle des Zentralstaats wurde gegenüber der porfirianischen Diktaturperiode eher noch unterstri-

[1] Diese Ambivalenz hat vor allem H. W. Tobler herausgearbeitet. Trotz der „echten sozialen und politischen Veränderung", die die Mexikanische Revolution mit sich brachte, „ist – insbesondere aus der Perspektive der 70er Jahre – unverkennbar, daß der revolutionäre Umbruch lediglich partieller Natur war, und daß entscheidende Kontinuitätslinien sich seit dem ausgehenden 19. Jahrhundert kaum gebrochen in die Gegenwart fortsetzen: Beharrungs- und Veränderungstendenzen der mexikanischen Revolution werden so deutlicher erkennbar." (Tobler, 1976b: 188)

chen, konnte aber erst im Laufe der 30er Jahre allmählich realisiert werden.

Die mexikanische Verfassung von 1917, die heute noch als wesentliche Grundlage der mexikanischen Gesellschafts- und Wirtschaftsordnung gelten kann, erwarb sich schon früh den Ruf, die für damalige Verhältnisse fortschrittlichste ihrer Art gewesen zu sein. Ihr Kompromißcharakter resultierte aus der Tatsache, daß auf der einen Seite durch die Revolution die alte porfirianische Bourgeoisie erheblich geschwächt und entsprechend der Staatsapparat während der langwierigen revolutionären Auseinandersetzungen weitgehend zerstört worden war, auf der anderen Seite die Bauern- und Arbeiterbewegung durch die Revolution einen bisher nicht gekannten Aufschwung genommen hatte, ohne aber bereits die Kraft, Klarheit und Reife zu besitzen, ein eigenes politisches Programm (etwa sozialistischer Observanz) mit Aussicht auf Erfolg propagieren und durchsetzen zu können. So ist es nachvollziehbar, daß aus dieser Frontstellung sowie aus dem Kräftegleichgewicht zwischen den einzelnen revolutionären Strömungen die neuen bürgerlichen und kleinbürgerlichen Kräfte allmählich eine ideologisch hegemoniale Rolle zu spielen begannen und schließlich seit Beginn der 20er Jahre (mit der Präsidentschaft Alvaro Obregóns) auch eine relativ konsolidierte politische Dominanz auszuüben vermochten.

Seit 1915 hatten die „Konstitutionalisten“ und ihre Armeen die Oberhand gewonnen und versucht, ihre militärischen Erfolge gegen die Bauernführer Zapata und Villa auch politisch abzusichern. Aus diesem Bestreben, die Bauern- und Arbeiterbewegung mit Versprechen zu ködern (vgl. z. B. das Dekret über die Legalisierung der Landverteilung, so wie sie bis dahin vorgenommen worden war) und sie an sich zu binden, resultiert letztlich auch der schon erwähnte progressive Charakter der Verfassung von 1917 (z. B. die Anerkennung des Streikrechts, des Achtstundentags, die verfassungsmäßige Verpflichtung zur Agrar- und Sozialreform, die Festschreibung der Volkssouveränität über die nationalen Ressourcen etc.). Es ist selbstverständlich, daß diese Verfassung zum Teil weit von der Realität entfernt und nicht nur ein Reflex von erreichten Zuständen war, sondern vielmehr von vornherein auch ein Programm und Versprechen gewesen ist. Neben alten liberalen Elementen (Rechtssicherheit, bürgerliche Freiheitsrechte, Wahlrecht, Eigentumsgarantie etc.) aus der Konstitution von 1857 enthielt die aus der Revolution hervorgegangene Verfassung eine Reihe neuer Elemente, die man als sozialstaatlich, etatistisch und paternalistisch-korporativistisch bezeichnen könnte. Diese zuletzt genannten Elemente sind insbesondere in den Artikeln 27 und 123 niedergelegt. So wird beispielsweise in Artikel 27 festgehalten, daß sich Land und Wasser prinzipiell im Eigentum der Nation befinden sollen und diese (durch die Vermittlung des Staates) das Recht habe, die Verfügung darüber an Private zu übertragen. „Im Bereich des Grundbesitzes verschwindet der freie Eigentümer, Zentralfigur des Liberalismus. Er wird zum politischen Subjekt, das vom Staat das Recht auf Privateigentum zugesprochen bekommt, aber auf Widerruf, der immer dann erfolgen kann, wenn seine Nutznießung dem ‘öffentlichen Interesse’ widerspricht [...] Der Staat ist nicht mehr die abgeleitete Macht, die aus dem freien Willen der Bürger hervorgeht, sondern die Rechte der Bürger sind Zugeständnisse des Staates." (Ehrke, 1980: 26) Ähnlich verstößt Artikel 123 gegen genuin-liberales Gedankengut, wenn in ihm die Existenz einer Klasse anerkannt wird, die in den sozialen Auseinandersetzungen unterprivilegiert ist. Mit der Verpflichtung des Staates auf Unterstützung des sozial Schwächeren wird der private Arbeitsvertrag quasi auch zur öffentlichen Angelegenheit. Die Verfassung erkennt den Konflikt zwischen den Klassen an, erklärt ihn aber als lösbar auf der Ebene der staatlichen Intervention. Die dem klassischen Liberalismus diametral entgegengesetzte Sichtweise der Beziehungen zwischen Individuum und Staat, wonach das Individuum nicht vor dem Staat geschützt werden müsse, sondern umgekehrt die staatliche Machtfülle dem Individuum gegenüber auszuweiten sei, legitimiert sich durch ein schwerwiegendes Argument: Die in Armut lebenden Campesinos und Arbeiter bedürfen des staatlichen Schutzes, um ein Gegengewicht zu den Besitzenden zu schaffen. Dies bedeutet: Je schwächer die Unterprivilegierten, um so stärker und allgegenwärtiger muß der Staat sein. „Die widersprüchliche Kombination von Liberalismus, Etatismus und Reformismus wird sich niederschlagen in der Entwicklung der Institutionen des Landes, die 1917 noch nicht existieren, sie wird die konstituierende Grundlage eines autoritären, unterentwickelten Sozialstaates abgeben, dem es in einer für Lateinamerika und wahrscheinlich die gesamte Dritte Welt außergewöhnlichen Art und Weise gelingt, den sozial und politisch polarisierenden Prozeß der Industrialisierung unter Bedingungen der Unterentwicklung einzuleiten, in jeder seiner Phasen zu stimulieren und zu flankieren, politisch-sozial abzusichern, ohne daß die Kontinuität des in der Verfassung kodifizierten historischen Projekts je gebrochen worden wäre." (Ehrke, 1980: 29) Dieses in der Verfassung von 1917 festgehaltene Verständnis von Staat und Gesellschaft scheint um so bedeutender, als gerade in dem neoliberalen Reformprojekt der 80er

Jahre ein völliger Umbruch dieser Konzeption anvisiert und teilweise auch durchgesetzt wurde.

Die nachrevolutionäre Phase von 1920 bis 1940 war zunächst durch drei Hauptfaktoren charakterisiert: „Erstens gelang es der neuen Revolutionselite, die [...] hauptsächlich aus der nördlichen Revolutionsgeneralität hervorgegangen war, die durch die Revolution hervorgerufenen Mobilisierungseffekte unter Kontrolle zu bringen. Zweitens ist in dieser Zeit ein starker Druck der USA auf eine Eindämmung revolutionärer Veränderungen in Mexiko unverkennbar. Und drittens war die neue Revolutionselite, die auf Grund ihrer politischen Vormachtstellung nun zunehmend auch in die wirtschaftliche Oberschicht hineinwuchs, an einer tiefgreifenden Veränderung der bestehenden Gesellschaft, z.B. an einer umfassenden Agrarreform, nicht mehr interessiert." (Tobler, 1992: 23)

Nach einem von klerikal-bäuerlichen Kräften getragenen Restaurationsversuch – die sogenannten Cristero-Aufstände von 1926 bis 1929 versuchten u.a., die radikale Trennung von Staat und Kirche, welche die Revolution bekräftigt hatte, rückgängig zu machen – und einigen Rebellionsversuchen von Armeeteilen gewann die nachrevolutionäre Konsolidierung neue Dimensionen, als die 1929 zur Neutralisierung verschiedener lokaler und regionaler Machtgruppen ins Leben gerufene *Partido Nacional Revolucionario* (PNR) die politische Bühne Mexikos betrat. Diese Partei sollte unter verschiedenen Namen, zuletzt 1946 umbenannt in *Partido Revolucionario Institucional* (PRI), die wesentlichen politischen Geschicke des Landes bestimmen. Schon vorher hatte die Regierung versucht, sich eine Massenunterstützung durch Integration und Kontrolle von Gewerkschaften, Bauernverbänden und Mittelstandsorganisationen zu schaffen – eine Entwicklung, die vor allem in der Reformperiode unter Präsident Lázaro Cárdenas (1934–1940) systematisiert und gewissermaßen materiell unterbaut wurde. Die energische Fortführung der Agrarreform, die Nationalisierung der Erdölausbeute und eine gewisse Umverteilung zugunsten der Lohneinkommen wirkten sich positiv auf die Binnenmarktentwicklung aus. Mit diesen organisatorischen und reformerischen Maßnahmen waren günstige Bedingungen für die weitere wirtschaftliche Entwicklung des Landes geschaffen.

Die für Mexiko (zumindestens bis in die 70er oder sogar noch bis in die 90er Jahre) charakteristische außergewöhnliche politische Stabilität, die von manchen Beobachtern auch als entscheidende Grundlage für das hohe und dauerhafte Wirtschaftswachstum angesehen wird, beruhte auf dem Zusammenwirken mehrerer Faktoren (Mols,

1976); vor allem aber auf einem ausgeklügelten Zusammenspiel von Regierung (Exekutive), Staats-Partei (PRI) und den korporativen Organisationen und Mechanismen, welches die Mehrheit der Bevölkerung in der einen oder anderen Form in das gesellschaftliche Herrschaftssystem einzubinden vermochte. Zumindest eine Art passiver Konsens oder eine diffuse Systemunterstützung konnte bei bedeutenden Bevölkerungsteilen erreicht werden. Von der allgegenwärtigen Präsenz des Staates bzw. der Regierungsexekutive, die nach den Maßgaben der Verfassung und dem Verständnis der Bevölkerung fast überall direkt einzugreifen habe, war schon die Rede. Die führende und in vieler Hinsicht privilegierte „Staats"-Partei (PRI) war (und ist teilweise immer noch) das Zentrum des spezifisch mexikanischen Herrschaftssystems, insofern sie nicht nur als Ort und Medium der Vermittlung und Synthese unterschiedlicher sozialer und regionaler Interessen fungierte, sondern zugleich als wesentliches Instrument der Durchführung einer politischen Linie, als Mehrheitsbeschaffer bei Wahlen und nicht zuletzt gewissermaßen als korporativistische Zentrale diente.

Die korporative Einbindung von großen Gruppen der Gesellschaft – der Arbeiter, der Bauern, der Mittelschicht, als „Arbeitersektor", „Bauernsektor", „Volkssektor" (bis in die 40er Jahre gab es noch einen „Militär-Sektor") – in die PRI erfolgt über die Zentrale der jeweiligen Organisation bzw. des jeweiligen Verbandes (Gewerkschaft, Bauernverband etc.). Die Mitgliedschaft in einem solchen Interessenverband – z.B. in einer der offiziellen Gewerkschaften – bedeutet automatisch auch die Parteimitgliedschaft in der PRI. Inhaltlich wird die nicht immer ganz freiwillige Zugehörigkeit zu bestimmten Gewerkschaften oder Verbänden mit dem Schutzbedürfnis und der Möglichkeit der eigenen Artikulation in diesen Organisationen begründet. Tatsächlich basiert der mexikanische Korporativismus – wie andere Spielarten des Korporativismus auch – auf einem wechselseitigen Geben und Nehmen, in gewisser Hinsicht auf einem Tauschverhältnis. Dabei muß es sich keineswegs um einen äquivalenten Tausch handeln und um eine Beziehung von formell gleichberechtigten Partnern, die auf einer Stufe stehen; vielmehr ist ein asymmetrisches Tauschverhältnis, das in der Regel von oben nach unten verläuft und nur gelegentlich durch umgekehrte Kommunikationsbeziehungen ergänzt wird, die Regel. Der Staat, die Partei, die Gewerkschaft, der Bauernverband etc. stellen soziale Leistungen zur Verfügung (im Erziehungs- und Gesundheitswesen, Arbeitsplätze und Einkommenschancen etc.) und der Begünstigte (der Arbeiter oder Bauer) hat dafür Unterstützung, Stimmabgabe, Teilnahme an Versammlungen und die Verteidigung des politischen Systems, kurzum: Gefolgschaft und Gehorsam zu leisten. Das Wechselverhältnis kann – je nach Lage und augenblicklicher Situation – unterschiedlich austariert, simpel oder relativ verfeinert angelegt sein: Immer aber wird es sich um ein Doppelverhältnis von Integration und Kontrolle, von Mobilisierung und Manipulation, von partieller Partizipation und gelegentlicher Repression handeln. Entsprechend können die Mittel der Einbindung variieren: Kooptation, Bestechung, partielle Konzession und Zwang, wobei auch hier je nach Fall und Rang des Problems unterschiedliche Kombinationen dieser Elemente zugleich angewandt werden können. Diese korporativistischen Mechanismen spielen in Mexiko in fast allen gesellschaftlichen Bereichen (Politik, Wirtschaft, Arbeitsleben, Kultur etc.) auf mehr oder minder ähnliche Weise eine wichtige Rolle, was sicherlich nicht nur als Erbe der Mexikanischen Revolution angesehen werden darf, sondern auch auf viel ältere Formen klientelistischer Beziehungen und personaler Herrschaft zurückzuführen ist. Sie durchdringen auch in vertikaler Hinsicht die gesellschaftlich-politische Hierarchie – von ganz oben bis unten, von der nationalen bis hin zur lokalen Ebene – und hierbei insbesondere die Interaktionen zwischen zwei angrenzenden Stufen. Da diese Spielart von Korporativismus tendenziell alle gesellschaftlichen Bereiche und Gruppen in die Herrschaftsallianz einzubeziehen trachtet, wird sie auch als „inklusiver Korporativismus“ (A. Stepan) bezeichnet.

Die nachfolgenden drei Jahrzehnte (1940 bis 1970) waren die eigentliche Zeit des „mexikanischen Wirtschaftswunders“, des *milagro mexicano*. Dieses bescherte jährlich eine durchschnittliche Wachstumsrate des BIP von etwa 6,5%, was in dieser Höhe und Dauer ein in Lateinamerika einmaliges Phänomen darstellte. Gleichzeitig stieg das jährliche, durchschnittliche Pro-Kopf-Einkommen – trotz hohen Bevölkerungswachstums – um ca. 3% an. Das Ergebnis dieses raschen Wachstumsprozesses war ein tiefgreifender Wandel der Wirtschaftsstruktur: Der Primär-Sektor reduzierte in diesem Zeitraum seinen Beitrag zum BIP von knapp 20% auf ca. 11,5%, der Anteil der Beschäftigten im landwirtschaftlichen Sektor fiel gleichzeitig von ca. 60% auf gut ein Drittel. Entsprechend wuchs der sekundäre Sektor (Industrie, Bauwesen, Energie) in seinem BIP-Beitrag von etwa 25% auf 34% an. Eine ähnliche Entwicklung verzeichnete der Tertiär-Sektor, wobei hier allerdings die produktionsbezogenen Sparten ein hohes Wachstum aufwiesen, die residualen bzw. informellen Segmente des Dienstleistungssektors aber in dieser Expansionsphase keine so entscheidende Bedeutung als Reservoir der Beschäftigungsabsorption hatten wie in anderen lateinamerikanischen Ökonomien (vgl. Muñoz, 1975). Der im lateinamerikanischen Kontext singuläre Wachstums- und Strukturwandlungsprozeß, der sich – zumindest von 1955 an – auch in einer sehr geringen Inflationsrate, einer stabilen Parität zum US-$ über 20 Jahre lang sowie in der vollen Konvertibilität des mexikanischen Peso ausdrückte, beruhte auf einer Reihe von Determinanten, die sich teilweise aus der Mexikanischen Revolution ableiteten:

- Die dynamische Agrarentwicklung (1940–1965 ca. 4–5% jährliches Wachstum) wäre ohne die Entmachtung der Landoligarchie, die Beseitigung persönlich-feudaler Ausbeutungsbeziehungen, die Agrarreform und die staatlichen Investitionen in die Infrastruktur der Agrarwirtschaft nicht denkbar gewesen.
- Der Einkommens- und Beschäftigtentransfer von der Landwirtschaft in die Industrie und den Dienstleistungssektor stellte eine wesentliche Grundlage des Strukturwandlungs- und Wachstumsprozesses dar.
- Die drastische Senkung des Reallohnniveaus von 1940 an – der Stand von 1940 wurde nach einem allmählichen Erholungsprozeß seit Mitte der 50er Jahre erst etwa Mitte der 60er Jahre wieder erreicht[2] – hat ebenso wie die staatliche Verbilligung wesentlicher industrieller Inputs (Energie, Stahl, Infrastruktur) zu stabilen und hohen Gewinnen geführt, die die Unternehmer wiederum zu relativ hohen Investitionsraten bewogen. Ohne die korporative Einbindung der Massen in das „mexikanische Entwicklungsmodell" wäre eine solch regressive Entwicklung der Einkommensverteilung nicht möglich gewesen.
- Der Zustrom ausländischen Kapitals – vor allem in den neu entstandenen Industriezweigen – war ein weiteres wesentliches Element der Periode des *desarrollo estabilizador* („stabilisierende Entwicklung").
- Ein entsprechend regressives Steuersystem und staatlich begünstigte Kredite für Industrieinvestitionen gehörten ebenso zu den Funktionsimperativen des „mexikanischen Wunders".
- Die Absicherung der neuen Unternehmen und Industriezweige vor äußerer Konkurrenz durch hohe protektionistische Schranken und die Ausdehnung der kaufkräftigen Nachfrage in den beiden obersten Dezilen der Einkommensgruppen schufen weitere At-

[2] Siehe hierzu insbesondere die Studie von Jeffrey Bortz, 1986: 39ff.

traktionspunkte für die Kapitalakkumulation während dieser Periode.

Dieses Modell der auf den Binnenmarkt hin orientierten importsubstituierenden Industrialisierung (ISI), das in den meisten Ländern der Dritten Welt und vor allem Lateinamerikas das herrschende Wirtschafts- und Entwicklungsprinzip seit den 40er Jahren bildete, war auf die starke und allseitige Intervention des Staates in die Ökonomie abgestellt. Je größer der Binnenmarkt und je stärker die populistisch-korporative Bindekraft des Staates war, um so länger konnte diese Entwicklungsstrategie auch Erfolge aufweisen. Für die später (1970–1982) aufbrechenden Widersprüche dieser Wirtschafts- und Gesellschaftspolitik und der von ihr geschaffenen Strukturen wurden allerdings schon in der „goldenen Zeit" – freilich überwiegend unbemerkt – der Nährboden geschaffen.[3]

Die ISI-Strategie hatte die interindustrielle Verflechtung der neu entwickelten Unternehmen und Industriezweige nur wenig erhöht. Weder die horizontale noch die vertikale Integration wurde systematisch gefördert. „Sogenannte Linkage-Effekte waren bescheiden und ein großer Teil der importsubstituierenden Industrie blieb auf Rohstoff- und Halbfertigwarenimporte aus dem Ausland angewiesen. Dies zusammen mit der technologischen Abhängigkeit – auch die Entstehung einer eigentlichen Kapitalgüterindustrie bzw. die Anpassung ausländischer Technologien an die mexikanischen Verhältnisse wurde kaum gefördert – erklärt einen guten Teil der zunehmend passiven Handelsbilanz wie die Tatsache, daß die neuen Industrien den mexikanischen Gegebenheiten in dem Sinne unangepaßt waren, als in ihnen verhältnismäßig kapitalintensiv – nämlich mit den importierten Zentrumstechnologien – produziert wurde." (Stamm, 1992: 62) Die fehlenden Linkage-Effekte und die vorwiegend kapitalintensive Produk-

[3] Die Gleichzeitigkeit einer hohen Rate der Kapitalakkumulation, des gesamtwirtschaftlichen Wachstums und sogar (abgeschwächt) des Pro-Kopf-Einkommens (eine rein statistische Durchschnittsgröße!) einerseits und der Senkung des durchschnittlichen Reallohnniveaus mit der Konsequenz einer zunehmenden Regression der Einkommensverteilungsverhältnisse andererseits sollte niemanden verwundern. Beides kann, ja muß sogar – zumindestens für bestimmte Zeitspannen – nebeneinander einhergehen. Trotz dieser paradox anmutenden Kongruenz kann es auch in derartigen Phasen überwiegend extensiver Kapitalakkumulation zu einer Ausdehnung und Vertiefung des Binnenmarktes kommen, weil a) nun mehr Nachfrager als vorher – selbst bei reduzierten Individualeinkommen – auf dem Markt auftreten und b) die enorme Kaufkraftsteigerung der oberen Einkommensdezile zu Buche schlägt.

tionsweise führten dazu, daß die Arbeitskraftabsorption im industriellen Sektor tendenziell abnahm; die aufgenommene Industrieproduktion vollzog sich zumeist unter relativ hohen Kosten, die Produktivitätsfortschritte waren gering, und ebenso litten viele Produkte dieser neuen Branchen und Unternehmen unter mangelhafter Qualität. Aus diesen Gründen war es auch undenkbar, daß von diesen Industriezweigen eine Steigerung der Exporte auf den Weltmarkt hätte ausgehen können. Im Falle von Schwierigkeiten trat der Staat als Garant auf den Plan, ebenso als Vermittler billiger Inputs, als Feuerwehr bei der Übernahme heruntergewirtschafteter Unternehmen, als beständige Subventionsmaschine usw. „Gerade die konsequente Stützung des privaten Unternehmertums durch den Staat hat aber auch die öffentlichen Finanzen belastet, während im Interesse der Wirtschaftsentwicklung – und als Folge des Stillhalteabkommens zwischen politischer und wirtschaftlicher Elite – die fiskalische Abschöpfung der Gewinne zurückgestellt wurde. Diese Verhätschelung hat nebenbei die Entstehung einer überaus sorglosen und parasitären Unternehmerschaft gefördert, die sich an hohe Gewinne und eine für sie problemlose Entwicklung gewöhnt hatte, sich aber beim geringsten Anzeichen von Schwierigkeiten zurückzog.“ (Stamm, 1992: 62f.)

Hinzu traten sektorale und regionale Disparitäten; das Fehlen eines Kapitalgütersektors hatte mehrfach negative Auswirkungen, da von hier aus die mangelhafte interindustrielle Verflechtung ihren Ausgang nahm, keine entsprechend hohen Multiplikatoreffekte auf die restliche Ökonomie ausgehen konnten und schließlich hierin auch eine Fortsetzung technologischer Abhängigkeit begründet lag. Die Konzentration auf die großen Städte und später die Grenzgebiete im Norden im Prozeß der raschen Industrieansiedlung schuf große Infrastruktur-Probleme und führte – damals schon in Ansätzen sichtbar – zu einer Zuspitzung ökologischer Probleme. Auch der landwirtschaftliche Sektor, dessen öffentliche Förderung nur noch recht selektiv geschah, zeigte seit etwa Mitte der 60er Jahre deutliche Schwächezeichen. Diese sind vor allem in der abnehmenden Wachstumsrate der landwirtschaftlichen Produktion, der fortschreitenden Polarisierung (in produktive kapitalistische Landwirtschaftsunternehmen mit teilweiser Exportorientierung einerseits und unproduktive subsistenz- und kleinbäuerliche Produzenten andererseits) und der mit dem hohen Bevölkerungszuwachs nicht mehr Schritt haltenden Grundnahrungsmittelversorgung zu sehen. Der Rückgang der Grundnahrungsmittelproduktion war auch wesentlich durch die staatliche Niedrighaltung der Grundnahrungsmittelpreise bedingt. Diese Konstellation führte zu einem beständigen Anwachsen der Nahrungsmittelimporte, was schließlich seit Mitte der 70er Jahre zu einer Passivierung der „Agrarbilanz“ (Gegenüberstellung agrarischer Exporte und Importe) mit dem Ausland beitrug.

Zwar hatten sich im Laufe der Jahrzehnte von 1940–1970 einige soziale Indikatoren (z. B. die Alphabetenrate, die Lebenserwartung, die Anzahl der Versicherten beim *Instituto Mexicano de Seguridad Social*, IMSS etc.) verbessert, doch blieb die stark ungleiche Einkommensverteilung in der gesamten Periode bestenfalls auf dem gleichen Niveau stehen (Santiago, 1983), was ebenfalls als immanente Blockade der Fortsetzung einer binnenmarktorientierten ISI-Politik anzusehen ist. Diese ökonomischen und sozialen Widersprüche bzw. Defizite der bislang dominanten Entwicklungsstrategie brachen in der Periode von 1970 bis 1982 unter der Präsidentschaft von Luis Echeverría (1970–1976) und der von José López Portillo (1976–1982) auf und bildeten den unmittelbaren Hintergrund für die seit 1982 einsetzenden tiefgreifenden Umbrüche der Wirtschafts- und Gesellschaftsstruktur des Landes

Die politischen und wirtschaftspolitischen Maßnahmen der Regierung Echeverría waren vor allem darauf gerichtet, die Legitimität des politischen Systems wiederzugewinnen und die krisenhaft verlaufende Wirtschaftsentwicklung zu korrigieren. Die blutige Niederschlagung der Studentenbewegung im Oktober 1968 durch den Präsidenten Díaz Ordaz, die im Begriff war, weit über ihre ursprüngliche Basis hinaus auszustrahlen, bildete eine Zäsur in der neueren Geschichte Mexikos. Eine ganze Generation von Intellektuellen, Künstlern, freiberuflich Tätigen etc. war lange Jahre damit beschäftigt, die Konsequenzen aus dem Massaker von Tlatelolco („Platz der drei Kulturen“) zu ziehen und die Ereignisse zu verarbeiten. Die *apertura democrática* („demokratische Öffnung“) unter Echeverría war nicht nur durch größere Diskussions- und Kritikmöglichkeiten in den Medien, die Zulassung gewerkschaftlich abweichender, unabhängiger Tendenzen und eine Reform des Wahlgesetzes gekennzeichnet, sondern auch durch den Versuch, wenigstens einen Teil der enttäuschten Intelligenz wiederzugewinnen und sie in sozialen und politischen Institutionen für die Entwicklung des Landes arbeiten zu lassen. Die Versuche, den Anstieg der Inflationsrate, die manifest werdenden Schwächen der Landwirtschaft und den sichtbar werdenden negativen Einfluß der Präsenz transnationaler Konzerne zu korrigieren, waren zunächst durch eine akzentuierte Rolle des Staates im Wirtschaftsprozeß gekennzeichnet. Die Maßnahmen im einzelnen waren vor allem folgende:

- Ein schnelles Wachstum der öffentlichen Ausgaben im Agrarsektor, vor allem in Form von Krediten und Infrastrukturleistungen, die die landwirtschaftliche Produktion stimulieren sollten.
- Eine deutliche Steigerung der Sozialausgaben sollte die größten Defizite in diesem Bereich abbauen helfen.
- Die Akzeptierung der Lohnforderungen der Arbeiter sollte dazu beitragen, die Schere zwischen Preis- und Lohnentwicklung zu verkleinern.
- In den Basisbereichen der Industrie – wie Stahl, Energie und Petrochemie – sollten die staatlichen Kapazitäten vervielfacht werden, um die ökonomische Entwicklung stimulieren und besser kontrollieren zu können.
- Durch die Erhöhung der Preise und Tarife für Güter und Dienstleistungen des staatlichen Sektors sollte ein Teil der Subventionen für die private Industrie abgebaut und die finanzielle Basis der öffentlichen Unternehmen gestärkt werden.
- Die zusätzlichen öffentlichen Investitionen sollten über eine Steuerreform finanziert werden, die zugleich die Einkommenspolarisierung abmildern sollte (Imbusch, 1988: 28f.).

Es war abzusehen, daß die von Echeverría so bezeichnete Strategie der „geteilten Entwicklung“ *(desarrollo compartido)* Widerstand von unterschiedlicher Seite auslösen mußte. Trotz eines ursprünglich guten Verhältnisses Echeverrías zur Unternehmerschaft ging diese zu einer immer dezidierteren Kritik an vielen populistischen und demokratischen Maßnahmen des Präsidenten über. Diese zielte vor allem auf die wohlwollende Beurteilung der sich häufenden Arbeitskämpfe und der Reallohnerhöhung durch die Regierung, die anfängliche Tolerierung unabhängiger, demokratischer Tendenzen im gewerkschaftlichen Bereich, die das Auslandskapital stärker kontrollierende und einschränkende Gesetzgebung von 1973, die im Zusammenhang mit einer deutlicheren Orientierung Echeverrías an den Befreiungsbewegungen in der Dritten Welt stand: Die versuchte Einkommensumverteilung, die in Angriff genommene stärker progressiv wirkende Steuerreform wie natürlich auch die energische Fortsetzung der Agrarreform erregten den Widerwillen von großen Teilen der Unternehmerschaft und der kapitalistisch orientierten Großgrundbesitzer (vor allem im Nordwesten und Norden des Landes). Ausdruck dieser erhöhten Spannungen zwischen Regierung und Unternehmerschaft, die bislang der Linie eines wechselseitigen, weitgehenden Einverständnisses folgten, war die Gründung einer neuen, aggressiv auftretenden

Dachorganisation der Unternehmer, des „unternehmerischen Koordinationsrates“ *(Consejo Coordinador Empresarial*, CCE) im Jahre 1975. Umfassende Öffentlichkeitsarbeit und der Versuch, schon im Vorfeld Einfluß auf die Auswahl des nächsten Präsidentschaftskandidaten auszuüben, waren die Gründe für die Bildung der neuen Kampforganisation zu diesem Zeitpunkt (Basañez, 1990: 52). Die offene Annäherung von Teilen der Unternehmerschaft an die rechtskonservative Oppositionspartei PAN („Partei der Nationalen Aktion“) war ein weiterer Aspekt dieses Politisierungsprozesses, der vor allem von den großen Kapitalen (z. B. der berühmten *grupo Monterrey*) und den Repräsentanten des Auslandskapitals getragen wurde (Luna/Tirado/Valdéz, 1987: 15ff.). Auf der anderen Seite schuf sich Echeverría im traditionellen PRI-Apparat, vor allem bei der Kaste der *políticos* und der offiziellen Gewerkschaftsführung, die sich durch seinen populistischen, demokratischen Schwung bedroht sahen, keine zusätzlichen Freunde. Die auf Versöhnung der Mittelschicht und der Intellektuellen ausgerichtete Politik der Kompensation gelang nur partiell; die weitergehenden Auseinandersetzungen mit der Linken und die energische Bekämpfung und Liquidierung der Guerillabewegung, die in dieses Sexennium fiel, verweisen darauf, daß Echeverría sich gegen Ende seiner Amtszeit nur noch einer geringen politischen Unterstützung erfreute, da er sich gewissermaßen zwischen alle Stühle gesetzt hatte. Das überaus starke internationale Engagement und das entschiedene Eintreten für die Belange der Dritten Welt wurden vielfach als Kompensation für mangelnde Erfolge im eigenen Land gedeutet.

Die wirtschaftliche Entwicklung unter Luis Echeverría präsentierte sich ambivalent. Am Anfang gab es noch relativ hohe Wachstums- und relativ geringe Inflationsraten, gegen Ende, 1975/76, war es genau umgekehrt: niedrige BIP-Zuwachsraten und eine Inflation von über 20%. Die Zunahme der staatlichen Aktivitäten im Wirtschaftsprozeß drückte sich vor allem im steigenden Gewicht der öffentlichen Hand an den Gesamtinvestitionen aus, wobei insbesondere die industriellen staatlichen Investitionen sehr stark wuchsen (Imbusch, 1988: 29f.). Da die gesamte Investitionsrate mit ca. 20% (bezogen auf das BIP) während des Sexenniums in etwa konstant blieb, muß sich daher der Beitrag der privaten Investoren deutlich verringert haben. Die unternehmerische Distanz zu Echeverría spiegelte sich vor allem gegen Ende seiner Amtsperiode in Investitionszurückhaltung und Kapitalflucht wider. Die Reallöhne stiegen an, gleichzeitig wuchs das Defizit des öffentlichen Haushalts und auch das Defizit der Zahlungsbilanz. Die zwischen 1970 und 1976 mehr als verdoppelten Staatsausgaben waren im gleichen Zeitraum in ihrem Anteil am BIP von 21,2% auf 32% angestiegen. Da die von Echeverría durchgeführte Steuerreform, die die höheren Einkommen und die Kapitalbesitzer stärker heranziehen wollte, letztlich nicht die erhofften Resultate zeitigte, wuchs das öffentliche Defizit in seiner Regierungsperiode von knapp 2% auf über 7% des BIP an. Eine erheblich zunehmende interne und externe Verschuldung sowie eine raschere Ausdehnung der Geldmenge wurden zur Deckung dieses wachsenden Defizits eingesetzt, was natürlich – ebenso wie der Rückgang der Produktion – zur Alimentierung des angestiegenen Inflationstempos beitrug. Diese Entwicklung kulminierte gegen Ende des Sexenniums von Luis Echeverría nicht nur in politischen Turbulenzen – es waren sogar Putschgerüchte im Umlauf –, sondern auch in einem bemerkenswerten ökonomischen Beben, welches die seit 1954 bestehende Währungsparität zum US-$ aufhob und eine 80%ige Abwertung der mexikanischen Währung einschloß. Diese Wechselkurskorrektur zeigte recht deutlich die Risse im bestehenden Entwicklungsmodell. „1976 befand sich Mexiko auf dem Höhepunkte der schwersten Wirtschaftskrise seit 1929, gekennzeichnet durch Wachstums- und Investitionsrückgang, Inflation, finanziellen Bankrott des Staates, Zusammenbruch der externen Wirtschaftsbeziehungen und eine hohe internationale Verschuldung, mit der sich gleichzeitig der Zirkel abhängiger Industrialisierung schloß." (Imbusch, 1988: 31)

In der nachfolgenden Präsidentschaftsperiode von José López Portillo (1976 bis 1982) konnten diese Krisenerscheinungen relativ schnell überwunden werden. Dem neuen Präsidenten ging es vornehmlich darum, das Vertrauen der Unternehmer des Landes wiederzugewinnen. Die von ihm propagierte *alianza para la producción* („Allianz für die Produktion") schloß die Aufhebung von Maßnahmen seines Vorgängers im Agrarbereich ebenso wie großzügige Entschädigungen von Großgrundbesitzern sowie generell die Verbesserung der Gewinn- und Angebotsbedingungen ein. Die anfänglich scharfen Haushalts- und Lohnrestriktionen wirkten im gleichen Sinne. Ein Abkommen mit dem IWF bildete zwar den Auftakt der neuen Regierungs- und Präsidentschaftsperiode, mußte aber nicht mehr voll in Anspruch genommen werden, da mittlerweile das Erdöl-Eldorado sich auf die gesamte mexikanische Wirtschaft und Gesellschaft – mit all seinen ambivalenten Effekten – auszubreiten begonnen hatte. Das durchschnittliche Wachstum des BIP betrug von 1977 bis 1981 jährlich deutlich mehr als 8%, wobei der Erdölbereich und der industrielle Sektor noch stärker expandierten. Auch das Reallohnniveau war –

nach einem zeitweisen Rückgang 1976/77 – wieder leicht angestiegen, so daß neben dem Export der Binnenmarkt kräftige Impulse erhielt. Zwar wurde in zahlreichen Verlautbarungen der Regierung die Absicht geäußert, den unverhofften Erdölreichtum für die Entwicklung des Landes einsetzen zu wollen, doch schlug eine derartige kluge Politik des beschränkten, proportionalen und überlegten Mitteleinsatzes fehl. Eine solche Linie konfligierte mit verschiedenen widrigen Umständen, wovon die Eigendynamik und relative Ineffizienz des gesamten Erdöl-Petrochemie-Komplexes einer war; ein anderer war die von US-Abnehmern, aber auch von starken Gruppen der mexikanischen Ökonomie favorisierte Strategie der sofortigen und raschen Steigerung der Erdölproduktion. Schließlich wirkten in diese Richtung die nicht übersehbaren und übergehbaren Konsumwünsche vor allem der Mittelschichten sowie die Neigung der mexikanischen Regierung zur internationalen Selbstdarstellung (Prestigeprojekte, Konferenzen, internationale Politik großen Stils etc.); auch die von einem immer stärker werdenden Teil der mexikanischen Unternehmerschaft geforderte Öffnung der Ökonomie nach außen machte eine solche überlegte, planerische Politik des Staates zunichte. Lediglich im Agrarbereich, dessen defizitäre Entwicklung durch wachsende Nahrungsmittelimporte offenbar geworden war, initiierte die Regierung López Portillo eine generelle Förderung, das sog. *Sistema Alimentario Mexicano* (SAM). Mit dem Ausbruch der Krise 1982 geriet auch dieses zeitweise durchaus erfolgreiche Projekt in Vergessenheit.

Vor allem auf zwei Labilitätselementen basierte der ungeheure Boom, der viele Köpfe so sehr einnebelte, daß schon damals von einem Eintritt Mexikos in die Erste Welt gesprochen wurde: Einmal die „Petrolisierung der Ökonomie“, die dazu geführt hatte, daß 1981 bereits über 75% der Exporte aus Erdöl oder Erdölprodukten bestanden, und zweitens, damit zusammenhängend, die von der Hoffnung auf unilineare Wachstums- und Reichtumsmehrung genährte Bereitschaft, gewaltige Kredite (zu damals günstigen Bedingungen) aufzunehmen. So stieg die Auslandsverschuldung Mexikos von ca. 30–40 Mrd. US-$ (1976/77) bis 1982 auf über das Doppelte (ca. 85 Mrd. US-$) an. Mit dem gleichzeitigen Zusammentreffen verschiedener Faktoren geriet die mexikanische Wirtschaft gegen Ende des Sexenniums von López Portillo in eine weit tiefere Krise, als dies 1976 am Ende der Präsidentschaft Echeverrías der Fall war.

3. Ursachen und Dimensionen der Krise von 1982

Die im August 1982 mit der zeitweisen Einstellung des Schuldendienstes in ein akutes Stadium tretende ökonomische Krise Mexikos hatte sowohl auf nationaler wie internationaler Ebene überragende Bedeutung. Mit ihr begann die das gesamte folgende Jahrzehnt überschattende Schuldenkrise der Dritten Welt, da sich bald über 60 Länder der Peripherie in Lateinamerika, Afrika und Asien vor ähnlichen Schwierigkeiten wie Mexiko gestellt sahen (vgl. z. B. Boris, 1987; Griffith-Jones, 1988; Campbell, 1989). Auf nationaler Ebene bildete der Beginn der Zahlungs- und Liquiditätsschwäche Mexikos den Auftakt einer langandauernden und tiefen Krisenperiode, während der ein neuer Typus wirtschaftlicher und gesellschaftlicher Entwicklung gegenüber dem bislang geltenden eingeführt wurde: das anscheinend vollständig gescheiterte Modell des importsubstituierenden, vornehmlich auf den Binnenmarkt zentrierten Wachstums sollte durch eine überwiegend weltmarkt- und exportorientierte, liberale Entwicklungsstrategie ersetzt werden.

Schon die Ausmaße der 1982/83 immer schärfere Konturen gewinnenden Krise machten deutlich, daß es sich – im Gegensatz zu der vom IWF und anderen Instanzen[1] geäußerten Auffassung – keineswegs bloß um eine (kurzfristige) Liquiditätskrise handelte, auch nicht nur um eine Verschuldungskrise, sondern letztlich – umfassender und allgemeiner – um ein grundsätzliches Scheitern eines bestimmten, bisher praktizierten Entwicklungsmodells.[2]

[1] Z. B. von den großen international agierenden Banken, den meisten westlichen Regierungen etc.

[2] Wie im zweiten Kapitel beschrieben, handelt es sich um das seit den dreißiger Jahren – nach der Weltwirtschaftskrise – in ganz Lateinamerika (und anderen Teilen der Dritten Welt) entfaltete Entwicklungsmodell, das vor allem durch Ersatz bisheriger Importe durch landeseigene Produktion, durch hohe Schutzzölle und umfangreiche Staatsintervention in den Wirtschaftsprozeß gekennzeichnet war. Wie in Mexiko war diese Entwicklungs- und Industrialisierungsstrategie überall mehrere Jahrzehnte hindurch relativ erfolgreich. Wachstumsschwächen und zunehmende makroökonomische Ungleichgewichte (z. B. Haushaltsdefizit, Handelsbilanzdefizit) seit den sechziger und siebziger

Gegenüber 1981 fiel das BIP 1982 zunächst nur leicht um 0,5%, dann 1983 um 5,3% (siehe zu diesen und den folgenden Zahlen: Ros, 1987: 70f.); hinsichtlich des verfügbaren, realen Nationaleinkommens waren die Rückgänge noch gravierender (1982: −1,6%; 1983: −7,6%), bezogen auf das Pro-Kopf-Einkommen machte dies einen Rückgang von 20–30% aus. In dieser Größenordnung reduzierte sich der durchschnittliche Reallohn bis zum Jahr 1983 und verharrte im Prinzip bis Ende der 80er Jahre auf diesem Tiefstand. Während die offizielle – viel zu niedrig angesetzte – Rate der Arbeitslosigkeit um ca. 50% stieg, sackte die Bruttoinvestitionsquote von fast 25% (1981) auf nur 16% (1983 und 1984) ab. Die Inflation stieg – nicht zuletzt infolge der mehrfachen Abwertungen um ca. 400% in wenigen Monaten zwischen 1982 und 1983 – auf 58,9% (1982) und 101,9% (1983). Alle Indikatoren zeigen klar, daß diese Ausmaße der Krise von 1982/83 wesentlich tiefer gingen als die von 1976/77, obwohl beide in mancherlei Hinsicht (wachsendes Haushaltsdefizit, außenwirtschaftliches Ungleichgewicht etc.) Ähnlichkeiten aufwiesen.

Es ist naheliegend, daß eine derartige Krise, deren Negativwerte noch bis Ende der 80er Jahre nicht überwunden werden konnten (vgl. Tab. 1, Anhang), eine Konstellation reflektiert, die auf vielschichtige und kumulative Verursachungsmechanismen verweist. Für ein vertieftes Verständnis der Krise ist es notwendig, die einzelnen Ursachen und Faktoren nicht isoliert zu betrachten, sondern sie als Ausdruck einer bestimmten gesamtgesellschaftlichen und makroökonomischen Struktur zu begreifen.

Zwar ist es zutreffend, daß der Fall der Erdölpreise seit 1981 – zumal in einer „petrolisierten" Ökonomie wie der mexikanischen, in der ca. 70% des Exports aus Erdölprodukten bestanden – eine erhebliche

Jahren, die in der Verschuldungskrise kulminierten, wurden zunehmend auf die immanenten Schwächen dieser wirtschaftspolitischen Orientierung zurückgeführt. So wurde die Verschuldungskrise im Laufe der 80er Jahre in Lateinamerika und anderswo als Ausdruck einer bestimmten Entwicklungsstrategie begriffen (vgl. hierzu z. B. Fajnzylber, 1983: 149ff.). Allerdings muß das Scheitern der Strategie der Importsubstituierung und das Anerkennen ihrer immanenten Schwächen – unter den gegebenen gesellschaftlichen und politischen Bedingungen – nicht bedeuten, daß a) unter anderen Bedingungen und in anderen Formen Elemente dieser Strategie nicht doch auch heute noch angemessen und erfolgreich sein können (Villarreal, 1990: 292ff.) und daß b) die zur Abkehr vom bisherigen Entwicklungsmodell gemachten neoliberalen Empfehlungen die diagnostizierten Schwächen tatsächlich zu beheben vermögen.

Wirkung auf den ökonomischen Zusammenbruch ausübte. Die Scherenbewegung zwischen verringerten Deviseneinnahmen (um etwa 5 Mrd. US-$ allein zwischen Mitte 1981 und Mitte 1982, vgl. Schubert, 1985: 183f.) einerseits und sprunghaft ansteigenden Schuldendienstzahlungen andererseits führte zweifellos zu Zahlungsunfähigkeit und zum Beginn der Krise. Dennoch muß die gegenläufige Bewegung dieser ökonomischen Variablen eher als Krisenauslöser denn als Krisenursache betrachtet werden.

Auch die überproportionale Expansion der Staatsausgaben – im Vergleich zu den Einnahmen – und das stets, teils sprunghaft anwachsende Haushaltsdefizit (auf 11% des BIP 1981 und 16% des BIP im Jahre 1982, vgl. Philip, 1985: 84), können nicht als letzte Determinante der Krise begriffen werden, weil a) die Entwicklung des Finanzvolumens und der staatlichen Ausgaben wiederum von anderen Momenten abhängen[3] und b) viele andere krisenrelevante Dimensionen (wie z.B. der Außenwirtschaftsbereich) damit nicht erfaßt werden. Auch die Verschuldung und ihr explosives Wachstum kann zwar als wesentliches Element, das die Schwere der Krise mit erklärt, begriffen werden, doch ist sie andererseits vor allem auch Ausdruck anderer Zusammenhänge und Variablen. Der rapide Anstieg der Auslandsverschuldung Mexikos in den Jahren 1977 bis 1981 von 29 Mrd. US-$ auf 75 Mrd. US-$ (Ros, 1987: 73) ging auf im wesentlichen vier Faktoren zurück: die Entwicklung des Erdölkomplexes, die immer negativer werdende Handelsbilanz, den ansteigenden Zinsendienst für die aufgenommenen Kredite und die sich ausweitende Kapitalflucht.

Zwar waren die Einnahmen des mexikanischen Staates durch die Steigerung der Erdölexporte sehr angewachsen, doch verschlang der Export von Rohöl, der Aufbau von Raffineriekapazität, Petrochemie und Tankerflotten etc. erhebliche Summen, die teilweise die Ein-

[3] Ein Haushaltsdefizit kann von sehr vielen Faktoren abhängen: Bei den Staatseinnahmen von der Konjunkturlage, dem Steueraufkommen, der Effizienz der Steuereintreibung, den Tarifen/Preisen öffentlicher Güter (im Falle Mexikos natürlich auch vom Erdölpreis, da ein beträchtlicher Teil – ca. 20–40% der Staatseinnahmen in jener Periode – aus den Erölverkäufen resultierte) und anderem. Hinsichtlich der Staatsausgaben kann das Defizit auf größere oder kleinere konsumtive oder investive Etatposten, evtl. auch auf Ausgleichssummen für defizitäre staatliche Betriebe zurückgeführt werden. So wird deutlich, daß bloß die Benennung eines Haushaltsdefizits als Krisenursache nicht ausreicht, wenn nicht das Zustandekommen und evtl. die Dauerhaftigkeit dieses Defizits geklärt wird.

nahmen überstiegen.[4] Daher war der Petroleumsektor in der zweiten Hälfte der 70er Jahre – mit steigender Tendenz – zu etwa 30–40% an dem Anwachsen der Auslandsverschuldung Mexikos beteiligt. Die Handelsbilanz bzw. die Bilanz der laufenden Posten wies von Jahr zu Jahr ein größeres Defizit auf, und dieses wuchs von 4,9 Mrd. US-$ (1979) sprunghaft auf mehr als das Doppelte (11,7 Mrd. US-$) zwei Jahre später an. Auch dieses Defizit mußte (und konnte aufgrund der hohen Kreditwürdigkeit Mexikos wegen laufend neu entdeckter Reserven von Erdölbeständen) mit auswärtigen Krediten gedeckt werden. Das Handelsbilanzdefizit resultierte seinerseits vor allem aus vier Momenten: Einmal der steigenden Überbewertung des Peso, zweitens den gleichzeitig verringerten Importzöllen, drittens aus einem durch die Erdölbonanza ausgelösten internen Nachfrageboom und viertens aus den relativ geringen Kapazitäten der mexikanischen Industrie, diesem Nachfrageboom entsprechen zu können. Mehr aber noch als diese beiden Ursachen für das explosive Wachstum der Auslandsschulden (Ausbau des Erdölkomplexes, Handelsbilanzdefizit) schlugen der gewachsene Zinsendienst für die aufgelaufenen Schulden und vor allem die wachsende Kapitalflucht zu Buche. Die sprungartig ansteigenden Zinsen waren auch Ausdruck der Verschlechterung der Schuldenstruktur, die durch die Erhöhung des Anteils kurzfristiger Kredite und solcher mit variablen Zinssätzen gekennzeichnet war. Die optimistischen Entwicklungsperspektiven Mexikos wurden von den internationalen Banken und der Regierung noch 1981 geteilt, doch der private Sektor Mexikos begann sich massiv aus der Pesowährung und den Anlagemöglichkeiten im Land zurückzuziehen. Nach starker Auslandsverschuldung in den Jahren 1979 und 1980 startete der private Sektor Mexikos eine bisher nicht dagewesene spekulative Attacke auf den Peso in der ersten Hälfte von 1981: Mehr als 20 Mrd. US-$ flossen in einer Zeitspanne von 18 Monaten aus dem Land. Die Größe dieser Kapitalflucht war derart, daß sie etwa 54% des Anstiegs der mexikanischen Auslandsschuld 1981 und 1982 gleichkam; dabei wurden natürlich starke Spannungen zwischen der Regierung López Portillos und den großen privaten Finanzkonglome-

[4] Hier muß natürlich auch in Rechnung gestellt werden, daß erhebliche Teile der Einnahmen aus dem Erdölexport – auf ganz verschiedenen Wegen – im dichten Netz der Korruption und Selbstbereicherung „verschwanden"; die meisten Schätzungen dieser Summen, die sich beim Einkauf von entsprechenden Anlagen des Erdölkomplexes noch erhöhten, belaufen sich auf den Gesamtwert mehrerer Milliarden US Dollar jährlich.

raten sichtbar (vgl. Ros, 1987: 77). „Obwohl Mexiko während dieser Periode (1979–1981) nachteilig durch die negativen Terms of Trade-Effekte seiner Nicht-Erdölzahlungsbilanz betroffen war, war der weitaus wichtigste Schock für Mexiko zwischen 1979 und 1981 ein interner, nämlich die Kapitalflucht, die auf konservativen Schätzungen beruhend sich allein für 1981 auf 9,7 Mrd. US-$ belief. Eine andere Studie schätzte, daß 36 Mrd. US-$ mexikanischen Privatkapitals das Land während der gesamten Regierungsperiode von López Portillo verliessen." (Luke, 1988: 71) Diese gewaltige Kapitalflucht war teils von einer unbestimmten Vorahnung determiniert, daß „es so nicht weitergehen könne", teils real von dem Anstieg des inflationären Tempos, dem Anstieg des Handelsbilanzdefizits, dann später natürlich von der Verringerung der Erdöleinnahmen und vor allem von der offensichtlichen Überbewertung des Peso, welche eine Abwertungserwartung zweifellos stark begünstigte. Die Versuche der Regierung, durch Erhöhung der Mindestreserven bei den Banken den Kapitalstrom nach außen zu regulieren, verstärkten eher den Wunsch nach Sicherstellung des Geldkapitals im Ausland; auch die teilweise Legalisierung der „Dollarisierung" der mexikanischen Ökonomie (z. B. das Zugeständnis der Anlage von Dollarkonten in Mexiko selbst) konnte an der Kapitalflucht wenig ändern. Die Zahlungen für Zinsen und Tilgungen (einschl. von Gewinnrepatriierungen) stiegen von 2,1 Mrd. US-$ 1977 jährlich auf etwa 9 Mrd. US-$ 1981 an, was bedeutete, daß ein wachsender Teil der Neuverschuldung – 1981 waren es 25 Mrd. US-$ – dazu diente, die wachsenden Schuldendienstleistungen zu erbringen (Schubert, 1985: 183f.).

Dennoch bleibt die auf den ersten Blick paradoxe Konstellation der mexikanischen Ökonomie nicht restlos geklärt. Trotz gewaltiger Steigerung der staatlichen Einnahmen durch die Erdölexporte (Székely, 1983: 106f.) wird das staatliche Defizit immer größer; und, ebenso paradox: Bei erheblicher Steigerung der Exporte und der Exporteinnahmen – ebenfalls via Erdölausbeutung – steigt das Handelsbilanzdefizit bzw. das Defizit der laufenden Posten beständig an, und zwar – und dies ist die eigentliche Erklärungsschwierigkeit – bevor die Erdöleinnahmen sich rückläufig entwickelten, ja sogar noch in einer Phase der sprunghaften Steigerung der Erdöleinnahmen (vgl. Luke, 1988: 62f.).Dies kann auch nicht bloß mit wirtschaftspolitischen Fehlentscheidungen, halbherzigen Bremsmanövern etc. erklärt werden, obwohl dies natürlich auch zutrifft. Vielmehr sind die einzelnen aufgeführten Komponenten der Krise letztlich auf die strukturellen Defizite in der mexikanischen Wirtschaft, d. h. im industriellen und agrarischen Bereich, zurückzuführen. Diese sind in jener hochgradigen Fragmentierung und Polarisierung der unterschiedlichen Produktionsstrukturen in den Hauptsektoren der Wirtschaft, den Branchen, den Größenklassen der Betriebe usw. zu sehen.

Die die Unterentwicklung zentral charakterisierende „strukturelle Heterogenität“, welche dauerhaft sehr differierende Produktivitäts- und Qualifikationsgrade, starke Marktsegmentierungen und monopolisierte Angebotsstrukturen einschließt, wird durch die Außenabhängigkeit und die interne Klassenstruktur perpetuiert und garantiert. Sie ist letztlich dafür verantwortlich, daß bestimmte Mechanismen der kapitalistischen Wirtschaft aus den entwickelten Industrieländern (z.B. Angebots-Nachfrage-Mechanismen, Kostensenkungs- und Innovationszwang infolge von Konkurrenz etc.) unter Bedingungen der Unterentwicklung nicht oder nur sehr abgeschwächt funktionieren. Da z.B. „die Preise der Güter aus den 'unterproduktiven' Sektoren in Mexiko im Verhältnis zu den anderen zu niedrig liegen, bringen folglich Investitionen nur unterdurchschnittliche Profite, selbst wenn in diesen Sektoren Mehrwert erzeugt wird. In einem solchen Zirkel der Blockierung entsteht keine zusätzliche kaufkräftige Nachfrage und es wird nicht für den Massenkonsum produziert, sondern nur für kleine Märkte des Luxuskonsums privilegierter Schichten.“ (Baumgartner, 1984: 225) Diese Defizite wurden letztlich durch den Ölboom nicht abgemildert, sondern weiter zugespitzt. Trotz bedeutender staatlicher Investitionen (vor allem im Bereich der Grundstoff- und der petrochemischen Industrie) und auch ungeachtet des großangelegten Projekts steigender öffentlicher Agrarinvestitionen in Gestalt des SAM *(Sistema Alimentaria Mexicana)* – das die Nahrungsmittelautarkie des Landes wiederherstellen sollte –, konnte Mexiko den typischen Syndromen der sog. „holländischen Krankheit“, also einer durch den prägenden Einfluß einer Mono-Exportstruktur gezeichneten Ökonomie nicht entgehen. „Treffen auf eine Ökonomie, die durch verzerrte Preise und damit heterogene Strukturen gekennzeichnet ist, stark erhöhte Renteneinkommen durch Erdölexporte und äußere Verschuldung, weist der unflexible Produktionsapparat nur eine geringe Absorptionsfähigkeit auf. Erhöhte Nachfrage löst Inflationsprozesse aus, die Einkommensungleichheit verschärft sich weiter. Der Ölsektor, der in einer Wachstumsstrategie eine Motorenfunktion übernehmen soll, wird vermehrt zu einer Enklave ohne positive Rückwirkungen auf andere Sektoren. Da die hohen Geldzuflüsse nur zu einem Teil produktiv umgesetzt werden können, erhöht sich die Spekulation und die Kapitalflucht.“ (Baumgartner, 1984: 232)

Mexiko litt an den klassischen Symptomen eines Ölbooms: Die Investitionen in den Erdöl-Komplex stiegen in ihrem Anteil am BIP, „ohne nennenswerte interne multiplikative Effekte auf die Wirtschaft auszulösen"; die Rolle des öffentlichen Sektors wuchs innerhalb einer ohnehin schon stark expandierenden Ökonomie und trug so zur „prozyklischen Überhitzung" der Konjunktur bei; der Wechselkurs wurde immer stärker überbewertet, wobei damit den Nicht-Erdölexporten geschadet wurde und natürlich allen mit dem Import in Wettbewerb stehenden einheimischen Industrien, soweit sie nicht stark durch Zollschranken geschützt waren. Die Importe explodierten, und zwar sowohl konjunkturell wie auch strukturell-langfristig (Philip, 1985: 86; Schubert, 1985: 182f.). Der Wert offizieller Importe verdoppelte sich fast zwischen 1977 und 1981, die inoffiziellen Importe (also Schmuggel) erhöhten sich in ähnlich dynamischen Proportionen. Dies hat seine Ursache darin, daß der Prozeß der Vertiefung der Importsubstitution, der auch sehr häufig in erfolgreichen Fällen eine Ausweitung des entsprechenden Industrieexports einschließt, in Mexiko um 1970 zum Stillstand gekommen war. Die von der Importsubstitution berührten Branchen langlebiger, hochwertiger Konsumgüter waren überproportional von Auslandskapital beherrscht, und dieses hatte ebensowenig Interesse wie das einheimische mexikanische Kapital an der risikoreichen und auf starke Konkurrenz aus dem Norden stoßenden Entwicklung einer Zwischengüter- und vor allem Kapitalgüterindustrie. Eine Zollstruktur, die sowohl Exporte wie Kapitalgüter diskriminierte, ein überbewerteter Wechselkurs (zumindest zwischen 1974 und 1976 und dann zwischen 1979 und 1981) und ein sehr schnell wachsender Erdölsektor (nach 1976) wirkten zusammen, um die industrielle Produktionsstruktur noch weiter zu verzerren und zu schwächen. Auch die staatlichen Unternehmen trugen – trotz ihrer wachsenden Bedeutung – nicht dazu bei, dieses Bild wesentlich zu verändern. Abgesehen von der Erdölindustrie drangen staatliche Unternehmen kaum in die Exportmärkte vor. „Der Zyklus von 1978 bis 1981 war [...] gekennzeichnet durch eine Heterogenisierung der produktiven Struktur: Ein äußerst dynamisches Wachstum der Erdölindustrie, einiger der Erdölindustrie angeschlossener Sektoren, der auf die Erdölindustrie bezogenen Verkehrsinfrastruktur sowie der dynamischsten Sektoren der Konsumgüterindustrie (Automobil-, chemische, elektronische Industrie) stand einem relativen Zurückbleiben der Massenkonsumgüterindustrie, der Landwirtschaft und weiter Bereiche des öffentlichen Sektors gegenüber. Die entstehenden Engpässe setzten sich um in eine Erhöhung der Importe, in inflationäre

Pressionen und in eine explosive Zunahme der externen Verschuldung.“ (Ehrke, 1983: 144)

Mit diesen realwirtschaftlichen Schwächen und Verzerrungen verbinden sich spezifische Züge des mexikanischen Fiskal- und Finanzwesens, die ihrerseits eine die Defizite verstärkende Wirkung ausüben. Gerade die Nähe zu den USA und die relative Offenheit der mexikanischen Wirtschaft begründen die Leichtigkeit, mit der mexikanische Kapitaleigner ihre Guthaben in die USA transferieren können. Diese gewissermaßen natürliche Präferenz der Geldkapitalbesitzer, eher in den USA als in Mexiko ihr Kapital anzulegen, kann nur konterkariert oder zumindest abgeschwächt werden, wenn die Möglichkeiten, in Mexiko zu investieren, profitabler erscheinen als in den USA. Diese besseren Profitmöglichkeiten in Mexiko werden von der mexikanischen Regierung in der Regel durch die weitgehende Abwesenheit von Gewinn- und Kapitalanlagen-Steuern sowie durch die verdeckte Subventionspolitik des Staates (über die billigen Güter und Dienstleistungen von Staatsunternehmen) gegenüber dem privaten Sektor geschaffen. Es ist klar, daß dann bei steigenden staatlichen Ausgaben einerseits und einem stagnierenden Einnahmevolumen andererseits die Fiskalkrise gewissermaßen permanenten und chronischen Charakter erhält (Philip, 1985: 87). Die die Anlagemöglichkeiten in Mexiko attraktiv haltenden Prinzipien waren (neben dem regressivsten und ineffizientesten Steuersystem in ganz Lateinamerika) um drei Maximen gruppiert: Die mexikanische Inflationsrate darf die der USA nicht übersteigen; der Devisenverkehr darf auf keinen Fall behindert werden; die Parität des Peso (im Verhältnis zum Dollar) ist soweit wie möglich aufrechtzuerhalten (Ehrke, 1983: 147). Diese Prinzipien waren vor allem gegen Ende der 70er Jahre durch den Erdölboom und die u.a. dadurch beschleunigte Inflationsrate sowie durch die deutliche Überbewertung des Peso ins Wanken geraten. Um eine schockartige Abwertung wie die von 1976 abzuwehren, wurde seit 1978 das System der Miniabwertungen (monatlich ca. 1% im Verhältnis zum Dollar) eingeführt. „Um jedoch die Flucht des Kapitals vor einer langsamen aber ununterbrochenen Wertverminderung des Peso zu bremsen, wurden mit jeder ‘Miniabwertung’ die Zinssätze angehoben. Der Anstieg der Zinsen verstärkte die Inflation (und verringerte die Anreize zur produktiven Investition, mit der allein die Engpässe des produktiven Apparats hätten überwunden werden können); die Differenz der mexikanischen zur nordamerikanischen Inflationsrate nahm zu, neue Miniabwertungen und neue Anhebungen des Zinssatzes wurden notwendig: ein Teufelskreis ohne sichtbaren Ausweg.“ (Ehrke, 1983: 151)

Die scheinbar positive Verkettung von realwirtschaftlichen und finanziell-monetären Stimuli während des Erdölbooms war die Grundlage für die übermäßigen Zukunftserwartungen hinsichtlich der mexikanischen Ökonomie (sowohl von seiten des internationalen Bankkapitals wie auch von seiten einheimischer Politiker und Ökonomen) und die Basis für die exzessive – ab einem bestimmten Punkt fast zwangsläufige – Steigerung der Auslandsverschuldung. Entgegen verschiedenen neoklassischen Lesarten der Krise (vgl. Lustig, 1989) muß betont werden, daß die Fiskalkrise in Mexiko keineswegs aus technischen Problemen der Haushaltsstruktur resultierte, sondern vielmehr aus dem Zusammenwirken dreier dem Akkumulationsmodell[5] zugrundeliegender Trends: Einmal der Erschöpfung des postrevolutionären Industrialisierungsmodells, die eine verstärkte Staatsintervention und staatliche Investition erforderte, um den Platz der privaten Investoren einzunehmen, welche ihr Kapital zu profitableren, aber weniger produktiven Sektoren der Ökonomie oder ins Ausland verlagert hatten. Zweitens der Opposition des privaten Sektors gegenüber einer stärkeren staatlichen Kontrolle über den ökonomischen Surplus[6], der zur Finanzierung dieser Investitionen, die vor allem aus Steuern, Bankanleihen oder Erdöleinkommen resultierten, eingesetzt werden sollte. Drittens der Konsequenz, diese beiden entgegengesetzten Trends durch Auslandsanleihen versöhnen zu wollen, was allerdings in einer weiteren Zuspitzung sowohl der internen wie externen Ungleichgewichte, welche die Auslandskredite ursprünglich lösen oder zumindest abschwächen sollten, mündete (Fitzgerald, 1985: 229). Zugleich liegt in dieser Verknüpfung von realwirtschaftlichen und finanziell-monetären Faktoren die besondere Verwundbarkeit der mexikanischen Ökonomie begründet. Der Zusammenbruch der mexikanischen Wirtschaft 1982 und in den folgenden Jahren erscheint angesichts der bloßen Ölpreissenkungen und des Rückgangs

[5] Zwischen Akkumulations-, Wachstums-, Industrialisierungs- und Entwicklungsmodell bzw. -strategie wird in der einschlägigen Literatur zumeist nicht streng unterschieden. Gemeint ist damit in der Regel ein typischer Zusammenhang von Investitionen, Konsum, Verteilung, Marktorientierung einschließlich ihrer jeweiligen institutionellen und staatlichen Rahmenbedingungen. In diesem Sinne wird vom Akkumulationsmodell gesprochen, das auf Importsubstitution, Protektionismus und Binnenmarktexpansion beruhte.

[6] Unter „ökonomischem Surplus“ ist hier das gesellschaftliche Mehrprodukt (= Differenz zwischen gesellschaftlichem Gesamtprodukt und notwendigem gesellschaftlichem Konsum) zu verstehen; es ist der potentiell zur Akkumulation zur Verfügung stehende Teil des Gesamtprodukts.

der Staatseinnahmen als überproportional und fast unverständlich; die unverhältnismäßige Tiefe des Kollapses (im Vergleich zum auslösenden Ereignis), die übrigens für die neueste Krise von 1994/95 ebenso gilt, ist nur durch die wechselseitige Verstärkung der negativen Effekte von Defiziten in der Produktionsstruktur und Schwächen des finanziellen und monetären Systems in der mexikanischen Wirtschaft zu erklären.

4. Beginn der neoliberalen Politik unter Miguel de la Madrid (1982–1988)

Kaum ein Präsident von Mexiko in den letzten fünf Dekaden trat sein Amt unter derart schwierigen und ökonomisch negativen Bedingungen an wie Miguel de la Madrid am 1. Dezember 1982. Unter dem Druck der Dauerpräsenz des Internationalen Währungsfonds (IWF), bei ständigen Umschuldungsverhandlungen und den noch sehr hoch bleibenden Schuldendienstzahlungen war (und blieb) der ökonomische Handlungsspielraum der Regierung sehr eingeengt. Durch neue Formen der Volksbeteiligung (*consulta popular* zum Beispiel), weitere politische Reformen und eine Kampagne zur „moralischen Erneuerung“ versuchte die Regierung, diese ökonomische Durststrecke in gewisser Hinsicht transparenter und akzeptabler zu machen. Dennoch war ihr weder in ökonomischer noch in politischer Hinsicht Erfolg beschieden. Die Vorgänge um die Wahl seines Nachfolgers Salinas de Gortari im Juli 1988 zeigten, daß die Legitimationskrise des PRI-Regimes einen neuen Höhepunkt erreicht hatte.

4.1 Umschuldungsverhandlungen und Krisenmanagement

Angesichts der skizzierten Ausgangsbedingungen kann es nicht überraschen, daß die Entwicklung an der „äußeren Verschuldungsfront“ zur wichtigsten Politikdimension der gesamten 6-Jahres-Periode von Miguel de la Madrid aufstieg. Die in sein Sexennium fallenden drei Umschuldungsrunden (1982/83, 1984/85 und 1986/87) hatten das schwierige Ziel, den Gläubigerinteressen (vor allem der US-amerikanischen Großbanken) zu entsprechen und Mexiko schuldendienstfähig zu halten, nicht zuletzt durch die Wiederaufnahme ökonomischen Wachstums. Es liegt auf der Hand, daß diese Zielsetzungen – zumindest wenn sie auf die gleiche Zeitperiode gerichtet sind – sich widersprechen müssen; denn hohe Schuldendienstzahlungen bedeuten Abzug vom internen Akkumulationspotential, nichtvollzogene Investitionen implizieren entsprechend geringeres Wachstum und Verzicht auf Strukturwandel des Produktionsapparats. Dieser Antagonismus führte immer wieder auf internationaler wie nationaler

Ebene zu heftigen Spannungen und Auseinandersetzungen. Doch kann rückblickend festgestellt werden, daß Mexiko den Wünschen der Gläubiger und des IWF sehr weit entgegengekommen ist und dafür auch mit gewissen Sonderkonditionen im Schuldenpoker „belohnt“ wurde.

Der Form nach spielten sich die Verhandlungen nach dem üblichen Muster ab. Zuerst überprüften Funktionäre des IWF die Situation in Mexiko, handelten dort ein – alle typischen Merkmale aufweisendes – „Stabilisierungs-“ und Austeritätsprogramm aus, das dann die Regierung in einem „Letter of Intent“ als ihre wirtschaftspolitische Orientierung ausgab. Anschließend erfolgte die formale Vertragsunterzeichnung mit dem IWF, welche die konditionierte, in Tranchen aufgeteilte Auszahlung der Kredite ermöglichte. Danach – und vom Volumen der alten und neuen Kredite her viel wichtiger – begannen die Verhandlungen mit den Privatbanken, die Gläubiger Mexikos sind. Da es sich hier um über 500 Banken aus unterschiedlichen Nationen handelte, dauerte das Tauziehen bis zur endgültigen Ratifizierung des Umschuldungsabkommens in der Regel über ein Jahr.

Wie üblich verpflichtete sich Mexiko gegenüber dem IWF, die Inflationsrate, das Haushaltsdefizit sowie die äußeren Ungleichgewichte sukzessive – es wurden jährliche Eckwerte festgelegt – zurückzuführen; auch die Neuverschuldung durfte bestimmte Grenzwerte nicht überschreiten. Im Gegenzug wurden in der Vereinbarung mit den privaten Gläubigern von 1983 ca. 20 Mrd. US-$, die kurzfristig fällig geworden wären, umgeschuldet, d.h., die Fälligkeit wurde auf insgesamt acht Jahre (bei vier tilgungsfreien Jahren) gestreckt. Zugleich erhielt Mexiko einen neuen Kredit von 5 Mrd. US-$ von den internationalen Großbanken, einen auf drei Jahre befristeten Überbrückungskredit vom IWF in der Höhe von 3,8 Mrd. US-$ und von der Weltbank sowie der Interamerikanischen Entwicklungsbank (IDB) noch einmal 2 Mrd. US-$. Die Konditionen bezüglich des vereinbarten Zinssatzes, der Kommissionen und der Fälligkeit waren für Mexiko sehr drückend.

Die zweite Umschuldungsrunde wurde 1984 eröffnet in einer Periode, in der in Lateinamerika viel von einem „Schuldnerkartell“ die Rede war. Tatsächlich war zwei Jahre nach Beginn der Schuldenkrise in Lateinamerika und anderswo in der Dritten Welt immer deutlicher geworden, daß weder die Schulden zurückgezahlt noch die steigenden Schuldendienstsummen (nicht zuletzt infolge der rasanten Zinserhöhung in den USA) angesichts interner Stagnation und weiteren Verfalls der Rohstoffpreise auf dem Weltmarkt – selbst bei größten Anstrengungen – bedient werden konnten. Diese Einsicht artikulierende Treffen von Regierungen hochverschuldeter lateinamerikanischer Länder in Quito und Cartagena, die noch relativ bescheidene Ziele verfolgten, wirkten allerdings auf die internationale Bankenwelt derart alarmierend, daß die Verhandlungen mit Mexiko über 48 Mrd. US-$, die ab 1985 fällig geworden wären, relativ schnell und dieses Mal zu besseren Konditionen abgeschlossen wurden (vgl. zu den Einzelheiten: Gurria, 1988: 84f.). Damit war nicht nur die politische Schuldnerfront aufgebrochen, sondern auch signalisiert worden, daß nur, wer grundsätzlich zahlungswillig und eine scharfe Austeritätspolitik durchzuführen bereit ist, „belohnt" werden könne. Kurioserweise wurde dieses zweite Umschuldungspaket zu einem Zeitpunkt (August 1985) ratifiziert, zu welchem bereits klar war, daß Mexiko die Zahlungsbedingungen angesichts eines rapide absinkenden Erdölpreises – wie von Februar bis Juli 1985 – nicht mehr einhalten konnte. Nachdem dann das Land auch noch vom schwersten Erdbeben seiner neueren Geschichte (am 19. Sept. 1985) heimgesucht wurde, zeigte ein von der Regierung verhängtes Zahlungsmoratorium die Notwendigkeit einer dritten Umschuldungsrunde überdeutlich an.

Nach heftigen Auseinandersetzungen im Kabinett über die weitere Schuldenstrategie (der gegenüber dem weitgehenden Anpassungskurs immer kritischer werdende Finanzminister Silva Herzog wurde im Juni 1986 entlassen) stimmten die Banken dem dritten Umschuldungspaket (1987), das die Fälligkeit von 47 Mrd. US-$ auf 20 Jahre streckte, zu. Mit acht tilgungsfreien Jahren und einem sehr niedrigen Zinsaufschlag – bei gleichzeitiger Gewährung von 6 Mrd. US-$ „fresh money" – hatte die mexikanische Regierung die internationale Bankenfront relativ erfolgreich unter Druck gesetzt (Rojas, 1987: 216f.). Bis 1994 waren keine großen Tilgungsleistungen vorgesehen. Erstmals war überdies im Prinzip durchgesetzt worden, daß das Ausmaß der Schuldenbedienung mit der Entwicklung des Erdölpreises und des Zinsniveaus verbunden werden müsse (Teichman, 1989: 178).

Nicht unerwähnt bleiben darf, daß die mexikanische Regierung – entgegen jedem auf Privatisierung angelegten neoliberalen Deregulierungsdiskurs – den ca. 30% umfassenden Anteil privater Auslandsschulden an den gesamten externen Schulden staatlich garantierte und subventionierte. Mittels eines besonderen Fonds mit der Abkürzung FICORA (*Fideicomiso para la Cobertura de Riesgos Cambiarios*) wurde den im Ausland verschuldeten Unternehmen eingeräumt, an diesen Fonds Zinsen und Tilgung in Pesos zu entrichten, während von dort aus die entsprechenden Dollarsummen an die externen Gläubiger überwiesen wurden. Dabei genossen diese im Ausland verschuldeten Unternehmen besondere, günstige Wechselkursrelationen und verbilligte Kredite.

Neben diesen Verhandlungen beschritt Mexiko auch andere Wege, um zu einer Schuldenreduktion zu kommen. Im Umschuldungsabkommen von 1985 war auch die Konversion von Forderungen in Beteiligungskapital vorgesehen. Vom Mai 1986 bis November 1987 waren im Rahmen dieses „Debt-for-Equity-Swap"-Programms 3,2 Mrd. US-$ Auslandsverbindlichkeiten in Beteiligungskapital umgewandelt worden. Von diesem Zeitpunkt an beschränkte die mexikanische Regierung diese Umtauschmöglichkeit hinsichtlich der zu privatisierenden Staatsbetriebe auf 1 Mrd. US-$ jährlich; denn die Nachteile dieser Schuldenreduktionsstrategie lagen u. a. in der Alimentierung der Inflation (über die inländische Geldmengenexpansion), in der Tendenz zur Anhebung des Zinsniveaus (wenn die Regierung entsprechende Kredite auf dem internen Geld- und Kapitalmarkt aufnahm), in negativen Effekten auf die Zahlungsbilanz, in der Benachteiligung einheimischer Investoren und schließlich in der allzu großen Kontrolle der Wirtschaft durch ausländische Kapitaleigner (vgl. Ebenroth/Jäger, 1990: 246f.). Ein anderer Weg bestand in der Möglichkeit, einen Teil der Forderungen aus den bisherigen Umschuldungen bzw. Neukrediten gegen neu zu emittierende Schuldverschreibungen der mexikanischen Regierung zu tauschen. Hier geht es im Kern um die Möglichkeit Mexikos, auf indirektem Weg an dem Sekundärmarkt für mexikanische Schulden selbst aktiv zu partizipieren.[1] Attraktiv wurde dieser teilweise Forderungsverzicht für die Banken durch die Ausgestaltung der neuen Schuldverschreibungen. Unter anderem wurde die Rückzahlung durch sog. Zero-Bonds des US-Schatzamts gedeckt, bei evtl. Zahlungsschwierigkeiten im Zusammenhang mit Devisenknappheit sollten diese Anleihen bevorzugt bedient werden. „Durch diese Schuldenkonversion wurde die Schuldenlast um 1,1 Mrd. US-$ reduziert, die hierdurch geringere Zinsbelastung beträgt während der

[1] Im Gefolge der Schuldenkrise in der Dritten Welt entwickelten sich in den 80er Jahren auf den Finanzmärkten auch Märkte, auf denen Forderungen (von Banken gegenüber Regierungen und Privaten aus der Dritten Welt) mit mehr oder weniger großen Abschlägen angeboten wurden. Dieser Markt für „schlechte Forderungen" (d. h. mit geringer Aussicht, sie jemals wieder voll einzubringen) wurde auch „Sekundärmarkt" genannt. Dieser entfaltete sich vor allem in der zweiten Hälfte der 80er Jahre im Zusammenhang mit der Möglichkeit, Schulden bzw. Kredite gegen Aktienanteile von jeweils nationalen, privatisierten Unternehmen zu tauschen.

Laufzeit der Anleihe 1,6 Mrd. US-$ und die Rückzahlung aller in die Konversion einbezogenen Forderungen wurde um 14–20 Jahre verschoben. Obwohl die Ersparnis angesichts Mexikos Schuldenberg nur einen sehr kleinen Beitrag leisten konnte, war die Idee dieses Debt-to-Bond-Swaps doch richtungsweisend und stellte ein Schlüsselelement bei der Implementierung des Brady-Plans im Financing Package 1989 bis 1992 Mexikos dar." (Ebenroth/Jäger, 1990: 253)[2]

Insgesamt muß die Schuldenstrategie während der Präsidentschaftsperiode Miguel de la Madrids als wenig erfolgreich qualifiziert werden. Die vom IWF geforderten Eckwerte bezüglich der Inflationsrate, des Haushaltsdefizits etc. wurden bei weitem nicht erreicht. Gesamtwirtschaftlich konnte kein Wachstumsimpuls erzielt werden. Auch der sogenannte Baker-Plan, der die Entschuldung über forcierte Wachstumsprozesse propagierte, konnte – trotz aller Versuche, die Rahmenbedingungen hierfür zu erfüllen – keine Erleichterung oder gar Wende einleiten. Der Mexiko verlassende Nettoressourcenstrom erreichte bisher nicht dagewesene Ausmaße. Dieser sog. „Nettoressourcentransfer" (der Saldo aller finanziellen Zu- und Abflüsse) bedeutet, daß das inländisch produzierte Sozialprodukt um diesen Betrag reduziert werden muß, um ausländische Forderungsinhaber zu befriedigen. Bei Zinszahlungen (und Gewinnüberweisungen) in Höhe von etwa 77 Mrd. US-$ in den Jahren von 1982–1989 (durchschnittlich 9,7 Mrd. US-$ pro Jahr) erbrachte Mexiko einen Nettoressourcentransfer zugunsten der übrigen Welt von insgesamt 49 Mrd. US-$.[3] Dies bedeutete eine Belastung von durchschnittlich 6,1 Mrd. US-$ pro Jahr bzw. ca. 3,1% des mexikanischen Bruttosozialprodukts. Den Höhepunkt erreichte der negative Ressourcentransfer mit fast 10 Mrd. US-$ (5,6% des Sozialprodukts) im Jahre 1987. Erst 1990 konnte Mexiko wieder einen positiven Nettoressourcentransfer aus dem Ausland registrieren, vor allem infolge neuer Zuflüsse an Direkt-

[2] Der sogenannte Baker-Plan (1985) zur Lösung der Schuldenkrise der Länder der Dritten Welt, benannt nach dem damaligen US-Finanzminister, sah Erleichterungen und Stimuli für ökonomisches Wachstum in der Dritten Welt vor. Nach dem fast völligen Scheitern dieser Vorstellung versuchte der nächste US-Finanzminister N. Brady 1988 die privaten Banken zu teilweisen Forderungs- oder Zinsverzichten bzw. der Ausgabe neuer Kredite an die Schuldner der Dritten Welt zu bewegen. Diese Wahl- und Kombinationsmöglichkeit zur Reduktion der Schuldenlast ist der Kern des sog. Brady-Plans.

[3] Die Differenz zwischen diesen beiden Größen – 28 Mrd. US-$ – ist auf „kompensierende Zuflüsse" finanzieller Ressourcen in Form von Neukrediten, Direktinvestitionen, Übertragungen zurückzuführen.

investitionen bzw. an Geldkapital (Sangmeister, 1992: 190). Die Gesamtverschuldung wuchs – trotz aller Umschuldungs- und Reduktionsversuche – von 80 Mrd. US-$ (1982) auf über 104 Mrd. US-$ (1987) an. Aufgrund der sehr negativen Entwicklung der mexikanischen Wirtschaft in den Jahren 1986/87 waren die entsprechenden Schuldenkennziffern (Relation Schulden–BSP; Schuldendienst–Exporterlöse etc.) auf ihrem negativsten Punkt angelangt. Die Frage ist, warum dem gesamten Umstrukturierungsprogramm – neben dem weitgehend vergeblichen Schuldenmanagement – kein großer Erfolg beschieden sein konnte.

4.2 Wirtschaftspolitische Maßnahmen und ökonomischer Prozeß

Die neue Regierung trat am 1. Dezember 1982 ihr Amt an; vom August bis Dezember dieses Jahres wurden einige Sofortmaßnahmen ergriffen (u. a. die Bankenverstaatlichung und die Hilfsaktionen von IWF und den USA überbrückten jenen Zeitraum zwischen Ausbruch der Schuldenkrise und Antritt der neuen Regierung). Allerdings zeichnete sich schon ab, daß die mit der Bankenverstaatlichung verbundene wirtschaftspolitische Leitlinie unter den gegebenen Umständen kein kohärentes und erfolgversprechendes Programm bieten konnte. Die späten Maßnahmen von López Portillo und die Leitlinien des „Programm C. Tello", der als linker PRI-Ökonom mit keynesianischem Profil gilt und der in dieser Zeit des Übergangs Zentralbankpräsident war, wirken im Rückblick wie ein schwächer werdendes Nachhallen einer langen Periode populistisch-nationalistischer Tradition. Auf einer anderen, zunächst weniger sichtbaren, gleichwohl aber wichtigeren Ebene waren die grundlegenden gesellschaftlichen und ökonomischen Weichenstellungen in die entgegengesetzte Richtung mit der Benennung von Miguel de la Madrid zum Präsidenten bereits Ende 1981 gefallen. Mit dieser Entscheidung scheint ein klarer Wunsch der herrschenden Kräfte nach einem wirtschaftspolitischen Strategiewechsel verbunden gewesen zu sein (Kaufman, 1989: 115). Die Vereinbarungen mit dem IWF waren im November zu Ende geführt worden und die Regierung hatte sich verpflichtet, eine gestaffelte Reduktion der Inflationsrate und des Haushaltsdefizits (in bezug auf das Bruttoinlandprodukt) in den nächsten drei Jahren zu erreichen.

Die Regierung schien mit einem klaren Programm und festem Willen ans Werk zu gehen. Als Leitfaden ihrer Politik diente ihr – in

Übereinstimmung mit dem IWF-Abkommen – ein kurzfristiges Stabilisierungsprogramm (*Programa Inmediato de Reordenación Económica*, PIRE) sowie ein mittel- bis langfristig angelegtes Restrukturierungsprogramm (*Plan Nacional de Desarrollo*, PND). Während im ersteren rigide Haushaltskürzungen (von über 20%), Importdrosselungen, Reallohnsenkungen, Tarifanhebung für öffentliche Güter und Dienstleistungen etc. vorgesehen waren, bezog sich das zweite Programm auf mittelfristig angestrebte Wachstumsraten, auf die Öffnung der Ökonomie im Handels- und Investitionsbereich, auf Deregulierungsmaßnahmen und Privatisierungspläne der Regierung. Die einzelnen Phasen der Wirtschaftspolitik unter Miguel de la Madrid wurden vor allem durch die unterschiedliche Konsequenz in der Durchführung beider Programme, wechselnde externe Bedingungen (Ölpreisentwicklung, Zinsniveau), evtl. internen Widerstand und Wahlphasen während dieser Regierungsperiode auf kommunaler und bundesstaatlicher Ebene determiniert. Obwohl grundsätzlich die Entscheidung für einen tiefgreifenden Umbruch der Ökonomie und eine *reconversión industrial* (industrielle Umstrukturierung) gefallen war, präsentierte sich dieses Sexennium in wirtschaftspolitischer Hinsicht wie auch bezüglich der realen wirtschaftlichen Entwicklung keineswegs als einheitlich (Kaufman, 1989: 116).

Die Regierung de la Madrid distanzierte sich von dem „Programm Tello“ sehr schnell und kündigte die Revision der Bankenverstaatlichung an; die Währung wurde nochmals abgewertet und die Zinssätze wurden erhöht. Eine fiskalpolitische Austerität – in Verbindung mit importdrosselnden und exportsteigernden Abwertungen – wurde als das allein adäquate Mittel der anfänglichen Anpassungsphase (1983–1985) erachtet, um schockartig die „exzessive Nachfrage“ zu eliminieren und damit auch die internen Preissteigerungen und externen Ungleichgewichte abzubauen. Entsprechend wurden auch die konjunkturell wirkenden Anpassungsmaßnahmen des PIRE konzipiert, welche auf drei Jahre hin angelegt waren und dem ersten Abkommen mit dem IWF Ende 1982 zugrunde lagen. Es war allgemein klar, daß dieses Programm die rezessiven und deflationären Tendenzen der mexikanischen Ökonomie verstärken mußte; dennoch wurde dies als notwendige Voraussetzung für eine mittelfristige Sanierung angesehen.

Zur monetaristisch fundierten Ausgleichung der öffentlichen Finanzen, die 1982/83 vor allem eine den Privatsektor sensibel treffende Kürzung öffentlicher Investitionsausgaben und schockartige Preis- und Tarifsteigerungen für öffentliche Güter und Dienstleistungen beinhaltete, trat ab Mitte 1983 ein eher graduell vorgehendes Indexierungssystem hinzu. Dieses zeichnete sich dadurch aus, daß es nicht an den Preissteigerungen der Vergangenheit, sondern an der erwarteten Inflation ausgerichtet war und sich auf einige, vermeintlich stabilisierungspolitisch zu kontrollierende Schlüsselpreise – Wechselkurs, Löhne, öffentliche Tarife – konzentrierte. Entsprechend sollte die sukzessive Drosselung der Inflation mittels Anpassung der besagten Schlüsselpreise erfolgen, die sich an von vornherein vorgegebenen und unter den Preissteigerungen der Vergangenheit liegenden Raten erwarteter Inflation zu orientieren hatten. Dies gelang jedoch während der Laufzeit des PIRE nur vorübergehend – zwischen Mitte 1983 und Ende 1984 – und auch nur infolge einer äußerst restriktiv vorgehenden Lohnpolitik. Die realen Kaufkraftverluste hingen vor allem damit zusammen, daß die erwartete Inflation ständig hinter der tatsächlichen hinterherlief und das traditionell korporativistisch geprägte System der Lohnverhandlungen der Regierung de la Madrid einen relativ großen Handlungsspielraum beließ, unzureichende Lohn- und Gehaltsanpassungen als zusätzliches deflationäres Instrument einzusetzen. Damit wurde faktisch die Lohnpolitik zum Kernstück der Strategie, die Inflationsstabilisierung mit der gleichzeitig angestrebten Veränderung der Struktur relativer Preise (z. B. zugunsten der Außenhandelsgüter) zu verbinden (Fürst, 1992: 35f.). Nach 1985 wurde der altbekannte Anpassungsmechanismus der Löhne an die Inflation, der die vorherige tatsächliche Entwicklung von „Schlüsselpreisen" zugrunde legt, wieder eingeführt.

Das seit 1982 ausgeübte Wechselkursmanagement in Mexiko hatte die Doppelfunktion, zum einen den im Gefolge der Devisenknappheit entstandenen Schwarzmarkt für Fremdwährung bzw. die davon wegen weiterer Abwertungserwartungen angeheizte Inflation nicht ins Uferlose wachsen zu lassen, zum anderen eine Unterbewertung des Peso zur Förderung auch von Nicht-Erdölexporten zu garantieren. Dazu wurde im Dezember 1982 ein System gespaltener Wechselkurse mit dem Ziel einer Vereinheitlichung bis Ende 1983 eingeführt. Andererseits wurde 1983 im Anschluß an den Abwertungsschub von 1982, der eine hohe Unterbewertungsmarge mit sich gebracht hatte, ein System von täglichen, an der erwarteten Inflationsrate orientierten Mini-Abwertungen etabliert.[4]

[4] Gerade nach einer starken Abwertung, die häufig eine Tendenz der Unterbewertung der nationalen Währung innerhalb eines bestimmten Spielraums („Unterbewertungsmarge") mit sich bringt, ist diese Korrektur des „Außenwerts" der Währung – insbesondere bei stark importabhängigen Ländern – in

Trotz dieses differenzierten Ansatzes trat bald der inhärente Widerspruch zwischen dem kurzfristig angelegten Sofortprogramm des PIRE und dem langfristigen Strukturanpassungsansatz des PND in der Inflationsbekämpfungsstrategie zutage. Der in dieser Hinsicht orthodoxe Ansatz der „Banco de México" (Zentralbank) bezüglich der Wechselkurspolitik führte zum Teufelskreis sich gegenseitig hochschaukelnder Prozesse einer Abwertungs-Lohn-Preis-Spirale und einer Abwertungs-Kapitalflucht-Zins-Spirale. Hohe Abwertungen stimulierten per se die Inflation sowie die damit geschürte weitere Abwertungserwartung bzw. die Kapitalflucht. Um diese zu konterkarieren oder abzuschwächen, wurde eine interne Hochzinspolitik betrieben, die ihrerseits die Preisspirale anheizte und produktive Investitionen und damit inflationssenkende Angebotserweiterungen hemmte. Die Reduktion der öffentlichen Investitionen trug zu diesem Moment der Angebotsverringerung bei und wirkte daher ebenfalls als Inflationsquelle. Zum anderen wurde die Belastung der öffentlichen Haushalte durch die laufenden, schon allein infolge interner Verschuldung explosiv ansteigenden Zinszahlungen (zusätzlich zu dem sich aus der Bedienung der Auslandsschuld ergebenden Zinsendienste) derart hoch, daß fiskalpolitisch wiederum auf eher inflationsstimulierende Sanierungsmaßnahmen, wie weitere Tariferhöhungen und Subventionsstreichungen, zurückgegriffen werden mußte. Hinzu kam, daß die mexikanische Regierung erwartet hatte, ihre IWF-konforme Politik würde von den internationalen Geschäftsbanken durch weitere Finanzierungen honoriert werden. Die Banken waren aber eher an einer Reduktion als an einer Ausweitung ihres Mexiko-Engagements interessiert und nur in geringem Umfang bereit, weitere Kredite zur Verfügung zu stellen. So war die mexikanische Regierung darauf verwiesen, sich im Inland neue Mittel zu beschaffen. „Dies geschah zum einen durch das Drucken neuen Geldes, zum anderen durch die Kreditaufnahme auf dem inländischen Markt, wodurch die Inflation auf die Rekordmarke von 160% kletterte." (Ebenroth/Jäger, 1990: 243) Diese Entwicklung wurde zweifellos durch das erwähnte Erdbeben im September 1985 und den stark abfallenden Erdölpreis im Laufe des Jahres 1985 und dann noch einmal im Laufe des Jahres 1986 zugespitzt, so daß Inflationsauftrieb und Haushaltsdefizit – neben dem ge-

der Regel mit einem kräftigen Inflationsschub verbunden. Gegenüber einer einmaligen „Maxi-Abwertung" versprechen sich die Wirtschaftspolitiker von einer täglichen (oder graduellen) „Mini-Abwertung" geringere inflationäre Nebenwirkungen.

ringen Wachstum – die Hauptprobleme während der gesamten Administration Miguel de la Madrids blieben.

Mit dem *Programa de Aliento y Crecimiento* (PAC) für 1986/87, das unter dem Einfluß des Baker-Plans und des erneuten Erdölpreisschocks von 1985/86 konzipiert und dem wachstumskonformeren IWF-Abkommen von Juli 1986 zugrunde gelegt worden war, hatte sich auf der offiziellen Diskursebene eine Wende der Diagnose und Therapie der Inflationsursachen vollzogen. Anstatt der bisher dominanten Übernachfragethese wurden jetzt mehr neostrukturalistisch fundierte Cost-push-Argumente (insbesondere Import- und Zinskostensteigerungen infolge von Abwertung und interner Staatsverschuldung), die erwartungsbedingten Trägheitsmomente der Inflation sowie partiell die oben thematisierten geldwirtschaftlichen „Teufelskreisläufe" als zentrale Felder der beständigen Inflationsalimentierung in den Vordergrund gestellt.[5] Dieser analytischen Umorientierung standen allerdings in den Jahren 1986/87 auf der realpolitischen Ebene keine radikalen Veränderungen zur Seite. Vielmehr wurde

[5] Bei den volkswirtschaftlichen Erklärungsvarianten für Inflationsprozesse geht es – grob gesprochen – so zu wie bei der Beschreibung des zur Hälfte gefüllten Glases („halb voll" vs. „halb leer"). Inflationen entstehen grundsätzlich durch Übernachfrage, d. h. mehr monetäre Nachfrage (und dies kann natürlich Konsumentennachfrage, unternehmerische, staatliche Nachfrage etc. sein) trifft auf ein zu kleines Angebot an Gütern/Dienstleistungen. Diese Erklärungsvariante bevorzugen „neoklassisch", „monetaristisch" etc. orientierte Ökonomen. Die Gegenthese führt die Inflation auf ein Unterangebot von Gütern/Dienstleistungen bzw. auf Engpässe – z. B. wegen monopolistischer Strukturen – in der Produktion bzw. auf der Angebotsseite zurück. Diese Variante vertreten sog. „keynesianisch" bzw. „strukturalistisch" orientierte Theoretiker. Entsprechend der entgegengesetzten Akzentuierung der Diagnose sind die therapeutischen Empfehlungen dieser beiden Hauptrichtungen sehr verschieden: Haushalts- und Lohnkürzungen, scharfe Kontrolle der Geldmenge, Zinsanhebung etc. auf der einen Seite, auf der anderen Seite werden steuerliche Erleichterungen, Verbilligung von Vorleistungen, evtl. staatliche Investitionen, Importbegünstigungen, Reformen der Wettbewerbsstruktur (zur Vermeidung überhöhter Preise) etc. empfohlen. Durch Inflationsprozesse, Protektionismus, Subventionen etc. werden häufig die Relationen der Preise untereinander (die „Struktur relativer Preise") verzerrt, d. h., manches ist (im Vergleich zum Weltmarktpreis) zu teuer, anderes zu billig etc. Diese Verzerrungen (die häufig auch als wirtschaftspolitische Steuerungsmittel dienen) möchte eine neoliberale Politik abschaffen. Von „Inflationsalimentierung" sprechen die Ökonomen, wenn eine Preissteigerung immer neue Nahrung erhält.

weiter auf überwiegend konventionelle preisstabilisierende Instrumente gesetzt, wie z. B. Korrektur der Struktur relativer Preise, Sanierung der öffentlichen Finanzen, Reduzierung des abwertungs- und zinsbedingten Kostendrucks sowie Fortführung der außenhandelspolitischen Öffnung der mexikanischen Ökonomie.

Auch die mittel- und längerfristigen Elemente der Strukturanpassungspolitik – Außenhandelsliberalisierung, Forcierung der grenznahen Lohnveredelungsindustrie unter ausländischer Kapitalkontrolle (die sog. Maquiladora-Industrie) sowie eine breite Privatisierungs- oder Liquidierungswelle staatlicher Unternehmen – trugen zumindest bis 1988 zur Lösung oder Abschwächung der genannten Hauptprobleme während der Regierungsperiode Miguel de la Madrids wenig bei.

Ein wesentliches Element der Strukturanpassung liegt in der Öffnung nach außen, d. h. der Liberalisierung der Außenwirtschaftsbeziehungen. Bezüglich des Warenverkehrs schließt diese vor allem die Beseitigung (oder Reduktion) der tarifären Zollbarrieren und der nichttarifären Handelshemmnisse, die Abschaffung von Subventionen für mit den Importen konkurrierende Industrien und normalerweise auch die Abwertung der Landeswährung ein. Während starke Abwertungen im Laufe des Jahres 1982 erfolgten, wurde die Zollreduktion in zwei Schüben (1985 und 1987) – mit Unterstützung zweier Weltbankkredite in Höhe von ca. 500 Millionen US-$ – vorgenommen. Die nichttarifären Importbeschränkungen wurden derart reduziert, daß die dadurch geschützte heimische Produktion sich von 92% auf weniger als 20% (1985–88) verringerte und der durchschnittliche Zollsatz von 23,5% (1985) auf 12,5% (1989) gesenkt und sehr stark vereinheitlicht wurde (Ten Kate, 1992: 664). Freilich war die Entwicklung der Außenhandelsbilanz nicht primär durch diese starke Zollsenkung bestimmt. Die Fortdauer der Rezession und vor allem ein niedriger Wechselkurs hatten verschiedene Konsequenzen, die die Wirkungen der Handelsliberalisierung eine Zeitlang konterkarierten oder aufschoben. Der niedrige bzw. tendenziell unterbewertete Wechselkurs hielt Importe ab und erleichterte gewissermaßen damit die Handelsliberalisierung. Eine zweite Konsequenz war, daß die strukturelle Anpassung der heimischen Industrie, die sich zunächst kaum unter zusätzliche Importkonkurrenz gestellt sah, aufgeschoben wurde. Ein spürbarer Importanstieg wurde erst Ende 1988 registriert (Ten Kate, 1992: 669). Durch den definitiven Beitritt Mexikos zum GATT (1986) und später die forcierte Inangriffnahme des NAFTA-Projekts (1990) waren allerdings deutliche Signale bezüglich der Dauerhaftigkeit der Zollsenkungspolitik für die mexikanische Industrie gesetzt worden. Drittens bewirkte aber die starke Abwertung einen ständigen inflationären Druck, der im übrigen auch von dem fortdauernd stark passiven Haushalt ausging. Diese beiden Faktoren waren maßgeblich dafür verantwortlich, daß während der Regierung Miguel de la Madrids die durchschnittliche jährliche Inflationsrate selten deutlich unter 100% lag und damit ein Hauptziel der Strukturanpassungspolitik völlig verfehlt wurde. „Die traditionellen Instrumente der Wirtschaftspolitik erwiesen sich als unwirksam, die Ökonomie aus ihrem Stillstand zu befreien. Die Hauptziele, die Inflation zu senken und das außenwirtschaftliche Gleichgewicht zu erreichen, schienen unvereinbar zu sein." (Ten Kate, 1992: 660) Erst aus dieser Engpaßsituation – im Verein mit den herannahenden Wahlen von 1988 – ist der Übergang zu einer partiell heterodoxen Wirtschaftspolitik in Gestalt des „Pakts für ökonomische Solidarität" (Dezember 1987) zu verstehen.[6]

Die inländische Opposition gegen die Handelsliberalisierung war relativ gering, was möglicherweise auch mit der Artikulation bestimmter – davon profitierender – Konsumenteninteressen zu tun hatte. Auch nicht alle industriellen Produzenten sahen die Importliberalisierung als negativ an; gerade die Möglichkeit, kostengünstigere und bessere Vorprodukte (industrielle Inputs) einführen zu können, hat die Interessenlage dieser Unternehmergruppen scharf von jenen abgesetzt, die durch verschärfte Importkonkurrenz direkt von der Zollsenkungspolitik betroffen waren. Aber auch die letztgenannte Gruppe genoß noch – zumindest bis 1987 – einen gewissen Schutz infolge der unterbewerteten Währung, die ja Importe verteuerte; insofern haben in den ersten Jahren der Zollsenkungsrunde diese beiden Variablen (Zollreduktion – unterbewertete Währung) sich wechselseitig kompensiert.

Schon an dieser Stelle lassen sich bestimmte Antinomien bzw. gegenläufige Tendenzen konstatieren, die die Erfolgsrate von Strukturanpassungsprogrammen offensichtlich erheblich einschränken. Der mexikanische Fall zeigt, daß bei fortdauerndem Haushaltsdefizit die Handelsliberalisierung allein nicht in der Lage ist, die Inflation einzudämmen und gleichzeitig die Exporte so zu stimulieren, daß ein Han-

[6] Von einer „heterodoxen Wirtschaftspolitik" sprechen (neoklassische/orthodoxe) Ökonomen, wenn den „reinen Marktmechanismen" nicht alles überlassen bleibt, sondern auch staatliche Interventionen (in Gestalt von Subventionen, Pakten etc.) stattfinden.

delsbilanzgleichgewicht erzielt wird. Die Rolle des Wechselkurses ist hierbei wichtig und kontrovers: Um die Inflation niedrig zu halten, muß der Wechselkurs über längere Perioden hinweg relativ stark fixiert sein. Wenn aber so verfahren wird, kommt es bald wieder zu einem externen Ungleichgewicht. Die Frage ist nun, ob die Anlage eines neoliberalen Anpassungsprogramms die unangenehme Alternative – Inflation oder chronisches Handelsbilanzdefizit – dauerhaft vermeiden kann.

Trotz der verzögerten Wirkung der Handelsliberalisierung dürfen ihre kurzfristigen Begleiterscheinungen nicht unterschätzt werden. Die Exportstruktur Mexikos veränderte sich schon im Laufe des Sexenniums von Miguel de la Madrid erheblich. Zwischen 1982 und 1989 wuchsen die Nicht-Erdölexporte um jährlich durchschnittlich 20%, dabei stiegen sie wertmäßig von 4,75 Mrd. US-$ 1982 auf 14,88 Mrd. US-$ im Jahre 1989 an. Diese Exporte erbrachten 1989 bereits 65% des Deviseneinkommens, was, verglichen mit 22% im Jahre 1982, eine erhebliche Verschiebung in den Proportionen darstellte. Der Anteil der Industriegüter am Gesamtexport betrug 1988 63%, wobei vor allem Automobile, Autoteile, verarbeitete Nahrungsmittel, chemische und mineralische Produkte zu den dynamischsten Exportsektoren gehörten. Allerdings darf nicht verschwiegen werden, daß ein Teil dieser Anteilsverschiebung zwischen Industrie- und Erdölprodukten an den Gesamtexporten Mexikos auch auf den Preisverfall des Erdöls zurückzuführen ist. Ein weiterer Teil der verarbeiteten Exportprodukte stammt aus der US-dominierten Maquiladora-Industrie an der Nordgrenze Mexikos.

Die Zahl der Maquiladora-Unternehmen stieg im Laufe der 80er Jahre steil an. Während 1982, also zu Beginn der langandauernden Krise, etwa 580 Maquiladora-Unternehmen existierten, waren es Mitte 1992 bereits über 2000; die Zahl der dort Beschäftigten stieg in diesem Zeitraum von ca. 130000 auf etwa 500000 an. Die in den Maquiladora-Unternehmen angestellten mexikanischen Lohnarbeiter und vor allem Lohnarbeiterinnen machten bis Ende der 80er Jahre fast 20% der gesamten industriellen Arbeitskraft Mexikos aus. Fast 50% der US-Importe aus Mexiko (und dies ist ein großer Teil der gesamten mexikanischen Exporte) stammen aus den Maquiladora-Industrien, während umgekehrt ein Drittel der mexikanischen Importe aus den USA den Maquiladora-Betrieben gilt (vgl. 6.2). Dies stellt eine neue Stufe von komplementärer, aber untergeordneter Integration dar, die auch letztlich mit dem NAFTA-Projekt angestrebt wird und in der die maßgebenden mexikanischen Politiker und Wirtschaftsgewaltigen die Zukunftsperspektive ihres Landes sehen (Sandoval/Arroyo, 1990: 203 ff.) (vgl. 5.4).

Zu den mittelfristigen Bestandteilen der neoliberalen Strukturanpassungspolitik gehörte auch die Entstaatlichung bzw. Privatisierung zahlreicher öffentlicher Unternehmen. Abgesehen von ordnungspolitischen Gründen[7] war der Beitrag staatlicher Unternehmen zum Haushaltsdefizit (dieser wird mit 45 bis 60% unterschiedlich angegeben) ein wichtiger Beweggrund zur Umstrukturierung des Staatssektors. Die Reduzierung des staatlichen Sektors verlief parallel zur generellen Strategie der Unterstützung des privaten Sektors und der Verbesserung des Verhältnisses von Staat und Regierung zur Unternehmerschaft. Ein neu geschaffenes Ministerium für den parastaatlichen Bereich (SEMIP) sollte die Kontrolle und Koordinierung des verbliebenen staatlichen Wirtschaftssektors übernehmen. In den Jahren 1983 und 1984 wurden eine Reihe von staatlichen Einheiten umstrukturiert, aufgelöst, liquidiert oder verkauft.[8] Ab 1985 setzten sich bei gestiegenem Haushaltsdefizit auch haushaltspolitische Zwänge gegenüber den bloß industriepolitischen Zielen durch, so daß das Tempo der Entstaatlichung deutlich zunahm. Die Zahl der parastaatlichen Einheiten ging von 1155 (1982) auf 932 (1985) zurück, 1988 waren es nur noch 449 (vgl. Lauth, 1991: 112). Trotz der relativ großen Zahl privatisierter oder liquidierter Betriebe war die Entlastung des staatlichen Haushalts und erst recht die Wirkung auf den Inflationsprozeß kaum sichtbar. Eine Erklärung hierfür ist, daß es sich bei den bis 1988 entstaatlichten Betrieben überwiegend um kleine Einheiten handelte und um solche, die nicht in „strategischen Branchen" lokalisiert waren; deren frühere Übernahme unter staatliche Kontrolle ging häufig auf politische und arbeitsmarktpolitische Motive zurück. Der Beitrag zum gesamten Haushaltsdefizit dieser Einheiten scheint zum einen nicht übermäßig groß gewesen zu sein,[9] zum anderen sind evtl.

[7] In einer privaten marktwirtschaftlichen Ordnung ist nach liberaler bzw. neoliberaler Auffassung der Bereich öffentlicher Unternehmen auf ein Minimum zu reduzieren bzw. gänzlich zu eliminieren, da dieser die „rationale Allokation der Ressourcen" stören oder verzerren würde. Sie stehen im übrigen nach dieser Auffassung dem freien Wettbewerb im Wege.

[8] Alle diese Formen von „Entstaatlichung" werden in der mexikanischen Terminologie unter dem Oberbegriff *„desincorporación"* zusammengefaßt.

[9] Entsprechend war der Beitrag des Entstaatlichungsprozesses zur Haushaltssanierung (zumindestens bis 1988) sehr gering. Die zwischen 1982 und 1988 verkauften staatlichen Betriebe erbrachten ca. 422 Mio. US-$, das Haushaltsdefizit allein im Jahre 1987 war 30mal größer (vgl. Ross-Schneider, 1988/1989: 102).

Entlastungen durch zusätzliche Belastungen (etwa der Zinsanstieg für die innere Verschuldung) mehr als kompensiert worden. Tatsächlich war das Volumen der desinkorporierten Unternehmen (ausgedrückt in ihrem Bruttoproduktionswert) relativ niedrig. In Relation zur gesamten Wertschöpfung des öffentlichen Sektors 1983 repräsentierten die bis 1988 privatisierten, liquidierten oder transferierten Unternehmen nur ca. 2,9%; wenn allerdings der staatliche Erdölkonzern PEMEX (*Petroleos Mexicanos*) als größte parastaatliche Einheit ausgeklammert wird und die sektorspezifischen Anteile betrachtet werden, so sind die Gewichte des privatisierten Bergbaus und der privatisierten industriellen Produktion mit ca. 29,6 respektive 31,7% bezogen auf den gesamten Bergbau und die Industrie insgesamt relativ bedeutsam (vgl. Ruiz, 1990: 803). Einige Beobachter gehen sogar so weit zu behaupten, daß trotz der quantitativ beeindruckenden Desinkorporation von einzelnen staatlichen Betrieben der Staat in Mexiko in seiner Kontroll- und Dirigierfunktion (*rectoría*) keineswegs geschwächt, sondern eher gestärkt worden sei – zumindest bis 1988 (so auch Ross-Schneider, 1988/89: 105).

Im Zeichen heranrückender Präsidentschafts- und Parlamentswahlen (Juli 1988) wurde eine konsequentere Antiinflationsstrategie erforderlich, auch wenn sie von der bis dahin als wirksam erachteten Orthodoxie einer restriktiven Fiskal- und Geldpolitik bestimmte Abstriche machen mußte. Diese Notbremse war der seit seiner Verkündung im Dezember 1987 im Vordergrund der wirtschaftspolitischen Debatte stehende *Pacto de Solidaridad Económica* (PSE), dessen wichtigste Maßnahmen ein spektakulärer Lohn- und Preisstopp waren. Diese Akzentuierung muß im Kontext von teilweise heterodoxen Stabilisierungsversuchen in Argentinien, Brasilien und Peru seit Mitte der 80er Jahre gesehen werden. Der „Pakt ökonomischer Solidarität" zeichnete sich durch eine Verknüpfung von orthodoxen mit heterodoxen Komponenten einer antiinflationären Fiskal-, Zins-, Wechselkurs- und Einkommenspolitik aus. „Die orthodoxen Maßnahmen bezogen sich zum einen auf die Konsolidierung der öffentlichen Finanzen zur Herstellung eines primären Budgetüberschusses, um damit sukzessive die von staatlicher Defizitfinanzierung induzierte Hochzinspolitik herunterzufahren. Zum anderen setzten sie auf die vertiefte Öffnung zum Weltmarkt qua Festsetzung eines niedrigen Einheitszolls von max. 20% und Eliminierung quantitativer Importkontrollen, um damit Importwaren zu verbilligen und insgesamt die interne Preisfestsetzung an niedrigeren Weltmarktpreisen auszurichten. Die heterodoxen Elemente betrafen einerseits die einkommenspolitisch fundierte Desindexierung der Schlüsselpreise durch weitgehende Einfrierung der Löhne, der Preise und Tarife für öffentliche Güter und Dienstleistungen, der Endpreise für die unter Kontrolle des PSE fallenden Waren und (teilweise) der staatlich regulierbaren Zinssätze. Andererseits wurden sie sichtbar in der 1988 sich explizit auf Inflationsbekämpfung ausrichtenden Umfunktionalisierung der Währungspolitik, indem der Fixierung des Wechselkurses unter Hinnahme des Verlusts exportbegünstigender Unterbewertungsmargen der Vorzug gegeben wurde." (Fürst, 1992: 42f.)

Im Dezember 1988 wurde mit der Regierungsübernahme des Präsidenten Carlos Salinas de Gortari – mit Ausnahme der Einführung der täglichen Miniabwertungen um 1 Peso – ein ähnlicher Stabilisierungspakt unter dem neuen Namen *Pacto para el Crecimiento Económico y Estabilidad* (PCEE) abgeschlossen, der in den folgenden Jahren – bei kleinen Variationen der Einzelelemente – mehrfach verlängert wurde. Dieser Pakt führte – bei sukzessivem Abbau des Preis- und Lohnstopps und begleitet von einer strikten Einhaltung konsolidierter Fiskalpolitik –, trotz markanter Zinssatzsteigerungen zu beachtlichen Ergebnissen: So fiel die monatliche Inflationsrate, die als Ergebnis der anfänglichen Abwertungen und Preiskorrekturen im Januar 1988 noch knapp 16% betrug, im April schon auf 3% und pendelte sich in den folgenden drei Monaten bei rd. 2% monatlich ein; das führte dazu, daß die gesamte Inflationsrate im Jahr 1988 mit knapp 52% deutlich die niedrigste seit 1982 wurde. Auch schien mit dem ersten Pakt zwischen den Gewerkschaften und Bauernverbänden, den Unternehmerverbänden in Industrie, Handel und Landwirtschaft sowie der Regierung eine grundlegende Wende in der bisherigen Stabilisierungs- und Strukturanpassungspolitik erreicht zu sein. Die o. g. „Teufelskreise" der Periode von 1982–1987 schienen durch ihn überwunden zu sein, die Inflation erwies sich als eindämmbar, ein höheres Wachstum und Zinssenkung mußten offenbar nicht mehr den anderen Zielen (Haushaltsausgleich und externes Gleichgewicht) geopfert werden. Die den Spezifika Mexikos entsprechende Dimensionierung und Dosierung von Stabilisierungspolitik schien nun endlich gefunden worden zu sein: Hinter dem Erfolg „stand die Entscheidung, dem negativen Prozeß der kumulativen Verursachung, in welchem Elemente traditioneller Anpassungspolitik – insbesondere die Beeinflussung der Zinsrate und des Wechselkurses – auf perverse Weise die Inflation anheizten, ein Ende zu bereiten, obwohl sie offensichtlich gleichzeitig zu den Anpassungszielen durch Stimulierung der Ersparnisse, der Exporte und Entmutigung der Kapitalflucht sowie durch Verhinderung einer Vergrößerung des öffentlichen Defizits beitrugen. Dieser Aspekt der mexikanischen Erfahrung ist von größter Bedeutung, da traditionelle Anpassungsrezepte weiter empfohlen werden ohne eine angemessene Beachtung der spezifischen Situation, in der diese Politik umgesetzt wird".(Navarrete, 1990: 43) Neben der höheren Wirksamkeit schien im übrigen die neue Akzentuierung der Stabilisierungspolitik auch sozialer angelegt zu sein, zumal dieser Linie die Arbeitervertreter explizit zuzustimmen hatten und die vor allem den Arbeiterhaushalt besonders interessierenden Grundbedarfsgüter einer strengen Preiskontrolle unterworfen waren.

Dennoch war es in der Logik auch dieses Programms begründet, daß verschiedene entgegengesetzte Effekte zu erwarten waren. Diese bestanden zum einen in der Hinnahme eines weiteren Reallohnverfalls für die breite Masse der Bevölkerung, weil der Preisstopp sich nur weniger rigoros durchhalten ließ als der Lohnstopp. Zum anderen führte der feste Wechselkurs zu einer Verminderung der Devisenreserven, da allmählich die Unterbewertungsmargen abgebaut wurden und die liberalisierten Importe zusätzliche Devisen absorbierten. Schließlich ließ die restriktive Handhabung der Fiskal- und Kreditpolitik sowie die infolge der Preiskontrollen sich ergebende Verringerung der Gewinnmargen von Produzenten und Händlern eine weiter sinkende Investitionstätigkeit erwarten (Fürst, 1992: 43f.).

Das Sexennium Miguel de la Madrids hat ökonomisch zweifellos eine so negative Bilanz aufzuweisen, wie sie das Land zuletzt in den Wirren der Revolution kennengelernt hatte: Die über die gesamte Regierungszeit hinweg berechnete Entwicklung des BIP muß sogar als leicht negativ gelten, was eine Reduktion des Pro-Kopf-Einkommens um ca. 15% bedeutete; die industrielle Produktion war 1988 sogar um 25% niedriger als 1982. Die Inflationsraten dagegen stiegen von Jahr zu Jahr auf 80 oder 90%, zeitweise sogar auf über 100% an (1987: 160%), die Investitionen, die öffentlichen wie noch mehr die privaten, schrumpften stark zusammen. Ein Haushaltsausgleich konnte nur erzielt werden (sogar ein leichtes Plus), sofern die Zinszahlungen für die interne und externe Verschuldung abgerechnet wurden; bei Hinzurechnung dieser bedeutenden Posten waren auch in den letzten Jahren der Administration Miguel de la Madrids die Negativwerte kaum geringer als zu Beginn seiner Regierungsperiode. Zudem korrespondierte einem starken Anstieg der Arbeitslosigkeit die Zunahme des informellen Sektors, ein rasanter Reallohnverfall und die Ausdehnung der Armutsquote in einem bisher nicht für möglich gehaltenen Tempo (vgl. 4.3). Die strenge Austeritätspolitik, verbunden mit einer mittelfristig angelegten Modernisierungs- und Liberalisierungsstrategie, die eine stärkere Weltmarktöffnung und eine Umstrukturierung des Produktionsapparats zum Ziel hatte, verschaffte keine Besserung, weil sie nur teilweise gelang und zudem in vielen Bereichen neue Widersprüche hervorrief, die die Durchführung dieser Strategie konterkarierten. Die auf der Basis der Unterbewertung des Peso und der tiefen internen Rezession erzielten hohen Handelsbilanzüberschüsse (1983 und 1984, in abnehmender Weise auch noch in den folgenden Jahren) – im übrigen die ersten seit 1955 –, die Bildung neuer Devisenreserven, die rasche Veränderung und Diversifizierung der Exportstruktur, die Ausdehnung der Maquiladora-Industrie sowie die teilweise Rückführung von Fluchtkapital, das durch hohe Zinsen und eine zeitweise boomende Börse angelockt wurde – all dies war letztlich wenig im Vergleich zu den vorgenannten Nachteilen. Es waren vor allen Dingen relativ zerbrechliche und möglicherweise kurzlebige Erfolge, da sie allesamt entweder im finanziell-monetären Bereich lokalisiert waren oder aber von externen Aspekten der mexikanischen Ökonomie abhingen. „Insgesamt wies die Regierungsperiode von Miguel de la Madrid höchstens ein gemischtes Ergebnis auf; realistisch gesprochen, muß gesagt werden, daß er die heimische Wirtschaft für Verbesserungen im außenwirtschaftlichen Sektor opferte, welche allerdings keine Antwort auf Mexikos reale Probleme waren [...]. Die riesigen Devisenreserven der Banco de México boten keine Hilfe gegenüber der Verschlechterung des Lebensstandards der Arbeiter- und Mittelklasse; und es gibt keine Garantie dafür, daß sogar auf dem einzigen Gebiet der Verbesserung, im Außenhandel, nicht doch noch scharfe Einbrüche passieren werden." (Kouyoumdjian, 1988: 93f.)

Die Tiefe und die lange Dauer der Krise, die aus den erwähnten Widerspruchsmomenten resultierte, war schließlich vor allem deshalb so schwer zu überwinden, weil zum einen die Last der Schuldenkrise einen Neuanfang praktisch ausschloß. Die Unmöglichkeit, die Schuldenkrise auf konventionelle Weise zu lösen und gleichzeitig die Umstrukturierung des Produktionsapparats ohne nennenswertes Investitionskapital vornehmen zu sollen, wurde im Laufe der Regierungszeit immer offenkundiger. Zum zweiten ist das Rekonversionsprojekt der Regierung Miguel de la Madrids in sich widersprüchlich und kontraproduktiv gewesen: Eine Strategie der Steigerung der Exporte bei gleichzeitigem Preisverfall und Rückgang industrieller Exportmöglichkeiten infolge von Rezession und Protektionismus in zahlreichen entwickelten kapitalistischen Ländern mußte fragwürdig bleiben. Eine Politik der Begünstigung und Anlockung von Auslandskapital (insbesondere von kurzfristigem Geldkapital) mußte natürlich nicht nur mit den damit verbundenen Deformationen und Defiziten rechnen, sondern sich auch der Tatsache bewußt werden, daß eine solche Politik wenig erfolgversprechend sein konnte angesichts der Dauerdepression und der tendenziellen Austrocknung des Binnenmarktes. Freilich wurde die Hypothek der Wirtschaftspolitik de la Madrids und ihrer Widersprüche zusätzlich durch äußere und zum Teil zufällige Ereignisse (Erdbeben, Weltmarktschwäche, rapider Verfall der Erdölpreise, Zinsanstieg in den USA, anhaltende Kapitalflucht etc.) noch bedrückender. Eine neue Hoffnung innerhalb des grundsätzlich eingeschlagenen neoliberalen Kurses bildete die Politik des ökonomischen Paktes seit Dezember 1987, die aber ihrerseits neue Widersprüche und Selbstblockaden des neoliberalen Projekts mit sich bringen sollte.[10]

4.3 Zur allgemeinen politischen und sozialen Entwicklung

Es ist zu vermuten, daß der Beginn eines tiefgreifenden Umbruchs der bisher herrschenden Parameter ökonomischer Entwicklung sich auch auf die Politikformen und sozialen Bewegungen auswirken mußte. Tatsächlich versuchte Miguel de la Madrid mit einem neuen politischen Diskurs die durch die tiefe Krise arg angeschlagene Legitimität des PRI-Regimes wiederherzustellen bzw. anders zu begründen. Gegen die populistische und nationalistische Rhetorik wurde Pragmatismus, Sachlichkeit und Effizienzsteigerung gesetzt. Der in der Anfangsphase jedes Sexenniums übliche Feldzug gegen Korruption, Nepotismus etc. schien dieses Mal mit der Verhaftung und späteren Verurteilung des ehemaligen PEMEX-Chefs Díaz Serrano, des ehemaligen Polizeichefs von Mexiko-Stadt Durazo und anderen Zugriffen, Gesetzesinitiativen gegen die Vetternwirtschaft im öffentlichen Dienst etc. eine neue Qualität zu erreichen. Die von Miguel de la Madrid verkündete moralische Erneuerung (*renovación moral*) schlug sich u. a. auch in der Einrichtung einer neuen Kontrollinstanz, der *Controlaría General de la Nación*, einer Art Bundesrechnungshof, nieder (Lauth, 1991: 386f.).

[10] Es handelt sich um zwei Varianten der gleichen neoliberalen Politik, die im Grundsätzlichen identisch sind (z. B. Privatisierung, Deregulierung, Außenöffnung etc.), in den Mitteln und Methoden (z. B. Wechselkurspolitik, Inflationsbekämpfung) sich allerdings unterscheiden.

Hinzu traten Ansätze einer Verwaltungsreform, die Zusammenlegung von Bereichen, die Auflösung von Verwaltungs- und Regierungsabteilungen – allein im Juli 1985 wurden 36 Generaldirektionen und 12 Staatssekretariate aufgelöst (Ehrke, 1988: 15) – sowie Versuche einer Kommunalreform, die den Kommunen und Bundesstaaten mehr Kompetenzen zuwies. Der Konfliktpunkt blieb aber, daß die nachgeordneten Instanzen zwar mehr Verwaltung übernehmen, doch auf der anderen Seite nicht auch entsprechende Verbesserungen in der Ressourcenausstattung und der Kompetenzsteigerung in wichtigen Angelegenheiten erhalten sollten. Auch die groß angekündigten neuen, demokratischen Partizipationsformen – *consulta popular* und die „demokratische Planung" – kamen über einige Veranstaltungen zu Beginn des Sexenniums nicht hinaus.

Während einerseits die Politikformen der Regierung technokratischer und pragmatischer wurden und sich das Gewicht von der Regierung, Administration und der „Tecnicos" gegenüber dem PRI-Apparat und den traditionellen Politikern noch einmal stark zugunsten der ersteren verschob, wurde andererseits auf parteipolitischer Ebene das Bild farbiger und bewegter als in den vorangegangenen Sexennien. Die zweifellos wichtigste parteipolitische Erscheinung dieses Sexenniums, die freilich auch sozialstrukturelle Veränderungen reflektierte, war der Aufstieg der „Partei der Nationalen Aktion" (PAN) zur wichtigsten Oppositionspartei. Die Ende der 30er Jahre gegründete PAN hatte zwar in den vergangenen Jahrzehnten bereits einige Bedeutung, doch durch die Entscheidung der Flügelkämpfe zwischen einem sozial orientierten, der katholischen Soziallehre verpflichteten Teil und einem orthodoxen, neoliberal ausgerichteten Unternehmersegment zugunsten der letzteren Gruppe gewann sie neues Profil und Kraft, nicht zuletzt auch durch das immer offensivere Auftreten der Unternehmer in der Politik. Dieses hatte durch die Politik Echeverrías und zuletzt auch durch die Bankennationalisierung von López Portillo neue Nahrung erhalten. Die PAN verzeichnete bedeutende Erfolge bei den Kommunal- und Gouverneurswahlen in einigen Staaten des Nordens, so z. B. in Chihuahua, Nuevo León, Sonora und Baja California in den Jahren 1985 und 1986. Viele Beobachter vermuteten, daß bei sauberen Wahlen die PAN tatsächlich gesiegt hätte. Durch die üblichen Wahlfälschungen und Manipulationen verhinderte die PRI jedoch eine solche Entwicklung und kehrte damit nach kurzer Pause zu den alten Praktiken wieder zurück. Ein großer Teil der Regierungszeit von Miguel de la Madrid war von militanten Auseinandersetzungen zwischen PRI-Anhängern und PAN-Mitgliedern oder -Wählern gekennzeichnet. Neben bedeutenden Teilen der Unternehmerschaft waren es auch neue, professionelle, teilweise selbständige, teilweise abhängige Mittelschichten, die die PAN-Opposition trugen und dabei natürlich auch andere Bevölkerungssegmente – z. B. aus der Arbeiterschaft – mitzogen (Loaeza, 1990: 657).

Die andere wichtige Entwicklung auf parteipolitischer Ebene war die Entfaltung einer Protestbewegung innerhalb der PRI, die sich als *corriente democrática* (demokratische Strömung) um den ehemaligen Gouverneur von Michoacán Cuauhtémoc Cárdenas und den PRI-Senator Muñoz Ledo gruppierte. Neben gesellschaftlichen Veränderungen und einer stärkeren Orientierung an den Interessen der Unterprivilegierten verlangten Vertreter dieser Gruppe auch eine politische Modernisierung im Sinne der Öffnung und Demokratisierung sowohl der eigenen Partei wie des gesamten Parteiensystems. Nach der 13. Nationalversammlung der PRI im März 1987 trennte sich diese Gruppe definitiv von der Partei und begründete eine demokratisch-nationale Front (FDN), die – unter Aufnahme anderer Parteien und Gruppierungen – in den Präsidentschaftswahlkampf eingreifen wollte. In der Endphase schloß sich dieser Front auch die wichtigste Partei der Linken, die PMS (Partido Mexicano Socialista), an, die sich gerade 1987 neu konstituiert hatte. Es zeigte sich in den Wahlen vom Juli 1988, daß der Kandidat dieser Front, Cuauhtémoc Cárdenas, mit knapp 31% der Stimmen einen großen Teil der mit dem PRI-Regime und der ökonomischen Lage Unzufriedenen auf sich gezogen hatte.

Die Wahlrechtsreform von 1986, die eine Modifikation des Wahlgesetzes (LOPPE) von 1977 darstellte, trug sicherlich in gewissem Umfang zu einer breiteren Artikulation der Opposition bei. Die Zahl der Parlamentssitze wurde auf 500 erhöht, 300 davon wurden nach dem relativen Mehrheitssystem und die restlichen 200 nach dem prozentualen Stimmenanteil der Parteien vergeben.

War es schon während des vorangegangenen Sexenniums (1976–82) zu Reallohnrückgängen gekommen, so kann der drastische Fall des Reallohnniveaus um ca. 42% (gelegentlich ist auch von 50% die Rede) während der Regierungszeit von Miguel de la Madrid geradezu als Absturz bezeichnet werden. Gegenüber dem Höhepunkt der Reallohnentwicklung im Jahre 1975/76 betrug der durchschnittliche industrielle (wöchentliche) Reallohn in Mexiko am Ende des Sexenniums de la Madrids gerade noch die Hälfte. Entsprechend nahm auch die Lohnquote noch stärker als zwischen 1976 und 1982 ab; sie fiel von ca. 37,2% (1982) auf etwa 25%–26% im Jahre 1987 (Boris, 1990: 331 ff.). Diese Durchschnittswerte erhalten ihre wahre Dramatik erst, wenn man sie nach Branchen- und Arbeiterkategorie noch differenziert, die auf ca. 20% angestiegene Arbeitslosigkeit im formellen Sektor hinzurechnet (wozu noch des weiteren die ca. 30%–40% der Erwerbspersonen umfassende verdeckte Arbeitslosigkeit hinzuzuzählen wäre) und schließlich auch die allgemeine Reduktion staatlicher Ausgaben, vor allem in bezug auf die Subventionierung von Basisgütern und -leistungen mit einbezieht. Die staatlichen Ausgaben für Gesundheit und Erziehung sanken ebenso absolut und relativ, und zwar sowohl in bezug auf die Gesamtausgaben des Staates als auch in bezug auf ihren Anteil am BIP. Es liegt auf der Hand, daß diese sozialen Rückschläge auf die Veränderung der Konsumgewohnheiten und des Ernährungsniveaus einen gravierenden Einfluß haben mußten. Eine Konsequenz davon war, daß der prozentuale Anteil aller Sozialversicherungsberechtigten (IMSS, ISSSTE etc.) – bei abgeschwächtem Anstieg der absoluten Zahl – von 47,8% (1981) auf 40% (1986) der Gesamtbevölkerung abfiel. Ein für dieses Sexennium besonders charakteristisches Moment stellte die Verschlechterung der Arbeitsbedingungen in mehrerer Hinsicht dar. Im Zuge der Umsetzung des Konzepts der *reconversión industrial* wurden generell gewerkschaftliche Errungenschaften und arbeitsrechtliche Garantien zur Disposition gestellt bzw. de facto abgeschafft. Die propagierte Flexibilität der Arbeitskraft schloß u.a. die Aushöhlung des Begriffs des „gesetzlichen Mindestlohns" ein, statt dessen wurde eine stärker betriebsbezogene Lohnfindung angestrebt (vgl. 7.2). Angesichts der äußerst schwierigen ökonomischen Situation und der auf den Arbeitsmarkt drängenden jungen Arbeiterschichten (man schätzt jährlich zwischen 600000 und 800000) wurde die Strategie der Verlagerung der Produktionsstätten in andere, entlegene Regionen besonders beliebt; eine solche interne Verlagerung zog generell eine spürbare Verschlechterung der Arbeitsbedingungen nach sich. In nicht wenigen Fällen war mit ihr auch eine Zersplitterung der Arbeitsformen verbunden: Die Zunahme der Heimarbeit, die Organisierung der Arbeit im Verlagssystem, die enorme Ausdehnung der Schattenwirtschaft etc. waren neben der Einführung neuer Technologien für eine nicht unbedeutende Dezentralisierung und Atomisierung der Arbeitskräfte verantwortlich. Eine besondere Variante dieser Verlagerungsstrategie, die vor allem auch von transnationalen Konzernen praktiziert wurde und wird, stellte die sog. „Maquiladora-Industrie" in den nördlichen Grenzgebieten Mexikos dar. Da diese Produktionszonen einen gewissen exterritorialen Status haben, ist die gewerkschaftliche Organisierung und die Schließung kollektiver Arbeitsverträge bedeutend erschwert. Es ist auch bekannt, daß die Arbeitsbedingungen in den Maquiladora-Betrieben besonders drückend sind: das Vorhandensein von repetitiver Teilarbeit, relativ niedriger Löhne, hoher Arbeitsintensität, starker Personalrotation und die Anwesenheit eines hohen Anteils weiblicher Beschäftigter etc. sind Faktoren der Attraktion für das Kapital gewesen.

Die tiefe Krise und die schockartig wirkende Austeritätspolitik der Regierung – bei gleichzeitig galoppierender Inflation von ca. 100% in den meisten Jahren – löste schon 1983 Wut und Verzweiflung unter den Arbeitern aus. Die Forderung nach einer außerordentlichen Lohnerhöhung um 50% verallgemeinerte sich und wurde von dem offiziellen gewerkschaftlichen Dachverband CTM unterstützt. Ein Generalstreik war bereits für Mitte des Jahres 1983 ins Auge gefaßt. Obwohl die CTM einen entsprechenden Streikbeschluß in bewährter Loyalität zur Regierung alsbald doch wieder revidierte, kam es zu einer Streikwelle, wie sie in Umfang und Gleichzeitigkeit seit Jahrzehnten nicht mehr vorgekommen war. Nach offiziellen Daten wurden 560 Streiks registriert, andere Autoren sprechen von ca. 2000 bis 2500 Streiks (Rojas, 1988; Trejo Delarbre, 1985). Nach und nach bröckelte die Streikbewegung ab, da die von der CTM geführten Gewerkschaften vorbrachten, daß die wichtigsten Forderungen bereits erfüllt seien und Tarifverträge abgeschlossen werden könnten. Es blieben am Ende praktisch nur die kämpferischsten, zugleich auch häufig die unabhängigen Gewerkschaften zurück, wie z. B. die der Nuklearabeiter (SUTIN) und die der Universitätsangestellten (SUNTU), die dann auch mit den härtesten Repressionen der Regierung zu rechnen hatten. Insgesamt ist diese Streikbewegung vom Juni 1983 als Niederlage zu werten, denn abgesehen vom nicht zu verhindernden, bedeutenden Reallohnverfall war von diesem Zeitpunkt an ein neues – für die Arbeiterbewegung verschlechtertes – Kräfteverhältnis zwischen Staat/Regierung und Gewerkschaften deutlich demonstriert worden. Dieses bestimmte seither das Klima der Auseinandersetzungen, den Rückzug der Arbeiter und ihre überwiegend nur noch defensive Haltung für den Rest des Sexenniums. Das schlägt sich besonders deutlich in der Zahl der Konflikte zwischen Kapital und Arbeit bzw. zwischen Regierung und Arbeitern nieder, die insgesamt einen starken Abfall von 1983 auf 1984 zeigt. Auch in den nachfolgenden Jahren bis 1988 ist eine ähnliche Entwicklung zu konstatieren. Die spürbare Abnahme von Solidaritätsstreiks, der Rückgang der durchschnittlichen Streikdauer und anderes mehr zeigen, daß die Kampfkraft der Arbeiter sehr stark in Mitleidenschaft gezogen worden war. So ist es nicht verwunderlich, daß viele der vergleichsweise wenigen Streiks in Niederlagen endeten. Die Tiefe und Dauer der ökonomischen Krise, die Angst und Vorsicht verbreitende Arbeitsplatzunsicherheit, die entschieden arbeiterfeindliche und kapitalfreundliche Modernisierungs- und Rationalisierungsstrategie der Regierung und nicht zuletzt die generelle Schwächung und Zersplitterung der gewerkschaftlichen Institutionen haben zusammengenommen wesentlich die negative Bilanz der Arbeitskämpfe während dieses Sexenniums verursacht.

Entsprechend dieser Bilanz war das Gewicht der Gewerkschaften in Mexiko seit den 80er Jahren rückläufig; die Abnahme der Zahl der Gewerkschaftsmitglieder und die geringere Vertretung von Gewerkschaftsrepräsentanten im Regierungsapparat und in der Politik im allgemeinen macht dies sehr deutlich. Die schwere Niederlage der Gewerkschaftsführer bei den Parlamentswahlen im Juli 1988, die überproportional schlechte Ergebnisse für PRI-Kandidaten brachten, unterstreicht diese Tendenz (Ehrke, 1989: 58). Die Auseinandersetzungen zwischen der CTM bzw. dem Congreso de Trabajo (CT) und der Regierung waren durchaus ernster Natur und signalisierten Erosionserscheinungen im traditionellen Paktverhältnis zwischen PRI-Regierung und organisierter Arbeiterbewegung, wobei allerdings immer offenkundiger wurde, daß zwei sehr ungleiche Partner auseinanderdriften. Die Regierung gab mehr oder minder deutlich zu verstehen, daß sie bereit sei, diesen Pakt aufzukündigen, ohne gleichzeitig seine für sie positiven Implikationen (Loyalität der Arbeiterschaft) einbüßen zu wollen; die offiziellen Gewerkschaftsführungen dagegen mochten (und müssen) an dem Pakt so lange wie möglich festhalten, denn mit ihm ist ihre eigene Macht- und Interessenposition eng verbunden. Daher kann zwar von ernsthaften Konflikten zwischen den beiden Allianzpartnern gesprochen werden, gleichzeitig aber sind die dabei zutage tretenden verbalen Schärfen vor diesem Hintergrund des Quasi-Zwanges für beide Seiten, sich einigen zu müssen, immer zu relativieren. Deutlichster Beleg hierfür ist der Abschluß des schon erwähnten „Paktes ökonomischer Solidarität" (PSE) vom Dezember 1987, der in seinen Inhalten einer fast völligen Unterwerfung der Arbeiter und Bauern unter die Forderungen der Regierung und des Unternehmerlagers gleichkommt.

Unter diesen Umständen hatten die unabhängigen Gewerkschaften einen schweren Stand. Im Unterschied zu den 70er Jahren konnten sie während des Sexenniums Miguel de la Madrids ihren Einflußbereich nicht ausweiten. Dennoch blieben sie punktuell und in einigen wichtigen Wirtschaftsbereichen von erheblicher Bedeutung und übten einen nicht zu unterschätzenden Einfluß auf die gesamtpolitische Entwicklung aus. Bemerkenswert ist, daß ein entscheidender Anstoß zu einem Neuanfang in der mexikanischen Arbeiterbewegung nicht aus dem gewerkschaftlichen Milieu selbst hervorging und die vorwärtstreibenden politischen linken Kräfte (PMT, PSUM bzw. PCM und PRT) bis zu diesem Zeitpunkt zu schwach dafür waren. Erst als 1987/1988 aus dem Binnenraum des herrschenden politischen Systems Elemente herausbrachen, konnte sich in der neueren Geschichte Mexikos eine breite Protestbewegung erfolgreich artikulieren.

Wenngleich das Auftreten der von Cárdenas geführten Sammlungsbewegung FDN in ihren unmittelbaren politischen Konsequenzen keineswegs überschätzt werden soll (und erst recht kann dies im Rückblick nur unterstrichen werden), so hatte dieses oppositionelle Wahlbündnis doch zu diesem Zeitpunkt (Juli 1988) die schon länger und lokal auftretenden Erscheinungen der Regimeopposition in konzentrierter Form ausgedrückt und damit auf eine neue Ebene gehoben. Gegenüber dem Mexiko vom Ende der 60er Jahre hatte unzweifelhaft eine wesentlich höhere Politisierung größerer Bevölkerungsteile stattgefunden, das Aktions-, Organisations- und Protestpotential war auf sehr verschiedenen Schauplätzen (Stadtteilbewegung, Campesino-Bewegung, im Medienbereich, im kulturellen Sektor etc.) nicht unerheblich gewachsen. Die Entfaltung einer „Zivilgesellschaft" und damit sicherlich auch der mögliche stärkere Gegensatz von Staat und Gesellschaft war zweifellos während des Sexenniums Miguel de la Madrids vorangekommen. Dies vollzog sich zwar keineswegs nur von unten, gewissermaßen aus der Gesellschaft heraus, sondern koinzidierte – wenn auch aus anderer Motivation und mit anderer Zielrichtung – mit der neoliberalen, deregulativen Politik der Regierung Miguel de la Madrids.

So entsteht bezüglich der politischen und sozialen Entwicklung während der Regierungsperiode von 1982 bis 1988 ein ambivalentes Bild. Die tiefe und langandauernde ökonomische Krise und die Art der auf sie reagierenden Wirtschaftspolitik trieben den Verarmungsprozeß großer Teile der Bevölkerung voran (die Armutsquote stieg von 32% : 1981 auf 41% : 1987 an), das Reallohnniveau erreichte einen Tiefststand und die Einkommens- und Vermögenspolarisierung nahm noch weiter zu. Dennoch kam es nicht zu der befürchteten oder erwarteten „sozialen Explosion", da die alten Integrationsmechanismen durchaus noch griffen – trotz aller Abnutzungserscheinungen und Risse, die ebenfalls sichtbar wurden. Auf der anderen Seite wurde diese politische und ökonomische Entwicklung keineswegs stillschweigend und willfährig hingenommen. Das verstärkte Selbstbewußtsein von größeren Teilen der Bevölkerung und die Fähigkeit zur Selbstorganisierung innerhalb der mexikanischen Gesellschaft ließ sich auf verschiedenen Ebenen beobachten. Auffälliger noch als die neuen Akzentsetzungen im Parteienspektrum waren die außerparlamentarischen, basisorientierten Aktivitäten, die sich wie z.B. in der Folge der Erdbebenkatastrophe, sprunghaft und auf bisher nicht für möglich gehaltene Weise ausdehnten (Monsiváis, 1987).

5. Fortsetzung und Intensivierung der Anpassungspolitik unter Salinas de Gortari (1988–1994)

Die Regierungsperiode von Carlos Salinas de Gortari weist zahlreiche Kontinuitätslinien, aber auch neue Momente gegenüber der Politik seines Vorgängers und Förderers Miguel de la Madrid auf. Die hohe Kontinuität wird nicht nur durch die Tatsache unterstrichen, daß Salinas Planungsminister der Regierung de la Madrid und damit wesentlich für die Stabilisierungs- und Strukturanpassungspolitik verantwortlich gewesen ist, sondern auch dadurch, daß fast alle Elemente dieser Politik in beiden Regierungsperioden – mit unterschiedlichen Akzenten und Prioritäten – wirksam gewesen sind. Die relative Diskontinuität zwischen den beiden Präsidentschaftsperioden kann im ideologischen Bereich und in der Art der Politikvermittlung gesehen werden. Der bei den Präsidentschaftswahlen vom Juli 1988 deutlich sichtbar gewordene Legitimitätsverfall des PRI-Regimes (vgl. 8.1) sollte vor allem durch eine neue Konzeption des Staates und eine neue Sozialpolitik aufgehalten bzw. rückgängig gemacht werden. Das neue Staatsverständnis ist zwischem dem Konzept eines populistischen Interventionsstaates (*etatismo absorbente*) und dem weitgehend enthaltsamen neoliberalen Staat (*neoliberalismo posesivo*) angesiedelt und soll einen solidarischen und eingreifenden Staatstypus (*estado promotor)* repräsentieren. Der „solidarische Staat" ist die Exekutive des „Sozialen Liberalismus", welcher die neoliberalen Strukturreformen sozial abgefedert umzusetzen hat (Gabbert, 1993: 63 ff.).[1] Das „nationale Programm der Solidarität" (PRONASOL) ist hierfür das entscheidende Medium (5.3). Die Politik des Haushaltsausgleichs, der Verwaltungsrationalisierung, der Steuerreform (5.1) steht hingegen in der Kontinuitätslinie des vorangehenden Sexenniums, weist allerdings im Unterschied zu diesem in wesentlichen Aspekten positivere

[1] Das Konzept des „Sozialen Liberalismus" wurde erst im Laufe des Sexenniums von Salinas entwickelt, im März 1992 erscheint es als Teil der offiziellen Programmatik der PRI und wird erstmals im vierten Regierungsbericht vom 1. Nov. 1992 von Salinas erläutert (Salinas de Gortari: IVe Rapport de Gouvernement, Presidencia de la República, México, D. F. 1992: 51 ff.).

Resultate auf (Inflationssenkung, Haushaltsüberschuß). Die Politik der Privatisierung von Unternehmen, der Preisliberalisierung und Deregulierung der Arbeitsbeziehungen (5.2) muß ebenfalls als Fortschreibung der Politik des Vorgängers begriffen werden, wenngleich auch hier charakteristische Besonderheiten zu vermerken sind. Mit der Fortsetzung der Außenöffnung (vor allem im Bereich der Auslandsinvestitionen und mit dem Beginn des Plans einer Nordamerikanischen Freihandelszone, NAFTA, unter Einschluß Mexikos [5.4]) ist ein weiteres, die gesamte Regierungsperiode von Salinas de Gortari wesentlich prägendes politisches Projekt, dem vieles andere untergeordnet wurde, benannt.

5.1 Fiskalpolitik und Haushaltsausgleich

Innerhalb der Reform des öffentlichen Sektors hatte die Reduzierung und schließliche Bewältigung des Haushaltsdefizits eine besondere Bedeutung. Hing doch von ihr – aus der Sicht des IWF und der mexikanischen Regierung – erstens die Reduktion der Inflationsrate, zweitens die Fähigkeit zur Zahlung des Schuldendienstes und drittens die Manövrierfähigkeit des Staates wesentlich ab. Auch hier standen sich unterschiedliche Maßnahmen, kurzfristige wie mittelfristige, direkte und eher indirekt wirkende, gegenüber. Die Kürzungen der Haushaltsausgaben für öffentliche Investitionen und soziale Kategorien, wie Gesundheit und Erziehungswesen, die Eliminierung von Subventionen für Grundnahrungsmittel und Transportmittel sowie das Anheben der Tarife von Preisen aus dem staatlichen Angebot (Benzin, öffentliche Verkehrsmittel etc.) sind als kurzfristige und direkte Maßnahmen zu betrachten. Die Verkleinerung der Zahl öffentlich Bediensteter, der Verkauf oder die Eliminierung von staatlichen Unternehmen sowie auch die unter Salinas de Gortari energisch angepackte Steuerreform sind eher als mittelfristig wirksame und z. T. als indirekte Mittel für die Verbesserung des öffentlichen Haushalts einzustufen. Es war bereits dargestellt worden (4.2), daß die unter Miguel de la Madrid angestrebte Politik des Haushaltsausgleichs (bzw. der Reduktion des Haushaltsdefizits) und der Inflationsverringerung insgesamt wenig erfolgreich blieb. Dies hing vor allem mit dem enormen Gewicht der internen und externen Zins- bzw. Schuldendienstzahlungen sowie internen Widersprüchen der Fiskalpolitik zusammen. Zeitweise absorbierten die Zinsendienste ca. 60% des öffentlichen Haushalts; die Tariferhöhungen und Kürzungen der öffentlichen Investitionen, die einerseits im Sinne der Austeritätspolitik und der Inflationseindämmung lagen, erwiesen sich auf der anderen Seite insofern als kontraproduktiv, als sie die Angebotsseite verteuerten und die Angebotsspielräume verringerten. Daher verpufften die sehr großen und harten Einschnitte im öffentlichen Haushalt fast ohne Wirkung (vgl. Ortiz, 1994: 72).

Mittelfristig wirksame Entlastungen des öffentlichen Haushalts zeichneten sich erst mit dem Übergang zur Regierung von Salinas de Gortari ab. Tatsächlich haben sich in seiner Regierungsperiode die Indikatoren der Haushaltssituation, insbesondere seit 1989, deutlich verbessert; dies betrifft nicht nur die stabilen Überschüsse in der „primären Bilanz", sondern vor allem auch die klaren Verbesserungen der sog. „finanziellen Bilanz" (siehe Tab. 5a).[2]

Die hier zentrale Frage ist, durch welche Faktoren diese positive Wende der mexikanischen Haushaltssituation bedingt wurde und wie weitreichend diese Haushaltssanierung einzuschätzen ist. Sechs Faktoren sind es insbesondere, die in diesem Zusammenhang wichtig gewesen sind: auf der Einnahmenseite Steuerreform, Entstaatlichung und Verkauf öffentlicher Unternehmen bzw. Banken, auf der Ausgabenseite Zinssenkung, Zinsreduktion im Gefolge des Brady-Plans, Wechselkursfixierung und allgemeine Kürzungen.

Die Steuerreform von Salinas de Gortari kann als bedeutender Teil der Fiskalreform und als wichtiges Mittel zur Wiederherstellung des Haushaltsausgleichs angesehen werden. Die marginalen Steuerrechtsänderungen unter Miguel de la Madrid bewirkten nicht, daß insgesamt das Steueraufkommen in diesem Sexennium anstieg (infolge der hartnäckigen ökonomischen Krise, der Erosionseffekte

[2] Die Analyse des öffentlichen Haushalts in Mexiko wird durch mehrere Umstände erheblich erschwert, teilweise sogar fast unmöglich gemacht. Es ist zu unterscheiden zwischen „primärer Haushaltsbilanz" (Einnahmen – Ausgaben ohne Zinszahlungen), der „operationalen Haushaltsbilanz" (Einnahmen – Ausgaben abzüglich der Verringerung der internen Zinszahlungen durch die abnehmende Inflation) und schließlich der „finanziellen Haushaltsbilanz" (Einnahmen – Ausgaben einschl. der internen und externen Zinszahlungen für öffentliche Schulden); neuerdings wird der zuletzt genannte Posten dann „ökonomische Bilanz" genannt, wenn die finanziellen Leistungen der Entwicklungsbanken ausgeschlossen werden. Die aktuellen Angaben zur „ökonomischen Bilanz" und der „finanziellen Bilanz" sind daher nicht voll vergleichbar. Da viele Autoren diese wichtigen Unterscheidungen (vgl. Banco de México, 1994: 103ff.) nicht einmal wahrnehmen, geschweige denn analysieren, sind viele unspezifizierte Aussagen in diesem Bereich wenig brauchbar.

Tab. 5a: Zur Entwicklung des Haushalts 1982–1994 (Ausgaben in Prozent des BIP)

	1982	1983	1984	1985	1986	1987	1988	1989	1990	1991	1992	1993	1994
laufende Einnahmen[1]	28,9	32,9	32,2	31,2	30,4	30,6	30,4	29,4	29,6	26,6	26,3	25,5	26,2
laufende Ausgaben	33,4	33,0	32,1	32,6	38,1	39,2	35,2	30,4	27,0	22,4	20,3	21,3	26,6
laufende Ersparnis	– 4,4	– 0,1	0,1	– 1,4	– 7,7	– 8,6	– 4,8	– 1,0	2,6	4,2	5,9	4,2	– 0,4
Kapitalausgaben	11,1	8,0	7,3	6,7	6,8	5,7	4,5	3,9	4,8	4,4	4,1	4,0	3,8
Finanzielle Bilanz[2]	– 16,9	– 8,6	– 8,5	– 9,6	– 16,0	– 16,1	– 12,5	– 5,6	– 4,0	– 1,5	0,5	0,7	– 0,3
Primäre Bilanz[2]	– 2,5					5,7	8,1	8,6	7,8	5,6	5,7	3,7	2,3

[1] Schließen außerordentliche Einnahmen aus den Privatisierungsprozessen ein.

[2] Für 1993 und 1994 wird nur die Größe „ökonomische Bilanz“ ausgewiesen, die allerdings der Kategorie „finanzielle Bilanz“ nahekommt; die Angaben schließen außerordentliche Einnahmen aus dem Privatisierungsprozeß aus.

Quelle: Interamerican Development Bank (1994): 121, Banco de México (1994): 105 und Banco de México (1995): 238f.

durch die Inflation etc.). Außer anderen Determinanten wie Ausgabenpolitik und verringerte Zinszahlungen für die Auslandsschuld waren vor allem die Auswirkungen der salinistischen Steuerreform für die deutlich positive Entwicklung des Haushalts verantwortlich. Sie umfaßt im wesentlichen drei Elemente: 1. Eine Kapitalanlagensteuer von 2%, die für die großen Kapitale kaum ins Gewicht fiel, doch erheblichen Widerstand bei kleinen und mittleren Unternehmen hervorrief. Mit Blick auf das NAFTA-Projekt ging die Einführung dieser geringen Kapitalanlagesteuer, die im übrigen weniger Umgehungsmöglichkeiten bietet als eine Ertrags- oder Umsatzsteuer, einher mit der Senkung von Einkommens- und Unternehmenssteuern. 2. Die Abschaffung des Status dessen, der als Selbständiger weniger Steuern zu zahlen hat. Dies betrifft ca. 1,5 Millionen Firmen und ca. 17% aller Mexikaner, die als Selbständige (Professionale, Künstler, Handwerker, selbständige Campesinos etc.) bislang keine Unternehmenssteuern zu zahlen hatten. 3. Die Erhöhung der Strafen für Steuerhinterziehung und die Verbesserung der Steuerverwaltung und -eintreibung.

Trotz teilweise scharfer Auseinandersetzungen zwischen der Regierung und einzelnen Unternehmern oder sogar Unternehmerverbänden, die die Salinas-Administration gelegentlich des „fiskalischen Terrorismus“ bezichtigten, wurden dadurch die ansonsten guten und engen Beziehungen zwischen Regierung und Unternehmerschaft offenbar nicht ernsthaft gefährdet. „Das Steueraufkommen war – trotz Verringerung der Steuersätze – angestiegen. Dies war aufgrund der Erweiterung der Steuergrundlagen (weniger konnte nunmehr abgesetzt werden) und der Erhöhung der Zahl der Steuerzahler möglich. Von 1988 bis 1990 stieg die Zahl der registrierten Steuerzahler um eine Million.“ (Elizondo, 1994: 183) Die fiskalische Reform der Regierung von Salinas war ein Teil des ökonomischen Entwicklungsprojektes, das ganz klar auf lange Sicht im Interesse der mexikanischen Unternehmerschaft lag. Dies wird in dem ideologischen Diskurs reflektiert, der in Form und Inhalt der Vorstellungswelt der meisten Geschäftsleute sehr nahe kam. Die Propagierung der Steuerreform durch die Regierung blieb stets im Rahmen der orthodoxen Verteidigung einer kapitalistischen Entwicklung. Vor dem Hintergrund der akuten und langandauernden ökonomischen Krise und einer beständigen inflationären Drohung war die Einsicht in die Notwendigkeit einer grundlegenden Veränderung der Besteuerung in Richtung auf Erhöhung des Steueraufkommens durchaus gewachsen. Andere Alternativen wie höhere Steuerraten oder abermalige Ausweitung der Auslandsschuld oder die Spekulation auf die Erdölpreisentwicklung als wichtiges Element öffentlicher Einnahmen waren in der Situation des Jahres 1988/89, als die salinistische Steuerreform begann, ausgereizt. Salinas hatte eine krisenhafte öffentliche Finanzwirtschaft und eine verzerrte Ökonomie übernommen. Dies verwies die Regierung auf die Notwendigkeit, die Einnahmen zu steigern, ohne diese Disproportionen zu erweitern (Elizondo, 1994: 188).

Die Veräußerung von staatlichen Unternehmen hatte – neben anderen Aspekten (vgl. 5.2) – zwei haushaltspolitische Implikationen: Einmal die Entlastung des Haushalts, dessen Defizit zu einem erheblichen Teil auf die wirtschaftliche Lage dieser Unternehmen zurückging. So betrug das Defizit der 27 größten staatlichen Unternehmen 1981 ca. 5,6% des BIP. Unter Hinzurechnung weiterer staatlicher Subventionen lag die Gesamtbelastung bei 8,9% des BIP und war somit für über 60% des gesamten Haushaltsdefizits in diesem Zeitraum verantwortlich (vgl. Ehrke, 1986: 51). Neben der Verminderung der Verluste der öffentlichen Hand ist zum zweiten die Erhöhung der Einnahmen durch die Verkäufe zu nennen. Die Privatisierung staatlicher und halbstaatlicher Unternehmen in Mexiko von 1982–1994 zählt zu den spektakulärsten Beispielen von schneller und umfassender Deregulierung in der Dritten Welt. Außer in der Erdöl- und Elektrizitätsindustrie und anderen wenigen Branchen sind bis 1993 fast alle staatlichen Unternehmen in private transformiert worden (oder sie wurden liquidiert, sie fusionierten mit anderen etc.); auch die beiden genannten Branchen gehen seither immer stärker zu Subkontraktbeziehungen mit Unternehmen des privaten Sektors über. 1982 gab es 1155 staatliche Betriebe, Ende 1992 nur noch 197. Der Anteil des Staates am BIP, gemessen in den gesamten staatlichen Einnahmen, ging von rd. 32% (1984) auf etwa 25% im Jahr 1993 zurück (vgl. Tab. 5a). Zugleich reduzierte sich der Anteil staatlicher Einkünfte aus öffentlichen Unternehmen (nicht eingeschlossen: PEMEX) an den gesamten staatlichen Einnahmen von 1988 bis 1994 von knapp 27% auf gut 23% (Banco de México, 1995: 239).

Die Einkünfte aus diesen Verkäufen wurden bis Mitte 1993 von Regierungsverantwortlichen mit etwa 26 Mrd. US-$ angegeben. Diese stattliche Summe wurde im wesentlichen zur Reduktion der internen Schuld eingesetzt. Dies wiederum trug auf indirekte Weise zur Entlastung des öffentlichen Haushalts bei. Die gesamte öffentliche Schuld (gegenüber dem Inland wie auch gegenüber dem Ausland) konnte von 62,4% des BIP (1988) auf 28,4% des BIP im Jahre 1992 und rd. 22% im Jahre 1994 reduziert werden (siehe Schaubild 5.1).

Schaubild 5.1: Gesamte Nettoschuld des öffentlichen Sektors 1988–1992[1] (in % des BIP)

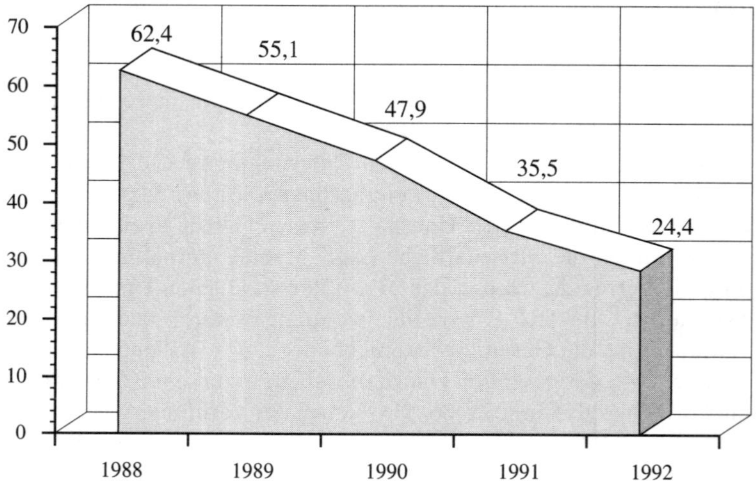

[1] Unter Ausschluß der Justiz- und Legislativorgane sowie der Wahlausschüsse.

Quelle: Salinas de Gortari: IVe Rapport de Gouvernement 1992: 20.

Entsprechend konnte dadurch das Ausmaß der Zinszahlungen für die Schulden reduziert werden. In Budgettermini bedeutete diese Reduktion ein Absinken der Zinszahlungen mit ihrem Anteil an den gesamten öffentlichen Ausgaben von 44% (1988) auf nur 10% im Jahre 1994 (vgl. Sixth State of the Nation Report, 1994: 36). Der durch die Schuldenreduktion und Inflationssenkung mitbedingte Rückgang des allgemeinen Zinsniveaus brachte eine weitere Entlastung, zumindest für die internen Schuldendienste. Zum Beispiel fiel die Zinsrate 1989 nach Verkündung des Brady-Abkommens um 20%, was eine Ersparnis von 5% des BIP hinsichtlich der Bedienung der inneren Schuld ausmachte (vgl. First State of the Nation Report von Salinas de Gortari, 1989: 34).

Damit ist bereits die Ausgabenseite berührt. Außer der spürbaren Reduktion der internen Zinsbelastung konnte durch die Umsetzung der sog. Brady-Initiative auch der Betrag des externen Schuldendienstes verkleinert werden. Die direkten Ersparnisse infolge des Brady-Plans waren nicht sehr eindrucksvoll, doch ging mit ihnen eine Signalwirkung für ausländische Investoren einher. Auf der Grundlage der

Zinsraten von 1990 wurde die Verringerung der direkten jährlichen Zahlungen – für die nachfolgenden 5 Jahre – auf ca. 1 Mrd. US-$, etwa 10% der gesamten jährlichen Zinszahlungen geschätzt (Lustig, 1992: 56). Die indirekten Wirkungen des Brady-Abkommens wurden von der mexikanischen Regierung vielfach hervorgehoben: Die Verringerung der Zins- und Tilgungszahlungen an das Ausland einerseits und die insbesondere seit 1990 neu zu registrierenden Zuflüsse von Auslandskapital andererseits transformierten Mexiko von einem Nettoressourcenexporteur zu einem Nettoressourcenimporteur. Stolz wies Salinas de Gortari in seinem letzten Bericht zur Lage der Nation darauf hin: „Mexiko überweist nunmehr (per Saldo) keine Guthaben an das Ausland, vielmehr ist es zum Empfänger größerer Kapitalzuflüsse geworden. Wir müssen uns erinnern: zwischen 1990 und 1993 gelangten wir von einem Zustand, in dem wir Ressourcen in der Höhe von 6% unseres jährlichen BIP ins Ausland transferierten in eine Situation, in der wir Zuflüsse aus dem Ausland in der Höhe von 3,2% unseres BIP erhalten." (Salinas de Gortari, Sixth State of the Nation Report, 1994: 37)

Im übrigen verringerten sich mit dem Übergang zur Wechselkursfixierung 1988/89 (und der dadurch beginnenden Tendenz zur Überbewertung des Peso) die Quote der Schuldendienstzahlungen, bezogen auf das BIP. Allerdings waren natürlich auch die Reduktionen der Staatsausgaben – sowohl im investiven wie im konsumtiven Bereich – noch wichtigere Faktoren im Prozeß der Haushaltssanierung. Am stärksten wurden zunächst die öffentlichen Investitionen verringert: Dieser Anteil sank von etwa 8% bezogen auf das BIP (1982) auf ca. 4% (1988) und erreichte damit den tiefsten Stand seit 40 Jahren. Am stärksten waren die Investitionen in den Bereichen Tourismus, Fischerei, Industrie, ländliche Entwicklung und Energie mit kumulativen Rückgängen von 53 bis 87% in diesem Zeitraum betroffen. Die Senkung der Sozialausgaben im gleichen Zeitraum lag allgemein bei 33%, berechnet auf die Pro-Kopf-Relation bei etwa 40%. Die Ausgabenkürzungen für die Erziehung bewegten sich bei knapp 30%, die für das Gesundheitswesen bei etwa 23% (Lustig, 1992: 99 u. 80f.). Von 1990 an stieg der Anteil für Erziehung am gesamten Haushalt wie auch in bezug auf das BIP leicht an, ohne aber bis 1993 in allen Aspekten die Werte von 1980 wieder zu erreichen. Bezieht man z.B. die Steigerung der Schülerzahl von 1980 bis 1993 um fast 5 Millionen mit ein, dann dürfte auch die leichte Steigerung des BIP-Anteils für Erziehung (1980: 2,9%, 1992: 3,6%) immer noch eine real geringere Ressourcenzuteilung pro Schüler bedeuten (vgl. Mendez, 1994:

63ff.). Das Prinzip der Salinas-Regierung: Verringerung der öffentlichen Schuld, Erhöhung der Sozialausgaben (nicht zuletzt infolge drastisch gesenkter Schuldendienste) konnte zumindest im Vergleich zur vorangegangenen Periode ansatzweise verwirklicht werden. Mit großem Nachdruck wies Salinas in seinem letzten Bericht an die Nation auf entsprechende Erfolge seiner Regierung hin, die in der Umkehrung der Proportionen Schuldendienst und Sozialausgaben zu suchen sind: „1988 entsprachen jedem Peso für den Schuldendienst nur 34 Centavos, die für soziale Entwicklung ausgegeben wurden; heute entsprechen jedem Peso für die Schulden mehr als vier Pesos für Sozialausgaben und Armutsbekämpfung. Hierdurch war es möglich, die Ausgaben für Erziehung real zu verdoppeln, die Ausgaben für das Gesundheitswesen um 81%, für Stadtentwicklung um 51% [...] zu steigern." (Salinas de Gortari, Sixth State of the Nation Report, 1994: 50) Dennoch sind diese auf den ersten Blick imponierenden Sozialleistungen insofern zu relativieren, als a) sie in mancher Hinsicht noch nicht einmal den Stand von vor 1982 (also vor der Krise und der Strukturanpassungspolitik) wieder erreichen, b) bei den entsprechenden Angaben in absoluten Größen nicht genügend berücksichtigt wird, daß auch die mexikanische Bevölkerung von 1980 bis 1990/91 um ca. 16 Millionen (auf 82 Millionen) angewachsen ist und c) seit 1991 wieder die Auslandsverschuldung weiter angestiegen ist.

So durchschlagend die harte Austeritätspolitik auf die Positivierung des Haushalts – selbst des sog. „finanziellen Budgets" – gewesen sein mag, so instabil und wenig konsolidiert muß diese Situation angesichts der Tatsache gelten, daß „die steigenden Überschüsse nicht in erhöhte produktive Kapazitäten und soziale Infrastrukturen übersetzt worden sind" (Cordera/Gonzáles, 1991: 27). Die Fragilität der günstigen Haushaltssituation begründet sich zum anderen mit ihrer hohen Abhängigkeit von äußeren Faktoren, die wiederum äußerst sensibel auf die prekären makroökonomischen Gleichgewichte reagieren. Ohne den wachsenden Zustrom „äußerer Ersparnisse" müßte es eine kräftige Abwertung der nationalen Währung geben: Mit ihr würde das Haushaltsdefizit wiederkehren, da das Äquivalent des Schuldendienstes in nationaler Währung sich stark erhöhen würde; außerdem würden die Zinssätze und die Inflation wieder ansteigen (Calva, 1993: 39).[3]

[3] Eine klarsichtige Prognose dessen, was 1 1/2 Jahre später tatsächlich eingetreten ist, was aber in der sog. angepaßten, neoklassischen Mainstream-Ökonomie in Mexiko offenbar völlig untergegangen bzw. nicht an die Ohren der Politikverantwortlichen gedrungen ist.

5.2 Privatisierung, Liberalisierung, Deregulierung

Könnte das Streben nach Haushaltsausgleich und effizienter Fiskalpolitik noch als wirtschaftspolitische Orientierung begriffen werden, die sich jenseits von besonderen ökonomischen Lehrmeinungen und Moderichtungen als zwingend und rational darstellt, so erreichen wir mit dem systematischen Rückzug des Staates aus dem Wirtschaftsprozeß das eigentliche neoliberale Terrain. Die verschiedenen Facetten dieser Grundorientierung – Entstaatlichung bzw. Privatisierung öffentlicher Unternehmen, Reprivatisierung von zuvor nationalisierten Banken, Liberalisierung der Preisbildung, Reduktion von staatlichen Prärogativen, staatlichen Vorschriften und Lizenzen sowie die Überlassung der Arbeitsbeziehungen den Tarifparteien – sind allesamt in Mexiko in erstaunlicher Radikalität und Geschwindigkeit umgesetzt worden. Neben der haushaltspolitischen Entlastungsargumentation ist vor allem der Glaube an die rationalere Allokation der Ressourcen durch Marktmechanismen die zentrale Begründung für diese Maßnahmen gewesen: Modernisierung, Effizienz- und Produktivitätssteigerung, Erhöhung der Konkurrenzfähigkeit auf dem Weltmarkt, Wachstum, Beschäftigtensteigerung, allgemeine Anhebung des Lebensniveaus – dies sind die einzelnen Argumente, denen gegenüber der Hinweis auf neue ökonomische Widersprüche, soziale Polarisierungen und Brachlegung interner produktiver Kapazitäten anscheinend völlig in den Hintergrund tritt. Im übrigen scheint der logische und sachliche Zusammenhang dieser einzelnen Maßnahmen zueinander ebenso eng wie die Beziehung dieser zur Öffnung nach außen. Die interne Liberalisierung und Deregulierung schafft die Voraussetzungen für die externe Liberalisierung so wie umgekehrt diese die internen Liberalisierungsschritte weiter vorantreiben und konsolidieren hilft. Weitere Gründe für die Notwendigkeit der Entstaatlichung – aus der Sicht ihrer Befürworter – waren: die Bedeutung der Wiederherstellung des Vertrauens in die Privatinitiative, die Verringerung der Korruptionsmöglichkeiten und die raschere Reaktion auf gesellschaftliche Bedürfnisse.

Die Entfaltung des staatlichen Sektors in Mexiko hat unterschiedliche Phasen durchlaufen. Während zunächst in den 20er und 30er Jahren die Wiedererlangung der Funktionsfähigkeit des Wirtschaftsapparats nach den revolutionären Wirren im Vordergrund stand, wurde der Ausbau eines Grundstoffsektors in den 40er bis 60er Jahren (Elektrizität, Energie, Stahl etc.) als Basis des Industrialisierungsprogramms begriffen. In den 70er Jahren übernahm der Staat – nicht selten auch aus beschäftigungspolitischen Gründen – verschiedene Unternehmen, die nach privatwirtschaftlichen Kriterien zusammengebrochen wären. Die auf unterschiedliche Bauelemente der mexikanischen Gesellschaft zurückgehende und durch bestimmte politische und/oder ökonomische Konjunkturen verstärkte Verstaatlichung der Wirtschaft hatte – nach der Ausweitung des wirtschaftlichen Staatssektors während des Sexenniums von Luis Echeverría – mit der Nationalisierung der Banken (1982) durch Lopéz Portillo einen Höhepunkt erreicht. Dabei muß beachtet werden, daß nicht nur der Umsatz der Banken und ihre strategische Position im Wirtschaftsgefüge die Bedeutung der ökonomischen Rolle des Staates erhöhte, sondern daß die Banken zahlreiche Aktienpakete in verschiedenen Bereichen der Produktion oder der Dienstleistungssektoren unterhielten, und diese nun ebenso automatisch unter die Kontrolle des Staates geraten waren.

Vor diesem Hintergrund der Entstehungsgeschichte des Staatssektors in Mexiko wird deutlich, warum es sich um einen sehr heterogenen Bereich handelt, der große wie kleine, produktionsnahe und produktionsferne Unternehmen, Versicherungsfonds und Treuhandschaften u. v. a. m. umfaßt. Entsprechend war das von der Regierung Miguel de la Madrid verfolgte Entstaatlichungsprogramm – die offizielle Terminologie sprach von *desincorporación*, was nicht in jedem Fall identisch mit „Privatisierung“ war – durch unterschiedliche Formen gekennzeichnet: beispielsweise durch den Verkauf von Unternehmen an private Investoren oder an den „sozialen Sektor“ (Gewerkschaften, Kooperativen), den Transfer in bundesstaatliche oder kommunale Verantwortung, die Liquidierung oder Auflösung von Unternehmen, die Verschmelzung bzw. Fusionierung von verschiedenen Einheiten etc. (vgl. Vera, 1991: 36).

Die Entstaatlichungspolitik unter Miguel de la Madrid stellt sich bei näherer Betrachtung als ambivalent dar. Zwar waren die 1982 ca. 1200 vollkommen oder teilweise staatlich kontrollierten Unternehmen bzw. Einheiten auf ca. 420 am Ende der Regierungsperiode (1988) reduziert worden, doch relativiert sich diese zunächst spektakulär wirkende Bilanz in mehrerer Hinsicht. Zum einen muß unterstrichen werden, daß die Politik des Rückzugs des Staates aus dem Wirtschaftsgeschehen ideologisch wie ordnungspolitisch keineswegs ganz eindeutig und entschieden verfolgt wurde – zumindest nicht von Beginn an. 1983 wurde ein Verfassungsartikel dahingehend ergänzt, daß die *Rectoría del Estado en la Economía*, d. h. die Lenkungs- und Regulierungskompetenz des Staates, ausdrücklich bekräftigt wurde. Zum zweiten begann erst 1985 zunächst zögernd, dann in gewisser Beschleunigung ein Programm der „Desinkorporation“, das quantitativ einen beträchtlichen Teil der Unternehmen und Einheiten umfaßte. Drittens handelte es sich vielfach um Liquidierungen, Fusionierungen oder um das Ende von mehr oder minder nur auf dem Papier bestehenden Einheiten, die von ihrer ökonomischen Relevanz her als unbedeutend zu klassifizieren waren. Auch der erhoffte haushaltspolitische Entlastungseffekt blieb demzufolge bei dieser Entstaatlichungswelle in der zweiten Hälfte der Regierungsperiode Miguel de la Madrids aus (vgl. 4.2).

Die größten und besten Teile aus dem Staatssektor wurden in den ersten drei Jahren unter Salinas de Gortari abgestoßen. Die allein in diesem Zeitraum erlösten 15 Mrd. US-$ wurden vor allem zur Reduktion der internen Staatsschuld sowie zur Ausstattung eines „Kontingenz-Fonds“, der Erlösschwankungen bei dem Erdölexport ausgleichen sollte, verwandt (Imbusch/Lauth, 1992: 179). Bis Ende 1993 waren fast 24 Mrd. US-$ aus diesem Desinvestitionsprogramm seitens der öffentlichen Hand erlöst worden; die Anzahl der staatlichen Unternehmen war zu diesem Zeitpunkt auf 197 zusammengeschmolzen. Allein die Reprivatisierung von 18 kommerziellen Banken trug mit über 12 Mrd. US-$ zu 52% dazu bei; mit der mexikanischen Telefongesellschaft TELMEX (6,2 Mrd. US-$: 26%) waren bereits über drei Viertel dieser Gesamtsumme realisiert worden. Andere Privatisierungen betrafen Branchen und Schwerpunkte, die schon in der ersten Phase der Regierungszeit von Miguel de la Madrid teilweise ins Auge gefaßt worden waren (siehe Tab. 5b).

Die ökonomische Bedeutung des „Desinkorporations“-Prozesses ist umstritten.[4] Manche Autoren messen ihm – wie er vor allem seit 1985 von Miguel de la Madrid vorangetrieben worden war – eine eher symbolische und politische denn real-ökonomische Bedeutung zu, wobei auf den verspäteten und inkohärenten Prozeß der Entstaatlichung, seine (zumindest bis 1988/89) quantitativ und fiskalisch eher geringe Dimension und auf den Transfer mancher Unternehmen auf die einzelstaatliche und kommunale Ebene hingewiesen wird (Vera, 1991, 54f.). Andererseits sind die Dimensionen der Entstaatlichungs-

[4] Die zeitlichen Unterschiede hinsichtlich der Ankündigung der Entstaatlichung und der tatsächlichen Durchführung sind neben Fragen der Begrifflichkeit und Abgrenzung der wichtigste Grund dafür, daß in bezug auf dieses Thema häufig von einzelnen staatlichen Institutionen sehr unterschiedliche Angaben gemacht werden (vgl. hierzu Vera, 1991: 47).

Tab. 5b: Einnahmen aus dem Verkauf öffentlicher Unternehmen (in Milliarden US-$)

Unternehmen	Verkaufs-preis	Anteil in %	Verkaufs-jahr
Handelsbanken (18)	12,355	52,1	1991–1992
Telmex (Telefongesellschaft)	6,180	26,0	1991–1992
Kommunikationspaket[1]	0,640	2,7	1993
Zuckerraffinerien	0,632	2,7	1988–1992
ASEMEX (Versicherungen)	0,580	2,4	1993
Cananea (Bergbau)	0,475	2,0	1990
FERTIMEX (Düngemittel)	0,316	1,3	1991–1992
SICARTSA (Stahl)	0,316	1,3	1991
AEROMEXICO (Fluggesellschaft)	0,263	1,1	1989
MEXICANA (Fluggesellschaft)	0,176	0,7	1989–1992
AHMSA (Metallverarbeitung)	0,172	0,7	1991
CONASUPO (Erzeugung und Vertrieb von Grundnahrungs-mitteln	0,159	0,7	1990
MICONSA	0,153	0,6	1993
Tereftalatos Mexicanos	0,106	0,4	1988
DINA (LKW-Produktion)	0,082	0,3	1989
Verschiedene	1,126	4,7	1988–1993
Gesamt	23,731	100,0	

[1] Beinhaltet insbesondere den Verkauf der staatlichen Fernsehsender (Kanal 7 und 13).

Quelle: Banco de México, 1994: 118.

politik unter Salinas de Gortari keineswegs mehr als überwiegend symbolisch zu betrachten; ihre Auswirkungen auf die Haushaltssituation stehen außer Frage. In Verbindung mit anderen Elementen der Entstaatlichungspolitik ist zudem zu fragen, ob an dem Prinzip der *rectoría* des Staates weiter festgehalten wird bzw. dieses noch als realistisch einzustufen ist. Zwar hat sich auch nach den Privatisierungen unter Salinas de Gortari 1992/93 der Anteil der öffentlichen Unternehmen am Bruttosozialprodukt gegenüber den Werten von 1980/81 nicht wesentlich verändert;[5] dennoch sind die staatlichen ökonomischen Handlungsspielräume unter der letzten Administration ein-

[5] Banco de México, 1994: 250, Tab. 38.

deutig geringer geworden, und dieser Prozeß setzt sich auch unter dem Nachfolger von Salinas de Gortari insoweit fort, als die Kategorien „strategisch wichtig“ und „prioritär“ immer weiter eingeengt und immer restriktiver gehandhabt werden.

Eine fundierte Bewertung der Auswirkungen der Entstaatlichungspolitik während der letzten 12 Regierungsjahre in Mexiko kann angesichts der Sequenzen dieses Prozesses, der ja erst in der letzten Phase forciert betrieben worden ist, noch nicht vorgenommen werden. Allerdings läßt sich zweifellos die These vertreten, daß dieser Entstaatlichungsprozeß und seine Modalitäten zu der Verbesserung der Beziehungen von Staat bzw. Regierung und Privatwirtschaft beigetragen hat. Auch bezüglich der Haushaltssituation sind positive Wirkungen, zumindest in kurzfristiger Perspektive, keineswegs zu leugnen. Ob allerdings die anderen, dem Entstaatlichungsprozeß zugewiesenen positiven Funktionen schon erreicht worden sind oder jemals erreicht werden können, kann man durchaus hinterfragen oder zur Diskussion stellen. Einmal wurde durch die Art des Verkaufs (verschiedene Unternehmen wurden in einem Paket-Angebot zusammengefaßt und relativ preisgünstig am Markt angeboten) die Vermögenskonzentration, die Zusammenballung wirtschaftlich-finanzieller Macht weiter verstärkt, was sogar ein Weltbankbericht kritisch vermerkt (zitiert von Equipo Pueblo, 1993: 19). Diese rapide Zunahme des Konzentrationsprozesses von Reichtum und Vermögen hat sich in der Regierungsperiode von Salinas de Gortari am deutlichsten vollzogen. „Das fruchtbare Klima zur Vermögensvermehrung darf sich Mexikos Präsident Carlos Salinas de Gortari auf die Fahnen schreiben. In seiner 6jährigen Amtszeit vervielfachte sich die Zahl der Milliardäre nicht nur von 2 auf 24, die bereits Superreichen wurden noch reicher [...] Experten erklären sich die Inflation von Milliardären in Mexiko mit der Privatisierung von mehr als 250 ehemaligen Staatsbetrieben unter Salinas.“ (Frankfurter Rundschau v. 9. 7. 1994) Zum zweiten sind dadurch häufig bestehende Monopolstellungen nicht angetastet worden, womit ein wesentliches Ziel der Deregulierung verfehlt wurde. Was drittens die angestrebte Effizienzerhöhung und Qualitätsverbesserung der privatisierten Unternehmen betrifft, so sind durchaus unterschiedliche Resultate zu beobachten. In manchen Fällen mag dies zutreffen, schon aufgrund der mit der Privatisierung oft einhergehenden Entlassungswelle und der damit automatisch ansteigenden Produktivität bzw. Rentabilität des Unternehmens, aber dies ist keineswegs immer der Fall gewesen. Das am häufigsten zitierte Beispiel in diesem Zusammenhang ist die Privatisierung von

Teléfonós de México (TELMEX), die keinerlei Verbesserungen der Telefondienstleistungen erbrachte, zugleich aber von steigenden monopolistischen Gewinnraten, die sich in entsprechenden Preiserhöhungen ausdrückten, begleitet war (vgl. Equipo Pueblo, 1993: 20). Viertens muß darauf hingewiesen werden, daß die Privatisierung und Deregulierung häufig einhergegangen ist mit einer Veräußerung an ausländische Kapitaleigner. Nicht selten ist es zu Joint-ventures zwischen mexikanischen und ausländischen privaten Kapitaleignern gekommen. Dieser Prozeß der Entnationalisierung vieler früher als strategisch wichtig erachteter Bereiche der mexikanischen Ökonomie muß nicht unbedingt im Interesse eines nationalen Entwicklungsprozesses liegen. Auch der Hinweis darauf, daß die Korruption im staatlichen Bereich besondere Ausmaße angenommen hätte und diese durch die Privatisierung verringert worden wäre (Imbusch/Lauth, 1992: 180), darf nicht vergessen machen, daß im privatwirtschaftlichen Raum gewissermaßen andere Gesetze und Mechanismen von Korruption vorherrschen und deren Vorhandensein keineswegs in Abrede gestellt werden darf. Im übrigen müßte bei einer genaueren Evaluierung des Privatisierungsprozesses, gerade im industriellen Sektor, überprüft werden, inwieweit das entwicklungspolitische Ziel, in der Integration der produktiven Sektoren bzw. Branchen voranzuschreiten, ausgerechnet durch die Privatisierung erreicht werden konnte (vgl. Casar/Peres, 1988).[6]

Neben der Entlassung staatlicher Unternehmen und Einheiten aus dem öffentlichen Dispositionskreis ist eine Fülle anderer Maßnahmen zu nennen, die ebenfalls als Variante von Deregulierung und Liberalisierung begriffen werden müssen. Die Preisliberalisierung, die eigentlich im Gegensatz zu den Inhalten des „ökonomischen Solidaritätspaktes“ und seinen analogen Nachfolgeabkommen stand, wurde sukzessive seit 1990 – auch für Waren der Grundbedürfnisbefriedigung – vorangetrieben. Die Liste von Waren und Dienstleistungen unter staatlicher Preiskontrolle wurde ebenso reduziert wie die Differenz zwischen intern kontrollierten und internationalen Preisen. Dabei mußte die Regierung versuchen, eine prekäre Balance zwischen drei sich teilweise widersprechenden Anforderungen zu halten: Erstens – gemäß ihrem eigenen Selbstverständnis – den Marktprozessen eine ausschlaggebende Rolle bei der Preisbestimmung zuzumessen, zweitens, inflationären Tendenzen die Impulse und Anlässe zu nehmen, und drittens, den Arbeitern ihre Kaufkraftverluste durch Lohnsenkungen

[6] Als allgemeine Kritik vgl. Minsburg, 1993: 73–97.

teilweise zumindest über die Preiskontrolle zu kompensieren (vgl. Lustig, 1992: 118).

Der andere große Bereich der Deregulierung bezieht sich auf die Erleichterung des Zugangs zu bestimmten Produktions- und Wirtschaftsbereichen, welcher bislang durch staatliche Regelungen mehr oder minder eingeschränkt war; außerdem auf die geringere staatliche Kontrolle in der Art der Betreibung bestimmter wirtschaftlicher Aktivitäten. Dies betrifft die Eisenbahnen, die Häfen, Straßen, Brücken und ähnliche öffentliche Infrastrukturen, bei denen seit 1989 z. B. die Vergabe von Konzessionen bei Teilbereichen (etwa der Instandhaltung) an Private eingeführt wurde, um über diesen Weg Effizienz und Qualität der Dienstleistung zu erhöhen (vgl. Banco de México, 1994: 67 ff.). Analoge, jeweils auf die Besonderheiten der Branchen bezogene Maßnahmen sind auch in der Tourismusindustrie, dem Fischereiwesen, der Forstwirtschaft, der Zuckerindustrie, dem Bergbau, der petrochemischen Industrie sowie der Telekommunikation durch gesetzliche Veränderungen und Vereinfachungen ergriffen worden (vgl. Lustig, 1992: 109 ff.). In einigen Fällen existieren das prinzipielle staatliche Monopol und die neu etablierte Öffnung gegenüber einem privatwirtschaftlichen Engagement nebeneinander. Dies gilt beispielsweise für die petrochemische Industrie, in der unter Salinas de Gortari eine Reklassifizierung von sog. „primären" und „sekundären" Produkten vorgenommen wurde und demzufolge – wenn es sich um bloß sekundäre petrochemische Produkte handelt – die Zugriffsmöglichkeit für die Privatindustrie erheblich erweitert wurde. In der Elektrizitätsgewinnung, wo industrielle Verbraucher seit 1992 selbst Elektrizität zum eigenen Verbrauch erzeugen dürfen, finden wir ein gleiches System von nebeneinander existierenden Trägern dieses Wirtschaftszweiges (Pazos, 1993: 176). Im Bereich des Bergbaus beispielsweise wurden 1990 und 1991 mehr als eine Million Hektar potentiellen bergbaulichen Terrains aus dem Sektor der sog. „nationalen Reserve" herausgenommen und daher für den privaten Abbau (über Konzessionen) freigegeben. Die Bedingungen für den Konzessionserwerb wurden erleichtert, die Laufzeiten von 25 auf 50 Jahre erhöht und der Zugang von ausländischem Kapital ermöglicht (vgl. hierzu Kretzschmar, 1993: 915 ff.).

Die Liberalisierung im Finanzsektor umfaßte zwei Aspekte: Die Deregulierung der Finanzmärkte einerseits und die Schaffung neuer rechtlicher Grundlagen für Finanzinstitutionen (Banken, Versicherungsgesellschaften, Börsen etc.) andererseits. Bezüglich der Banken wurde die Entwicklung hin zur „Universalbank" ermöglicht und begünstigt, die Reserveerfordernisse für die Banken reduziert, in mancher Hinsicht allerdings die Aufsicht über verschiedene Bankoperationen verschärft. Die Eingriffe des Staates bzw. der staatlichen Finanz- und Geldpolitik in die Finanzmärkte wurde reduziert; 1993 wurde sogar die Autonomie der Zentralbank, der *Banco de México*, in der Verfassung verankert (vgl. Banco de México, 1994: 175ff.). Nach dem neuen Artikel 28 der Verfassung ist die Zentralbank für die Geldwertstabilität verantwortlich und kann (bzw. muß) ihre Kredit- und Geldschöpfungspolitik – innerhalb der gesetzlichen Rahmenbedingungen – selbständig gestalten. Die Finanzierung des Privatbankensystems durch die Zentralbank erfolgt zwecks monetärer Regulierung und muß in Übereinstimmung mit den Marktbedingungen erfolgen; die Einhaltung der Neutralität und die Vermeidung von Subventionen könne nur dadurch gewährleistet werden. Die Zentralbank wirkt in Abstimmung mit der Regierung an der Formulierung der Wechselkurspolitik wesentlich mit.

Der Zugang ausländischer Finanzinstitutionen zum mexikanischen Finanzmarkt wurde durch neue Bestimmungen ermöglicht, umgekehrt wurden ausländische Aktivitäten mexikanischer Finanzinstitutionen liberalisiert. Kreditvereinigungen, Devisenhandelsgesellschaften, Finanzleasinggesellschaften etc. wurde gestattet, Kredite aufzunehmen, Anleihen aufzulegen und in Handelsgeschäfte einzutreten etc. Zentrales Charakteristikum der Reform des Finanz-, Kredit- und Bankensektors war auch hier der Rückzug des Staates aus dieser Sphäre. Dies bedeutete für Mexiko die Reprivatisierung der Banken und eine Vereinheitlichung der Kreditgewährung im Sinne der ausschließlichen Zuständigkeit kommerzieller Banken.

Viele staatlich kontrollierte Banken mit besonderen Zielsetzungen (z.B. die ländliche Entwicklungsbank *Banrural*, die Fischereibank *Banpesca* etc.) wurden in ihrer Bedeutung reduziert oder in rein kommerzielle Banken transformiert. Dies implizierte, daß Kleinproduzenten, die bisher Chancen auf staatlich bezuschußte, zinsgünstige Kredite hatten, nun immer weniger die Möglichkeit zu solchem Kreditzugang erhielten und zunehmend auf normale Banken – mit den für sie unerschwinglichen Zinssätzen – angewiesen waren (vgl. Equipo Pueblo, 1993: 23f.).

Die Reprivatisierung der Banken wurde zwar unter Miguel de la Madrid vielfach angekündigt und eingeleitet, aber definitiv erst unter der Regierung von Salinas de Gortari in den Jahren 1991 und 1992 vollzogen. Dies scheint möglicherweise kein Zufall zu sein, da gerade aufgrund der Passivierung der Handelsbilanz die Anziehung zusätzlicher

Geldkapitale nach Mexiko besonders notwendig wurde. Die Privatisierung der 18 größten Kreditinstitute des Landes brachte der Regierung fast 13 Mrd. US-$ ein, was ein Vielfaches dessen bedeutete, was die Regierung 1982 zur Abfindung der ehemaligen Besitzer ausgegeben hatte. Die Höhe der Verkaufspreise der jeweiligen Banken lag durchschnittlich beim Dreifachen ihres Buchwertes bzw. Fünfzehnfachen ihrer bisher erzielten Gewinne. Ausländer waren vom Erwerb der mexikanischen Banken durch unattraktive Bedingungen ausgeschlossen worden. Eine künftige Beteiligung scheint aber möglich, weil ein Teil der Käufer sich durch die überhöhten Kaufpreise verausgabt hat und zu einer Anpassung an internationale Bankstandards finanziell kaum noch imstande ist. Zwar hatte die Regierung anfangs behauptet, daß sie eine breite Streuung des Aktienbesitzes der Banken anstrebe, faktisch aber wurde die Beherrschung durch *grupos financieros* nicht ausgeschlossen: „13 Banken wurden von sog. 'grupos financieros' erworben, hinter denen jeweils ein Konglomerat aus Industriefirmen, Versicherungsgesellschaften, Börseninstituten und Immobilienfonds steht." (Frankfurter Allgemeine Zeitung v. 9. 7. 1992) Viele Beobachter haben die Zusammenballung ökonomischer und politischer Macht kritisiert; die Verschmelzung der größten Bank *Banamex* z.B. mit *Accival,* einem der größten Börsenhäuser Mexikos, habe ein Monster geschaffen, das über 40% des Kapitals der an der Börse registrierten acht größten *grupos financieros* beherrsche (vgl. Frankfurter Allgemeine Zeitung v. 9. 7. 92, weitere Details hierzu: González, 1992: 39f.).

Die durch die äußerst restriktive Geldpolitik der öffentlichen Hand bedingte hohe Zinsrate in Mexiko soll u.a. ausländisches Geldkapital anziehen und geflüchtetes Kapital wieder zurückholen. Allerdings schafft dieses extrem hohe Zinsniveau für einheimische Industrien große Probleme, da sie kaum mit den US-Industrien der gleichen Branche konkurrieren können. Während US-Industrieunternehmen Kredite mit der Zinsrate von 5% erhalten, müssen mexikanische Kreditnehmer etwa 36%–38% Zinsen entrichten. US-Investoren in Mexiko erhalten einen 272% höheren Ertrag als sie in den USA erhalten würden. Die Nutznießer dieser Politik sind die großen Industrie-, Dienstleistungs- und Handelskonglomerate. Ein verhängnisvoller Zirkel für die gesamtwirtschaftliche Entwicklung ist mit dieser Geldpolitik und dem entsprechenden Zinsniveau verbunden: Hohe Zinsraten können nicht reduziert werden, wenn Kapital von außen angelockt bzw. Fluchtkapital zurückgeholt werden soll, aber hohe Zinsraten können leicht zu einer real-ökonomischen Stagnation führen, da

Investitionen über Anleihen fast unmöglich sind. Immer noch weist das mexikanische Bankensystem eine Reihe von besonders parasitären Momenten auf, die mit der Modernisierungs- und Rationalisierungsidee der Regierung Salinas de Gortari kaum vereinbar sind. So z. B. liegt die Differenz zwischen Haben- und Soll-Zinsen bei ca. 25% (Equipo Pueblo, 1993: 24). Bislang hat die Privatisierung und auch die Zulassung ausländischer Bankfilialen wenig an dieser privilegierten Position mexikanischer Banken geändert. „Der private Sektor, der gehofft hatte, daß die Privatisierung die Kreditkosten reduzieren würde, hat sich über die fortdauernden hohen Differenzen zwischen Haben- und Soll-Zinsen beklagt. Die Regierung hat durch Zulassung von weiteren neuen Banken dieses Jahr hierauf geantwortet, und sie scheint bereit zu sein, nächstes Jahr zusätzliche Banken zu autorisieren [...]. Die Banken halten dagegen, daß die hohe Rate der Bankenzusammenbrüche sie zwinge, die Zinsaufschläge hoch zu halten." (Financial Times, 10. Nov. 1993) Auch hier also ein circulus vitiosus zwischen privater Industrie einerseits und dem privaten Bankgewerbe andererseits: Während die Privatwirtschaft, vor allem die kleineren und mittleren Betriebe, ihren Zusammenbruch u. a. auf hohe Zinsraten zurückführen, argumentieren die Banken, daß das Risiko, Kredite infolge von Firmenzusammenbrüchen zu verlieren, sie dazu zwänge, höhere Zinsraten zu fordern.

Zum korporativistischen Modell des mexikanischen Systems gehört das seit 1931 ausgebaute *Ley Federal del Trabajo*, das in Lateinamerika zu den elaboriertesten und fortschrittlichsten zählende Arbeitsrecht (Schulenburg, 1973). Dieses sieht weitgehende Rechte der Arbeitnehmer (bzw. Arbeitnehmervertreter) bei Einstellungen, Entlassungen, der Gestaltung des Arbeitsablaufs und Arbeitsprozesses, Entschädigungen im Falle von Entlassungen etc. vor, welche allesamt dem lohnabhängigen Arbeiter in Mexiko ein gewisses geschütztes Umfeld bieten. Natürlich mußten auch diese Dimensionen der gesellschaftlichen Realität im Zuge der Liberalisierungs-, Deregulierungs- und Flexibilisierungsprozesse ins Zielfeld der Kritik geraten. Andererseits sind die korporativistischen Elemente in einer Gesellschaft wie der mexikanischen nicht ohne weiteres ersetzbar und abbaubar, da durch sie gerade die Durchführung der extrem autoritären Stabilisierungs- und Anpassungspolitik erst ermöglicht wurde. Das Stillhalten der Arbeiter in den diversen „Pakten der ökonomischen Solidarität" wäre ohne diese breite korporativistische Infrastruktur wohl kaum möglich gewesen.

Formell sind zwar keine gravierenden Eingriffe in das gültige Arbeitsrecht während der beiden Sexennien von Miguel de la Madrid und Carlos Salinas de Gortari vorgenommen worden, dennoch haben sich in dieser Periode faktisch die Arbeitsverhältnisse – „industrielle Beziehungen“ – in bedeutendem Ausmaß verändert. Einmal geschah dies durch die bereits erwähnte Ausdehnung der Beschäftigtenanteile der Maquiladora-Industrie, in der bekanntlich die arbeitsgesetzliche Grundlage im Kontraktverhältnis zwischen Unternehmen und Arbeitern weitgehend fehlt, was ja auch zu den Attraktionspunkten aus der Sicht des Kapitals gehört. Diese Ausdehnung der Maquiladora-Zone ist von den beiden Regierungen durch vielfältige wirtschaftspolitische Maßnahmen entscheidend gefördert worden. Zum zweiten hat sich de facto eine Verschlechterung der Arbeitsbedingungen auch durch die schon beschriebene Privatisierungswelle von Unternehmen eingestellt, nicht nur, weil diese zumeist mit einer Freisetzung von Arbeitskräften verbunden war, sondern auch, weil sie von einer Verschlechterung der arbeitsrechtlichen Situation begleitet wurde. Drittens: Die durch Regierungsdekrete eingeräumte Möglichkeit, bei Neugründungen althergebrachte Maximen des Arbeitsrechtes umgehen zu können, ist ein weiterer Hebel für die Durchlöcherung und Relativierung des herrschenden Arbeitsrechts gewesen (vgl. zu den einzelnen Branchen Gutiérrez, 1989 und 1990). Der Anstieg der Arbeitslosigkeit und die entsprechende Erhöhung der Bedeutung des informellen Sektors (vgl. 7.3), d.h. von per se deregulierten Sektoren der Gesellschaft, war von einer größeren Flexibilität und Ungeschütztheit der mexikanischen Arbeitskräfte begleitet. Der Verfall der durchschnittlichen Reallöhne, die Stagnation der – Orientierungsfunktion besitzenden – Minimallöhne sowie die starke Verschiebung der Lohnquote zugunsten der Gewinneinkommen sind nur die wichtigsten äußeren Indikatoren dieses Prozesses der Machtverschiebung zwischen den Hauptgruppen der mexikanischen Gesellschaft.

Der Einfluß der Gewerkschaften auf die Politik im allgemeinen, auf die Lohnhöhe, die Beschäftigungssituation, die Arbeitsbedingungen, die Sozialversicherung etc. ist zweifellos in dieser Periode stark rückläufig gewesen. Die Zurückdrängung der Vielfalt der Arbeitsplatzkategorien, denen gemäß entlohnt wurde (Dombois/Pries, 1995), und die Schwächung des Senioritätsprinzips zugunsten des Leistungsprinzips sind ebenfalls Ausdruck dieses Sachverhalts. Die von den Unternehmensführungen zunehmend praktizierte Kontraktierung eines höheren Anteils von Zeitarbeitern einerseits, von Aufsichtspersonal (*empleados de confianza*) andererseits – Kategorien, die keinen Zugang zu Gewerkschaften besitzen – waren andere Elemente der Unterminierung gewerkschaftlicher Einflußmöglichkeiten. Neue Tarifverträge, in denen die Flexibilität festgeschrieben wurde, demonstrierten die veränderten Kräfteverhältnisse bereits seit Beginn der 80er Jahre (Osorio, 1989: 79ff.). Ein Teil der traditionellen Gewerkschaftsführungen hat sich diesen neuen Erfordernissen der ökonomischen Restrukturierung angepaßt, indem insbesondere die jeweilige Produktivität, Leistung und Qualifikation plus Konzertierung zu den leitenden Handlungsmaximen aufstiegen (de la Garza, 1994: 213). So sehr sich die Arbeitswelt durch Abbau von Protektionselementen und von Mechanismen der Gegenseitigkeit, welche typisch für korporative Beziehungen sind, veränderte, so sehr sich diese individualisierten, privatisierten und dezentralisierten, so hat sich der Korporativismus als Herrschaftsmedium und -mittel doch keineswegs völlig aufgelöst. Diese Veränderung wird von einigen Autoren als der Übergang von einem sozial-autoritären zu einem neoliberal-autoritären Entwicklungsstil bzw. als Übergang zum Neokorporativismus qualifiziert: „Mexikos sozialliberaler Staat ist weniger eigentümerhaft, aber er hat nicht auf ökonomische Regulierung durch Pakte verzichtet. Er beschränkt die Macht korporativer Organisationen, aber er schafft sie nicht ab oder schließt sie nicht völlig aus dem Entscheidungsprozeß aus. Mit anderen Worten, es ist ein Neoliberalismus mit einem starken Staat – stark sowohl politisch wie auch den Arbeitern gegenüber. Er liberalisiert die Wirtschaft, aber ordnet die Arbeitsbeziehungen seiner Konzeption von ökonomischer Entwicklung unter." (de la Garza, 1994: 201, vgl. auch 7.2)

5.3 Das „Nationale Programm der Solidarität" (PRONASOL)

Das unmittelbar nach dem Regierungsantritt von Salinas de Gortari im Dezember 1988 ins Leben gerufene Programm der Nationalen Solidarität (PRONASOL) sollte das Lebensniveau vor allem derjenigen ländlichen und städtischen Sozialgruppen anheben, die am stärksten von der Krise und der Strukturanpassungspolitik betroffen waren; zugleich sollte dieses Programm die neue Beziehung zwischen Staat und Gesellschaft eindrücklich demonstrieren. Da die Schwerpunkte dieses neuen Sozialprogramms zuerst in solchen Lokalitäten oder Regionen lagen, die in den Wahlen vom Juli 1988 am stärksten einen Rückgang der PRI-Wählerschaft verzeichnet hatten, wurde es zunächst als kurzfristiges Programm der Legitimationsbeschaffung gedeutet. Obwohl das sicherlich nicht völlig abwegig ist, reicht eine solche Interpretation dieses für die Administration von Salinas äußerst wichtigen politischen Projekts nicht aus.

Sicherlich hat PRONASOL in Mexiko während der 50er, 60er und 70er Jahre eine Reihe von punktuellen Vorläufern gehabt (Knight, 1994), doch kann die Eigenart des weitgespannten und umfassenden Projekts von PRONASOL auch in dem spezifischen, gesamtgesellschaftlichen Kontext, in welchem es sich entfaltete, gesehen werden. Ohne hier das Durcheinander unterschiedlicher Phasen dieses Sozialprogramms von den jeweiligen sachlichen Schwerpunkten und regionalen Dimensionen (Kommune, Einzelstaat, Bund) völlig durchdringen zu können, sind doch einige wesentliche Aspekte und Wirkungen dieses Politikprojekts zu umreißen. Die Idee und Konzeption von PRONASOL geht vermutlich auf Salinas de Gortari selbst zurück, da er speziell durch seine eigenen Erfahrungen bei der Feldarbeit für seine Dissertation in der Sierra von Puebla Ende der 70er Jahre feststellen mußte, daß die Entwicklungs- und Sozialprogramme der Regierung durch bürokratische Barrieren und die Passivität der Begünstigten in ihrer Erfolgsquote stark in Frage zu stellen waren. Daraus hat er spezifische Konsequenzen für die Grundlinien dieses Konzeptes entworfen, das in Ansätzen schon während seiner Zeit als Minister für Planung und Haushalt entstanden war.

Zunächst ist auffällig, daß sich PRONASOL sehr schnell entfaltete und in einer äußerst kurzen Zeit zu einem sehr hohen Bekanntheitsgrad in der mexikanischen Gesellschaft aufstieg. Die Zuwachsrate der Mittel für PRONASOL lag in den Jahren 1989–1991 bei über 50%, danach scheint sie wesentlich geringer geworden zu sein. Die an der Basis gebildeten „Solidaritätskomitees“ erlangten schon bald große Bedeutung und sind vielfach wichtiger als die lokalen PRI-Stützen wie z. B. Parteiorganisationen oder Bauernverbände geworden. Im November 1993 soll es nach Angaben von Salinas bereits über 150000 solcher lokaler Komitees gegeben haben, die in 95% der 2378 Gemeinden Mexikos präsent waren. Unabhängig von den Inhalten der einzelnen Projekte und der Qualität der Basispartizipation scheint es in der postrevolutionären Ära Mexikos kein anderes Regierungsprogramm gegeben zu haben, „dessen Eindringen in die mexikanische Gesellschaft so schnell und flächendeckend gewesen ist“. (W. Cornelius u. a., 1994: 8)

Sachlich verteilen sich die Mittel auf vier Felder: erstens Verbesserung der Lebensbedingungen (Gesundheit, Schulbau etc.), zweitens Infrastruktureinrichtungen (Straßen, Elektrizität, Abwässersysteme etc.), drittens Produktion und Beschäftigung und schließlich viertens die regionale Förderung, die eine Lokalität oder einen Landesteil in seiner Gesamtheit zum Zentrum systematischer Entwicklungspolitik macht. Offenbar haben sich die Anteile von 1) und 3) im Laufe der kurzen Geschichte von PRONASOL vergrößert (Laurell, 1994: 169).

PRONASOL ist dem eigenen Selbstverständnis nach vor allem auf die Verbesserung der Lage der städtischen Unterschichten, der Kleinbauern und der indigenen Bevölkerung ausgerichtet. Vom Konzept her neu ist, daß sich zentrale Mittelzuweisungen mit dezentralen Basisaktivitäten kombinieren, nicht selten an den traditionellen lokalen und regionalen Machtstrukturen (der Kaziken oder PRI-Größen) vorbei, und daß Hilfe zur Selbsthilfe gegeben wird, d.h. ein Zuschuß gewährt wird unter der Bedingung der Selbstarbeit der betroffenen Personengruppe (z.B. im Falle von Wohnungen, Straßen, Schulgebäuden etc.). Als Grundprinzipien von PRONASOL können folgende vier Aspekte festgehalten werden: 1. Die Basisinitiativen aus Stadtteilen, Kommunen, Dörfern etc. sind wesentlich und werden in jedem Fall respektiert. 2. Die effektive Partizipation aller Gruppen und Betroffenen muß bei jedem Projekt sichergestellt werden. 3. Bei der Durchführung des Projekts besteht eine gemeinsame Verantwortung von staatlichen Instanzen und den Betroffenen bzw. Begünstigten des Projekts. 4. Eine transparente, effiziente und ehrliche Durchführung des Projekts ist absolut erforderlich (vgl. z.B. die Wiedergabe bei R. Echeverría, 1992: 39).

PRONASOL wurde als anti- oder unbürokratisch, basisnah, partizipatorisch, dezentralistisch, parteiunabhängig und pluralistisch definiert.[7] Insbesondere führende Vertreter und Ideologen von PRONASOL suchten das Konzept in die Nähe einer gänzlich neuen Staats- und Gesellschaftsphilosophie zu rücken, die die Vision einer demokratischen und egalitären Ordnung zeichnet. „Als Strategie ist PRONASOL weit entfernt von einer staatlichen Sozialpolitik und von der Politik des Neoliberalismus, die die sozialen Wünsche dem Feld der Marktkräfte überläßt. Sie macht eine Reform der Institutionen möglich, die ihrerseits die Konturen der Ressourcenverwendung, der Produktionsmethoden und der öffentlichen Dienste verändern.“ (Gonzáles, 1994: 75) „Das Solidaritätsprogramm ist eine neue Basisbewegung geworden, eine Erfahrung mit direkter Demokratie. Dies ist der Weg, der extremen Armut entschieden zu begegnen.“ (Salinas de Gortari, Fifth State of the Nation Report, 1993: 69) Als gleich weit ent-

[7] Auf Versammlungen von PRONASOL-Komitees durften keine PRI-Symbole gezeigt werden (vgl. Dresser, 1994a: 161).

fernt also von bloßem Neoliberalismus und traditionellem Populismus wird PRONASOL als Keim eines neuen Gesellschaftsmodells begriffen. „Solidarität beansprucht, mit den populistischen Praktiken zu brechen, indem es [d.h. das Solidaritätsprogramm] ein Feld für die Konstitution neuer sozialer Akteure eröffnet, welche aktiver, verantwortlicher und partizipativer sind und damit zugleich weniger geneigt, klientelistische und paternalistische Verhaltensweisen anzunehmen.“ (Bertranou, 1993: 231)

Aufgrund der sehr unterschiedlichen Inhalte und Hintergründe von PRONASOL ist von einer generellen Funktionsweise in bezug auf Entstehung, Auswahl, Finanzierung und Durchführung von typischen Projekten nur unter Einschränkungen auszugehen (vgl. dazu detailliert: Bailey, 1994: 97ff.). In der Regel wird vom Finanzministerium und dem Sozialministerium (SEDESOL), bei welchem seit Anfang 1992 PRONASOL resortiert, das entsprechende Budgetvolumen und in Abstimmung mit den Gouverneuren die Verteilung auf die Einzelstaaten für das laufende Jahr festgelegt. Dabei werden Kriterien des Entwicklungsstandes, des Rangplatzes in der Armutsskala und der evtl. vorherigen Berücksichtigung des betreffenden Einzelstaates in die Auswahl einbezogen. SEDESOL-Vertreter und die jeweiligen Gouverneure der Einzelstaaten bestimmen dann im nächsten Schritt die zu berücksichtigenden Gemeinden, nicht selten nach den gleichen Auswahlkriterien. Der Gemeindepräsident muß dann – in Abstimmung mit den SEDESOL-Vertretern, den Repräsentanten des Gouverneurs und der Gemeindeverwaltung (*Cabildo*) sowie vor allem der betroffenen Bevölkerungsgruppe (Nachbarschaft, Stadtteil etc.) – das oder die ins Auge gefaßten konkreten Projekte festlegen. Die betroffene und prospektiv begünstigte Bevölkerungsgruppe bildet dann in der Regel ein Solidaritätskomitee, das dann zum Gesprächs- und Vertragspartner der Gemeindeverwaltung wird. Die konkrete Durchführung, Finanzierung und Evaluierung des Projekts wird von allen Beteiligten (SEDESOL, Gouverneur, Gemeindeverwaltung und Solidaritätskomitee) in unterschiedlichen Anteilen und Schwerpunkten gemeinsam getragen. Die Projekte müssen Nachbarschaften in die Durchführung miteinbeziehen, die Begünstigten haben mindestens 20% der Projektkosten (in Bargeld, Material oder Arbeit) zu tragen (Bailey, 1994: 115). Wesentlich ist die Kombination der Nutzung der bisherigen Planungs- und Verwaltungsstrukturen und der Durchführung und Kontrolle durch neue Akteure, die Verbindung von dezentralen Trägern und zentralstaatlichen Angeboten, von relativ großer Verfügungsfreiheit in der Verteilung der Mittel und den fixierten, bürokratischen Regeln der Anwendung und Kontrolle dieser Mittel (Bailey, 1994: 118).

Die materiellen und immateriellen Resultate von PRONASOL sind schwer zu bewerten, nicht zuletzt weil unklar bleibt, welche sozialen Leistungen und Verbesserungen auf PRONASOL selbst oder andere Budgetposten (Erziehungsausgaben, Gesundheitsausgaben etc.) zurückzuführen sind. Zweifellos sind die z. B. im fünften Informationsbericht von Salinas de Gortari vorgelegten Zahlen durchaus eindrucksvoll: Im Jahr 1992 wurden allein 12 Millionen Kinder begünstigt durch das Projekt „würdige Schulverhältnisse" (*escuela digna*), in dessen Rahmen 74 000 Schulen neu gebaut, aufrechterhalten und ausgestattet wurden. Zwischen 1989 und 1992 haben das Mexikanische Institut für soziale Sicherheit (IMSS) und das Solidaritätsprogramm gemeinsam 1100 neue ländliche medizinische Einheiten geschaffen und dabei die Gesundheitsversorgungskapazität im Vergleich zu 1988 um fast 50% gesteigert. Durch Trinkwasseranlagen, Abwässersysteme und Ausweitung des Elektrizitätswesens haben heute (1992/93) etwa 13,5 Millionen mehr Mexikaner Zugang zu Trinkwasser, etwa 11,5 Millionen wurden durch Abwässersysteme begünstigt und etwa 16 Millionen Menschen sind in den Genuß von Elektrizitätsversorgung gekommen. Dies und viele andere soziale Verbesserungen (vom Schulspeisungsprogramm bis zu den garantierten Landtiteln oder auf mündliche Vereinbarung zurückgehende Kleinkredite für Campesino-Projekte mit indigener Bevölkerung, Frauenprojekte, ökologische Verbesserungen etc.) sind durchaus respektable Ergebnisse dieses Programms gewesen. Und sicherlich kann man davon ausgehen, daß durch den nicht zu übersehenden Mobilisierungseffekt, d. h. Freisetzung von Selbsthilfeenergien, in bestimmten Bevölkerungsteilen mehr erreicht worden ist, als es den bloßen monetären Größen nach zu erwarten gewesen wäre. Dennoch sind die gewiß in mancherlei Hinsicht positiven Ansatzpunkte von PRONASOL stark zu relativieren.

Der Umfang der finanziellen Ausstattung des PRONASOL-Programms ist nicht ganz klar, weil neben neuen Etatmitteln auch Ressourcen aus früheren Programmen (z. B. den „Volkslebensmittelläden" CONASUPO u. a.) oder aus den Etats der Bundesstaaten und Kommunen dem PRONASOL-Etat zugeschlagen wurden. Die Steigerungsraten der Ausgaben für PRONASOL waren mit ca. 36% jährlich für den Zeitraum von 1989 bis 1993 sehr hoch. Von umgerechnet 680 Mio. US-$ (1989) stieg die Summe auf über 2,5 Mrd. US-$ (1993) an, wobei allerdings dieses hohe Wachstum (wie das für Sozialausgaben insgesamt) vor dem Hintergrund des sehr niedrigen Ausgangsniveaus während der Regierung Miguel de la Madrids gesehen werden muß. Im Vergleich zu 1982 wird deutlich, daß auch noch 1992 der Anteil der PRONASOL-Ausgaben am BIP geringer war als die entsprechenden Anteile für „regionale Entwicklung“ 1982, worunter die PRONASOL-typischen Ausgaben zu jenem Zeitpunkt subsumiert wurden. Zum anderen zeigte der Vergleich zwischen dem PRONASOL-Budget und dem Umfang des Reallohnverlustes, daß die arbeitende Bevölkerung nicht einmal ansatzweise durch dieses Programm entschädigt wurde. Dessen Fonds betrugen zwischen 1989 und 1992 nur etwa 2,8% bzw. 5,7% des Reallohnverlustes während dieser Zeitspanne (vgl. Laurell, 1994: 163f.). Die Proportionen des PRONASOL-Programms bleiben insgesamt bescheiden: 1992 fließen nur etwa 1% des Bruttosozialprodukts in dieses Programm; der Anteil von PRONASOL an den gesamten öffentlichen Ausgaben beträgt knapp 6%, der Anteil von PRONASOL-Ausgaben an den gesamten Sozialausgaben in den öffentlichen Haushalten übersteigt nicht 12,5% im Jahre 1992 (vgl. Lustig, 1994: 89). Gegenüber diesen Größendimensionen ist die Präsenz von PRONASOL in der öffentlichen Propaganda, aber auch im Bewußtsein der Mexikaner erstaunlich hoch. Ein weiteres Moment, welches die Wirksamkeit von PRONASOL relativiert, ist der Umstand, daß keineswegs immer die Ärmsten und Bedürftigsten durch PRONASOL erreicht wurden. Verschiedene Untersuchungen ergaben sogar, daß der Koeffizient von PRONASOL-Ausgaben bezogen auf das Armutsniveau negativ war, d. h. je ärmer der Einzelstaat, um so geringer die Pro-Kopf-Ausgaben von PRONASOL (Lustig, 1994: 94f.). Der größte Teil der PRONASOL-Ausgaben (ca. 40%) wurde für sogenannte Urbanisierungsprojekte (Wasserversorgung, Abwassersysteme, Elektrizität, Straßenbau etc.) ausgegeben, was zweifellos künftig zur Verbesserung der Lebensbedingungen beiträgt und wahrscheinlich in langfristiger Sicht auch zur Einkommenssteigerung führen kann, da gewissermaßen eine Erhöhung des „Humankapitals“ vorliegt und damit eine Verbesserung der Einkommens- bzw. Beschäftigungssituation immerhin möglich erscheint. Auch die Wohnungen der durch PRONASOL-Projekte Begünstigten erfahren eine gewisse Wertsteigerung durch die Anlage dieser Infrastrukturen. Eine direkte Verbesserung der Beschäftigungs- und Einkommenssituation wurde durch PRONASOL jedoch nur in sehr geringem Umfang ermöglicht. Die durch das Programm geschaffenen Beschäftigungseffekte von jährlich etwa 42000 Stellen verweisen – angesichts der notwendigen Schaffung von 900000 Arbeitsplätzen jährlich, um den Ist-Zustand bloß zu erhalten – auf die Geringfügigkeit des Programms. Wenn die Armutsproblematik auf zwei wesentliche Aspekte bezogen wird – einmal auf den Zugang zu Grunddienstleistungen und Infrastrukturen, zum anderen auf das Erreichen einer gesicherten Beschäftigungssituation mit auskömmlichem Einkommensniveau –, dann ist zweifellos durch PRONASOL lediglich der erste Aspekt ansatzweise berührt worden. Es ist zwar wahrscheinlich, daß diejenigen, die keinen Zugang zu Basisdienstleistungen und Basisinfrastrukturen haben, gemäß dem Einkommenskriterium auch arm sein werden; doch kann es durchaus vorkommen, daß Bevölkerungsteile Zugang zu bestimmten Basisdienstleistungen (wenn auch von schwacher Qualität) haben, daß aber ihr Einkommen weiter unterhalb der Armutslinie, vor allen Dingen in Zeiten ökonomischen Rückgangs, verharrt. „Obwohl Investitionen in soziale Leistungen wesentlich sind, und diese die Wohlfahrt der Bevölkerung anheben, werden sie nicht den Aspekt der Armut verringern, der durch den Mangel an Einkommen verursacht ist. Welches ist der Vorteil, gute Gesundheitsposten, gute Schulen oder fließendes Wasser zu besitzen, wenn das Familieneinkommen zu niedrig ist, um Nahrungsmittel in einem minimalen Umfang bereitstellen zu können? Armut, die aus einem Mangel an Einkommen resultiert, wird nicht auf kurze Sicht verschwinden und [...] Wachstum allein würde nur extrem langsam diese Bevölkerungsteile aus der Armut herausbringen." (Lustig, 1994: 95f.)

Angesichts dieser bescheidenen Dimensionen und inhärenten Schranken von PRONASOL fällt es schwer, mehr darin zu sehen, als ein soziales Trostpflaster für die durch die vorherige Entwicklung und nicht zuletzt durch die neoliberale Orientierung verursachten sozialen Flurschäden. PRONASOL als bedeutende Korrektur oder gar als Überwindung neoliberaler Politik zu preisen, kann nur auf systematisch verzerrte Wahrnehmungsformen zurückzuführen sein; diese wiederum mögen mit der aktuellen sozialen Position (hoher Funktionär von PRONASOL möglicherweise) oder mit starken eigenen Wunschvorstellungen, die sich aus der politischen Sozialisation herleiten, zusammenhängen. Es ist auffällig, daß eine Reihe führender linker Intellektueller und Politiker – neben vielen linken, basisorientierten Pragmatikern – sich offenbar PRONASOL zur Verfügung gestellt hat. Dies ist teilweise mit dem Wunsch begründet worden, parteiunabhängig, direkt und effizient „etwas Sinnvolles machen zu können", zum anderen kann dies mit der großen Öffnung und Flexibilität in der Umsetzung des PRONASOL-Programms durch Salinas de Gortari erklärt werden. So beispielsweise überraschte viele, daß Salinas Carlos Tello – einen als linken Populisten und Keynesianer bekannten Wissenschaftler und Politiker – zum ersten Chef und Koordinator von PRONASOL machte. „Es überrascht nicht, daß PRONASOL-Programme von Individuen entworfen und/oder durchgeführt werden, deren beruflicher Hintergrund häufig mit linken politischen Organisationen im Zusammenhang stand, wobei hier auch an ehemalige Mitglieder der Kommunistischen Partei Mexikos und der Vereinigten Sozialistischen Partei zu denken ist. Die Rekrutierung dieser sozialen Koordinatoren hat zweifelsohne zur Effektivität des Programms beigetragen und es mit dem notwendigen 'Humankapital' zur Durchführung seiner Ziele ausgestattet." (Dresser, 1994a: 153) Die Ähnlichkeit vieler Prinzipien von PRONASOL und der traditionellen Linken (autonome Organisation, antikorporativistische Orientierung, horizontale Netzwerke, direkte Demokratie etc.), die Neustrukturierung und -orientierung großer Teile der Linken in Mexiko während der 80er Jahre, die Enttäuschung über das Scheitern von historischen Modellen und Ideologien (nach 1989) – all das verstärkte zweifellos die pragmatische Komponente im Denken vieler Linker und erleichterte ihnen einen Anschluß an die PRONASOL-Bewegung (Moguel, 1994: 173ff.).

Damit ist ein wesentlicher Aspekt von PRONASOL aus der Sicht des herrschenden Regimes angesprochen: Seine politische Instrumentalisierung zur Wiedererlangung der stark abgefallenen Legitimität. Neben den gerade ausgeführten, schon von V. Pareto (1906) und G. Mosca (1922) beschriebenen, alten Herrschaftstechniken der Abwerbung von faktischen oder potentiellen Führern der Opposition und der Übernahme von erheblichen Teilen ihres Diskurses, war vor allem der gezielte Mitteleinsatz zugunsten von PRONASOL Gegenstand zahlreicher Analysen. Dieser galt insbesondere für die Versuche, die PRD zurückzudrängen, weniger die PAN; war doch die erstere 1988 mit über 30% „zugeteilter" Stimmen der PRI wesentlich näher auf den Fersen als die PAN (17%), ganz davon abgesehen, daß ideologisch-politisch die PRD-Programmatik weiter entfernt von der dominanten Politiklinie der PRI war als etwa die ebenso neoliberalen Zielvorstellungen innerhalb der PAN. In Hochburgen der PRD oder dort, wo Wahlenthaltung verbreitet war, aber dafür durchsetzungsfähige, starke soziale Bewegungen zur Stelle waren, wurden überproportional Mittel aus dem PRONASOL-Programm eingesetzt. Als Musterbeispiel gilt in dieser Hinsicht die *Delegación Alvaro Obregón*. In diesem großen Stadtbezirk im Süden von Mexiko-Stadt gibt es 170 *Co-*

lonías (Stadtviertel), von denen ca. 140 als überwiegend von extrem armer Bevölkerung bewohnt klassifiziert wurden; mit Hilfe der dort über zwei Jahre lang eingesetzten ca. 150 Mio. US-$ und ca. 1700 Solidaritätskomitees wurde die Trinkwasserversorgung, der Bau von Abwässeranlagen, die Elektrifizierung, der Straßenbau etc. in großem Umfang vorangetrieben. Hatte noch im Jahr 1988 die PRI alle Wahldistrikte verloren, so gewann sie im August 1991 alle Distrikte wieder zurück. Ähnliches läßt sich für andere Staaten und Regionen festhalten. Das Vorhandensein von besonders armen Regionen und Lokalitäten war keineswegs immer und überwiegend der zentrale Bestimmungsgrund von Zuweisungen der PRONASOL-Mittel. Wahlniederlagen, baldige Neuwahlen und andere Faktoren waren vielfach wesentlich wichtigere Orientierungen für die unterschiedliche Verteilung solcher Mittel (vgl. Molinar/Weldon, 1994: 139f.). Gemessen am ursprünglichen Ziel, neue Legitimation zu schaffen und der Opposition (vor allem der linke Stimmen repräsentierenden PRD) die Basis abspenstig zu machen, muß PRONASOL durchaus als Erfolg gewertet werden: Die Wahlen von 1991 (Parlamentswahlen, Wahl der Hälfte des Senats, Kommunalwahlen) brachten eindeutige Erfolge der PRI und herbe Rückschläge für die PRD (vgl. unten 8.1).

Alles in allem kann PRONASOL als eine neue Spielart von Korporativismus, besser: von „Klientelismus" (manche sprechen aufgrund der neuen Akzente auch von „Semi-Klientelismus", Fox, 1994b: 183) bezeichnet werden, welcher im Vergleich zur Vergangenheit neue Formen, Mittel und soziale Träger besitzt. Nicht mehr die „formelle Arbeiterklasse", Kleinbauern und *Ejidatarios*, sondern Angehörige des informellen Sektors, die ländlichen Lohn- und Saisonarbeiter sowie untere Mittelschichten sind die wesentlichen Adressaten des neuen Programms. Diese Segmente der Bevölkerung haben in den letzten 10–15 Jahren ihr quantitatives, elektorales und politisches Gewicht bedeutend erhöht und bedürfen infolgedessen der besonderen Aufmerksamkeit der neoliberalen Regierung, sofern sie die ökonomische Modernisierung und Strukturanpassung fortsetzen will, ohne die politische Kontrolle zu verlieren. Denn gerade diese Teile der Bevölkerung waren die direkten Opfer und Resultate der neoliberalen Strukturanpassungspolitik und der mit ihr verbundenen sozialen Polarisierung. Gleichzeitig gehört es zu dem Spezifikum von PRONASOL, daß in diesem Programm die mexikanische Bevölkerung wesentlich als Konsument wahrgenommen wird, als Bewohner bestimmter territorialer Einheiten, als Landbesetzer in den Städten, der nach verbürgten Landtiteln Ausschau hält usw. Damit kann dies wesentlich als konservative Strategie diagnostiziert werden, die auf eine Minimierung des sozialen Klassenkonfliktes hinausläuft (Dresser, 1994a: 147f.). Technokraten und Sozialreformer haben sich gemeinsam der Aufgabe, neue Koalitionen zu schmieden, gewidmet. Häufig standen die Aktionen dieser Technokraten und Sozialreformer in einem gewissen Gegensatz zu denen traditioneller PRI-Politiker auf nationaler wie regionaler/lokaler Ebene: die Spielräume lokaler Kaziken und der langjährigen Chefs bestimmter gewerkschaftlicher oder bäuerlicher Verbände, die ebenfalls auf lokaler oder regionaler Ebene erhebliche Machtmittel besitzen, wurden durch die PRONASOL-Programme und die entsprechenden Mobilisierungen der Basis tendenziell unterminiert. Daher verwundert es nicht, daß manche Spekulationen sogar so weit gingen anzunehmen, daß PRONASOL – bei einer möglichen Spaltung der PRI – als neue soziale Basis für die „salinistische“ Fraktion bzw. die Fraktion der „Reformer“ der PRI dienen könnte. Paradoxerweise hat gerade die relative Autonomie und die verhältnismäßig große Effizienz des PRONASOL-Programms und ihrer Träger zur Macht- und Popularitätssteigerung des Präsidenten – und damit indirekt auch des PRI-Regimes – beigetragen. Obwohl die Popularitätswerte von Salinas de Gortari seit 1990/91 um durchschnittlich 20% höher als die der PRI lagen, profitierte natürlich auch diese von der Wiederbelebung des personalistischen Präsidentalismus. Diesem gegenüber nahm die Bedeutung der Legislative, der Parteien im allgemeinen, der Verbände etc. deutlich ab. Dennoch schlug sich der leichte ökonomische Aufschwung, der deutliche Rückgang der Inflationsraten und die mit großem Propagandaaufwand verbreitete PRONASOL-Kampagne in einem bedeutenden Wiederanstieg der PRI-Wählerzahlen nieder.

PRONASOL ist in vieler Hinsicht mit neoliberalen Politikvorstellungen durchaus vereinbar, denn es entspricht den Postulaten der Deregulierung und Flexibilisierung; Widersprüche oder Gegensätze zu Marktmechanismen tauchen im wesentlichen nicht auf (Gabbert, 1993: 72f.). Der Präsident und die Staatsspitze kommen durch PRONASOL in ein neues, direktes Verhältnis zu den Massen, bürokratische Instanzen können weitgehend übersprungen werden. Universale und kollektive Ansprüche von Gruppen können nicht entwickelt werden; politische Ansprüche bilden sich nach partikularen und temporären Interessenkonstellationen. So gesehen bildeten sich mit PRONASOL nicht – wie es einige ihrer Ideologen sehen wollten – neue zivilgesellschaftliche Verhältnisse heraus, sondern die neue Relation von Staat und Gesellschaft reduzierte sich auf diese wenig stabile

Form eines überbetonten präsidentialen Personalismus einerseits und von temporären und überwiegend von Konsumenteninteressen bestimmte Gruppierungen andererseits. Der These, wonach der Beitrag von PRONASOL darin bestehen soll, zu einer neuen, demokratischen politischen Kultur in Mexiko beigetragen zu haben (Molinar/Weldon, 1994: 141; Moguel, 1994: 176), muß daher mit großer Skepsis begegnet werden (Cornelius u. a., 1994: 21).

5.4 Außenöffnung und Beginn des NAFTA-Projekts

Die schon 1983 zunächst zaghaft begonnene, dann ab 1985 energischer verfolgte Politik der einseitigen Außenhandelsliberalisierung unter Miguel de la Madrid (vgl. 4.2) war 1988 im wesentlichen abgeschlossen (Pastor/Wise, 1994: 462). Die Fortsetzung und Intensivierung der Öffnung der mexikanischen Ökonomie und ihre stärkere institutionelle Bindung an die USA und Kanada wurden seit Mitte 1990, als der mexikanische Präsident ankündigte, ein Freihandelsabkommen mit den nördlichen Nachbarstaaten anzustreben, entschieden ins Auge gefaßt. Bevor diese – die gesamte weitere Regierungszeit Salinas' wesentlich prägende – Problematik hier nachgezeichnet wird, ist auf eine andere Dimension der Außenöffnung, die Veränderung der Gesetzeslage für Auslandsinvestitionen, einzugehen.

Die bis 1989 im wesentlichen gültige Rechtslage auf diesem Gebiet wurde vor allem vom Auslandsinvestitionsgesetz, dem Technologietransfergesetz (beide 1973) und dem Gesetz über Erfindungen und Handelsmarken (1976) bestimmt. Das Auslandsinvestitionsgesetz von 1973, vom „national-revolutionären" Impetus der Echeverría-Regierung geprägt, war insofern relativ restriktiv – zumindest auf der formellen Ebene –, als eine Reihe von Branchen nur dem mexikanischen Staat, andere nur dem mexikanischen Privatkapital vorbehalten blieben und weitere Bereiche vorgesehen waren, in denen die Ausländeranteile auf bis zu 49% beschränkt bleiben mußten. Im Rahmen der neoliberalen Strategie wurden Auslandsinvestitionen nicht nur als förderlich für den Abbau der Zahlungsbilanzdefizite, für den Technologietransfer und als produktivitätssteigernd begrüßt, sondern vor allem ganz allgemein als notwendige Vorbedingung für ökonomisches Wachstum begriffen, nicht mehr wie früher als Nebenprodukt von wirtschaftlicher Dynamik interpretiert (Lustig, 1992: 128). Lockerungen gegenüber diesem Gesetz begannen 1984 und bezogen sich seither in kleinen Abständen auf einzelne Teilaspekte. 1989 wurde das

Gesetz von 1973 insofern entscheidend revidiert, als der 100%ige Besitz durch Ausländer in einer Reihe von Zweigen eingeräumt und die Zulassungsbedingungen wesentlich vereinfacht und verringert wurden. Gleichfalls ließ man in diesem Jahr die ausländische Teilhabe an den damals noch staatlichen Banken und an mexikanischen Versicherungsunternehmen gesetzlich zu. Ein Jahr darauf, als die Privatisierung der Banken begonnen hatte, wurde der ausländische Eigentumsanteil an Banken, Finanzgruppen und Börsen auf 30% festgelegt. In die letzte Novellierung des Auslandsinvestitionsgesetzes vom Dezember 1993 wurden die mit NAFTA zusammenhängenden Verpflichtungen bezüglich der Behandlung ausländischer Investoren aufgenommen; vielfach reichen die damit einhergehenden Liberalisierungen sogar über die Vereinbarungen von NAFTA hinaus. Zwecks Stärkung der Wettbewerbsposition Mexikos bei der Anlockung ausländischer Investitionen sind insbesondere die Verbote von Landerwerb durch Ausländer in Grenz- oder Küstengebieten aufgehoben, die Schranken hinsichtlich der Beteiligungshöhe ausländischen Kapitals beseitigt oder reduziert worden und die Zugangsmöglichkeit zu anderen Bereichen (z.B. „sekundäre Petrochemie") ist abermals erweitert worden (vgl. Einzelheiten: Banco de México, 1994: 188ff.). Die fast völlige Gleichstellung einheimischer mit ausländischen Investoren (aus dem NAFTA-Vertragsgebiet) sowie die vollständige Freiheit der Investoren bezüglich „des Dividenden- und Profittransfers und anderer Zahlungen in der Währung ihrer Wahl" (Banco de México, 1994: 193) ist gleichfalls gewährleistet worden. Auch die Gesetzgebung hinsichtlich der Auslandsinvestitionen im Finanzsektor (Banken, Versicherungen, Börsenhäuser etc.) wurde gemäß dem NAFTA-Vertrag liberalisiert, allerdings ist der Abbau der Schranken zeitlich gestaffelt und einer weitgehenden Übernahme durch ausländische Banken mit Eingriffsmöglichkeiten des mexikanischen Staates vorgebeugt worden; bei einer Marktbeherrschung von 25 bzw. 30% kann der mexikanische Staat Restriktionen verhängen.[8]

[8] Im Rahmen des Gesetzgebungspakets, welches als Reaktion auf die schwere Finanz- und Währungskrise 1994/95 im Februar 1995 verabschiedet wurde, sind verfassungsändernde Gesetze (Artikel 27) bezüglich der Erweiterung von Investitionsmöglichkeiten ausländischen Kapitals im Transportbereich (Eisenbahnen, interne Luftfahrt, Telekommunikation), im Bereich der Warenhäuser, des Gasvertriebs sowie vor allem im Sektor finanzieller Institutionen verabschiedet worden; das 30-%-Limit für Auslandsanteile im Finanzbereich wurde auf 49% heraufgesetzt, bei Neugründungen können es sogar Kontrollanteile von über 51% sein (vgl. Banco de México, 1995: 139).

Zu den allgemeinen und historischen Voraussetzungen der Annäherung Mexikos an das NAFTA-Projekt zählt die hohe Handelsverflechtung der beiden Länder, wobei natürlich die Art und Größenordnung der Handelsbeziehungen Mexikos mit den USA für Mexiko ungleich bedeutsamer ist als umgekehrt. Mexiko wickelt mehr als zwei Drittel seiner Exporte und Importe mit dem nördlichen Nachbarn ab, in den letzten 10 Jahren mit steigender Tendenz. Umgekehrt repräsentiert der Handel der USA mit Mexiko nur etwa 4% ihres Außenhandelsvolumens. Die Kapitalmobilität in beide Richtungen stellt ein teils beklagtes, teils begrüßtes Phänomen dar, das vor allem auf die mexikanische Ökonomie einen großen Einfluß ausübt. Nicht zuletzt infolge dieser offenkundig asymmetrischen Beziehungen zwischen den beiden Ländern und infolge sonstiger großer Unterschiede (Lohnhöhe, Produktivitätsgrad, Erziehungswesen, Gesundheitssystem etc.) wäre es noch Anfang der 80er Jahre fast unvorstellbar gewesen, daß die beiden „distant neighbors" (A. Riding) freiwillig einem gemeinsamen, regionalen Integrationsprojekt zustimmen könnten. Für den tiefgreifenden Sinneswandel sind mehrere Faktoren verantwortlich zu machen (vgl. vor allem: Pastor/Wise, 1994). Zum einen schien das Scheitern einer Version der Importsubstitutions-Industrialisierung eine Abkehr von dieser und eine stärkere Außenöffnung des Landes nahezulegen. Die im Gefolge der Schuldenkrise manifest werdende Schwäche und zusätzlich prononcierte Außenabhängigkeit sowie bedeutende interne gesellschaftliche und ökonomische Umgruppierungen (vgl. 7.1) machten diesen Kurswechsel, wie er sich u. a. schon im Beitritt Mexikos zum GATT (1986) andeutete, fast unabwendbar. Der Zusammenbruch der „realsozialistischen Systeme" wie auch die verstärkte Hinwendung wichtiger europäischer Länder nach Osteuropa schienen außerdem eine Anlehnung an die USA realpolitisch und wirtschaftsstrategisch empfehlenswert zu machen. Die seit 1982 unter Miguel de la Madrid eingeschlagene Politik der Austerität und neoliberalen Wende war zwar in wesentlichen Punkten (Inflation, Haushaltsdefizit etc.) erfolglos, doch deuteten andere Elemente seiner Wirtschaftspolitik (Entstaatlichung, Außenöffnung etc.) auf eine gewisse Annäherung an die USA hin. Die Fortsetzung und Intensivierung dieser Politik unter Salinas de Gortari erbrachte auch Erfolge in der Inflationsbekämpfung und der Reduzierung des Haushaltsdefizits, so daß gewissermaßen auch von dieser Seite her keine Hinderungsgründe mehr für den Beginn des NAFTA-Prozesses (Juli 1990) im Wege standen. Zwar kam die Ankündigung durch den mexikanischen Präsidenten überraschend, doch waren dem reale ökonomische Entwicklungen und eine Reihe bilateraler Verträge zwischen den USA und Mexiko vorangegangen, welche schon eine Art „silent integration" darstellten.

Die Regierung von Carlos Salinas verfolgte mehrere Ziele mit der Forcierung der NAFTA-Verhandlungen. Insgesamt erhoffte sie eine gewissermaßen externe Institutionalisierung der neoliberalen Politik, die vor möglichen Schwankungen – gerade bei einem Ernstnehmen des Demokratisierungsprozesses denkbar – geschützt werden sollte. Weiterhin war aber zweifellos auch eine Stabilisierung des PRI-Regimes – sowohl in politischer wie in ökonomischer Hinsicht – im Visier dieser Regierung. Verbunden war damit die Hoffnung, weg von der Dritten Welt und weg von Lateinamerika zu kommen und einen raschen Vorstoß Mexikos in den Reigen der Erste-Welt-Länder unternehmen zu können. Im einzelnen wurde auch die Erwartung geäußert und zugleich auch die propagandistische Version artikuliert, daß das Wachstum der Ökonomie durch einen solchen Annäherungsprozeß an die USA und Kanada erheblich unterstützt werden könne: Vor allem durch Sicherung des Zugangs zum US-amerikanischen Markt und durch Anlockung neuer Investitionen nach Mexiko, wobei eine bedeutende Übertragung von Kapital und neuem technologischem Know-how dazu beitragen könnte, Elemente der Unterentwicklung in Mexiko rascher zu überwinden. Zwar seien bei diesem Integrationsprojekt auch Verlierer zu erwarten, jedoch seien die Vorteile für Mexiko per saldo weit höher einzuschätzen.

Als Hauptinhalte des Vertragswerks (1993) können folgende Elemente hervorgehoben werden:

a) Sukzessive und asymmetrische Senkung der Zölle zwischen Mexiko und den USA/Kanada für immer größere Teile aller grenzüberschreitenden Waren und Dienstleistungen.
b) Liberalisierung des Kapitalverkehrs, partielle Liberalisierung des Niederlassungsrechts von Banken, Einräumung des Rechtes für Versicherungen, in den jeweiligen Partnerländern aktiv zu werden (nach 6 Jahren).
c) Völlige Gleichstellung ausländischer und inländischer Investoren.
d) Regelungen über Ursprungsbestimmungen, die festlegen, wann z. B. ein in Mexiko hergestelltes Produkt zollrechtlich als mexikanisches Produkt oder – falls ein zu großer Anteil von Vorprodukten und Bestandteilen aus dem Ausland stammt – als ausländisches Produkt zu klassifizieren ist.
e) Sonderbestimmungen über einzelne Branchen und Sektoren (z. B. über den Textilbereich, die Automobilindustrie und den Agrar-

sektor; beim Dienstleistungsaustausch vor allem im Bereich der Telekommunikation, des Landtransportes und der sog. finanziellen Dienstleistungen; Bestätigung der Weiterführung staatlicher Monopole im Elektrizitäts- und Erdölbereich in Mexiko).

f) Probleme der Arbeitskraftmobilität wurden weitgehend ausgeklammert; Bestimmungen der Liberalisierung des wechselseitigen Migrierens von Arbeitskräften sind auf hochqualifizierte Arbeitskräfte beschränkt.

g) Der Vertrag enthält detaillierte Vorstellungen zu institutionellen Lösungen von Konflikten (vgl. Lavon, 1994: 43ff.).

In den erst im September 1993 abgeschlossenen zusätzlichen Parallelabkommen wollten die USA bei Nichteinhaltung von Arbeits- und Umweltnormen Sanktionen bzw. die Möglichkeit von Strafzöllen einführen; dies gelang teilweise in bezug auf Mexiko, im Falle Kanadas wurden keinerlei Modifikationen gegenüber dem ursprünglichen Vertragstext durchgesetzt (Lauth, 1994: 10ff.).

Wenn von gesellschaftlichen Trägern und Befürwortern des NAFTA-Projekts die Rede ist, so dürfte unstreitig sein, daß diese zugleich die Protagonisten und Gewinner des schon lange vorher begonnenen Prozesses der neoliberalen Restrukturierung gewesen sind. Als in der Öffentlichkeit am entschiedensten auftretender Befürworter von NAFTA muß in Mexiko zunächst Präsident Carlos Salinas de Gortari selbst genannt werden. Es ist sicher keine Übertreibung, wenn man behauptet, daß das NAFTA-Projekt das zentrale Anliegen seiner Regierungsperiode war. Ohne eine echte Diskussion im eigenen Land zu ermöglichen (Aguilar, 1993: 207), war seit 1990/91 das Thema in der mexikanischen Öffentlichkeit allgegenwärtig, und zwar in dem Sinne einer konkurrenzlosen Alternative, die die Rettung Mexikos gegenüber allen bisherigen Nöten und Defiziten beinhalten sollte. Entsprechend schlug sich die Behandlung dieses Themas in den Medien nieder; lediglich in einigen wissenschaftlichen Zeitschriften und Organen der Linken bzw. der Mitte-links-Strömung (wie der PRD) konnten auch Gegenargumente zum NAFTA-Vorhaben gelesen werden. Zweifellos erwartete Salinas de Gortari von NAFTA eine äußere Unterstützung, eine Dynamisierung und vor allem eine Institutionalisierung seiner neoliberalen Wirtschaftspolitik. Zugleich war NAFTA aber auch ein Hebel für die Neuformierung einer Herrschaftskoalition, die nun vor allem die Großbourgeoisie, export- und importorientierte Teile des Handelsbürgertums, Teile der Mittelschichten sowie Spitzenbürokraten bzw. -technokraten einschließen sollte. Die Betonung des Arbeitersektors, der Bauernverbände und der sog. „Volkssektoren" im allgemeinen trat in der öffentlichen Rhetorik spürbar in den Hintergrund; was freilich nicht ausschloß, daß diese traditionellen PRI-Sektoren auch noch in verschiedene Solidaritätspakte einbezogen wurden (Poitras/Robinson, 1994: 10).

Die Propaganda für das NAFTA-Projekt bezog sich keineswegs bloß auf Mexiko selbst, sondern die mexikanische Regierung wurde auch außerordentlich aktiv in den USA. Manche Beobachter behaupten sogar, daß die meisten Lobbyaktivitäten für NAFTA in den USA direkt oder indirekt von der mexikanischen Regierung gesponsert worden seien. Diese Kampagne sei die längste und teuerste ausländische Lobby-Kampagne gewesen, die die Hauptstadt der USA je erlebt habe. „Seit 1989 haben Regierung und Unternehmensorganisationen Mexikos gemäß den offiziellen Angaben 25 Millionen US-$ ausgegeben, um die Entwicklung und Ratifizierung des NAFTA zu fördern." (Lavon, 1994: 79) Das Ministerium für Handel und Industrie (SECOFI) und das Finanzministerium waren aktiv in den NAFTA-Prozeß eingeschaltet; vor allem wurde aber der neugegründete Koordinationsrat für Export (*Coordinadora de Organismos Empresariales de Comercio Exterior*, COECE) zur wichtigen Schaltstelle zwischen Regierung und exportorientierter Privatwirtschaft (Poitras/Robinson, 1994: 17). Fast alle Unternehmerverbände Mexikos unterstützten das Freihandelsabkommen eindeutig und energisch. Der allgemeine Arbeitgeberverband (COPARMEX) sowie der Industriellenverband (CONCAMIN) und der Nationale Handelsverband (CONCANACO) wiesen nur kleine Akzentverschiebungen in ihrer enthusiastischen Unterstützungskampagne von NAFTA auf; so warnte der Industriellenverband auch vor potentiellen Schäden für kleinere Industrielle, während der Handelsverband sogar forderte, die Freihandelsbestimmungen auch auf den Petroleumsektor auszudehnen. Einzig der Verband der kleinen und mittleren Industriellen, der stark binnenmarktorientiert ist und von protektionistischen Zollschranken profitiert hatte, die *Camera Nacional de la Industria de Transformación* (CANACINTRA) äußerte eine gewisse Skepsis, die allerdings bald in die definitive Zustimmung auch dieser Organisation der Unternehmer zum NAFTA-Projekt einmündete. Das Versprechen von Stabilität und Wachstum sowie die Aussicht auf grundsätzlich bessere Beziehungen zur Regierung ließ auch den Verband CANACINTRA „Opferbereitschaft" zeigen (Poitras/Robinson, 1994: 15f.). Die Rolle anderer Instanzen oder Institutionen in Mexiko (Legislative, politische Parteien, Gewerkschaften, sonstige Verbände, Intellektuelle etc.) war gegenüber den genannten Propagandisten sekundär. In der Popularitätswoge eines kleinen ökonomischen

Aufschwungs, der abnehmenden Inflationsraten und des weithin sichtbar gemachten Sozialprogramms PRONASOL schwimmend, wurde die Initiative von Salinas de Gortari so populär, daß Ende 1991 ca. zwei Drittel der mexikanischen Bevölkerung dem NAFTA-Projekt zustimmten, wenngleich die Mehrheit – im Gegensatz zu den meisten offiziellen ökonomischen Analysen – annahm, daß die USA stärker als Mexiko von dem Abkommen profitieren würden. Die Politik zugunsten von NAFTA innerhalb Mexikos hat gezeigt, daß ökonomische Liberalisierung und ein sich anpassender Autoritarismus durchaus vereinbar sind (Poitras/Robinson, 1994: 28f.).

Die Frage der möglichen bzw. voraussichtlichen Wirkungen von NAFTA auf die mexikanische Wirtschaft ist mittlerweile Gegenstand von mehreren hundert Untersuchungen gewesen, welche zu sehr verschiedenen, mitunter entgegengesetzten Resultaten und Aussagen gelangten. Die große Spannbreite erklärt sich u.a. aus der ganz neuen Situation dieser regionalen Integration, die sehr unterschiedliche Ökonomien und Gesellschaften in einer Weise zusammenbringt, wie dies bisher noch nirgendwo geschehen ist. Auch der europäische Integrationsprozeß mit sehr unterschiedlichen Teilnehmerländern, wie z.B. Portugal und Deutschland oder Griechenland und England, ist mit der extremen Verschiedenheit der USA und Kanadas einerseits und Mexikos andererseits bezüglich wesentlicher ökonomischer und sozialer Indikatoren nicht zu vergleichen. Die Divergenz der Einschätzungen resultiert aber auch daraus, daß die Frage unterschiedlich bewertet werden kann, ob die bestehenden Asymmetrien in dem Vertrag angemessen berücksichtigt worden sind, ob die neuen Bedingungen stimulierend sein können oder ob sie so übermächtig sein werden, daß ihnen nur eine liquidatorische Funktion zugemessen werden kann. Die meisten Arbeiten zum NAFTA-Projekt entstanden, als die Verhandlungen noch nicht abgeschlossen waren bzw. als NAFTA noch nicht ratifiziert war. Auch die gegenwärtigen tatsächlichen Erfahrungen mit NAFTA reichen nur knapp zwei Jahre zurück (vgl. hierzu 6.3). Die Tatsache, daß NAFTA für Mexiko dringlicher und wichtiger gewesen ist als umgekehrt der Beitritt Mexikos zum bilateralen Freihandelsabkommen zwischen den USA und Kanada für diese, sowie der Umstand, daß Mexiko – auch aufgrund seiner undemokratischen Strukturen, die eine breite und intensive Diskussion auszuschließen suchten – sich schneller im Verhandlungsprozeß unterordnen mußte (Ros, 1992: 78ff.), verweisen darauf, daß die tiefen Asymmetrien zwischen den USA und Mexiko wahrscheinlich doch nicht ausreichend berücksichtigt worden sind.

Ohne auf Einzelheiten (etwa auch methodischer Natur) eingehen zu können, sollen im folgenden zwei wesentliche Dimensionen des Vertragswerkes in ihrer Bedeutung für Mexiko kurz analysiert werden: der Agrarsektor und der industrielle Sektor.

Der mexikanische Agrarsektor, der traditionellerweise in vielfältiger Hinsicht staatlich kontrolliert wurde (Preise, Kredite, Vermarktung, Infrastruktur, agrarische Inputs aus staatlichen Unternehmen etc.), ist bereits während der Regierungsperiode Miguel de la Madrids von der neoliberalen Deregulierung bzw. vom staatlichen Rückzug erfaßt worden. Außenöffnung, Preisliberalisierung, Umstrukturierung des Kreditsystems in Richtung auf radikale Kürzung staatlicher Beiträge, Privatisierung staatlicher Unternehmen gerade im für die Landwirtschaft wichtigen Bereich der Düngemittelindustrie usw. sollten schon in dieser Phase die Perspektive einer Agrarmodernisierung und -kapitalisierung begründen, statt die Hoffnung auf Fortschreiten der Agrarreform zu wecken. Nach den Vorstellungen der Regierung von Carlos Salinas de Gortari sollten vor allem zwei Elemente die weitere Entwicklung der mexikanischen Landwirtschaft wesentlich bestimmen und sie dynamisieren: Zum einen die Einführung des „Nordamerikanischen Freihandelsabkommens" und zum anderen – damit eng im Zusammenhang stehend – die Reform des Artikels 27 der mexikanischen Verfassung, wonach die Privatisierung von Ejido-Land möglich werden sollte. Beide Projekte werden zweifellos einen erheblichen Einfluß auf die Landwirtschaft Mexikos in mittlerer Sicht ausüben.

Es ist bekannt, daß die quantitativen und qualitativen Unterschiede der agrarischen Ressourcenausstattung zwischen den USA und Mexiko sehr stark ausgeprägt sind; auch die öffentlichen Subventionen des Landwirtschaftssektors sind in den USA und Kanada ungleich höher als in Mexiko. Man muß weder Agrarspezialist noch Ökonom sein, um sich vorstellen zu können, daß die Handelsöffnung auch für Agrarprodukte eine weitgehend zerstörerische Wirkung auf große Teile der bisherigen mexikanischen Landwirtschaft haben wird. Vorläufig sind noch einige Basisprodukte (Mais, Bohnen, Weizen, Milch u.a.) durch nichttarifäre Barrieren etwas geschützt. Wird hier eine völlige Liberalisierung eintreten – und dies bei den gegenwärtigen und auch in naher Zukunft kaum zu überwindenden Produktivitätsdifferenzen –, so wird dies das ökonomisch-soziale Ende von 3,5 Millionen Campesino-Familien bedeuten (Calva, 1992b: 13, 20); dazu sind die Sekundärwirkungen dieses Prozesses auf die gesamte Ökonomie sowie der Umstand des völligen Verlusts der Nahrungsmittelversorgung aus einheimischen Quellen in Rechnung zu stellen. Zwar ist eine Übergangsfrist von 15 Jahren für diese Basisprodukte im NAFTA-Vertrag vereinbart worden, aber wenn sich das interne Preisniveau dem internationalen angenähert hat, kann die völlige Importliberalisierung schon zu diesem Zeitpunkt eintreten. Diese gravierenden negativen Auswirkungen werden sicherlich nicht durch Vorteile in anderen Subsektoren der mexikanischen Landwirtschaft (Zucker, Zitrusfrüchte, Wintergemüse, Schnittblumen etc.) aufgewogen. Dies bedeutet aber keineswegs, daß die für die US-Landwirtschaft aus dem NAFTA-Vertrag resultierenden Entwicklungen nur günstig sein werden. „Sowohl in den USA wie in Mexiko ist der größte negativ betroffene Bereich wahrscheinlich die Landwirtschaft. Für Mexiko stützt sich diese Schlußfolgerung auf die Auswirkungen, die NAFTA auf die Produktion von Grundnahrungsmitteln haben wird. In den USA ist sie verbunden mit der Konzentration auf niedrige und wenig produktive Jobs sowie auf die nichtlandwirtschaftlichen Beschäftigungsarten im ländlichen Amerika." (Conroy/Glasmeier, 1992/93: 18) Allerdings hängt – wie mexikanische Beobachter bemerken – die zukünftige Entfaltung der mexikanischen Landwirtschaft noch mehr als von der Handelsliberalisierung von einer mittel- und längerfristigen Agrarpolitik ab, die die finanzielle Austrocknung der Landwirtschaft während der Schuldenkrise und danach während der Unsicherheit im ökonomischen Restrukturierungsprozeß überwindet. Das private Kapital scheint kaum rasch auf die Privatisierung der ländlichen Institutionen zu reagieren und ist jedenfalls kein Ersatz für die frühere Zuweisung öffentlicher Ressourcen (Appendini, 1994: 72).

Die Auffassung, daß durch dieses Abkommen und die Verfassungsänderung (Artikel 27) die mexikanische Landwirtschaft einen Anstoß zur Modernisierung und Produktivitätssteigerung erhalten könnte, scheint angesichts der großen Unterschiede in den Ausgangsbedingungen und den absehbaren (zum großen Teil eher entgegengesetzten) Wirkungen nur schwer nachvollziehbar zu sein. Eine größere Abhängigkeit von Bezugs-Absatzmärkten außerhalb Mexikos und eine noch stärkere Polarisierung der Produktivitätsgrade und Lebensverhältnisse in den unterschiedlichen Bereichen der mexikanischen Landwirtschaft wird offenbar eine unmittelbare Konsequenz der neoliberalen Wirtschaftspolitik sein. Die soziale Unruhe auf dem Lande hat besonders in den letzten Jahren stark zugenommen; die Erhebung in Chiapas war nur der sichtbarste und deutlichste Teil dieser Tendenzen. In vielen anderen Landesteilen hat sich unter der Agrarbevölkerung Mexikos ein ähnlich großes Protestpotential aufgestaut (vgl. El Cotidiano, No. 61, März/April 1994: 82ff.; und 8.3).

Schwerer als die Auswirkungen von NAFTA auf den mexikanischen Agrarsektor sind die Konsequenzen des Freihandelsabkommens auf die mexikanische Industrie abzuschätzen. Es muß vor allem offen bleiben, ob erstens in Mexiko nur relativ arbeitsintensive Branchen oder auch andere im Gefolge eines größeren Marktes verstärkt ausgebaut werden, ob zweitens die Importwirkungen auf die kleinere und mittlere mexikanische Industrie so schwer sind, daß ein Teil dieser Industriebetriebe verschwinden wird und drittens schließlich bleibt unklar, wie groß der infolge des Integrationsprozesses zu erwartende Zustrom von Auslandskapital sein und welche Rolle er in der Neustrukturierung der mexikanischen Wirtschaft spielen wird. Bevor diese Fragen beantwortet werden sollen, ist ein kurzer Blick auf die Restrukturierung der mexikanischen Industrie während der 80er Jahre zu werfen (ausführlicher dazu: 6.2). Die durch Außenöffnung und verstärkte Exportorientierung gekennzeichnete Industrie hat insgesamt während der 80er Jahre wenig zugenommen. Ihr Anteil am Bruttoinlandsprodukt hat sich sogar verringert, das Pro-Kopf-Industrieprodukt von 1981 wurde erst 1991 wieder erreicht. Zwar wuchsen die Nicht-Erdölexporte, d. h. die industriellen Exporte, während der 80er Jahre schnell, teilweise mit Wachstumsraten von ca. 25%, um dann aber gegen Ende der 80er und zu Beginn der 90er Jahre spürbar zurückzugehen. Zugleich stieg das Importwachstum mit ähnlicher Dynamik an, allerdings gegen Ende der 80er und zu Beginn der 90er Jahre in einem wesentlich höheren Tempo, so daß aus diesem unterschiedlichen Wachstumsrhythmus von Importen und Exporten sich die seit 1990 bereits abzeichnende negative Handelsbilanz erklärt. Trotz der vielfachen Proklamation einer „Modernisierung der Industrie“ hat die Investitionsquote in der Industrie während der 80er Jahre und auch noch zu Beginn der 90er Jahre niemals die Größenordnungen der 60er und 70er Jahre erreicht. Die gesamtwirtschaftliche Investitionsquote verharrte lange Zeit bei etwa 16% während des Krisenjahrzehnts, um dann zu Beginn der 90er Jahre auf 17%–18% (in bezug auf das BIP) anzusteigen. Die Wachstumsrate der Produktivitätssteigerungen lag im industriellen Bereich bei etwas über 1% jährlich und damit deutlich unter den entsprechenden Zuwachsraten in den Jahrzehnten zuvor. Eine Umgruppierung des industriellen Produktionsapparats hat sich insofern vollzogen, als einige branchenspezifische Akzentuierungen (vor allem im Bereich von nichtmetallischen Mineralen, der Glasindustrie, Zementindustrie etc.), einige regionale Restrukturierungen zugunsten der nördlichen Bundesstaaten und zuungunsten der zentralen und südlichen Bundesstaaten sowie eine weitere deutliche Konzentration der industriellen Produktion bei den größten Unternehmen zu registrieren waren (Sotelo, 1993: 67ff.; Velasco, 1993: 169). Das heißt insgesamt betrachtet, daß der größte Teil der mexikanischen Industrie ohne Restrukturierung oder Modernisierung auf relativ niedrigem Produktivitätsniveau verharrte und damit unfähig blieb, einem offenen und scharfen Wettbewerb seitens des Weltmarkts (oder in diesem Fall seitens der USA) ausgesetzt zu werden (Huerta, 1993: 42).

Auch wenn man die Bewertungskriterien für die Auswirkungen des Handelsabkommens auf die Industrie auf wenige beschränkt – wie z.B. auf den Beitrag zum BIP oder zum Einkommenswachstum, die Auswirkungen auf das Beschäftigungsvolumen und die Produktivitätsentwicklung – bleiben doch viele Fragezeichen, da die jeweiligen Prämissen ganz unterschiedlich sein können; ganz abgesehen davon, daß die generelle Schwierigkeit darin besteht, eine exakte Zurechnung dieser Kriterien zu den neoliberalen Reformen im allgemeinen bzw. dem NAFTA-Abkommen im besonderen vorzunehmen.

In der Mehrheit der Studien werden die großen Vorteile – absolut und relativ – für Mexiko gesehen (vgl. zusammenfassend Weintraub, 1992: 109ff.). Vor allem wird der bessere Zugang mexikanischer Exporte aus bestimmten Branchen (Bekleidung, Zement, Glas, Stahl, Schuhe etc.) zum US-Markt hervorgehoben. Umgekehrt werden die Verluste für Mexiko bezüglich der höheren Importe von Kapitalgütern, elektrischen Maschinen, chemischen Produkten etc. aus den USA für nicht so groß gehalten, da diese Zweige in Mexiko ohnehin nicht stark vertreten seien. Mit einer per Saldo verbesserten „industriellen Handelsbilanz“ zugunsten Mexikos gingen Zugewinne bei den Einkommen, der Beschäftigung und den Produktivitätsfortschritten einher. Diesen Argumenten begegnen die Skeptiker mit dem Hinweis darauf, daß der Zugang zum US-Markt (mit einigen wenigen Ausnahmen) bereits vor dem Abkommen relativ günstig war und die Möglichkeiten der Exportsteigerung aus arbeitsintensiven Zweigen über die in den letzten Jahren stark gewachsene Maquiladora-Industrie bereits bedeutend ausgeschöpft waren. Ein klarer Zusammenhang zwischen Exportsteigerung, Beschäftigungswachstum und Produktivitätsfortschritt läßt sich bislang jedenfalls kaum nachweisen (Ros, 1992: 137).

Umgekehrt muß vermutet werden, daß der durch NAFTA und Außenöffnung bedingte Importstrom eine größere Palette von Produkten betraf, als es in der optimistischen Argumentationsfigur der NAFTA-Befürworter anklingt. Gerade die stabile Inkongruenz von Import- und Exportwachstumsraten seit Ende der 80er Jahre und das daraus resultierende dauerhafte Handelsbilanzdefizit deuten darauf hin, daß viele industrielle Produkte, die zuvor in Mexiko produziert worden sind, durch die Importkonkurrenz beiseite gefegt wurden. Die Erhöhung des Importkoeffizienten bedeutet, daß eine Umlenkung schon vorhandener Nachfrage stattgefunden haben muß. Es läßt sich auch nachweisen, daß seit Wirksamwerden der einseitigen Handelsliberalisierung seitens Mexikos auch die Branchen, die zuvor noch ein Handelsbilanzplus gegenüber dem Weltmarkt (vor allem gegenüber den USA) aufgewiesen hatten, sich in Branchen mit einem wachsenden Defizit verwandelten (vgl. Huerta, 1993: 42ff.). Bemerkenswert ist in diesem Zusammenhang auch, daß die Beschäftigung im industriellen Sektor Mexikos von 1982–1994 um mehr als 200000 abgenommen hat; gleichzeitig war die Zahl der potentiell Erwerbstätigen um ca. 10 bis 12 Millionen gewachsen. In den 12 Jahren zwischen 1982 und 1994 waren neun Industriebranchen durch ein negatives Beschäftigungswachstum gekennzeichnet, am stärksten war der Rückgang der industriellen Beschäftigung 1983 und dann wieder 1993 und 1994. Einzig die Branchengruppe „Nahrungsmittel, Getränke und Tabak" verzeichnete in dem gesamten Zeitraum eine leichte Steigerung des Beschäftigungsvolumens. Die Sammelgruppe „metallische Produkte, Maschinen und Anlagen", die 1982 ca. 1/3 der gesamten industriellen Arbeitskräfte repräsentierte (350000), war im Jahre 1994 auf bloß 241000 geschrumpft. Es ist sicherlich kein Zufall, daß gerade in den Branchen die Reduktion der Beschäftigten am größten war, die zugleich die stärksten Importzuwachsraten zu registrieren hatten (vgl. de la Luz Arriaga, 1995: 10ff.).

Die Tatsache, daß durch NAFTA in den nächsten Jahren zusätzlich Auslandskapital nach Mexiko strömen wird, wird naturgemäß unterschiedlich bewertet. Von nicht wenigen Autoren wird diese Komponente des Freihandelsabkommens in bezug auf Wachstumsprozesse und Beschäftigungsausdehnung, aber auch bezüglich der Produktivitätssteigerung, als wesentlich wichtiger erachtet als die bloße Reduktion der Handelsschranken und die Intensivierung des Handelsaustausches. Die Schätzungen bezüglich des jährlich zu erwartenden Kapitalzustroms reichen von ca. 3 Mrd. bis 6 Mrd. US-$ (zitiert bei Lavon, 1994: 85), wobei hier ausschließlich die Investitionsverlagerungen von den USA nach Mexiko gemeint sind und demzufolge die übrigen Auslandskapitale, die nicht aus den USA stammen, hinzugerechnet werden müßten. Gerade hinsichtlich dieses Segments von Auslandskapital bestanden in Mexiko große Hoffnungen, da nicht wenige transnationale Konzerne aus Europa oder Japan Mexiko gewissermaßen als Einfallstor für einen neuen integrierten Regionalmarkt und als Sprungbrett für den US-Markt bereits ins Auge gefaßt hatten. Gerade durch die relativ restriktive Fassung der sog. „Ursprungsregeln“ sollte aber im Interesse der USA einem solchen Vorhaben entgegengewirkt werden. Tatsächlich war die Entwicklung der direkten Auslandsinvestitionen in den Jahren von 1991 bis 1994 keineswegs so stürmisch, wie es die mexikanische Regierung erwartet hatte; 60 bis 70% des einströmenden Auslandskapitals bestand aus Portfolio-Investitionen, die keine direkten Auswirkungen auf die Produktions- und Beschäftigungsentwicklung hatten. Ein nicht geringer Teil der Direktinvestitionen ist durch Schuldentausch (Debt-for-Equity-Swaps) und/oder im Verlauf der Privatisierung von Staatsunternehmen getätigt worden; ein weiterer Teil der Direktinvestitionen galt dem Ausbau der Maquiladora-Industrie. Selbst wenn die Auslandsinvestitionen nicht nur oder nicht überwiegend den speziell mexikanischen Bereichen mit komparativen Vorteilen (arbeitsintensive, energie- und rohstoffintensive Produktion) galten, sondern auch in kapitalintensive und technologisch anspruchsvollere Produktionsbereiche (z.B. den Automobilbau) flossen, sind positive makroökonomische Effekte nicht ohne weiteres zu unterstellen. Die Vertiefung der Spezialisierung und Arbeitsteilung, die nicht auf die nationale Ökonomie abgestellt ist, sondern auf eine regionale oder gar globale Ökonomie zielt, kann Prozesse der Generierung eigener Technologien kaum in Gang setzen; Multiplikatoreffekte von Investitionen können in der Regel aufgrund mangelhafter interner Verflechtung nur außerhalb des Landes zur Geltung gelangen. Das heißt, jede Direktinvestition wird den Kapitalgüterimport wesentlich anregen, nicht aber notwendigerweise den Aufbau von entsprechenden nationalen bzw. in Mexiko selbst tätigen Zulieferanten. Die Verletzlichkeit, Abhängigkeit und Fremdbestimmung der Ökonomie wird dadurch wesentlich erhöht; der durch Freisetzung in anderen Sektoren (Landwirtschaft und kleinere bzw. mittlere Industrie) bewirkte Arbeitskräfteüberschuß kann weiter lohndrückend wirken. Eine bedeutende Beschäftigungsexpansion, Lohn- und Qualifikationserhöhungen sowie eine entsprechende quantitative und qualitative Steigerung der internen Nachfrage sind durch diese Grundorientierung der Ökonomie nach außen wenig wahrscheinlich. Ein beträchtlicher Teil der Auslandsinvestitionen, aber auch der nationalen, einheimischen Investitionen gilt als Ausdruck eines neuen

Typus von „fragmentierter Exportorientierung". Dieser bezieht sich auf Halbfabrikate oder auch Fertigprodukte mit relativ geringem Wertzuwachs, die exportorientiert sind und keine neuen, technologisch fortgeschrittenen Produkte repräsentieren. Die Probleme wachsender Beschäftigungslosigkeit, des Anstiegs des informellen Sektors und der extrem ungleichen Verteilung von Einkommen und Vermögen haben sich bekanntlich während der 80er Jahre in Mexiko erheblich verschärft. Die Restrukturierung der verarbeitenden Industrie war wohl bedeutsam sowohl in der Veränderung der sektoralen Zusammensetzung der Industrie wie auch in bezug auf die Veränderung ihrer geographischen Lage, doch hat die Orientierung an den Weltmärkten zu einer Verschlechterung der Terms of Trade zwischen Mexiko und den anderen Ländern geführt. Überdies scheint dieser Typus der fragmentierten Exportindustrialisierung Anfang der 90er Jahre seine Grenze erreicht zu haben: Die Erschöpfung der industriellen Expansion, die Überschwemmung mit Importen und die Stagnation der Arbeitsproduktivität scheinen für diese These zu sprechen (Velasco, 1993: 173).

Innerhalb des neoliberalen Paradigmas bildet der Abschluß eines Freihandelsabkommens wie NAFTA eine logische Ergänzung und Fortsetzung des internen Liberalisierungsprozesses; sicherlich kann es auch als neue Bewegungsform, als Dynamisierungsversuch eines von 1982–1988 offenkundig gescheiterten neoliberalen Projekts interpretiert werden. Zweifellos werden durch eine derartige institutionalisierte Öffnung die Grenzen dieser wirtschaftspolitischen Strategie ein Stück weit verschoben oder auch verwischt. Eine gewisse Revitalisierung der ökonomischen Aktivitäten, kurz- oder mittelfristig, braucht keineswegs ausgeschlossen zu werden. Doch wird es immer eine sehr partikulare, nur Teile der mexikanischen Ökonomie umfassende Dynamik sein. Eine binnenmarktorientierte, umverteilende, produktive und die Massenbedürfnisse befriedigende Wirtschaftspolitik kann dieser auch nach außen verschobene Neoliberalismus nicht zustande bringen. Ebensowenig scheint dieses Projekt in der Lage zu sein, die erheblichen und in der letzten Zeit gewachsenen sozialen und regionalen Polarisierungen in Mexiko abzuschwächen oder gar aufzuheben. Eine Homogenisierung von Wirtschaft und Gesellschaft ist bei weiterer und zunehmender Außendetermination und Schwächung staatlicher Eingriffsmöglichkeiten wohl kaum zu erwarten (Huerta, 1993: 36f., 45). Diese Polarisierungstendenz wird im übrigen durch keinen nationalen oder internationalen Ausgleichsmechanismus oder Kompensationsfonds zwischen den NAFTA-Partnern abgeschwächt;

im Unterschied zur EU beispielsweise wird diese Dimension im NAFTA-Abkommen völlig ausgeklammert (vgl. Bulmer-Thomas u.a., 1994: 208). Überhaupt fällt an dem gesamten Vertragswerk auf, daß dessen institutionelle Ausstattung (zwecks Ausbau, Konfliktregelung, Überwachung der Bestimmungen etc.) außerordentlich kärglich ausgefallen ist und in dieser Form sicherlich noch von der realen Entwicklung auf die Probe gestellt werden wird (vgl. dazu besonders Castañeda/Heredia, 1993: 43ff.).

Unter diesem Blickwinkel sollten die überwiegend euphorischen und von Harmonievorstellungen geprägten Beurteilungen[9] des „Nordamerikanischen Freihandelsabkommens“ relativiert werden. Auch die jüngste tiefe Krise der mexikanischen Ökonomie und ihre politischen Folgen müßten Sozialwissenschaftlern eine weitere Warnung sein gegenüber der allzu naiven Ineinssetzung der Interessen der expansiven US-Kapitale und der exportorientierten Bourgeoisiefraktionen Mexikos einerseits mit denen der abhängig beschäftigten und/ oder pauperisierten Bevölkerungsteile in den USA, Kanada und besonders in Mexiko andererseits.

[9] So begreift z.B. Albrecht von Gleich „NAFTA als Manifestation einer neuen Haltung der USA gegenüber seinem Nachbarn im Süden, in der die Bereitschaft zu partnerschaftlichen, gleichberechtigten und vertraglich geregelten Beziehungen und das Bekenntnis zum Prinzip der Wirtschaftsintegration zum Ausdruck kommen, wofür sie bisher wenig Sympathie gezeigt hatten“. (v. Gleich, 1993: 43) Mit ähnlichen Vorschußlorbeeren versieht Hans Joachim Lauth das NAFTA-Projekt: „Das ambitiöseste und zugleich das erfolgversprechendste Vorhaben der aktuellen Kooperations- und Integrationsmaßnahmen auf dem amerikanischen Kontinent ist die Realisierung des Nordamerikanischen Freihandelsabkommens.“ (Lauth, 1994: 3)

6. Auswirkungen auf die wirtschaftliche und soziale Entwicklung

Nachdem in den beiden vorangegangenen Kapiteln vorwiegend die neuen politischen Orientierungen und Maßnahmen im einzelnen beschrieben wurden, sollen in diesem Abschnitt die vorläufigen Resultate dieser neuen Wirtschaftspolitik überprüft werden. Die Liberalisierung nach innen und die Öffnung nach außen wurden nicht nur mit internationalen Zwängen begründet, sondern es schien auch die – aus freien Stücken zu wählende – wirtschaftspolitische Linie zu sein, die unter den gegenwärtigen Umständen als die einzige Option bezeichnet wurde, welche Wachstum, Beschäftigung und allgemeine Hebung des Lebensniveaus der Bevölkerung zu garantieren in der Lage sei. Die zentrale Frage ist, ob die kurz- und mittelfristigen Ergebnisse dieser Politik den hohen Erwartungen entsprochen haben oder nicht, und falls dies nicht der Fall gewesen sein sollte, ob sich das bescheidene Ergebnis der unzureichenden Umsetzung bzw. der zu kurzen Dauer dieser Politik verdankt, oder ob dieser wirtschaftspolitischen Entwicklungsstrategie grundsätzliche, strukturelle Widersprüche und Schwächen anhaften, die ein weiteres Verfolgen dieser Linie als problematisch erscheinen lassen. Nach einer Darstellung der wichtigsten Aspekte der landwirtschaftlichen Entwicklung (6.1) wird ein Blick auf das Herzstück der Modernisierungspolitik geworfen, das schon zu Anfang der Präsidentschaftsperiode Miguel de la Madrids als *reconversión industrial*, als „industrielle Restrukturierung" publizistisch weithin propagiert wurde (6.2). Die realen außenwirtschaftlichen Wirkungen dieser neuen wirtschaftspolitischen Orientierung sind in einem weiteren Abschnitt zu thematisieren (6.3). Die in anderen Kapiteln bereits punktuell angesprochenen Aspekte der sozialen Entwicklung sollen in einem abschließenden Unterkapitel im systematischen Gesamtzusammenhang behandelt werden (6.4).

6.1 Landwirtschaft

Wie bereits vorher (Kap. 2) angedeutet, spielte der Landwirtschaftssektor[1] im gesamtwirtschaftlichen Entwicklungsprozeß von 1940 bis 1970 eine sehr wichtige Rolle. Auf der Basis relativ hoher durchschnittlicher Wachstumsraten (ca. 5% jährlich) gelang es, die interne Nachfrage (der Endkonsumenten wie auch der industriellen Weiterverarbeiter) sowie die externe Nachfrage zu befriedigen und Devisen für den Industrialisierungsprozeß zu erwirtschaften. Über die Preisregulierung der Landwirtschaftsgüter, die Kreditvergabe der öffentlichen Hand und die öffentlichen Investitionen im Landwirtschaftsbereich (so z.B. bezüglich der Bewässerungswirtschaft) wurde die Landwirtschaft von fast allen Regierungen in diesem Zeitraum maßgeblich beeinflußt und im allgemeinen gegenüber dem städtisch-industriellen Sektor benachteiligt. Das heißt, die staatlichen Haushaltsanteile, die der Landwirtschaft zuflossen, wurden im Laufe dieser Jahrzehnte immer kleiner, und diese verringerten staatlichen Ausgaben kamen vor allem den kapitalisierten, häufig exportorientierten Landwirtschaftssektoren (Großbauern, Großgrundbesitzern) zugute (vgl. z.B. Schulte, 1993: 26ff.). Die niedrigen Agrarpreise sollten in mehrfacher Hinsicht den industriellen Sektor alimentieren und unterstützen (über die durch sie ermöglichten niedrigen Lohnkosten, die geringen Kosten für Vorprodukte der Industrie etc.). Dieses für viele Industrialisierungsprozesse typische „einseitige Leistungsverhältnis" (W. Hofmann) der Landwirtschaft gegenüber der Industrie betraf vor allem den kleinbäuerlichen Ejido-Sektor, jedoch kaum die Großagrarier und Exporteure, die in Mexiko häufig als „Neo-Latifundisten" bezeichnet wurden. Dieses einseitige Unterordnungsverhältnis schlug sich langfristig in einer Auszehrung und Stagnation dieses quantitativ großen Segments der Landwirtschaft nieder. Die wirtschaftlichen Kennziffern aus diesem Sektor weisen darauf hin, daß seit Ende der 60er Jahre die durchschnittliche Wachstumsrate erheblich absackte, die Produktivität stagnierte und vor allem die Versorgung mit Grundnahrungsmitteln (Mais, Bohnen und Weizen) seit Anfang der 70er Jahre in immer geringerem Ausmaß

[1] Dieser setzt sich zusammen aus der Agrar- und der Viehwirtschaft, die 50–60 bzw. 20–30% des landwirtschaftlichen Produktionswertes ausmachen, sowie aus der Fisch- und Waldwirtschaft, die zusammen ca. 10% des Wertes dieses Wirtschaftssektors konstituieren. Hier werden überwiegend nur die beiden erstgenannten Unterabteilungen dieses Sektors behandelt.

aus internen Produktionskapazitäten bestritten werden konnte (Barkin, 1987).

Zu Beginn der 80er, als die Agrarbilanz immer negativer zu werden drohte und Mexiko sich auf dem Höhepunkt des Ölbooms befand, inaugurierte López Portillo das *Sistema Alimentario Mexicano* (SAM), welches die Selbstversorgung *(autosuficiencia)* des Landes und die Dynamik des Agrarsektors wiederherstellen sollte. Aufgrund eines massiven Transfers von Mitteln kam es auch 1980/81 zunächst zu einer spürbaren Verbesserung der Agrarindikatoren (Produktionsumfang, Produktivität, Agrarbilanz mit dem Ausland etc.). Mit dem Hereinbrechen der Verschuldungskrise seit August 1982 und mit dem Beginn der Austeritäts- und Stabilitätspolitik Miguel de la Madrids wurde dem Agrarsektor wieder eine sehr nachgeordnete Bedeutung zugewiesen. Zwar wurde er auch in den neoliberalen Diskurs einbezogen, doch war es weniger ein positives Projekt, welches in diesem Bereich auffiel, als vielmehr eine stärkere staatliche Vernachlässigung dieses Sektors. So fielen z. B. die öffentlichen Investitionen im Agrarsektor (als Anteil des BIP) um mehr als die Hälfte zwischen 1982 und 1986, was man noch dem allgemeinen Austeritäts- und Sparkurs zuschreiben könnte; allerdings reduzierten sich die entsprechenden öffentlichen Investitionen im Agrarsektor auch als Anteile an den Gesamtinvestitionen der öffentlichen Hand im gleichen Zeitraum, so daß die Vernachlässigung des Agrarsektors als überproportional stark zu qualifizieren ist. Im übrigen muß hierbei noch berücksichtigt werden, daß die geringeren Investitionen, Kredite etc. seitens der öffentlichen Hand nun noch gezielter auf die wenigen wettbewerbsfähigen Agrareinheiten konzentriert wurden (Escalante, 1989: 202, 196f.).

Dieser Rückzug des Staates aus dem Landwirtschaftssektor hatte, wie bereits angedeutet (5.4), auch eine erhebliche Reduktion der Agrarkredite und die teilweise Preisliberalisierung bzw. das Abrücken vom System der Garantiepreise zur Folge. Auch aus der Vermarktung landwirtschaftlicher Produkte, dem Versicherungswesen auf dem Lande sowie aus der Bereitstellung von landwirtschaftlichen Vorprodukten (z. B. Düngemittel, Pestizide etc.) zog sich der Staat – nicht zuletzt durch Privatisierung der zuletzt genannten Unternehmen – zurück. Die Liberalisierung des Außenhandels, kulminierend im Freihandelsabkommen mit den USA und Kanada, ist in ihren Dimensionen und möglichen Wirkungen für die mexikanische Landwirtschaft ebenfalls schon thematisiert worden. Hinsichtlich der in diesem Zusammenhang (5.4) erwähnten grundlegenden Veränderungen des

Verfassungsartikels 27 und der sie begleitenden, auf sozialen Ausgleich zielenden Landwirtschaftspolitik (PROCAMPO) sind an dieser Stelle einige Ergänzungen und Konkretisierungen nachzutragen.

Die mit dem seit Anfang 1992 in Kraft getretenen neuen Agrargesetz bewirkten Veränderungen betreffen vor allem die Entscheidungsmöglichkeit von *comuneros* (Mitglieder von Indianergemeinschaften) und von *ejidatarios* (Mitglieder von genossenschaftsähnlichen Landwirtschaftseinheiten), ihr Land – insgesamt oder nur die jeweilige, bislang zur Nutznießung zugewiesene Parzelle – in Privateigentum (mit allen dazugehörigen Möglichkeiten) umzuwandeln. Gleichzeitig sind neue Zusammenschlüsse von Produzenten ermöglicht worden (so zwischen Campesinos und Kapitaleignern), im Landwirtschaftsbereich sind nunmehr Aktivitäten von Aktiengesellschaften sowie des ausländischen Kapitals grundsätzlich legalisiert worden. Die weitere Aufteilung des Landes, die Agrarreform, eine Säule der mexikanischen Revolution, wurde – wie schon von beiden vorangegangenen Regierungen häufig angekündigt – nun definitiv für beendet erklärt. Die wesentlichen Begründungen für diesen tiefen Einschnitt in die neuere Agrargeschichte Mexikos zentrieren sich um die Stichworte Kapitalisierung, Sicherheit, Effizienz- und Produktivitätssteigerung, Markt- und Exportorientierung. Im übrigen sollen hierdurch der notorische Paternalismus und Klientelismus, die Korruption und die Abhängigkeit von lokalen Kaziken entscheidend abgebaut werden. Die Campesinos werden als selbständige, voll verantwortliche Wirtschaftssubjekte dargestellt. Eine neue, speziell eingeführte „Agrar-Staatsanwaltschaft" (*Procuraduría agraria*) soll die langwierigen Transformationsprozesse überwachen (vgl. Guerrero, 1994: 45f.).

Wenngleich ein Teil der durch die Verfassungsänderung eröffneten Möglichkeiten de facto immer mehr illegale Praxis geworden war (z.B. Verpachtung von Ejido-Land), so erfährt nun die Privatisierung, und vor allem der Kauf und Verkauf von Parzellen und Ländereien, einen enormen Auftrieb, was zweifellos die Konzentrations- und Polarisierungstendenzen sowie die scharfe Trennung von export- und binnenmarktorientierter Landwirtschaft weiter vorantreiben wird.[2]

[2] Selbstverständlich sind die möglichen mittel- bis langfristigen Folgen der *reforma campesina* äußerst umstritten. Bis heute ist jedenfalls eine eindeutige Verbesserung der agrarischen Produktion ausgeblieben; die neuesten Daten hinsichtlich der Produktion von Basisgetreide und Feldfrüchten sind stark ne-

Ein weiteres Element der Agrarpolitik von Salinas de Gortari ist – neben der Präsenz von PRONASOL auf dem Lande – das erst im Oktober 1993 eingeführte „Programm zur direkten Unterstützung des Landes" (PROCAMPO). Hierbei handelt es sich im wesentlichen um eine neue Subventionsform für Kleinproduzenten von Grundnahrungsmitteln, die – unabhängig von Ertragsgesichtspunkten und Marktanteilen – je nach Größe des bebauten Landes vergeben wird. Zugleich sollen auf der Basis eines garantierten Einkommens auch Anreize für den Anbau besonders rentabler Kulturen geschaffen werden (Fix-Fierro, 1995: 76). PROCAMPO ist auf eine Laufzeit von 15 Jahren angelegt und soll mehr als 3,3 Millionen ländlicher Produzenten erfassen, von denen bislang 2,2 Millionen außerhalb jeglicher Förderung lagen. Mit der direkten Zuweisung der Mittel an die Produzenten sollen politisch-soziale und ökonomische Abhängigkeiten reduziert werden. Zugleich wird die Rolle der Regierung bei der Vermarktung wesentlich verringert werden, da die Produzenten ihre Produkte auf offenen Märkten verkaufen können und schließlich auch die Konsumenten von billigeren Agrarprodukten profitieren können sollen (Andrés, 1994: 41). Ob dieses Programm, das mit relativ umfangreichen Mitteln für das Jahr 1994 ausgestattet war (vgl. Banco de México 1994: 70ff.), tatsächlich die Produktionsleistungen erhöhen und die Versorgungslage verbessern wird oder ob es sich nur um eine Art besonderer Sozialhilfe in einem Wahljahr handelt, ist in Mexiko umstritten.

Die Auswirkungen der neoliberalen Landwirtschaftspolitik sind schwer zu beurteilen, da die einzelnen Elemente zu unterschiedlichen Zeitpunkten im Vordergrund standen und mit unterschiedlicher Intensität umgesetzt wurden. Wenn auch die Zurechnung bestimmter Programme und Maßnahmen zu einzelnen konkreten Entwicklungen im Landwirtschaftssektor schwierig ist, dürfte doch insgesamt – nach fast allen wesentlichen ökonomischen und sozialen Indikatoren zu urteilen – die Landwirtschaftsentwicklung unter der neoliberalen Ägide alles andere als erfolgreich zu qualifizieren sein. Die makroökonomischen Daten geben eine ungefähre Vorstellung davon, welche Rolle dem Landwirtschaftssektor im Konjunkturverlauf während der letzten Dekade zukam. Während von 1980 bis 1990 das Wachstum im Agrarsektor mit 0,05% eine fast völlige Stagnation bedeutet, war das Wachstum dieses Sektors von 1982–1988 (also während des Sexen-

gativ. Vgl. El Financiero v. 9. u. 11. April 1995, wo ausgeführt wird, daß die Ernte von 10 Basisgetreidesorten von 1993/94 auf 1994/95 um 41% zurückgegangen sei.

niums von Miguel de la Madrid) mit 0,36% nur unbedeutend höher (vgl. Nohlen/Lauth, 1992: 175 und Tab. 1, Anhang). Angesichts der Tatsache, daß während der Periode von 1980 bis 1990 die Industrie und die Dienstleistungen noch etwas stärker wuchsen, resultiert aus dieser Entwicklung die Abnahme des Beitrags des Agrarsektors zum BIP (von 1970: 12%, 1980: 9% auf 7,5% im Jahre 1990, vgl. Tab. 1). Da im letzten Jahrzehnt der Rückgang der Agrarbevölkerung noch stärker war als der der industriell erwerbstätigen Bevölkerung, hielt sich das Produktivitätsverhältnis zwischen den beiden Sektoren in etwa konstant, d. h., die Produktivität des industriellen Sektors blieb ca. viermal so hoch wie die im Landwirtschaftssektor generell. Die stark unterdurchschnittliche Produktivität dieses Sektors in seiner Gesamtheit wird deutlich, wenn man sich vergegenwärtigt, daß fast ein Viertel der Erwerbsbevölkerung nur 7% des Bruttoinlandproduktes erstellt. Freilich muß diese globale Feststellung vor dem Hintergrund einer zunehmenden Differenzierung, ja Spaltung der Landwirtschaft in einen bevölkerungsmäßig kleinen, aber wesentlich produktiveren Sektor mit starken Exportbeziehungen (Mittelbauern, Farmer und Agrarkapitalisten) einerseits und einen anderen, quantitativ arbeitskräftemäßig größeren, aber von der Produktion und der Produktivität her wesentlich schwächeren Sektor der Ejido-Bauern, indigenen Gemeinschaften und Kleinstproduzenten andererseits gesehen werden (vgl. z. B. Barkin, 1987; Sanderson, 1986). Dieser zuletzt genannte Sektor, der gerade bei der Produktion von Grundnahrungsmitteln überproportional stark vertreten ist, war von der neoliberalen Politik am deutlichsten negativ betroffen.

Insgesamt sind die zehn wichtigsten Agrarkulturen, die zusammen ca. 80% des Produktionswertes des Agrarsektors ausmachen, von fast 28 Millionen Tonnen (1981) auf etwas weniger als 22 Millionen Tonnen (1989) zurückgegangen. Auffällig ist hierbei, daß die starken Rückgänge bei Mais und Bohnen von einem leichten Anstieg des Produktionsumfangs bei Weizen, Reis und Soja begleitet waren. Diesem Rückgang entsprach auch eine Reduktion der Saatflächen insgesamt, die allerdings teilweise durch Produktivitätssteigerungen (so z. B. im Falle des Reises) ausgeglichen werden konnte. Erstaunlich ist allerdings, daß die Produktivitätsrückgänge bei Mais und Bohnen, also den Hauptnahrungsmitteln in Mexiko, am stärksten ausfielen. So reduzierte sich die Produktivität beim Mais von 1,9 Tonnen pro Hektar auf 1,65 Tonnen während desselben Zeitraums; analog sank die Produktivität im Falle der Bohnen von 670 kg auf 450 kg je Hektar ab (vgl. Knochenhauer, 1990: 830f.).

Mehrere Faktoren bewirkten konkret diese negative Bilanz der Landwirtschaft, die ja bezogen auf die Pro-Kopf-Produktion von Landwirtschaftsgütern, besonders von Nahrungsmitteln, noch wesentlich düsterer ausfällt. Die Verringerung der öffentlichen Investitionen, der subventionierten Agrarkredite, die Verteuerung der Agrarinputs sowie die starke Depression der Binnennachfrage führten zunächst zu Preisstürzen und zu einer Rentabilitätskrise in der mexikanischen Landwirtschaft; in der zweiten Hälfte der 80er Jahre machte sich zusätzlich die Außenöffnung und die Überbewertung der mexikanischen Währung negativ bemerkbar. Die Liberalisierung und Öffnung nach außen hatte in doppelter Hinsicht einschneidende Wirkungen auf die mexikanische Landwirtschaft. Zum einen weil Mexiko sehr stark die Zölle für entsprechende Importe in kurzer Zeit und einseitig reduzierte und damit nordamerikanischen Exporteuren größere Vorteile verschaffte, und zweitens weil die massive Einfuhr von Agrarprodukten fast ohne Kontrolle beträchtliche Konsequenzen für das nationale Preisniveau hatte, insofern als die meisten Preise agrarischer Produkte spürbar fielen. So z. B. fiel der Preis für Reis um fast ein Drittel, für Weizen, Sorgo, Soja usw. fast ebenso stark, was nicht geringe Unruhe unter den mexikanischen Produzenten auslöste, zumal andere Produkte wie Kaffee und Baumwolle aufgrund ihrer schlechten Weltmarktpreise ebenfalls gravierende Nöte heraufbeschworen (vgl. Robles, 1992: 181 f.). Entgegen der Vorstellung der neoliberalen Regierung Mexikos war das *proyecto modernizador* bislang wenig erfolgreich: Bei den meisten Agrarprodukten liegt die Produktivität Mexikos weit hinter der der USA, aber auch hinter der anderer lateinamerikanischer Staaten (so z. B. beim Reis, bei Soja, Sorgo, Mais, Bohnen etc., nur im Falle einiger Früchte und Gemüsearten hat Mexiko Vorteile gegenüber den USA). Dies ist auch angesichts des Rückgangs der öffentlichen und privaten Investitionen im Agrarsektor nicht weiter erstaunlich; so fielen beispielsweise die öffentlichen Ausgaben für agrartechnologische Forschung im Zeitraum von 1982 bis 1989 von fast 5 Mrd. auf ca. 2 Mrd. Pesos. Der Preisverfall und die Rentabilitätskrise schlugen sich in geringeren privaten Agrarinvestitionen nieder (z. B. schrumpfte der Traktorenpark von 170 723 im Jahr 1985 auf 159 844 im Jahre 1989; im selben Zeitraum sank der Gebrauch von Düngemitteln um 14,5%, der von Insektiziden um ca. 20%, der von besonders wertvollem Saatgut fast um 30% etc., vgl. Calva, 1992a: 403 ff.). Nicht zuletzt infolge fehlender öffentlicher Investitionen im Bereich der landwirtschaftlichen Infrastruktur (Absturz der entsprechenden Investitionen von 80 Mrd. Pesos auf 17,5

Mrd. im Zeitraum von 1982 bis 1989) ging die bewässerte Aussaatfläche von 5,4 Millionen Hektar (1981) auf 4,2 Millionen Hektar (1988) zurück. Resümierend bewertet J. L. Calva diese Tendenzen folgendermaßen: „Wir befinden uns nicht in einem Prozeß der Agrarmodernisierung, sondern umgekehrt in einem Prozeß der Entmodernisierung (*desmodernización*), der technologischen Umkehr mit regressivem Charakter." (Calva, 1992a: 405)

Im Kontext des leichten, allgemeinen ökonomischen Aufschwungs seit 1989/90 traten auch gewisse Verbesserungen im landwirtschaftlichen Sektor ein. Da die landwirtschaftliche Wachstumsrate sich von 1989 bis 1994 in erheblicher Parallelität zu den Wachstumsraten des BIP bewegte, kam es nach einer Erholung auch wieder zum Abflachen des Wachstums im Landwirtschaftssektor. Auf das gesamte Sexennium (1988–1994) berechnet, war die durchschnittliche jährliche Wachstumsrate des landwirtschaftlichen BIP mit ca. 1,4% (Banco de México, 1995: 210) zwar höher als die fast völlige Stagnation während der vorangegangenen Präsidentschaftsperiode – aber damit trotzdem kein Glanzstück neoliberaler Dynamik und Modernisierung! Nach den Jahresberichten des Präsidenten von 1992 und 1993 sollen die zehn Basisprodukte der Landwirtschaft 1992 wieder bei 25 Millionen Tonnen (also in der Nähe der Werte von Anfang der 80er Jahre!) stehen und im Falle des Mais wird mit einem Volumen von 14 Millionen Tonnen gerechnet, was eine Eigenversorgung wie im Jahre 1991 bedeuten würde (vgl. Cuarto Informe de Gobierno, in: Comercio Exterior, November 1992: 1078). Bei prinzipieller Fortführung und Intensivierung der neoliberalen Politik auch hinsichtlich der Landwirtschaft zwischen diesen beiden Präsidenten sind doch drei Aspekte für das Sexennium von Salinas de Gortari zu nennen, die gegenüber dem vorangegangenen Sechs-Jahres-Zeitraum positiv zu bewerten sind:

- Die Ausweitung der öffentlichen Ausgaben und Investitionen und der Anstieg der privaten Investitionen im Agrarsektor.[3]
- Die Ausdehnung der Anbauflächen um 16% gegenüber der durchschnittlichen Anbaufläche des vorangegangenen Sexenniums (vgl. Quinto Informe de Gobierno, in: Comercio Exterior, Nov. 1993: 1084).

[3] Dennoch hat dieser Anstieg nicht einmal annähernd die Dimensionen vor der Krise wieder erreicht. Nach Calva lagen die gesamten öffentlichen Ausgaben für landwirtschaftliche Entwicklung noch 1992 bei etwa einem Drittel des entsprechenden Betrags von 1981, vgl. Calva, 1993: 71.

– Die enorme Steigerung der Mais- und Bohnenproduktion (1993: 18 Millionen Tonnen respektive 1,1 Millionen Tonnen, vgl. ebd.).

Allerdings ist dies um den Preis der Vernachlässigung bzw. völligen Liberalisierung anderer agrarischer Basisprodukte erfolgt, was dazu führte, daß die Produktion z. B. von Weizen, Reis, Sorgo, Baumwolle etc. stark zurückging (vgl. Financial Times v. 10. Nov. 1993). Aufgrund des noch weiter existierenden Schutzes von Mais und Bohnen und des Weiterbestehens des Systems der Garantiepreise bezüglich dieser Produkte schwenkten viele Kleinproduzenten offenbar auf diese um, so daß dann entsprechende Lücken in anderen Bereichen entstanden. Die generelle Produktionsschwäche des Agrarsektors drückt sich in folgenden Grundindikatoren aus: Zwischen 1981 und 1992 hat die Ernte der acht wichtigsten agrarischen Basisprodukte die Grenze von 27 Millionen Tonnen nicht überschritten, wobei es Tiefpunkte Mitte der 80er Jahre gab und gegen Ende der 80er und Anfang der 90er Jahre ein gewisser Wiederanstieg zu konstatieren war. Das bedeutet aber, daß die nationale agrarische Produktion pro Kopf der Bevölkerung in diesem Zeitraum um 19% abgenommen hat; dies gilt sogar für die Maisproduktion, obwohl gerade hier, wie erwähnt, besondere Anstrengungen unternommen wurden. Das Bruttosozialprodukt im ländlichen Bereich verminderte sich in diesem Zeitraum pro Einwohner um 18,45%; im Sexennium von Salinas de Gortari betrug dieser Abstieg bloß 4,06%. Das heißt, die Verbesserung der Situation unter Salinas de Gortari bedeutet – bei Lichte besehen – lediglich eine Verlangsamung des Abstiegs der agrarwirtschaftlich relevanten Indikatoren. Entsprechend negativ hat sich auch die Agrarbilanz mit dem Ausland entwickelt: Betrug das Defizit noch Mitte der 80er Jahre 1,4 Mrd. US-$, so war es im Jahre 1990 bereits auf 4,75 Mrd. US-$ angestiegen, um bis 1992 noch einmal auf über 6 Mrd. US-$ hochzuschnellen. Das Defizit der Agrarbilanz hat sich von 1990 bis 1994 um 113% erhöht, während es in dem Zwischenzeitraum von 1986 bis 1990 zu einer zeitweisen Verringerung oder sogar Beseitigung des Agrarbilanzdefizits gekommen war (vgl. hierzu Proceso, No. 906 v. 14. 3. 1994: 37). Ein weiterer Aspekt der Desolatheit der agrarwirtschaftlichen Entwicklung und eine weitere Konsequenz neoliberaler Agrarpolitik ist, daß die Zahlungsunfähigkeitserklärungen von Campesinos (*carteras vencidas*) gegenüber öffentlichen oder kommerziellen Banken zwischen 1988 und 1993 – nicht zuletzt infolge der Zinshöhe – enorm anstiegen; der Zuwachs betrug nicht weniger als 1308%. Dies gibt nicht nur einen Hinweis auf die zunehmende Ruinierung von bäuerlichen, ja sogar mittelbäuerlichen und agrarkapitalistischen Existenzen, sondern auch auf die wachsenden Schwierigkeiten des Bankkreditgewerbes, in einer Situation verstärkter Außenkonkurrenz, fallender Preise, abwärtsweisender Rentabilität und geschrumpfter Binnennachfrage nach Agrarprodukten in diesem wichtigen Bereich der Volkswirtschaft noch tätig sein zu können.

Es versteht sich aber fast von selbst, daß gerade der Landwirtschaftssektor keineswegs nur unter ökonomischen Gesichtspunkten betrachtet werden darf. Es wird darauf einzugehen sein, daß gerade hier sich die angewachsene Armut überproportional konzentriert und die Indikatoren der Verelendung hier am krassesten auftreten (vgl. 6.4). Andererseits haben sich entsprechend der neuen Stufe der politischen Entwicklung, die mit der teils neoliberalen, teils neokorporativistischen Wende während der letzten 12 Jahre einhergegangen ist, auf dem Lande neue Formen der bäuerlichen Organisierung und des Widerstands herausgebildet (vgl. 8.2 und 8.3).

6.2 Industrie

Schon in den ersten Regierungserklärungen der Administration Miguel de la Madrids finden sich Hinweise auf die vorrangige Notwendigkeit, die mexikanische Industrie zu restrukturieren, sie zu modernisieren und zugleich für den internationalen Wettbewerb zu rüsten. In einem entsprechenden Defizit wurde offenbar der strukturelle Hauptgrund für die Verschuldungskrise und das sich daran anschließende ökonomische Desaster gesehen. Zum anderen wurde im Industriebereich offenbar das Feld ökonomischer Politik (etwa im Unterschied zur Agrarpolitik) wahrgenommen, das am ehesten und am wirksamsten beeinflußt werden könnte. Grundlage dieser *reconversión industrial* war das *Programa Nacional de Fomento Industrial y de Comercio Exterior*, 1984–1988 (PRONAFICE) und das analoge Nachfolgeprojekt unter Salinas de Gortari (*Programa Nacional de Modernización y de Comercio Exterior*, 1990–1994 [PRONAMICE]).[4] In beiden werden mit leicht unterschiedlicher Akzentuierung Konzepte und Maßnahmen der Umstrukturierung der mexikanischen Industrie fixiert: Abbau von Lizenzen und Zöllen im Außenhandel (auch und gerade bei Industrieprodukten), Förderung der Industrieexporte gegenüber den Erdölexporten, Anlockung von Auslandskapital zwecks Technologietransfers etc. Die Förderung durch den Staat wurde

[4] Zu den konzeptionellen Grundlagen bes.: Sotelo, 1993: 67 ff.

früher mehr über bestimmte Anreize (Kredite, Subventionen, Steuererleichterungen etc.) vorgenommen, jetzt – tendenziell immer stärker – im Beseitigen bestimmter Hindernisse und im Herstellen günstiger allgemeiner Rahmenbedingungen gesehen (Clavijo, 1994: 141f.). Eine gewisse Ausnahme von dieser neuen, eher passiven Konzeption des Staates bildete die Industriepolitik in bezug auf die drei Komplexe: Automobil-, Pharmazie- und Computerindustrie, bei denen die staatlichen Eingriffe und Vorschriften noch umfangreich waren, in der Tendenz aber ebenfalls abgebaut werden sollten.

Die Herausforderung für die mexikanische Industrie, diese Postulate unter den gegebenen Umständen auch nur ansatzweise umzusetzen, war beträchtlich. Auf der einen Seite wurde ab 1985 die drastische und schnelle Senkung der Zölle und damit ein wesentlich erhöhter Konkurrenzdruck von außen wirksam; zum anderen sollte die Modernisierung der Industrie in einer Phase starken, rezessionsbedingten Rückgangs der Importe auf ein Drittel bis zur Hälfte des Vor-Krisenniveaus stattfinden, was bei der hohen Abhängigkeit Mexikos von Investitions- und Zwischengüterimporten fast einer Quadratur des Kreises gleichkommt. Als weitere die Industrieentwicklung negativ beeinflussende Faktoren sind zu nennen: die starke Verringerung der internen Nachfrage infolge der erheblichen Realeinkommensverluste der Arbeiter, die erhebliche Reduktion der öffentlichen Ausgaben im allgemeinen und der staatlichen Investitionen im besonderen sowie das hohe Zinsniveau – alles Faktoren, die eine Investition oder gar nur Auslastung vorhandener Kapazitäten unprofitabel erscheinen lassen mußten (Bitrán, 1989: 178f.). Deutlich abweichend von den vorangegangenen Dekaden betrug das durchschnittliche Wachstum des Industriesektors von 1980–1990 nur 1,62%, wobei die noch hohen Raten von 1980/81 (9,6 bzw. 9,0%) und der Wiederanstieg 1989/90 (5,3 bzw. 5,4%) verdecken, daß sich für das Sexennium Miguel de la Madrids (1982–1988) ein jährliches durchschnittliches industrielles Wachstum von nur 0,14%, also faktisch eine Stagnation, ergab. Entsprechend nahm der industrielle Sektor in seinem Beitrag zum BIP von 1980 auf 1990 von 35 auf 33% ab, bezüglich des Anteils an den Beschäftigten sank im selben Zeitraum die Bedeutung der Industrie von 23 auf 21% (Nohlen/Lauth, 1992: 175–179). Angesichts der Tatsache, daß die seit 1982/83 groß angekündigte *reconversión industrial* das Herzstück neoliberaler Umstrukturierungs- und Anpassungspolitik sein sollte, sind diese Ergebnisse als sehr bescheiden zu bezeichnen. Der Aufschwung der industriellen Wachstumsraten unter Salinas de Gortari erbrachte zwar eine deutliche Verbesserung gegenüber dem Sexennium seines Vorgängers, doch mit einem durchschnittlichen jährlichen Industriewachstum von ca. 3,7% zwischen 1989 und 1994 (Banco de México, 1995: 211) lagen diese Werte immer noch bei der Hälfte bzw. sogar bei einem Drittel jener Werte, die unter der Ägide der nun allseits verteufelten Importsubstitutionsphase während der 50er und 60er Jahre noch erreicht werden konnten.

Allerdings müssen diese sehr allgemeinen, auf hoch aggregierte Größen zielenden Aussagen in mehrerer Hinsicht differenziert und präzisiert werden. Je nach spezifischen Ausgangsbedingungen in den einzelnen Industriezweigen wirkte die Strukturanpassungspolitik unterschiedlich. Sowohl die stoffliche Seite der Produktion, die Größenverhältnisse der Betriebe, die technologische Basis, die finanziellen Verhältnisse, die Binnen- oder auch Außenorientierung im Absatz sind zwischen den Zweigen, ja sogar innerhalb einzelner, in sich differenzierter Industriezweige sehr verschieden. Hinzu kommt, daß sich die industrielle Restrukturierung auf mindestens drei Ebenen vollzog, wobei es natürlich auch Ungleichzeitigkeiten und Phasenverschiebungen zwischen diesen Dimensionen geben konnte: erstens Erneuerung der technischen Basis, zweitens Veränderung der Arbeitsorganisation und des Verhältnisses von Arbeitgebern zu Arbeitnehmern und drittens Modernisierung der Unternehmensführung und -organisation. Nimmt man im Anschluß an eine Untersuchung von Rivera eine Synthese von Indikatoren als Bewertungsgrundlage (Veränderungen im Bruttoproduktionswert, Veränderungen der Produktivität, der Beschäftigten, die Preisentwicklung, Anteile der Produktion am Export bzw. am Import etc.), so kann man die wichtigsten 59 Industriezweige in drei Hauptgruppen einteilen: die dynamischen, die intermediären und die stagnierenden bzw. schrumpfenden Branchen.

Zur ersten Kategorie der dynamischen Zweige, die man gewissermaßen als „Gewinner" der Strukturanpassungspolitik bezeichnen kann, oder die auch schon vor den Anpassungsprozessen gewisse Vorteile gegenüber anderen Industriezweigen hatten, sind solche Branchen zu zählen, die hinsichtlich der Gesamtheit der genannten Indikatoren zwischen 1982 und 1989 einen weit überdurchschnittlichen Wert erreichten. Es handelt sich konkret um die petrochemische Basisproduktion, um chemische Grundstoffe, synthetische Stoffe und Fasern, Glas- und Glasprodukte, Zement, Eisen und Stahl, Nicht-Eisenmetalle und vor allem Automobile und Automobilteile (Motoren, Karosserien etc.). In diesen Zweigen kam es zum Teil zu erheblichen Wachstumsschüben zwischen 1982 und 1988 (so z. B. um insgesamt 86% im Falle der Basispetrochemie, um hier den positivsten Wert zu zitieren).

Ebenfalls läßt sich in dem genannten Zeitraum ein z. T. beträchtliches Ansteigen der Arbeitsproduktivität beobachten (im Automobilsektor z. B. um insgesamt 63%). Mit einigen Ausnahmen lag in dieser Gruppe der Preisanstieg unter dem Durchschnittsniveau, nur in zwei Fällen dieser Gruppe wurde das beschäftigte Personal reduziert, bei den übrigen kam es sogar zu einem Wachstum der Beschäftigten um durchschnittlich 10%. Fast alle Zweige weisen eine außergewöhnliche Exportsteigerung auf: Im Falle von Zement und Automobilen bzw. Automobilteilen gab es sogar eine Steigerung um das 10fache, in den übrigen Branchen dieser Gruppe betrug die Exportsteigerung im Durchschnitt das 4- bis 4½fache! Dagegen blieben die Importe dieser Branchen weit zurück und bewegten sich zum Teil auf dem Niveau, das vor der Krise galt. Ein erheblicher Teil des jeweils produzierten Wertes (er schwankt zwischen 25–79%) wird in dieser Gruppe exportiert (vgl. die entsprechenden Tabellen bei Rivera, 1992: 148f.); der technische Standard in diesen Zweigen ist hoch: vom Preis-, Kosten- und Qualitätsniveau können diese Branchen als weltmarkt- und konkurrenzfähig qualifiziert werden; die Informatik prägt mehr oder minder stark die Abläufe der Produktionsprozesse. Die besonders günstigen Chancen auf dem Weltmarkt sind das Ergebnis unterschiedlicher Faktoren, wobei der hohe technologische Produktionsstand, komparative Vorteile (Erdöl und Erdölderivate als Vorprodukte für die Petrochemie zum Beispiel) und der Zugang zu staatlichen Subsidien die wichtigsten sind.

Die zweite, intermediäre Gruppe umfaßt folgende Industriezweige: Zucker, alkoholische Getränke, Bier und Malz, Bekleidung, Leder, Papier und Karton, Gummi, Plastikprodukte, metallische Möbel und elektrische Haushaltsgeräte. Die Mehrheit dieser Zweige war in Mexiko lange Zeit wegen ihrer Ineffizienz und niedrigen Qualität bekannt. In vielen Zweigen führten die Restrukturierungsanstrengungen zum Abbau von Kapazitäten und zum Beschäftigungsrückgang, in manchen Zweigen (wie z. B. dem elektrotechnischen) entstanden grundlegend neue Verhältnisse, was die industrielle Organisation und die Einbindung in die Weltwirtschaft betrifft. Die Anpassungen führten in dieser Gruppe insgesamt zu einer Stagnation (sieben wachsende, sieben schrumpfende Branchen), zu mäßigen Erhöhungen der Produktivität und teilweise auch zu einer Steigerung der Exporte, deren Stellenwert aber im Durchschnitt deutlich geringer ist als in der ersten Gruppe. Manche konnten ihre Konkurrenzfähigkeit auch durch besseren Zugang zu Vorprodukten (Importe) steigern, die in der notwendigen Qualität und Kostengünstigkeit in

Mexiko nicht hergestellt werden (z. B. bestimmte Garne und Gewebe, harte Fasern etc., vgl. die Tabelle 3 bei Rivera, 1992: 155ff.).

In der dritten Gruppe schließlich ist im Durchschnitt eine Stagnation oder sogar ein Rückgang der Produktion, der Produktivität und der Beschäftigung zu verzeichnen. Dieser Kategorie gehören an: verarbeitetes Fleisch, Weizenmehl, Öle und Fette, Tabak, Gewebe und weiche Fasern, Verlagsprodukte, Seifen und kosmetische Artikel, mineralische, nichtmetallische Produkte, Maschinen und elektrische Apparate sowie Transportmaterial (außer Automobilproduktion). Auch innerhalb dieser Kategorie von stagnierenden oder rückläufigen Industriezweigen sind zumindest zwei Typen zu differenzieren: einmal technisch zurückgebliebene Zweige, die im Durchschnitt kleine Betriebe sind und deren Überleben nur durch Überprotektionismus und relativ kontinuierliche Binnenmarktentwicklung ermöglicht wurde, zum anderen aber auch Bereiche, die mit relativ fortgeschrittener Technologie produzieren, einen hohen Zentralisierungsstand aufweisen und in denen auch die ausländische Beteiligung nicht gering ist (so z. B. Tabakindustrie, Maschinen und elektrische Geräte). Dies scheint die These zu modifizieren, wonach die von transnationalem Kapital dominierten Zweige die dynamischsten auch während der Krise gewesen seien (Schatan, 1986: 67), und verweist darauf, daß von der *reconversión industrial* sowohl nationale wie transnationale, private wie öffentliche Unternehmen gleichermaßen betroffen waren, wenngleich sie auf unterschiedliche Weise reagiert haben (Rivera, 1992: 154).

Verallgemeinernd läßt sich festhalten, daß diejenigen Unternehmen, die die besseren Bedingungen für eine Restrukturierung hatten, folgende Attribute insgesamt oder zumindestens teilweise aufwiesen:

a) Sie gehörten einer monopolistisch-finanziellen Einheit an, die verschiedene Quellen der Verwertung kontrollierte und von daher auch die Kapitale und Gewinne auf verschiedene Unternehmen bzw. Betriebe verteilen konnte, um die Wirkungen der Krise abzuschwächen und letztlich eine Erholung einzuleiten.
b) Unternehmen, die in einer Produktionssparte angesiedelt waren, die sich wesentlich auf eine günstige Ausstattung mit natürlichen Ressourcen berufen und von daher absolute komparative Vorteile auf dem internationalen Markt aufweisen konnten, wobei diese natürlichen komparativen Vorteile entweder durch direkte Ausbeutung (z. B. Erdölderivate für die petrochemische Industrie) oder durch Empfang von hochsubventionierten Vorleistungen (z. B. Energieanteil an der Produktion) bedingt waren.

c) Schließlich diejenigen, die über eine international wettbewerbsfähige Technologie verfügten, was normalerweise garantiert ist im Falle von standardisierten Industriegütern, da diese Technologie aufgrund ihrer Reife und ihrer internationalen Diffusion nicht bestimmten, durch Marktmacht bedingten Restriktionen unterworfen ist. Die Verbindung mit ausländischem Kapital funktionierte vielfach auch als zusätzliches Mittel, um diese technologische Erneuerung zu ermöglichen (vgl. Rivera, 1992: 146).

Ein weiteres wichtiges Differenzierungsmerkmal im industriellen Restrukturierungsprozeß darf nicht übersehen werden. Die schon vormals bekannte und als Element der Unterentwicklung diagnostizierte „strukturelle Heterogenität" hat sich im langandauernden Krisen- und Anpassungsprozeß weiter verschärft, so daß einige Autoren von einer Polarisierung der Produktionsstruktur sprechen (de la Garza, 1992b: 3ff.). Aus Statistiken[5] geht hervor, daß das Gewicht der mittleren und großen Industriebetriebe sowohl numerisch und bezüglich der Beschäftigtenabsorption als auch bezüglich der industriellen Wertschöpfung in den letzten 5 bzw. 15 Jahren an Bedeutung zugenommen hat. So konnte die Zeitschrift „Expansión" 1987 die Situation Mexikos mit einer illustrativen Überschrift beschreiben: „Inmitten der Krise befinden sich 500 in einer Fiesta" („En medio de la crisis las 500 estan de fiesta"), und tatsächlich bilden diese 500 größten Unternehmen in Mexiko den industriellen Kern des Landes. Ihre Verkäufe stiegen 1987 auf 57,2 Billionen Pesos, was einen Anstieg gegenüber dem Vorjahr um 16,5% bedeutet. Die Industrieunternehmen, die innerhalb der 500 größten figurieren, tragen mit 26% zum Bruttosozialprodukt bei, und wenn man noch die bergbaulichen Aktivitäten dieser 500 hinzurechnet, so kommt man bereits auf 44% des gesamten Bruttosozialprodukts. Diese 500 beschäftigten 1987 335173 Menschen, was bereits fast 30% der gesamten industriellen Beschäftigten des Landes ausmachte. Interessant ist weiter der Umstand, daß von diesen 500 größten Unternehmen in Mexiko 364 dem privaten nationalen Kapital zuzurechnen sind, 91 dem transnationalen Kapital angehören und nur noch 45 als staatliche Unternehmen zu gelten haben. Freilich sind damit noch nicht die Minderheitenanteile des Auslandskapitals an nationalen Unternehmensformen ausreichend bestimmt. Dennoch sind diese Proportionen ein Hinweis darauf, daß die Bedeutung des nationalen, marktbeherrschenden Kapitals in diesem Um-

[5] Vgl. die Tabelle bei Alvarez, 1991: 830.

strukturierungsprozeß nicht unterschätzt werden darf (vgl. de la Garza, 1990: 218f.).

Alles in allem wird man der skeptischen Einschätzung des Veränderungs- und Modernisierungsprozesses des mexikanischen industriellen Produktionsapparates durch Enrique de la Garza zustimmen können: „Es hat sich ein Polarisierungsprozeß in der Ökonomie vollzogen, der größer ist als in vorangegangenen Phasen. Es handelt sich um eine Stärkung des monopolistischen Charakters der Ökonomie, um eine Spaltung in eine kleine Minderheit von Unternehmen, die die Möglichkeiten haben, die Krise zu überwinden, zu exportieren, die Produktivität zu erhöhen, auf der einen Seite und eine Mehrheit von Unternehmen, die von der Krise mehr oder minder stark berührt ist, andererseits. Die Abwesenheit eines nationalen Entwicklungsplanes hinsichtlich einer solchen Umstrukturierung kann nicht garantieren, daß der monopolistische Sektor, der sich im Prozeß der Modernisierung befindet, sich tatsächlich in einen Motor, der aus der Krise herausführt, transformiert; denn eine Verkettung zwischen den einzelnen Branchen und vor allem zwischen dem dynamischen Bereich und dem zurückgebliebenen Bereich vollzieht sich keineswegs spontan." (de la Garza, 1990: 219)

Der Charakter einer partikularen oder nur fragmentierten Industrialisierung läßt sich zudem auch an anderen Indikatoren und Problembereichen der mexikanischen Industrie aufzeigen. Auf die niedrigen Investitionsraten und die nicht zuletzt damit zusammenhängende schwache Entwicklung der Produktivität ist bereits in einem anderen Zusammenhang (5.4) kurz hingewiesen worden. Besonders auffällig ist, daß die Investitions- oder Akkumulationsraten in Mexiko während der 80er Jahre und auch zu Beginn der 90er deutlich unter den historischen Dimensionen von ca. 25% (bezogen auf das BIP) in der Periode von 1940–1970, teilweise auch unter denen der 70er Jahre lagen. Hohe staatliche Schuldendienstzahlungen, zeitweise rigide Importrestriktionen, ein hohes Zinsniveau sowie die Dauerdepression der Binnenökonomie führten zu einer durchschnittlichen Investitionsquote von ca. 16% während des Sexenniums von Miguel de la Madrid und zu einem leichten Anstieg dieser Bruttoinvestitionsquote auf ca. 18%–20% während der Regierungsperiode von Salinas de Gortari. Bei einer weiteren Aufschlüsselung dieser sehr globalen Größe der Bruttoinvestitionsquote wird noch deutlicher, in welchem Ausmaß sich die Wachstumsgrundlagen der mexikanischen Ökonomie während der 80er und zu Beginn der 90er Jahre reduziert haben. Differenziert man z.B. zwischen den Brutto- und Nettowerten, zwischen den die Produktion und Infrastrukturen betreffenden Investitionen einerseits und den Investitionen in Bau- und Wohnungsprojekte andererseits sowie zwischen öffentlichen und privaten Investitionen, so gelangt man zu überraschenden Resultaten: Bei dem Rückgang der Bruttoinvestitionsquote von 7,5% (bezogen auf das BIP) von 1980 bis 1989 lag das Schwergewicht auf den produktiven bzw. den Infrastrukturen geltenden Investitionen, die stärker von demographischen Faktoren beeinflußten Investitionen in den Haus- und Wohnungsbau reduzierten sich nur um 0,2% in dieser Periode. Der Rückgang der Nettoinvestitionen war in diesem Zeitraum noch größer, er betrug über 9% des BIP, während die Abschreibungsanteile der Investitionen seit 1983 nicht nur größer wurden, sondern fast doppelt so hoch wie die Neuinvestitionen waren. Hieraus kann auf eine zunehmende Überalterung des Produktionsapparats bzw. Kapitalstocks geschlossen und daraus die geringer werdende Kapitaleffizienz („Capital-Output-Ratio") abgeleitet werden (vgl. hierzu die Tabelle bei Ros, 1994a: 77). Es wird auch deutlich, daß die Anteilsverschiebung von privaten und öffentlichen Investitionen an den Gesamtinvestitionen vor allem ein Ergebnis des absoluten Falls der öffentlichen Investitionen war und weniger Folge des absoluten Ansteigens der Privatinvestitionen. Diese erreichten selbst zu Beginn der 90er Jahre gerade die Größen, die 1980 und 1981 bereits erreicht waren (14%–16% des BIP). Seine entsprechende Analyse der Zusammensetzung und Verteilung der Investitionselemente resümiert Jaime Ros folgendermaßen: „Bei vergleichsweise niedrigen Investitions- und Ersparnisraten lag Mexikos ökonomisches Wachstum in den frühen 90er Jahren bei der Hälfte dessen, was während des Erdöl-Booms erreicht worden war [...]. Trotz äußerer Ersparnisse, die weit über dem historisch bekannten Stand liegen, investiert die mexikanische Ökonomie gegenwärtig geringere Anteile des gesamten Produktionswerts als zu irgendeiner Zeit in den beiden Dekaden vor 1980. Als Ergebnis muß festgehalten werden, daß die Ausdehnung produktiver Kapazitäten langsamer verläuft als in der Vergangenheit. Insgesamt ist die Wirtschaft aus den Jahren der Krise und Anpassung schwächer als stärker hervorgegangen." (Ros, 1994a: 94)

Der mexikanische Ökonom Arroyo berechnete die Nettokapitalbildungsquote von 1989–1991 auf durchschnittlich 8% des BIP (Arroyo, 1993: 24). Angesichts des relativ hohen Anteils von spekulativen Investitionen (z.B. im Immobilienwesen), bloßen Unternehmensübernahmen und Investitionen, die in die Bauwirtschaft flossen, wird deutlich, daß eine breite, technologisch bedingte Produktivitätssteigerung in Mexiko während der letzten 12 Jahre nicht stattgefunden haben kann. Trotz Privatisierung der Investitionen, trotz Deregulierung und Liberalisierung nach innen und gegenüber der Außenwelt, was nach neoliberaler Lehrbuchweisheit alles Faktoren der Effizienzsteigerung und Produktivitätserhöhung sind (oder sein sollen), läßt ein nüchterner Blick auf das Datenmaterial kein „Produktivitätswunder“ erkennen. Während die durchschnittliche Zuwachsrate der Produktivität in der verarbeitenden Industrie von 1980 bis 1985 bei jährlich 1,2% lag, erhöhte sich diese Größe für den Zeitraum 1985–1989 auf 1,8% (Ros, 1994a: 98). Damit bewegten sich die Zuwachsraten der Produktivität im industriellen Sektor weit unter den historischen Größen von 3,5% jährlich. Die niedrige Rate der Kapitalakkumulation und die damit verbundenen geringen endogenen technischen Fortschritte sowie der Rückgang der sozialen Investitionen während der 80er Jahre (und die daraus entstehenden negativen Wirkungen auf die sog. „Humankapitalbildung“) mußten langfristig einen negativen Effekt auf das Produktivitätswachstum haben. Wie immer man die neoliberalen Reformen auch einschätzen mag, jedenfalls haben sie eine generelle Produktivitätsanhebung bisher nicht bewirken können. Reallohnabsenkung, massive Arbeitskraftfreisetzungen und Konzentration auf einige Branchen bzw. Unternehmensgruppen (z.B. der Automobilindustrie, der Autoteileindustrie, der Glas-, Zement- und Brauereiindustrie) begründeten vielmehr im wesentlichen die vielzitierte Exportdiversifizierung und die industriellen Exporterfolge des sog. „neoliberalen Wunders“, welches aber nicht auf einem breitenwirksamen und homogenen Produktivitätsanstieg der gesamten Ökonomie oder Industrie beruhte (s. Tab. 6a).[6]

Auf eine weitere traditionelle Schwäche des mexikanischen Industriesektors (Feldbauer, 1995: 189) muß hingewiesen werden. In deutlich höherem Maße als in vergleichbaren Entwicklungsländern präsentiert sich der Kapitalgütersektor in Mexiko als relativ unterentwikkelt. Während beispielsweise in Südkorea, Brasilien und Indien 61

[6] Vgl. weitere Hinweise zur sehr gespaltenen Produktivitätsentwicklung in der verarbeitenden Industrie: Banco de México, 1995: 143ff. und OECD, 1995: 176. Der Banco de México (Zentralbank) zufolge betrug die durchschnittliche, jährliche gesamtindustrielle Wachstumsrate der Produktivität 4,4% im Zeitraum 1988–1994 und ihre Zuwachsrate sei (zwischen 1980 und 1994) um insgesamt 28% höher als in den USA (Banco de México, 1995: 147, 152). Für eine weiterführende Diskussion der „Heterogenität des Produktivitätszuwachses“ zwischen den Industriezweigen und den Größenklassen der Betriebe vgl. u.a.: Brown/Domínguez, 1994: 279ff.

Tab. 6a: Veränderungen der Produktivitäts- und Beschäftigungsstrukturen

1. Produktionsstruktur (%-Anteil am BIP zu aktuellen Preisen)				
	1980	1985	1990	1993
Land-, Wald- und Fischwirtschaft	8,2	9,1	8,0	6,8
Bergbau	3,2	4,6	2,6	1,7
Verarb. Industrie	22,0	23,4	22,8	20,1
Lebensmittel, Getränke, Tabak	5,4	6,1	5,9	5,8
Textil, Bekleidung	3,0	2,6	2,2	1,6
Holz, Holzprodukte	0,9	0,9	0,8	0,6
Papier, Papierprodukte	1,2	1,3	1,4	1,2
Chemische Erzeugnisse, Gummi, Plastikprodukte	3,3	4,2	4,3	3,7
Nichtmetallische Mineralien	1,5	1,7	1,6	1,7
Metallproduktion	1,4	1,3	1,4	0,9
Maschinen, Ausrüstung	4,7	4,8	4,7	4,3
sonstige Industrie	0,6	0,4	0,4	0,4
Bauwirtschaft	6,4	4,4	4,0	5,3
Elektrizität, Gas, Wasser	1,0	0,9	1,4	1,5
Handel, Hotels, Restaurants	28,0	28,1	26,0	22,6
Transport, Kommunikation	6,4	6,7	8,2	9,7
Finanzdienste, Versicherungen, Immobilien	8,6	7,7	12,1	14,9
Öffentliche Dienstleistungen	17,2	9,3	9,7	12,1

2. Beschäftigungsstruktur (%-Anteil an gesamten Beschäftigten)				
	1980	1985	1990	1993
Land-, Wald- und Fischwirtschaft	28,0	27,8	25,4	25,5
Bergbau	1,0	1,1	1,2	1,1
Verarb. Industrie	12,1	11,2	11,2	10,0
Lebensmittel, Getränke, Tabak	3,0	3,0	3,0	3,0
Textil, Bekleidung	2,2	1,9	1,8	1,5
Holz, Holzprodukte	0,7	0,6	0,5	0,5
Papier, Papierprodukte	0,6	0,6	0,6	0,5
Chemische Erzeugnisse, Gummi, Plastikprodukte	1,4	1,5	1,6	1,3
Nichtmetallische Mineralien	0,8	0,8	0,8	0,7
Metallproduktion	0,5	0,5	0,4	0,3
Maschinen, Ausrüstung	2,8	2,3	2,4	2,1
sonstige Industrie	0,1	0,1	0,2	0,2
Bauwirtschaft	9,5	8,9	10,7	11,7
Elektrizität, Gas, Wasser	0,4	0,5	0,5	0,5
Handel, Hotels, Restaurants	14,5	14,3	15,0	14,9
Transport, Kommunikation	4,5	4,7	4,8	4,9
Finanzdienste, Versicherungen, Immobilien	1,8	2,2	2,3	2,3
Öffentliche Dienstleistungen	16,3	14,6	13,8	13,7

3. Jährliche Wachstumsraten der Produktivität nach Industrie-Branchen (gemessen am BIP/Beschäftigte)			
	1980/70	1990/80	1993/90
Lebensmittel, Getränke, Tabak	2,4	1,2	2,3
Textil, Bekleidung	2,8	0,6	0,6
Holz, Holzprodukte	2,2	1,7	1,7
Papier, Papierprodukte	3,8	2,2	1,6
Chemische Erzeugnisse, Gummi, Plastikprodukte	5,5	1,8	5,5
Nichtmetallische Mineralien	4,3	0,5	7,1
Metallproduktion	2,2	4,1	12,7
Maschinen, Ausrüstung	3,6	2,2	8,2

Quelle: OECD, 1995: 176.

bzw. 78 und 87% des Kapitalgüterbedarfs durch das einheimische Angebot befriedigt werden, lag dieser Teil Anfang der 80er Jahre in Mexiko bei nur 56%, bei Werkzeugmaschinen sogar nur bei 7% (James, 1991: 981). Zusammenfassend führt dieser Autor den Rückstand Mexikos auf diesem Gebiet auf folgende Faktoren zurück: „Vor den 80er Jahren litt der mexikanische Kapitalgütersektor unter liberalen Importbestimmungen, ungenügender institutioneller und finanzieller Unterstützung, der Nähe zu den USA, langen Perioden eines überbewerteten Peso und strukturellen Problemen, die zu fragmentierter Produktion und übermäßiger vertikaler Integration führten." (James, 1991: 984)

Im Zuge der – unter neoliberalen Auspizien stattfindenden – industriellen Umstrukturierung hat sich diese Situation nicht grundlegend geändert, wenngleich einige neue Aspekte zunächst dafür zu sprechen scheinen. Obwohl der Anteil der Kapitalgüterproduktion an der industriellen Gesamtproduktion von 1972/73–1980 von 12,9 auf 15,9% leicht anstieg (vor allen Dingen zurückzuführen auf die Kategorie „Transportausrüstungen"), fiel im selben Zeitraum der Anteil der Exporte an der internen Kapitalgüterproduktion erheblich ab (z.B. bei nichtelektrischen Maschinen von 1972/73: 23,3% auf 8,5% im Jahre 1979, Villarreal, 1990: 300ff.). Dies bedeutet, daß die Konkurrenzfähigkeit der mexikanischen Industrieproduktion, besonders der Kapitalgüterproduktion in diesem Zeitraum abnahm. Der Anstieg des Selbstversorgungsgrades Mexikos mit Kapitalgütern von knapp 50% auf über 63% im Zeitraum von 1981 bis 1987 muß insofern relativiert werden, als hier vor allem die erhebliche Schrumpfung der Ökonomie insgesamt und der Investitionsgüternachfrage im besonderen (und damit der Rückgang der Importnotwendigkeiten) dahintersteht; keinesfalls darf diese Anteilsverschiebung als Stärkung des mexikanischen Kapitalgütersektors interpretiert werden. „Infolge der langandauernden Rezession und der Stagnation der Investitionen gingen die Importe stärker als die lokale Produktion zurück. Die Nationale Kammer der verarbeitenden Industrie Mexikos berichtete über das Schließen oder den Bankrott von mehr als der Hälfte der mexikanischen Unternehmen, die Kapitalgüter hergestellt hatten." (Villarreal, 1990: 309). Auch der rasche Wiederanstieg des Anteils der Industriegüter am Gesamtexport auf das Niveau der mittleren 70er Jahre (vor dem Erdölboom betrug dieser Anteil ca. 50%) ist nicht unbedingt mit einer nachhaltigen Steigerung der Wettbewerbsfähigkeit (infolge von Produktivitätssteigerung) der mexikanischen Industrie gleichzusetzen. Die Unterbewertung des Peso (bis Ende der 80er Jahre), der

Verfall der Reallöhne, die Unterauslastung der Kapazitäten infolge der langandauernden Binnenmarktschwäche und entsprechende Umstellungen der Produktion auf Exporte waren neben einigen Fördermaßnahmen der Regierung entscheidend für den Anstieg der Industrieexporte und damit zugleich für den Handelsbilanzüberschuß in dieser Periode. Mit dem Wegfall oder der Abschwächung einiger dieser Bedingungen geriet die Handelsbilanz wieder stärker ins Defizit – und innerhalb dieser besonders auch die Industriebilanz. Auch der Umstand, daß zehn Produkte ca. 49% des mexikanischen Industrieexports ausmachen (also eine Diversifikation weitgehend fehlt) und daß ca. 50% des Industrieexports von transnationalen Konzernen aus vorgenommen werden (Villarreal, 1990: 314f.), verweist auf die stark außenbestimmte, fragmentierte und sehr verletzliche Struktur der mexikanischen Industrie und des mexikanischen Industrieexports (vgl. 6.3). Bezeichnend dafür ist auch das Faktum, daß fast die Hälfte des mexikanischen Exportes (42%) im Jahr 1993 aus dem Maquiladora-Bereich kam und dieser Anteil damit auch größer war als der sonstige Industrieexport aus dem Rest des Landes (Sánchez, 1994: 104).

Die Maquiladora-Industrie (Lohnveredelungsindustrie) am nördlichen Grenzrand zu den USA hat sich vor allem nach Einsetzen der Krise von 1982 sehr dynamisch entwickelt. Dieses seit Mitte der 60er Jahre existierende mexikanische Regierungsprogramm des zollfreien Imports und der begrenzten Freihandelszonen, deren Produktion auf den Weltmarkt, d. h. in diesem Falle die USA ausgerichtet war, hatte bis in die 70er Jahre eher lokale Bedeutung. Von der Mitte der 70er bis Anfang der 80er Jahre, als sich zeitweise die Reallöhne erhöht hatten und die Währung periodisch überbewertet war, kam es zu einer relativen Stagnation dieser Lohnveredelungsindustrie im nördlichen Grenzraum. Mit der Krise der 80er Jahre, den mehrmaligen Abwertungen, dem starken Reallohnverfall, der dauerhaften Binnenmarktdepression etc. erlangte die Maquiladora-Wirtschaft nationale Bedeutung in bezug auf die industrielle Beschäftigung, den industriellen Produktionswert, ihren Devisenbeitrag usw. Die Zahl der Maquiladora-Unternehmen stieg im Laufe der 80er Jahre steil an. Während 1982, also zu Beginn der langandauernden Krise, etwa 580 Maquiladora-Unternehmen existierten, waren es Mitte 1992 bereits über 2000; die Zahl der Beschäftigten stieg in diesem Zeitraum von 130000 auf über 500000 an. Mitte 1993 waren 540000 Beschäftigte in Maquiladora-Unternehmen registriert. Damit machten die dort angestellten mexikanischen Lohnarbeiterinnen und -arbeiter mittlerweile fast 20% der gesamten industriellen mexikanischen Arbeitskraft aus (siehe Schaubild 6.1).

Schaubild 6.1: Betriebe und Beschäftigte der Maquiladora-Industrie von 1965–1992

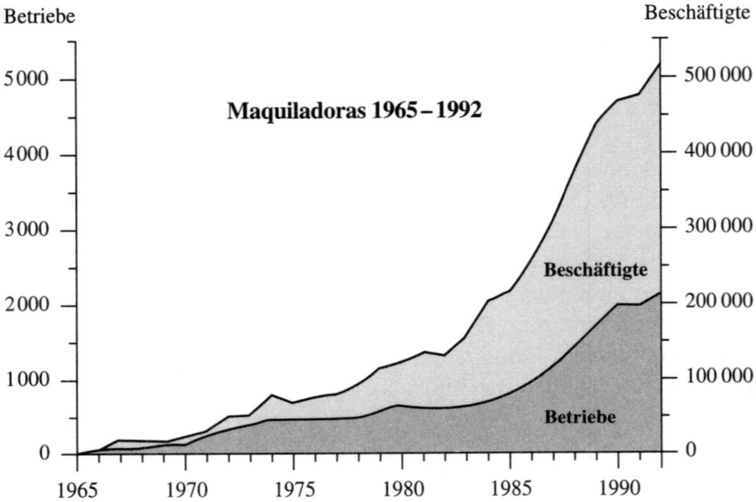

Quelle: Nuhn, 1994: 564.

Während 1982 etwa 50% der Maquiladora-Inputs in Mexiko hergestellt wurden, waren es 1992 nur noch etwa 2%. Fast 50% der US-Importe aus Mexiko stammen aus den Maquiladora-Industrien, während umgekehrt ein Drittel der mexikanischen Importe aus den USA den Maquiladora-Betrieben als Vorprodukte gelten. Dies stellt eine neue Stufe von komplementärer, aber auch untergeordneter Integration (vgl. 5.4) dar, die auch letztlich mit dem NAFTA-Projekt angestrebt wird und in der maßgebende mexikanische Politiker und Wirtschaftsgewaltige die Zukunftsperspektive ihres Landes sehen (Sandoval/Arroyo, 1990: 203ff.). Obwohl zweifellos sich während der letzten 15 Jahre einige wichtige Veränderungen innerhalb der Maquiladora-Industrie vollzogen haben, sind deren letztlich negative Seiten für den ökonomischen und industriellen Gesamtprozeß in Mexiko keineswegs verringert worden (Sklair, 1989; Revista Mexicana de Sociología, No. 3/1991). Zwar ist der Anteil mikroelektronisch gesteuerter Produktionsformen gegenüber bloßer Handarbeit angewachsen, auch haben die Sparten Autoteileproduktion und „andere Industrieprodukte" gegenüber der Produktion von Elektro- und Elektronikteilen und der Bekleidungsindustrie ihr Gewicht erhöht, dennoch sind die Verflechtungseffekte dieser Enklaven-Bereiche mit der übrigen mexikanischen Ökonomie gering geblieben. „Die stärkere Einbeziehung mexikanischer Vorprodukte [ist] bisher ebensowenig erreicht worden wie der erweiterte Verkauf von Produkten auf dem Binnenmarkt. Die erwünschten Verflechtungen und Multiplikatorwirkungen sind deshalb nach wie vor gering." (Nuhn, 1994: 570)

Zwar kann die Tatsache, daß durch die Maquiladora-Industrie eine relativ große Zahl von Arbeitsplätzen geschaffen wurde, die dortige Ökonomie in gewissem Umfang dynamisiert wurde und der Devisenbeitrag dieser Exportproduktion erheblich ist, von einem defensiven, eingeschränkten und alternativlosen Standpunkt aus als positiv gewertet werden, doch müssen gegenüber diesen Vorzügen innerhalb bestimmter Prämissen eine Reihe von gravierenden negativen Aspekten dieser Form von Industrialisierung vorgebracht werden:

„– Enklavenbildung und Abkoppelung der Produktion von der nationalen Basis durch vagabundierende Unternehmen, die nur billige Arbeitslöhne nutzen und ca. 97% der Vorleistungen aus dem Ausland beziehen.
– Abhängigkeit von Entscheidungszentralen außerhalb des Landes, für die lokale und regionale Aspekte im Rahmen ihrer globalen Strategien bedeutungslos sind.
– Fragmentierung des Produktionsprozesses in Teilschritte, die am Standort nur Einzelfertigungen und dem Arbeiter nur monotone Handbewegungen ohne Einblick in die Gesamtfertigung bietet.
– Ausbeutung der Arbeitskräfte durch Art und Entlohnung ihrer Tätigkeit sowie Entlassung bei Verminderung der Leistungsfähigkeit im mittleren Alter.
– Überbelastung der vorwiegend weiblichen Arbeitskräfte durch ihre Doppelrolle in Betrieb und Familie mit langfristigen negativen sozialen Folgen.
– Verhinderung der Organisierung der Beschäftigten zur Vertretung ihrer Interessen und Ausschaltung gewerkschaftlich gelenkter Arbeitskonflikte.
– Begünstigung eines langsamen Prozesses der soziokulturellen Entwurzelung und Ent-Mexikanisierung.
– Anheizung der weiteren Entleerung der Landgebiete durch Abwanderung und Urbanisierung mit allen Problemen der Überverstädterung." (Nuhn, 1994: 571)

Dieser fast erschöpfenden Aufzählung von Nuhn ist nur noch hinzuzufügen, daß die Maquiladora-Industrie zur ökologischen Verwüstung des breiten Grenzsaums im nördlichen Mexiko erheblich beigetragen hat (vgl. z. B. Maihold, 1989).

6.3 Zur Entwicklung der außenwirtschaftlichen Verflechtung

Eine entscheidende Zielsetzung der neoliberalen Strukturreformen in Mexiko (und anderswo) ist es, eine neue, qualitativ andere – dem Anspruch nach: ökonomischere und zukunftsträchtige – Einbindung in den Weltmarkt zu erreichen. Diese soll nicht nur helfen, die knappen Ressourcen besser und effizienter einzusetzen, sondern vor allem auch die Garantie dafür bieten, daß Krisen und schwere wirtschaftliche Rückschläge wie die von 1982 und den folgenden Jahren nicht mehr eintreten. Eine Evaluierung dieser neuen Einbindung in den Weltmarkt muß zunächst den veränderten Export- und Importstrukturen nachgehen.

Allgemein ist festzustellen, daß sich die außenwirtschaftliche Verflechtung Mexikos in den letzten zwei Jahrzehnten bedeutend erhöht hat; dabei wechselten sich Subperioden stürmischen Wachstums des Außenhandels (z.B. von 1978–1981 mit jährlichen Wachstumsraten von über 95%) mit solchen relativ kontinuierlichen und mäßigen Wachstums ab. Auf jeden Fall hat sich nicht zuletzt infolge der sehr starken Öffnung der mexikanischen Ökonomie die weltwirtschaftliche Verflechtung markant erhöht. Lag das Handelsvolumen (Summe der Exporte und Importe) noch 1970 bei 3,6 Mrd. US-$ (15% des BIP), so stieg es 1980 auf fast 35 Mrd. US-$ an und erreichte schließlich Anfang der 90er Jahre knapp 60 Mrd. US-$, was einem Anteil am BIP von etwa 25% entspricht (Nohlen/Lauth, 1992: 180f.). Mit dem Wirksamwerden der Handelsliberalisierung im Vorfeld von NAFTA und danach scheint die weltwirtschaftliche Integration sich abermals sprunghaft entwickelt zu haben. 1994 betrug der Anteil des Handelsvolumens bezogen auf das BIP bereits 35% (Banco de México, 1995: 206, 250). Auch die Struktur der Exporte wie der Importe hat sich in den verschiedenen Subperioden der letzten 20 Jahre nicht wenig verändert. Dominierten noch Anfang der 70er Jahre die Agrarexporte, so wurden bis in die zweite Hälfte der 70er Jahre die Anteile der Industrieexporte am wichtigsten. Gegen Ende der 70er Jahre wurden diese bekanntlich durch den Erdölexport abgelöst, der in den Jahren 1981/82 ca. 75% der mexikanischen Exporte ausmachte. Während der 80er Jahre – im Zuge der industriellen Restrukturierung und des Verfalls der Erdölpreise – gewannen die Industrieexporte anteilsmäßig wieder das größte Gewicht. Seit Anfang der 90er Jahre beträgt ihr Anteil an den gesamten Exporten Mexikos ca. 70%. 1994 waren es sogar knapp 83% (Banco de México, 1995: 253; siehe Tab. 6b).

Tab. 6b: Struktur der gesamten Exporte (in %)

Exporte	1985	1987	1989	1991	1992	1993
Erdöl/Erdölprodukte	55,2	31,3	22,4	19,1	18,0	14,3
Andere bergbaul. Produkte	1,9	2,1	1,7	1,3	0,8	0,5
Landwirt. Güter	5,3	5,6	5,0	5,6	4,6	4,8
Verarb. Industrie	37,6	61,1	70,9	74,0	76,7	80,4
davon aus Maquiladoras	19,0	25,7	35,1	37,1	40,4	42,1
Gesamt	100,0	100,0	100,0	100,0	100,0	100,0

Quelle: Sánchez, 1994: 104, Tab. 10.

Die Entwicklung der Importstrukturen weist demgegenüber weit weniger klare und rasche Wechsel auf. Dem Anstieg des Anteils der Konsumgüter an den Importen in der Zeitspanne von 1983 bis 1994 entspricht eine Abnahme des Anteils von Halbfabrikaten und teilweise auch von Kapitalgütern. Auch die regionale Struktur der mexikanischen Exporte und Importe hat sich in den letzten beiden Jahrzehnten auf charakteristische Weise verändert. Eine Tendenz zur zunehmenden Diversifizierung der Bezugs- und Exportregionen in den 70er Jahren wurde offensichtlich während der Krise und vor allem danach durch eine verstärkte Konzentration auf den Haupthandelspartner USA abgelöst. Während 1976 schon 62% aller Importe aus den USA kamen, waren es 1990 63%. Dagegen hat die Bedeutung der USA als Absatzmarkt in diesem Zeitraum noch klarer zugenommen: Waren die USA noch 1976 zu 56% an der Abnahme mexikanischer Exporte beteiligt, so stieg diese Größe auf 77% im Jahre 1990 an und erreichte 1994 bereits knapp 85%, während die Importe aus den USA in diesem Jahr auf 69% angestiegen waren (Banco de México, 1995: 254). Auffällig an der regionalen Export- und Importstruktur ist ferner, daß die Anteile am Export und Import Mexikos gegenüber Europa bzw. der EU unausgeglichen sind: Während Mexiko nur ca. 5% seiner Exporte dorthin tätigt, machen die von dort bezogenen Importe 12 bis 13% der gesamten Importe Mexikos aus. Es ist daher nicht verwunderlich, daß die relativ größten Anteile des Handelsbilanzdefizits Mexikos auf die Beziehungen zu Europa und Asien fallen. Dabei ist die Diskrepanz zwischen Export- und Importanteilen Mexikos gegenüber Deutschland und Japan am stärksten. Die entsprechenden Anteile Mexikos gegenüber Südamerika sind relativ ausgeglichen (vgl. Banco de México, 1995: 254f.).

Ganz allgemein betrachtet, verläuft die Entwicklung der Handelsbilanz Mexikos während der letzten 15 Jahre in großen Schwankungen. Grob kann man die Wellenbewegung der Defizite und positiven Salden in drei Subperioden betrachten: Seit Mitte der 70er Jahre bis 1981 traten (trotz sehr hoher Erdölexporte) fast jedes Jahr mehr oder minder große Defizite auf, dann seit 1982 wurde ein Handelsbilanzüberschuß erreicht, der 1983/84 sogar enorme Ausmaße annahm (13 bzw. 12 Mrd. US-$) und mit abnehmender Tendenz bis 1988 anhielt, um dann seit 1989 – parallel mit dem konjunkturellen Aufschwung und der Wiedererholung der mexikanischen Ökonomie – in eine Phase negativer Salden überzugehen, die bis 1994 eine wachsende Tendenz aufwiesen. Auf einer sehr allgemeinen Ebene könnte man diese Entwicklung mit folgenden Faktoren erklären: Das chronische Handelsbilanzdefizit in der Boomphase durch stark ansteigende, investiv bestimmte Importe und dann auch zunehmend durch den Anstieg von hochwertigen Konsumgüterimporten, die über die beträchtliche Steigerung der Erdölexporte sogar hinausgingen. Einen nicht unerheblichen Anteil an diesem Defizit hatten auch die Tourismusausgaben von Mittelschichtsangehörigen aus Mexiko. In der Rezessionsphase ab 1982 war der gewaltige Handelsbilanzüberschuß (der im übrigen notwendig war, um die Zahlung des Schuldendienstes fortzusetzen) zunächst vor allem durch die scharfen Restriktionen der Importe und weniger durch eine Steigerung der Exporte bestimmt. Die Austrocknung des Binnenmarktes, die starke Unterbewertung der einheimischen Währung und die noch aufrechterhaltenen nichttarifären Importschranken bildeten den Hintergrund dieser außerordentlich hohen Überschüsse. Im Laufe der 80er Jahre überrundeten die Nicht-Erdölexporte, d. h. die industriellen Exporte, vor allem die Bedeutung der immer weiter wertmäßig absinkenden Einnahmen aus Erdöl- und Erdgasexporten. Gegen Ende der 80er Jahre war der Anstieg der Importe regelmäßig größer als der der Exporte, was ab 1989 zu einer Umkehr der Tendenz der Handelsbilanzentwicklung führte. Seit 1990 wurde die Handelsbilanz passiv, und zwar mit steigender Tendenz bis 1994; dieses war allerdings nicht nur auf die kontinuierlich ansteigende negative Agrarbilanz (s. o.), sondern auch auf die stets negativer werdende Industriebilanz, d. h. das Defizit bezüglich des Exports und des Imports von Industriewaren, zurückzuführen. Ein beträchtlicher Teil des Defizits der „Bilanz der laufenden Posten" resultiert im übrigen aus Dienstleistungen, d. h. genauer gesagt aus Zinszahlungen für Geld- und Kapitalanlagen von Ausländern in Mexiko (siehe Tab. 6c).

Tab. 6c: Zahlungsbilanz (in Mrd. US-$)

	1988	1989	1990	1991	1992	1993	1994
Bilanz laufender Posten	– 2,4	– 5,8	– 7,5	– 14,6	– 24,4	– 23,4	– 28,8
Einnahmen	42,1	48,1	56,1	58,1	61,7	67,8	78,1
Exporte (Waren)	30,7	35,2	40,7	42,7	46,2	51,9	60,9
– Erdöl	6,7	7,9	10,1	8,2	8,3	7,4	7,4
– Nicht-Erdöl	24,0	27,3	30,6	34,5	37,9	44,5	53,4
– Landwirtschaft	1,7	1,8	2,2	2,4	2,1	2,5	2,7
– Bergbau	0,7	0,6	0,6	0,5	0,4	0,3	0,4
– Verarb. Industrie	21,6	24,9	27,8	31,6	35,4	41,7	50,4
Nicht-Faktor-Dienstleistungen	6,1	7,2	8,0	8,8	9,2	9,4	9,7
– Tourismus	2,9	3,4	3,9	4,3	4,5	4,6	4,8
Faktor-Dienstleistungen	3,1	3,2	3,3	3,6	2,9	2,8	3,5
– Zinsen	2,5	2,6	2,7	2,9	2,2	2,0	2,7
– Andere	0,6	0,6	0,7	0,7	0,7	0,7	0,8
Transfers	2,3	2,6	4,0	3,0	3,4	3,7	4,0
Ausgaben	44,5	53,9	63,5	72,7	86,1	91,2	106,9
Importe (Waren)	28,1	34,8	41,6	50,0	62,1	65,4	79,3
– Konsumgüter	1,9	3,5	5,1	5,8	7,7	7,8	9,5
– Halbfabrikate	22,1	26,5	29,7	35,5	42,8	46,5	56,5
– Kapitalgüter	4,0	4,8	6,8	8,6	11,6	11,1	13,3
– davon Importe der Maquiladora-Ind.	20,3	25,4	31,3	38,2	48,2	48,9	58,9
Nicht-Faktor-Dienstleistungen	6,1	7,7	9,9	10,5	11,5	11,5	11,9
– Versicherungs- u. Frachtkosten	0,8	1,2	1,5	1,8	2,1	2,2	2,6
– Tourismus	1,3	1,7	2,2	2,1	2,5	2,4	2,5
Faktor-Dienstleistungen	10,3	11,5	12,0	12,2	12,5	14,2	15,6
Finanzielle Dienstl.	10,1	11,3	11,6	11,8	12,0	13,7	15,1
– Zinsen	8,6	9,3	9,2	9,2	9,6	10,9	12,0
– Andere	1,5	2,0	2,4	2,6	2,4	2,8	3,1
Nichtfinanz. Dienstl.	0,2	0,2	0,4	0,4	0,5	0,5	0,5
Transfers	–	–	–	–	–	–	–

Quelle: Banco de México, 1995: 250.

Im Kern geht es darum, die Intensität und Reichweite der industriellen Restrukturierung im Hinblick auf die internationale und nationale Verflechtung auszuleuchten, um den Stellenwert bzw. die Qualität des neuen „Exportwunders" (Alvarez), das seit Anfang der 90er Jahre zu verglimmen scheint, zu ergründen. Zugespitzt formuliert: Ist die negativer werdende Industriebilanz Ausdruck des noch im Gange befindlichen Umstrukturierungsprozesses, bei welchem viele Investitionsgüter und Halbfabrikate importiert werden müssen, um die mexikanische Industrieproduktionskapazität zu diversifizieren und zu erhöhen (so tendenziell die regierungsoffizielle Version der Erklärung wachsender Handelsbilanzdefizite seit Anfang der 90er Jahre), oder ist diese wiederauftauchende chronisch defizitäre Handelsbilanz auch und vor allem Ausdruck einer strukturell abhängigen, nach wie vor vergleichsweise schwachen, wenig interindustriell verflochtenen mexikanischen Industrie?

Auf die Entwicklung und die schmale Grundlage der mexikanischen Industrieexporte ist bereits hingewiesen worden (6.2); die hohe jährliche durchschnittliche Zuwachsrate von 7,5% zwischen 1981 und 1987 schwächte sich von diesem Zeitpunkt an ab. Selbst die anteilsmäßig größten Kategorien der Industrieexporte, die zugleich mit 52 bzw. 54,5% die höchsten Zuwachsraten im selben Zeitraum aufwiesen – nämlich die Automobilindustrie und die Motorenfertigung[7] –, fielen in dem nachfolgenden Drei-Jahres-Zeitraum (1987–1989) auf unterdurchschnittliche Wachstumsraten (5,6 respektive 1,9%) zurück (Rivera, 1992: 166). Nimmt man noch andere Kategorien von Autoteilen hinzu, kommt man zu dem Ergebnis, daß das Exportwachstum von Industriegütern zwischen 1981 und 1988 zu 36% von dem Automobilsektor (im weitesten Sinne) getragen worden war. 55% der dadurch erlösten Devisen wurden allerdings für Importaufwendungen dieses Sektors wieder absorbiert. Zählt man die zahlreichen Subventionen der sehr massiven Exportförderungsprogramme unter Miguel de la Madrid (*Programa de Fomento Integral de Exportaciones*, PROFIEX) von 1985 und das *Programa Integral de Apoyo Financiero y Promocional para el Fomento del Comercio Exterior* (1990 bis 1994) unter der Regierung von Salinas de Gortari zusammen, so kommen seriöse Schätzungen zu einem Gesamtwert, der 5 bzw. 7% des BIP entspricht (Cypher, 1991: 87, 91). Die weitere Entwicklung der Industrieexporte von 1989 bis 1994 verlief zwar von Jahr zu Jahr recht unterschiedlich,

[7] Diese beiden Kategorien allein umfaßten 1989 fast ein Viertel aller industriellen Exporte des Landes (Rivera, 1992: 166)!

insgesamt aber relativ dynamisch, wenngleich auch nicht mehr mit der jährlichen durchschnittlichen Zuwachsrate der ersten zwei Drittel der 80er Jahre. Ihr Volumen verdoppelte sich von 1989 (24,9 Mrd. US-$) auf 50,4 Mrd. US-$ im Jahre 1994. Damit war ihr Anteil an den gesamten Exporten Mexikos auf fast 83% angestiegen (Banco de México, 1995: 250, 253). Dennoch bleibt die Basis dieses sog. „Exportwunders“ insofern schmal, als es keineswegs auf einem gestiegenen Gewicht des Industriesektors insgesamt beruhte und ebenfalls nicht auf einer breiten Steigerung der Investitionen und der Produktivität basierte. Vielmehr ist es Resultat der Entwicklung in einigen wenigen Industriezweigen und besonderen Produktionssparten, die ihrerseits häufig eine recht hohe Importquote aufweisen, mit hoher Kapitalintensität produzieren und zu einem erheblichen Teil von ausländischem Kapital kontrolliert werden (Rochas, 1989: 16). Dieser Industrieexport, der in immer stärkerem Umfang auf Importen und Exporten bestimmter Teile eines fertigen Industrieproduktes beruht und intraindustrieller- oder gar Intra-Unternehmensaustausch ist, widerspricht der konventionellen Vorstellung von Außenhandel, die von Spezialisierungen auf einen Industriezweig oder ein Produkt eines Landes ausgeht. Die mexikanischen Industrieexporte – gleichgültig ob von transnationalen, nationalen Kapitalen oder einer Kombination von beiden ausgehend – zeigen einen doppelten Konzentrationseffekt bezüglich dieses „internationalisierten Handels“ und bezüglich der Verkäufe in die USA. „Die internationalisierten Industriezweige haben ihren Anteil an den gesamten mexikanischen Industrieexporten auf etwa 84% erhöht und die Vereinigten Staaten sind der Bestimmungs- und Absatzort eines ähnlich hohen Anteils von mexikanischen Industrieexporten. Das zeigt offensichtlich eine klare Beziehung zwischen der Entfaltung der mexikanischen Exporte und der wachsenden Durchdringung von US-Importen an.“ (Unger, 1990: 190)[8]

[8] Wenig Aufmerksamkeit hat bislang die sehr wahrscheinliche Theorie gefunden, daß gerade dieser intraindustrielle und Intra-Unternehmenshandel über die Grenze hinweg a) zu einem erheblichen Teil von transnationalem Kapital getragen wird und b) hier eine Ursache der Passivierungstendenz der Handelsbilanz liegt; eine solche Tendenz existierte bereits vor 1982, sie wurde aber 1983 durch ein entsprechendes Regierungsdekret außer Wirkung gesetzt. Unter den neuen Bedingungen der Umstrukturierung des Produktionsprozesses und der Verringerung staatlicher Kontrolle könnte diese Entwicklung in wichtigen Industrie- und Exportbereichen wiedergekehrt sein (Máttar/Schatan, 1993: 123).

Die labile Position der mexikanischen Industriestruktur kann auch durch eine Gegenüberstellung von Industrieexporten und Importen von Industriegütern verdeutlicht werden. Die schon erwähnte Tendenz zur Passivierung der Industriebilanz resultiert unmittelbar aus den unterschiedlichen Wachstumsraten dieser Größen: wurde von 1989 bis 1993 eine durchschnittliche jährliche Wachstumsrate des Industrieexports von 8,8% gemessen, so stellte sich die entsprechende Größe für Industrieimporte im selben Zeitraum auf 19%. Anders gefaßt: Während die Exportquote der mexikanischen Industrie (Anteil der Exporte an der gesamten entsprechenden industriellen Produktion) von 1988 bis 1993 von 19,9 auf 24,4% stieg, verdoppelte sich fast die Importquote bzw. der Importkoeffizient von 16,3 auf 28,2%, was bedeutet, daß die Industrieimporte knapp einem Drittel der gesamten industriellen Produktion des Landes gleichkommen (alle Daten aus: Sánchez, 1994: 105).

Die Erklärung des seit 1989 kontinuierlich anwachsenden Handelsbilanzdefizits Mexikos als Ausdruck des im Gang befindlichen Restrukturierungs- und Modernisierungsprozesses wird durch mehrere Faktoren relativiert (siehe Tab. 6d).

Zum einen hat sich der große Anteil „intermediärer Güter“ (Halbfabrikate) von ca. 75% im Laufe des Restrukturierungsprozesses nur sehr leicht verringert, was nicht auf eine wesentliche Veränderung der Produktionsstruktur hindeutet und auch keineswegs Indikator eines Modernisierungsprozesses sein muß. Zweitens hat sich der Anteil der Konsumgüterimporte von ca. 5% (1982) auf 12% (1994) erhöht, was sicherlich nicht als Beweis für eine erhöhte Wettbewerbsfähigkeit und Stärke der mexikanischen Industrie gelten darf. (Absolut gesehen hat sich der Import von Konsumgütern von 1988 mit 1,92 Mrd. Dollar auf 1993 mit annähernd 8 Mrd. Dollar fast vervierfacht, vgl. Dornbusch/Werner, 1994: 296.) Dagegen hat sich der Anteil der Kapitalgüter an den Gesamtimporten mit ca. 16 bis 17% relativ konstant gehalten, ja sogar gegenüber einigen früheren Jahren dieser Periode verringert. Wäre die Argumentation der Regierung zutreffend, wonach das Handelsbilanzdefizit vor allem auf den Modernisierungsprozeß zurückzuführen sei, so hätte sich gerade dieser Anteil bedeutend erhöhen müssen. Teilweise ist der Anstieg der Importe auch konjunkturbedingt gewesen: Mit der Wiedererlangung eines gewissen ökonomischen Wachstums ab 1989 begannen die Importe stärker zu wachsen als die Exporte. Dennoch kann der ansteigende Importüberschuß nicht als Wachstumsindikator interpretiert werden. Gerade der Umstand, daß trotz des Rückgangs des ökonomischen Wachstums in den

Tab. 6d: Struktur der Warenimporte (in %)[1]

	1983	1984	1985	1986	1987	1988	1989	1990	1991	1992	1993	1994
Gesamt	100,0	100,0	100,0	100,0	100,0	100,0	100,0	100,0	100,0	100,0	100,0	100,0
Konsumgüter	5,2	5,3	5,9	5,0	4,1	6,8	10,1	12,3	11,7	12,5	12,0	12,0
Halbfabrikate	76,3	78,5	76,9	77,4	81,9	78,8	76,2	71,4	71,1	68,9	71,1	71,2
Kapitalgüter	18,5	16,2	17,2	17,6	14,0	14,3	13,7	16,3	17,2	18,6	16,9	16,8

[1] Zeitweise Importe der Maquiladora-Industrie eingeschlossen.

Quelle: Banco de México, 1995: 253.

Jahren 1992 und 1993 die Importe weiter wuchsen bzw. konstant hoch blieben, verweist auf relativ stabile Strukturen, d.h., es handelt sich aller Wahrscheinlichkeit nach um ein überkonjunkturelles Problem (Banco de México, 1995: 250). Wie bereits erwähnt, ist von den 16% bis 17% Importanteilen von Kapitalgütern nur ein Teil, vielleicht die Hälfte, für die Ausweitung und Modernisierung der Produktion verwandt worden, ein wesentlicher Teil floß in die Ersetzung vernutzter Anlagen. Beachtlich ist auch, daß ein immer größerer Anteil der in Mexiko eingesetzten Maschinen und Ausrüstungen importiert werden muß. Auch dies verweist eher auf eine abnehmende interindustrielle Verflechtung und größere Abhängigkeit der mexikanischen Industrie von externen Bezugs- und Absatzmärkten. „Wir befinden uns vor einem der schwersten Strukturprobleme, die die nationale Wirtschaft zu bewältigen hat. Die Produzenten des Landes – seien es landwirtschaftliche oder industrielle – verlieren den Binnenmarkt. Es gibt einen Rückgang im Prozeß der Importsubstitution. Wenn das Industrialisierungsmodell, das als Importsubstitutionsmodell bekannt wurde, sich kritisieren läßt, den äußeren Markt vergessen zu haben, so läßt sich das gegenwärtige Modell dahingehend kritisieren, den Binnenmarkt vergessen oder vernachlässigt zu haben. Das grundsätzliche Problem, der Mangel an Wettbewerbsfähigkeit, ist das gleiche. Früher drückte er sich als Mangel zur Diversifizierung der Exporte aus. Heute drückt er sich als Unfähigkeit aus, mit Erfolg dem Wettbewerb auf dem Binnenmarkt zu begegnen. Es wird deutlich, daß unsere relativen Fortschritte in dem Industrieexport, die sehr konzentriert in einigen Produkten und Unternehmen sind, nicht ausreichen, um die Verluste auf dem nationalen Binnenmarkt zu kompensieren. Eine Industrie, die nicht in der Lage ist, die eigenen Märkte zu verteidigen, die sie hatte, wird höchstwahrscheinlich auch unfähig sein, neue Märkte im Außenraum zu gewinnen. Es ist notwendig, eine Industrie- und Entwicklungspolitik zu initiieren, die eine Erhöhung und Diversifizierung der Exporte erreicht und gleichzeitig bezüglich der Erreichung eines höheren nationalen Integrationsgrades der Ökonomie voranschreitet. Nur dann könnte sich unsere Handelspräsenz im Ausland als Muster innerer Stärke zeigen und nicht wie jetzt sich in Lohnunterschieden gründen, was nur als Ausdruck der Zurückgebliebenheit zu werten ist." (Arroyo, 1993: 91)

Wie schon an anderer Stelle ausgeführt (5.2), hatten sich seit 1982 die rechtlichen und ökonomischen Rahmenbedingungen für ausländische Investitionen in Mexiko erheblich verändert. Auf der einen Seite waren die rechtlichen Zugangsmöglichkeiten sowie die Palette der anzuzielenden Branchen und Sektoren entscheidend erweitert worden, zum anderen aber waren die Absatzgesichtspunkte transnationalen Kapitals infolge der Dauerdepression fast während der gesamten 80er Jahre und infolge der weitgehenden Liberalisierung des Außenhandels in wesentlich stärkerem Umfang als in den Jahrzehnten zuvor auch auf den Export ausgerichtet. Ziel der Regierungen seit 1982 war es, die durch die Importsubstitutions-Strategie mitbedingten Hindernisse einer erfolgreichen Weltmarktintegration aus dem Wege zu räumen, d. h. „die verarbeitende Industrie zu modernisieren und international konkurrenzfähig zu machen sowie zugleich die Exportorientierung und die nationale Integration der exportierenden Unternehmen zu fördern; das Ziel dessen war die Entwicklung eines in die mexikanische Wirtschaft integrierten, d. h. von wenigen Importen abhängigen, exportorientierten Industriesektors". (Reddig, 1989: 215) Da weder der Staat wegen des erheblichen Einnahmerückgangs und zudem infolge des Wandels ordnungspolitischer Vorstellungen dazu in der Lage war, noch die einheimischen Unternehmen wegen ihrer fehlenden Investitions- und/oder Innovationsbereitschaft bzw. auch infolge der restriktiven Kreditpolitik als entscheidende Triebkraft dieses Prozesses in Frage kamen, sollten vor allem die ausländischen Investitionen die Rolle eines Motors in diesem Transformationsprozeß übernehmen. Dem Auslandskapital wurden alle dazu erforderlichen Qualifikationen zugeschrieben: Investitionsbereitschaft, Finanzierungsmöglichkeiten, Technologie-, Marketing- und Managementkenntnisse und damit auch Fähigkeiten, Exportmöglichkeiten auszunutzen. Die Devise „Exporte um jeden Preis" stand bei vielen Regierungsentscheiden und Genehmigungsverfahren bezüglich ausländischer Investitionen im Vordergrund. Nicht wie vordem Forderungen und Auflagen bezüglich eines zu erreichenden nationalen Integrationsgrades, sondern Forderungen hinsichtlich der Exportquote der Unternehmen standen im Zentrum. Je nach deren Größe konnten auch die Beteiligungsgrenzen ausländischen Kapitals nach oben verschoben oder gänzlich aufgehoben werden. „Dazu trat eine präferenzielle Finanzierung und Vereinfachung der aus technologischen Gründen und zur Erlangung von Exportqualität erforderlichen Importe. Auch der Einsatz moderner Technologien zur Förderung der Exportfähigkeit wurde durch Zulassung höherer Gebührenzahlungen und besseren Technologieschutz begünstigt." (Reddig, 1989: 216)

Gegenüber dem 12-Jahres-Zeitraum von 1970 bis 1982 nahmen die ausländischen Direktinvestitionen in den nachfolgenden beiden Präsidentschaftsperioden – trotz Krise und Umstrukturierung – wesentlich

Tab. 6e: Ausländische Direktinvestitionen in Mexiko 1970–1994 (in Mio. US-$)

Jahr	Akkumulierte Investitionen	Wachstums-rate (%)	Neuzugang	Wachstums-rate (%)
1970	3714	–	201	–
1971	3882	4,5	168	– 16,3
1972	4072	4,9	190	12,9
1973	4360	7,0	287	51,3
1974	4722	8,3	363	26,1
1975	5017	6,2	295	– 18,5
1976	5316	5,9	299	1,4
1977	5643	6,1	327	9,3
1978	6026	6,8	383	17,2
1979	6836	13,4	810	111,3
1980	8459	23,7	1622	100,3
1981	10160	20,1	1701	4,8
1982	10786	6,2	626	– 63,2
1983	11470	6,2	684	9,1
1984	12900	12,5	1442	110,9
1985	14629	13,4	1871	29,7
1986	17053	16,6	2424	29,6
1987	20930	22,7	3877	60,0
1988	24087	15,1	3157	– 18,6
1989	26587	10,4	2500	– 20,8
1990	31979	20,2	4978	99,1
1991	41876	31,0	9897	98,8
1992	50211	20,0	8335	– 15,6
1993[1]	56318	12,2	6107	– 26,7
1994[2]	60000	6,1	3682	– 39,7

[1] Vorläufig.
[2] Geschätzt.
Quelle: Méndez, 1994: 296.

schneller zu. Die jährlichen durchschnittlichen Zuwachsraten ausländischer Direktinvestitionen lagen in der Periode Miguel de la Madrids bei knapp 15% und steigerten sich in der Regierungszeit von Salinas de Gortari sogar auf knapp 19% (mit noch größeren Zuwachsraten jeweils in den ersten Regierungsjahren). Absolut gesehen verfünffachten sich die kumulierten Auslandsinvestitionen von 1982 (ca. 10,8 Mrd. US-$) auf ca. 56,3 Mrd. US-$ im Jahre 1993 (Méndez, 1994: 295, 301; siehe Tab. 6e).

Während dem bergbaulichen und dem landwirtschaftlichen Bereich

Tab. 6f: Ausländische Direktinvestitionen nach Herkunftsländern 1985–1992 (in %)

Länder	1985	1992
Gesamt	100,0	100,0
USA	66,3	61,7
BRD	8,5	5,6
Japan	6,8	4,3
Schweiz	5,1	4,6
Großbritannien	3,1	6,1
Frankreich	2,0	4,0
Schweden	1,5	1,0
Kanada	1,4	1,5
Andere (inkl. Spanien, Italien, Niederlande)	5,3	11,2

Quelle: Méndez, 1994: 297.

nur knapp 2% aller ausländischen Investitionen galten, war der sekundäre Sektor (verarbeitende Industrie plus Bauwirtschaft, Elektrizität, Transport etc.) mit über 75% das Hauptziel der ausländischen Direktinvestitionen; dies hat sich im Laufe der 80er Jahre allerdings auf etwa 66% reduziert, während gleichzeitig der Bereich der Dienstleistungen auf etwa 32,5% anstieg (Minda, 1992: 110). In manchen Industriezweigen und bei manchen Produktarten ist die Präsenz der ausländischen Kapitale sehr ausgeprägt. Dies gilt sowohl für bestimmte Bereiche der Nahrungsmittelindustrie wie für die Zweige elektrische und noch mehr elektronische Industrie, chemische Industrie, Maschinenbau und Transportausrüstungen, d.h. vor allem der Automobilbau, der zu 98% von ausländischem Kapital beherrscht wird. In diesen Zweigen und Subgruppen variiert die Kontrollkapazität des ausländischen Kapitals zwischen 20 und 100%. Das über den nummerischen Anteil hinausgehende Gewicht des ausländischen Kapitals in der mexikanischen Ökonomie wird noch dadurch unterstrichen, daß dieses sich gerade in besonders dynamischen und technisch anspruchsvollen Branchen niedergelassen hat und der Anteil der ausländischen Unternehmen an den fünfhundert größten Unternehmen in Mexiko bei etwa 20% liegt.

Überraschend erscheint der Umstand, daß trotz gewachsener bilateraler Verflechtung zwischen Mexiko und den USA die Struktur der Herkunft der Auslandskapitale sich zugunsten anderer Länder in den letzten Jahren verschoben hat (siehe Tab. 6f.).

Sowohl der Anteil der USA – mit Abstand die größte Quelle ausländischen Direktinvestitionskapitals – wie auch die Anteile der beiden nachfolgenden kapitalistischen Industrieländer, Deutschland und Japan, haben sich in der Zeit von 1985 bis 1992 reduziert. Dagegen stiegen die Anteile von Großbritannien, Frankreich, Spanien und Italien, was sicherlich auch darauf zurückzuführen ist, daß diese Länder sich gerade in den Privatisierungsprozeß, den Verkauf staatlicher Unternehmen an Private und vor allem in den Konversionsprozeß des Schuldenaustausches gegen Aktienbeteiligung („Debt-for-Equity-Swap") besonders aktiv eingeschaltet haben (Ornelas, 1991: 128).

Ohne hier auf die ausgedehnte und schon lange anhaltende generelle Diskussion über die ökonomischen Implikationen und Auswirkungen ausländischer Direktinvestitionen in Entwicklungsländern eingehen zu können, seien hier im Zusammenhang mit dem konkreten Fall Mexiko einige Anmerkungen gemacht. Zwar hat die Praxis der „Ausfuhrkonditionalität", d.h. der ab 1983 in Kraft getretenen Auflage an transnationale Konzerne, nur in dem Umfang importieren zu dürfen, wie sie auch selbst exportieren, zu einer Positivierung der Handelsbilanz der Auslandsunternehmen in Mexiko geführt. Werden jedoch noch andere Posten – wie z.B. Zinszahlungen, repatriierte Gewinne etc. – mit einbezogen, so kann ein entsprechendes Defizit der Gesamtbilanz der Auslandsunternehmen in Mexiko von immerhin 1,7 Mrd. US-$ auch in der Zeit von 1983 bis 1987 registriert werden (Minda, 1992: 118). Was den vielgenannten Technologietransfer und die Qualifikationsbeiträge der transnationalen Konzerne angeht, bleiben Zweifel weiter bestehen. Auch in dieser neuen Phase der Auslandsinvestitionen unter neoliberaler Ägide führten die Importerleichterungen für transnationale Konzerne, soweit sie der Exportproduktion dienten, zur Vernachlässigung der nationalen Technologieentwicklung (etwa durch Einrichtung von Forschungs- und Entwicklungsabteilungen in den Gastländern selbst) und zu einer Behinderung der Entfaltung eines national integrierten Exportsektors. Ebenfalls in dieser Periode „wichen [die Auslandsunternehmen] Auflagen zur Förderung nationaler Technologieentwicklung weitestmöglich aus; die geringere Beteiligung mexikanischer Unternehmer, die Möglichkeit verringerter nationaler Integration und verstärkter Nutzung billiger unqualifizierter Arbeitskräfte in moderneren, exportorientierten Auslandsunternehmen vermochte deren Beitrag zur technologischen Entwicklung Mexikos weiter zu beschränken". (Reddig, 1989: 217)

6.4 Aspekte der sozialen Entwicklung

Während die Einlösung der von Regierungsseite gemachten Versprechungen hinsichtlich der mittel- und längerfristigen positiven ökonomischen und damit auch gesamtgesellschaftlichen Wirkungen der neuen Wirtschaftspolitik lange auf sich warten ließ, und nun, nach 12 Jahren der Austerität, mit dem neuerlichen Rückschlag 1994/95 abermals auf den Sankt-Nimmerleins-Tag verschoben wurden, sind die drastischen Verschlechterungen in der sozialen Lebenslage der Mehrheit der Bevölkerung relativ schnell spürbar geworden.[9] Fast alle einschlägigen sozialen Indikatoren (Einkommensverteilung, Minimallohnentwicklung, durchschnittlicher Reallohn, Arbeitslosigkeit, Armutsausmaße etc.) deuten auf eine klare Verschlechterung der Lage der Masse der Bevölkerung hin; und zwar nicht nur der traditionell besonders unterprivilegierten Schichten, der ländlichen und randstädtischen Armut, sondern auch der dem formalen Sektor zugehörenden Arbeiter, Angestellten, eines erheblichen Teils der selbständigen Mittelschichten usw. Bei einem fast stationären Zuwachs des BIP von 1,3% durchschnittlich im Jahr während der Dekade von 1980–1990 und einem Bevölkerungswachstum von ca. 2,1% ist das statistische, durchschnittliche Pro-Kopf-Einkommen der Bevölkerung in den letzten 12 Jahren um ca. 10% zurückgegangen. Diese generelle Tendenz drückt sich präziser in einem Absinken des durchschnittlichen Minimallohns und auch des industriellen Reallohns um fast die Hälfte bis gegen Ende der 80er Jahre gegenüber Anfang der 80er Jahre aus. Dabei ist die hohe Differenzierung der Entwicklung zwischen den einzelnen Lohnkategorien beachtlich: Während die Löhne in der Maquiladora-Industrie am wenigsten gefallen sind (kumulativ von 1983 bis 1988 um 26%), waren die Minimallöhne wie auch die Lohneinkommen von Staatsbeschäftigten mit 48,5 respektive 46,1% am stärksten von der Lohnsenkungspolitik betroffen. Interessant und wichtig für die Erklärung der relativen Abwesenheit größerer sozialer Proteste angesichts eines solch tiefgehenden sozialen Einschnitts ist der Umstand, daß zugleich die Haushaltseinkommen und der private Pro-Kopf-Konsum in wesentlich geringerem Umfang rückläufig waren; hierfür sind nichtmonetäre Einkommensbestandteile[10] (die gerade

[9] Siehe zur ausgedehnten und kontroversen Diskussion über die sozialen Auswirkungen der Strukturanpassungsprogramme Graham, 1994, Stahl, 1995 und Betz, 1995.

[10] Z.B. „Einkommen" aus Subsistenz- bzw. Haushaltstätigkeit, Versorgung mit Naturalien durch soziale Sicherungssysteme etc.

Tab. 6g: Entwicklung des allgemeinen, mittleren Lohnniveaus von 1977–1992

Jahr	Allg. mittleres Lohnniveau (zu laufenden Preisen)	Allg. mittleres reales Lohnniveau (zu Preisen v. 1978)	Index des allg. mittleren Lohns 1975 = 100	Jährliche Veränderung (in %)
1977	165,0	193,8	102,0	15,2
1978	190,0	190,0	100,0	– 2,0
1979	225,0	190,4	100,2	0,2
1980	275,0	184,1	96,9	– 3,3
1981	362,0	189,5	99,7	2,9
1982	584,0	192,4	101,2	1,5
1983	523,0	85,3	44,9	–55,6
1984	1233,0	121,6	64,0	42,5
1985	1955,0	122,2	64,3	0,5
1986	3365,0	113,0	59,5	– 7,6
1987	7029,0	101,8	53,6	– 9,9
1988	14179,0	95,9	50,5	– 5,8
1989	18144,0	102,2	53,8	6,6
1990	22789,0	101,4	53,4	– 0,8
1991	28789,0	104,4	54,9	3,0
1992	34742,0	109,1	57,4	4,5

Quelle: Ayala, 1994: 121 (nach Angaben des Instituto Mexicano de Seguro Social, IMSS).

bei den unteren Einkommensdezilen wichtig sind), Nicht-Lohneinkommen aus informellen Tätigkeiten (Bauchladenbesitzer, Schuhputzer, Feuerschlucker etc.) sowie die Vervielfachung der Erwerbstätigkeiten in den Familienhaushalten (Mehrfachbeschäftigung, Arbeitszeitverlängerung, Einbeziehung weiterer Haushaltsangehöriger in den Erwerbsprozeß) vor allem verantwortlich zu machen (siehe zu den genannten Zahlen: Lustig, 1992: 68ff.). Die ländlichen Einkommen fielen zunächst nicht ganz so drastisch wie das generelle Lohnniveau, um dann ab 1986 stärker als dieses zu sinken (Lustig, 1992: 76f.). Mit der Erholung der mexikanischen Ökonomie 1989/90 begann auch wieder das durchschnittliche reale Einkommen der Lohnabhängigen zu steigen, allerdings in einem vergleichsweise bescheidenen Ausmaß. Während die Angestellten-Gehälter in der verarbeitenden Industrie von 1989 bis 1992 um 28% anstiegen, betrug die Verbesserung der Arbeiterlöhne in demselben Zeitraum nur 7,35%; der Minimallohn hat sich in diesem Vierjahreszeitraum sogar um 7% verringert (siehe Tab. 6g).

Wenn auch Ausmaß und Höhe der Einkommensverbesserungen seit dem Aufschwung der Ökonomie während der Präsidentschaftsperiode von Salinas de Gortari umstritten sein mögen, so ist doch kaum zu bezweifeln, daß ein wesentliches Resultat der 12jährigen neoliberalen Modernisierungspolitik darin besteht, daß das reale Lohnniveau von 1982 (ganz zu schweigen das von 1975/77) weder 1992 noch 1994 auch nur in Ansätzen wieder erreicht wurde. Nimmt man den neuerlichen Reallohnverfall infolge der Finanz- und Währungskrise von 1994/95 hinzu, so wird sicherlich deutlich werden, daß die Zweifel gegenüber der These von den notwendigen „sozialen Kosten" der Modernisierungspolitik, die vorübergehend seien und „später" wieder kompensiert und sogar überkompensiert würden, in der mexikanischen Bevölkerung außerordentlich gewachsen sind.

Die funktionelle Einkommensverteilung, die zumindest teilweise die Kräfteverhältnisse im Tarifstreit reflektiert, zeigt eine bedeutende Verringerung der Lohnanteile am Volkseinkommen. Die Lohnquote fiel von 48% im Jahr 1975 auf ca. 27% im Jahr 1990 und 26,5% 1992 zurück, wobei allerdings dem Rest nicht die Gewinneinkommen (die sog. „Gewinnquote") entsprechen, sondern in dieser Größe auch die Nicht-Lohneinkommen, d.h. die Einkommen aus informeller, selbständiger Tätigkeit sowie auch Anteile der Steuern zusammengefaßt sind.[11]

Vor dem generellen Hintergrund, daß Mexiko selbst im lateinamerikanischen Vergleich zu den Ländern mit der höchsten Einkommensungleichheit zählt, sind gleichwohl unterschiedliche Perioden in der Entwicklung der personellen Einkommensverteilung – gemessen in Dezilen von Haushaltseinkommen – zu erkennen. Von 1950 bis 1963, also in der Phase des sog. „stabilisierenden Wachstums", konnten die oberen 30% der Bevölkerung ihre Position absolut und relativ verbessern; die restlichen 70% verschlechterten ihre Position, besonders deutlich die untersten 40% der Bevölkerung. Zwischen 1968 und 1977, einer Periode ökonomischer und politischer Turbulenzen bei insgesamt noch hohen Wachstumsraten und verstärkter gewerkschaftlicher Aktivität, ging der Anteil der obersten zwanzig Prozent am Gesamteinkommen von 58,2 auf 52,5% zuück, die mittleren Gruppen, das dritte bis sechste Einkommensdezil, konnten ihre Position von 31,2 auf 34% im genannten Zeitraum verbessern. Der Anteil der ärmsten Familiengruppen, der unteren 20% also, blieb mit 3,4 bzw. 3,6% prak-

[11] Eine genauere Ermittlung der Gewinnquote ist auf der Basis der offiziellen mexikanischen Statistik nicht möglich (vgl. Lustig, 1992: 71 f.).

tisch konstant (Nohlen/Lauth, 1992: 191). Diese Tendenz dürfte sich bis Anfang der 80er Jahre mehr oder minder fortgesetzt haben. Die Annahme, daß in der langandauernden Krisenperiode der 80er Jahre die Einkommenspolarisierung sich zugespitzt habe, war bislang nicht empirisch belegt worden. Eine Studie des nationalen statistischen Bundesamtes, des *Instituto Nacional de Estadistica, Geografía e Informática* (INEGI), vom April 1991 füllt diese Lücke. Die höchste Einkommensgruppe (1. Dezil) entfernte sich nicht nur weiter von den unteren Einkommensgruppen, sondern auch vom Rest der Einkommensdezile, d.h. vor allem von den mittleren Einkommensgruppen. Lag der Anteil der obersten 10% 1984 bei 33% am Volkseinkommen, so lag er 1989 bei 38%, während umgekehrt die untersten 40% (bzw. die letzten 4 Einkommensdezile) im selben Zeitraum von 14,4 auf 13% in ihrem Anteil am Volkseinkommen abrutschten. Die mittleren Sektoren (2. bis 7. Dezil) verringerten ihren Anteil erwartungsgemäß prozentual gesehen noch stärker: Sie fielen von 53 auf 49% (vgl. Provencio, 1992: 18ff.).[12] Neben den relativen Anteilen haben sich offensichtlich auch die absoluten Niveaus der Einkommen stärker auseinanderentwickelt: Während 1984 die obersten 10% im Vergleich zu den untersten 10% der Einkommensbezieher ein neunzehnmal größeres Einkommen erhielten, hat sich diese Differenz im Jahre 1989 auf das 24fache erhöht!

Diese Tendenz hat sich unter Salinas de Gortari offenbar im wesentlichen – wenn auch abgeschwächt – fortgesetzt, wobei allerdings neben den ersten 10% auch die nachfolgenden Vertreter des zweiten Dezils wieder an Boden gewonnen haben. Betrachtet man den gesamten Zeitraum von 1984 bis 1992, so wird deutlich, daß die enormen relativen und vor allem absoluten Gewinne der ersten 10% in ähnlich relativen Anteilen zu Lasten aller restlichen Dezile ging (siehe Tab. 6h).

Insofern widerspricht die Erhebung des INEGI den Verlautbarungen der Regierung in ihrem Fünften Jahresbericht eindeutig, wonach zwischen 1989 und 1992 der Prozeß der Einkommenskonzentration aufgehalten oder sogar umgekehrt worden sei. Demgegenüber unterstreicht die Untersuchung des INEGI, daß es sich unter der Re-

[12] Nimmt man die Anteile der ersten beiden Dezile (oberste 20% der Einkommensbezieher) am Gesamteinkommen, so erkennt man die eher homogenisierenden und die eher polarisierenden Perioden: 1968: 58,2%, 1977: 52,5%, 1984: 49,5%, 1989: 53,6%; vgl. Nohlen/Lauth, 1992: 191 und El Financiero v. 13. 12. 1993.

Tab. 6h: Verteilung des Nationaleinkommens 1984–1992/Veränderungsraten 1984–1992

Dezile[1] von Haushalten	1984 (in %)	1989 (in %)	1992 (in %)	1984–1989 (in %)	1989–1992 (in %)	1984–1992 (in %)
Total	100,00	100,00	100,00			
I	1,72	1,58	1,55	−0,14	−0,03	−0,17
II	3,11	2,81	2,73	−0,30	−0,08	−0,38
III	4,21	3,74	3,70	−0,47	−0,04	−0,51
IV	5,32	4,73	4,70	−0,59	−0,03	−0,62
V	6,40	5,90	5,74	−0,50	−0,16	−0,68
VI	7,86	7,29	7,11	−0,57	−0,08	−0,75
VII	9,72	8,98	8,92	−0,57	−0,06	−0,80
VIII	12,16	11,42	11,37	−0,74	−0,05	−0,79
IX	16,73	15,62	16,02	−1,11	0,40	−0,71
X	32,77	37,93	38,16	5,16	0,23	5,39

[1] Dezile = jeweils 10% der Haushalte, gegliedert nach Einkommen. Dezil I entspricht den untersten 10%, Dezil X den höchsten 10% in der Einkommenshierarchie.

Quelle: El Financiero vom 13. 12. 1993.

gierung von Salinas de Gortari bezüglich der Einkommenskonzentration bloß um eine Abschwächung der zunehmend ungleicher werdenden Einkommensverteilung gehandelt habe, keineswegs aber um ein Aufhalten dieses Prozesses und noch weniger um eine Umkehr. Dies kann wohl auch kaum der Fall sein, da die Tendenz zur Ungleichheit und Ungleichverteilung von Einkommen und Vermögen der marktradikalen Stabilisierungs- und Anpassungspolitik seit 1983 inhärent ist. Bei der Abwesenheit von Wachstum in dem vorangegangenen Sexennium war der Kampf um die Verteilung des gesellschaftlichen Produkts besonders stark. Der regressive Effekt der Inflation, die rasche Verschlechterung der Reallöhne, der starke Mangel an Beschäftigung und der abrupte Fall der öffentlichen, sozialen Ausgaben legte die Umverteilung zugunsten der obersten 10% der Bevölkerung eindeutig fest. Während des Regimes von Salinas de Gortari setzten sich – wenn auch mit geringerer Intensität – bei gemäßigtem Wachstum und geringeren Preissteigerungsraten die Konzentration von Einkommen und die soziale Pauperisierung fort, vor allem wegen der durchgehaltenen Praxis, die Reallohnerhöhungen an das Inflationstempo und die Steigerungsrate der Produktivität zu binden (d. h., sie möglichst unterhalb der Produktivitätszuwächse zu halten), wegen der nach wie vor bestehenden gravierenden Beschäftigungsprobleme, der Finanzspekulation und den entsprechend geringeren Realinvestitionen, wegen der Privatisierung von staatlichen Unternehmen und der dabei ausgelösten zusätzlichen Einkommens- und Vermögenskonzentration und schließlich natürlich auch infolge der regierungsamtlichen Unterstützung der privaten Kapitalakkumulation.

Was die sonstigen sozialen Lebensbedingungen (wie Erziehungswesen, Gesundheitswesen, Sozialversicherung, Ernährungssituation, Wohnungsversorgung etc.) betrifft, so waren sie einerseits allesamt mehr oder minder stark von dem Abwärtsstrudel der langandauernden Krise geprägt. So wirkte sich z.B. die Reduktion der Erziehungsausgaben mit Verzögerungen auf den Zustand des Alphabetentums dahingehend aus, daß die Analphabetenrate von 1985 auf 1990 wieder anstieg, nachdem sie in dem vorangegangenen Jahrfünft stark abgenommen hat; ähnlich kam es zu einem Rückgang der Primärschülerzahl (Nohlen/Lauth, 1992: 193). Andererseits sind diese negativen Entwicklungsmomente keineswegs allgemein und überall im Sozialbereich aufgetreten: z.B. kommt es im Erziehungsbereich im Gegensatz zu den Erwartungen und den aufgezeigten Tendenzen auch zu einer kontinuierlichen Erhöhung der Sekundarschülerzahl, der Studierenden sowie zu einer Verbesserung der Relation Lehrer/Schüler auf fast allen Stufen der Erziehung (Nohlen/Lauth, 1992: 193, Tab. 11; sowie Lustig, 1992: 82, Tab. 3/8).

Diese Ambivalenz hinsichtlich der entgegengesetzten Tendenzen läßt sich auch beispielsweise im Gesundheitsbereich beobachten. Auf der einen Seite nahmen infolge der drastischen Etatkürzungen von 1983 bis 1988 quantitativ die Versorgungsrelationen der Patienten ab; z.B. die Relation: Krankenhausbetten pro Tausend Personen der Bevölkerung oder die Relation: Arzt bezogen auf die von ihm zu betreuende Bevölkerung etc. Dennoch läßt sich beobachten, daß die seit einigen Jahrzehnten andauernde Tendenz der Abnahme der Säuglingssterblichkeit beispielsweise auch in der Periode der 80er und 90er Jahre sich fortgesetzt hat. Aber auch dieser isolierte Befund kann keineswegs schon als ausreichender Indikator für die gesamte Entwicklung des Gesundheitswesens und des Versorgungsniveaus genommen werden. Zum Beispiel sind die mit Mangelernährung zusammenhängenden Todesursachen im Kindesalter, wie z.B. Vitaminmangel, im gleichen Zeitraum spürbar gestiegen (Lustig, 1992: 87f.).[13]

[13] Vgl. hierzu die Spezialstudie von M. Bronfman (1990), der zusam-

Solche vieldeutigen Resultate der neoliberalen Orientierung lassen sich auf anderen Feldern der Sozialpolitik (z. B. beim Wohnungsbau, bei den Lebensmittelsubventionen etc.) ebenso feststellen. Dieses gelegentlich als „sozialpolitisches Paradoxon" der neoliberalen Ära apostrophierte Phänomen erzwingt eine Reihe von Erklärungs- bzw. Interpretationsvarianten, deren jeweiliges Gewicht je nach dem Feld der Sozialpolitik und nach Zeitraum sicherlich konkret zu bestimmen wäre.

Einmal ist gerade bei vielen Sozialausgaben die verzögerte Wirkung von Kürzungen in Rechnung zu stellen. Wenn z. B. eine massive Reduktion der Bauinvestitionen im Erziehungsbereich (Schulbauten) oder im Gesundheitswesen (Krankenhausausbau, Medizinstationen etc.) zunächst sich nicht stark bemerkbar macht, dann wird dies dennoch wahrscheinlich in einigen Jahren der Fall sein. Zweitens werden bei vielen Indikatoren, die rein quantitativ ausgelegt sind, die qualitativen Dimensionen (z. B. Alphabetismus, Gesundheit, Ernährung etc.), die ja recht unterschiedliche Inhalte indizieren können (z. B. die Art der Ernährung), nicht berücksichtigt. Drittens werden gelegentlich die internen Rückkoppelungen der Daten zu wenig reflektiert und bewertet: Die verbesserte Relation von Lehrern und Schülern zum Beispiel ist sicherlich zum Teil Ergebnis des Rückgangs der Einschulungsrate und nicht Ergebnis einer quantitativen Ausweitung der Lehrerschaft in bezug auf das Schülervolumen. „Die wichtigsten Indikatoren für in den 80er Jahren vertiefte Defizite im mexikanischen Bildungssystem sind ein Rückgang der Eintrittsraten in die Grund- und Sekundärschulen und eine Zunahme der Drop-out-Raten auf beiden Stufen – vor allem als Folge der verringerten Familieneinkommen, die ihrerseits für Familien niedrigen Einkommens die Kosten und Opportunitätskosten (In-terms von verlorenen Einkommen) des Schulbesuchs in nicht mehr akzeptable Höhen treiben und die auch andererseits angesichts hoher Arbeitslosigkeit den erwarteten zukünftigen Gewinn von Bildungsinvestitionen absenken." (Schedler, 1991 b: 179) Weiterhin wird z. B. bei der Kombination von zusätzlichen Einstel-

fassend bemerkt, daß der Rückgang der Kindersterblichkeit während der 80er Jahre weder den gleichen Rhythmus noch die gleiche Intensität in den unterschiedlichen sozialen Sektoren gehabt hat: er ist größer bei den sozialen Gruppen, die unter besseren Bedingungen leben. Es findet also auch in dieser Hinsicht eine Verschärfung der Ungleichheit statt. Die Relation der Häufigkeit von Kindersterblichkeit variiert zwischen den extremen Gruppen zwischen 10 : 1 (Bronfman, 1990: 349).

lungen (etwa im Lehrerbereich) und gleichzeitigen Gehaltsreduktionen das Problem der notwendigen Mehrfachbeschäftigung von Lehrkräften, des Motivations- und Qualitätsverlusts der Ausbildung etc. völlig übersehen. Viertens wird bei globalen Angaben über die Wirkung von sozialpolitischen Maßnahmen die soziale und regionale Differenzierung bzw. Verteilung zu wenig berücksichtigt; Durchschnittswerte, die leicht ansteigen oder stagnieren, können für manche Bevölkerungsteile deutliche Verschlechterungen der sozialen Situation bedeuten. Im Falle von Mexiko ist es interessant, daß während der 80er Jahre die Einschulungsrate von Primärschülern rückläufig war, dagegen die Quote von Studierenden (zumeist aus den Mittelschichten stammend) durchaus weiter anstieg. Im übrigen ist im Auge zu behalten, daß es sich bei den Relationen Arzt pro Tausend Einwohner oder Krankenhausbetten pro Tausend Einwohner in der Regel um Einwohner handelt, die einem Sozialversicherungssystem angeschlossen sind, in Mexiko dem *Instituto Mexicano de Seguro Social* (IMSS) oder dem *Instituto de Salud y Seguridad Social de Trabajadores del Estado* (ISSSTE). Zwar hat sich auch in den Krisenjahren die Anzahl der Versicherten um ca. 5% jährlich von 1983 bis 1988 erhöht, diese Quote erreicht aber immer noch nicht viel mehr als etwa die Hälfte der gesamten Bevölkerung. Die in der Statistik genannten Krankenhausbetten befinden sich zum größten Teil im Besitz der öffentlichen Krankenversicherungen und stehen Nichtversicherten in der Regel nicht zur Verfügung (Stamm, 1992: 130).

Dies sind m. E. die wichtigsten Gesichtspunkte zur Erklärung der o. a. Diskrepanz. Der Hinweis auf relativ wenig kostende Impfaktionen und Maßnahmen zur Verbesserung der Trinkwasserqualität als Mitursache für die Verbesserung von wesentlichen Gesundheitsdaten ist zwar zutreffend, doch sollte gleichzeitig bedacht werden, daß gerade die Ausgaben für die sozial ausgeglichener wirkenden und insgesamt effektiveren präventiven medizinischen Vorsorgeleistungen stärker reduziert wurden, während die kurativen medizinischen Ausgaben auch in den 80er Jahren insgesamt annähernd gleich hoch blieben. Eine generelle Wende zu einem effektiveren Mitteleinsatz durch Verwaltungsrationalisierung und stärkere Zielgruppenbestimmung der Ausgaben („Targeting“, „Focalización“; vgl. Stamm, 1992: 129; Ward, 1994: 53) sollte m. E. – angesichts des grundsätzlichen Fortbestehens eingeübter Sozialpraktiken und Herrschaftsstrukturen – in ihrem Erklärungsgewicht nicht überschätzt werden. Die weitergehende Hypothese, die von einer tendenziellen Entkoppelung von ökonomischer und sozialer Entwicklung ausgeht und – sowohl für Latein-

Tab. 6i: Bevölkerungsanteile unterschiedlicher Kategorien von Armut (in %)

	1970	1977	1981	1987
Extreme Armut	19,9	18,8	13,7	17,3
Armut	11,3	15,5	18,4	24,0
Insgesamt	31,2	34,3	32,1	41,3

Quelle: Pécaut, D./M.F. Prévot-Schapira, 1992: 94.

amerika generell wie für Mexiko speziell – von „deutlichen Fortschritten in den Bereichen Ernährung, sanitäre Versorgung, Ausbildung und Gesundheit [...] auch während des Krisenjahrzehnts 1980–1990" berichtet (Sangmeister, 1995: 7), scheint angesichts der Ausdehnung der Armutsquote wenig überzeugend zu sein. Nach einer Abnahme vor allem der extremen Armut zwischen 1970 und 1981 in Mexiko stieg diese während der 80er Jahre wieder stark an, ebenfalls die „einfache" Armut. Ende der 80er Jahre waren über 40% der mexikanischen Bevölkerung offiziell als arm klassifiziert worden (siehe Tab. 6i).[14]

Da Armut sich nicht auf Einkommen, sei es Geld- oder Nichtgeldeinkommen, reduzieren läßt, ist die These von sozialen Fortschritten trotz der Armutsvergrößerung wenig wahrscheinlich. Denn Armut muß als umfassendes Phänomen, das alle Modalitäten der physischen und sozialen Reproduktion einschließt, begriffen werden (Linck, 1995: 82). Die keineswegs verbesserte, sondern tendenzielle Verschlechterung der Einkommensverteilung und die Gefahr zunehmender Beschäftigungslosigkeit mit dem Scheinausweg in den informellen Sektor hat trotz des Wiederanstiegs der Sozialausgaben an den Gesamtausgaben des Staates und trotz eines gewissen ökonomischen Aufschwungs unter der Regierung von Salinas de Gortari die Armut in Mexiko nicht nennenswert abmildern können. Die erreichten Ergebnisse stehen auch hier in einem beträchtlichen Kontrast zu den propagandistischen Verlautbarungen der Anti-Armutskampagne im Kontext von PRONASOL (vgl. Moguel, 1994: 38ff.).

[14] Siehe zur eingehenden Untersuchung der Armutsausweitung und der ungleichen Verteilung der „sozialen Kosten" der Anpassungspolitik während der 80er Jahre: Székely Pardo, 1994: 135–175.

7. Tendenzen der Sozialstrukturveränderungen

Es liegt auf der Hand, daß die langandauernde Krise, die ökonomischen Anpassungsmaßnahmen und die neoliberalen Strukturreformen auch erhebliche Auswirkungen auf die Sozialstruktur des Landes haben mußten (Imbusch, 1991; Zermeño, 1993). Allein die Verkleinerung des Staatssektors und die weitgehende Öffnung der Ökonomie nach außen haben in kurzer Zeit das Beschäftigungssystem verändert und die formellen Arbeitsplätze offenkundig reduziert. Auf der anderen Seite ist die Sozialstruktur natürlich nicht bloß passiver Reflex der ökonomischen Verhältnisse, sondern zugleich der Ort jener sozialen Subjekte und Kollektive, die als Träger des ökonomischen und gesellschaftlichen Umbruchs anzusehen sind. Im folgenden sind einige wichtige soziale Sektoren zu betrachten, die im Umstrukturierungsprozeß entweder als eindeutige „Gewinner" (7.1) oder als „Verlierer" (7.2, 7.3, 7.4) oder als eine Mischung von beiden (7.5) anzusehen sind; parallel zu dieser Klassifizierung scheint auch die Abstufung von aktiver Mitwirkung am neuen Gesellschaftsmodell bis hin zu einer mehr oder minder passiven Duldung dieses keineswegs klassen- und schichtenneutralen Modernisierungsprozesses zu verlaufen.[1]

7.1 Metamorphosen der mexikanischen Bourgeoisie

Einer der wichtigsten Aspekte der neoliberalen Strukturanpassungspolitik zentriert sich um die Veränderung der Unternehmerschaft durch diesen Prozeß.[2] Schließlich waren maßgebende Gruppierungen des Bürgertums[3] Träger und Nutznießer des bisherigen auf

[1] Im Rahmen der vorliegenden Studie können nur Schlaglichter auf einige zentrale Aspekte der Sozialstruktur geworfen werden; auf die Behandlung der ländlichen Sozialstruktur z. B. mußte verzichtet werden.

[2] Einen Überblick über einen Ausschnitt der gegenwärtigen Forschung geben Cleaves/Stephens, 1991: 187 ff.

[3] Unter Bürgertum im engeren Sinne oder Bourgeoisie soll hier die Gruppe von Kapitaleignern und leitenden Managern verstanden werden, die kraft ihrer gesellschaftlichen Stellung überwiegend mit der Verwertung von Kapital befaßt ist.

Importsubstitution und vielfältiger Staatsintervention beruhenden Wirtschafts- und Entwicklungsmodells. Die Frage, wie eine offenbar mehrheits- und hegemoniefähige Fraktion innerhalb der Bourgeoisie diese grundlegend veränderte wirtschaftspolitische Strategie und die damit verbundene Veränderung der Beziehungen von Staat und Gesellschaft anvisieren, durchsetzen und verbreiten konnte, ist natürlich von zentraler Bedeutung. Was Ursachen und Folgen, wer die Adressaten dieser Politik waren und wer zugleich ihre Hauptträger gewesen sind und warum dieser grundlegende Wechsel der Orientierung zu diesem Zeitpunkt erfolgte, schließt eine Fülle von Dimensionen ein, die hier nur angedeutet werden können (Davis, 1992: 635ff.).

Obwohl sich die meisten Unternehmer in Mexiko mehr einem konservativen Liberalismus als den Doktrinen der Mexikanischen Revolution verpflichtet fühlten, gab es seit den 20er Jahren bis zu Beginn der 70er Jahre kaum nennenswerte Konflikte zwischen ihnen und den Repräsentanten des politischen Systems (Carrillo, 1987: 45ff.). Dies vor allem wegen der Fähigkeiten des Staates, die für die kapitalistische Entwicklung des Landes notwendigen Transformationen einzuleiten und durchzuführen; eine Aufgabe, bei deren Lösung die mexikanische Bourgeoisie keine besonderen Leistungen erbrachte bzw. erbringen mußte. Hierbei ist allerdings zu beachten, daß in der Entstehungsphase des nachrevolutionären Staates vielfältige Verbindungen zwischen den revolutionären Militärführern und den sich etablierenden Wirtschaftseliten existierten, was nicht erlaubt von einem Staat zu sprechen, der über diesen wirtschaftlichen Interessen gestanden hätte (Valdés, 1986: 45f.). Immer wenn es Ansprüche und Bewegungen „von unten" abzuwehren galt, waren die Positionen der wirtschaftlichen und politischen Elite nahe beeinander; ebenso in Phasen dauerhafter ökonomischer Stabilität. Immer wenn der Staat bzw. die politischen Kräfte an der Regierung besonders reformbereit bzw. populistisch ausgerichtet waren (dies in wirtschaftlich-sozialer und politischer Hinsicht) und/oder dies in eine Zeit ökonomischer Schwierigkeiten fiel, wurde die quasi symbiotische Beziehung von Repräsentanten der Politik und der Ökonomie aufgekündigt und konfliktiver. Das Auseinanderdriften beider Machtgruppen begann unter der Präsidentschaft Luis Echeverrías (1970–1976)[4] und wurde erst im

[4] Die Gründung des „Koordinationsrats der Unternehmer" (*Consejo Coordinador Empresarial*, CCE) im Jahre 1975 gilt als entscheidender Schritt, der erstmals anzeigte, daß die Unternehmer als geeinte soziale Kraft bzw. Klasse öffentlich auftraten und einen eigenständigen politischen Willen mit Hegemonialanspruch zu artikulieren imstande waren (Casar u. a., 1988: 211).

Laufe der beiden letzten Sexennien durch ein abermaliges Aufeinanderzubewegen von Wirtschaftsrepräsentanten und Politikern abgelöst. Doch bei diesem Prozeß strebten immer größere Teile der Unternehmer – nicht zuletzt auch angeregt durch das US-amerikanische Beispiel – eine striktere Trennung von Staat und Wirtschaft, von Unternehmern und Politikern an und zielten damit auch auf eine neue politische Kultur, „in der die Beziehungen zwischen politischem Regime und Unternehmen auf der Suche nach Konsens basieren und nicht auf der Fähigkeit der Regierung, ihre Entscheidungen von oben aufzuzwingen. Der private Sektor tritt systematisch für die Schaffung von Instanzen ein, die die Artikulierung und Wahrung seiner Interessen institutionell garantieren sollen, wohingegen er entschieden gegen alle unilateralen Regierungsmaßnahmen und -entscheidungen vorgeht, die seine Belange betreffen." (Valdés, 1986: 46) In beiden Hinsichten waren die mexikanischen Unternehmer – wie die Zeit von 1982–1994 ausweist – sehr erfolgreich.

Es spricht einiges dafür, daß die traditionellerweise in zwei bzw. drei voneinander unterschiedene Fraktionen geteilte Unternehmerschaft Mexikos sich vor allem von 1982 an – mit der Nationalisierung der Banken – einander angenähert hat und in den folgenden Jahren viele ihrer Forderungen durchsetzen konnte. Diese waren vor allem auf drei Ebenen zu sehen:

- Auf der wirtschaftlichen Ebene sollte, wie bereits erwähnt, eine radikale Einschränkung der staatlichen Regulierung und Partizipation an der Wirtschaft zugunsten der Vorherrschaft des Marktes eintreten; ein Abbau der öffentlichen Abgaben, Preisbeeinflussungen und anderer bürokratischer Kontrollen sollte mit der Privatisierung der meisten staatlichen Unternehmen einhergehen.
- Auf politischer Ebene traten die Unternehmerorganisationen für die Einschränkung der Macht des Präsidenten, die Verringerung des Einflusses der staats- bzw. regimenahen Gewerkschaften und die Neutralisierung der reformistischen Gruppen in der Bürokratie ein.
- Auf gesellschaftspolitischer Ebene forderten sie die Stärkung der „zivilen Gesellschaft", einer Gesellschaft, in der der private Sektor eine dominante Rolle spielen sollte, und zwar in der Weise, daß individuelle Bürger und Einzelakteure hier auftreten sollten und nicht so sehr Klassen-Korporationen oder sonstige Kollektive.

Das wichtigste neue Element in dem Forderungskatalog aber war, daß der private Sektor *(iniciativa privada)* als politischer Akteur anerkannt werden müsse; d.h., das alte Tabu, die Aktivität der Unternehmer sei nichtpolitischer Natur, begann vor allem in der Unternehmerschaft selbst an Überzeugungskraft und Verbreitung zu verlieren. Es liegt auf der Hand, daß die langandauernde Krise selbst half, diese Forderungen bzw. Vorstellungen erfolgreich zu vertreten.

Die Differenzierung und Fraktionierung der mexikanischen Bourgeoisie (Saldívar, 1980: 55ff.) geht auf verschiedene Phasen der Kapitalisierung und Industrialisierung des Landes zurück: Die erste Fraktion der mexikanischen Bourgeoisie hat sich im letzten Drittel des 19. Jahrhunderts, im wesentlichen unter dem „Porfiriat" herausgebildet und hatte regional im Norden ihren Schwerpunkt. Diese Gruppe, heute auch als *grupo Monterrey* bezeichnet, ist am stärksten marktradikal und antietatistisch orientiert (v. Schumann, 1985: 303ff.). Die zweite Gruppe eines Industrie- und Handelsbürgertums entwickelte sich in den 30er und vor allem 40er und 50er Jahren im Gefolge der Konsolidierung der mexikanischen Revolution und im Kontext der Importsubstitutionsstrategie. Diese Gruppe von kleineren und überwiegend mittleren Unternehmern ist vor allem im Zentrum des Landes (Valle de México und Puebla) lokalisiert. Sie schätzt zwar ebenfalls die Dispositionsfreiheit des Unternehmers, kann aber aufgrund der vielfältigen Staatsinterventionen zu ihren Gunsten (Subventionen, arbeitsrechtliche Regelungen, niedrige Preise für Vorprodukte aus Staatsunternehmen etc.) nicht gänzlich und durchgehend antietatistisch orientiert sein. Die dritte Gruppe schließlich, die von manchen freilich nicht als besonderer Teil der Bourgeoisie klassifiziert wird, ist gewissermaßen als „Staatsbourgeoisie" zu bezeichnen, weil es sich um das Führungspersonal von staatlichen oder halbstaatlichen Unternehmen handelt. Auch diese Gruppe, über deren Grad an Selbständigkeit gegenüber der politischen Elite gestritten werden kann, verdankt ihre Entstehung der mexikanischen Revolution und ihrer spezifischen Ideologie und ist nicht nur räumlich, sondern auch der Sache nach häufig mit der zweiten Gruppierung von Bourgeoisie eng verbunden. Zumindest bestehen auch Übergänge wechselseitiger Art zwischen diesen beiden Fraktionen des Unternehmertums. Diese unterschiedlichen Gruppierungen von einheimischen Unternehmern in der Industrie, im Handel und Dienstleistungssektor haben nicht nur ihre eigenen Medien und Zugänge zu bestimmten Artikulationsformen, ihre eigenen Organisationen und Verbände, sondern auch besondere Beziehungen zu bestimmten Sektoren des Staatsapparats bzw. der Regierung. So z.B. sind die Beziehungen der zuerst genannten Fraktion (*grupo Monterrey*) zum Finanzministerium ebenso deutlich und bekannt wie die Beziehungen der zweiten Gruppierung zu dem Ministerium für Nationales Vermögen und dem Ministerium für Planung und Haushalt. Natürlich verfügen diese Hauptgruppierungen auch über besonders enge Beziehungen zu bestimmten Banken und Bankengruppen.

Das epochale Umschwenken der Mehrheit der mexikanischen Bourgeoisie zum neoliberalen Paradigma ist natürlich nicht über Nacht erfolgt, sondern vollzog sich in vielfachen Schwankungen und Auseinandersetzungen vom Ende der 60er bis Ende der 80er Jahre. Diesem Wandel liegt einerseits ein ökonomischer und politischer Machtzuwachs der ersten Gruppe sowie andererseits eine stärkere Annäherung der zweiten an die erste Fraktion zugrunde. Beides wurde gewissermaßen ergänzt und begleitet von einem deutlichen Hervortreten der Technokraten-Gruppierung innerhalb des Regierungsapparates und der PRI zuungunsten der sog. „Politiker-Fraktion“ (Tirado/Luna, 1992: 19f.) und der Vertreter des „Arbeitersektors“ (Davis, 1992: 661f.). Diese Veränderungen wurden vor allem durch vier parallel laufende Prozesse vermittelt und determiniert:

1. Die relative Erschöpfung der Importsubstitutionsstrategie, die nur durch interne Umverteilung und massive Stärkung des Binnenmarktes eine gewisse Dynamik hätte zurückerlangen können, was von diesen Fraktionen der Bourgeoisie nicht ernsthaft erwogen wurde. Denn dies konnte immer weniger im Interesse vor allem der großen Kapitale beider Fraktionen der Bourgeoisie liegen.
2. Der Legitimationsverfall der Regierung und der Regimepartei sowie die geringer werdenden Steuerungsmöglichkeiten der Ökonomie von seiten der Regierung, sei es infolge objektiver Umstände (Internationalisierung), sei es aufgrund von subjektiven Fehlern in der Regierungspolitik (Verschuldungseuphorie, Vernachlässigung des Agrarsektors etc.) hat den antietatistischen Strömungen großen Auftrieb verliehen.
3. Der internationale Übergang zu flexiblen Wechselkursen (im Kontext des Zusammenbruchs des Bretton-Woods-Systems), die damit erleichterte international wirksame Geld- und Zinspolitik, die Tendenzen zur Deregulierung und Weltmarktöffnung etc. – all dies mußte den Aspirationen der hegemonialen Fraktion zusätzliche Schubkraft verleihen.
4. Die zunehmende ökonomische Konzentration insbesondere seit den 60er und 70er Jahren ließ die erstgenannte Fraktion an Bedeutung gewinnen. Dies hängt nicht unwesentlich mit der Internationalisierung der Finanzmärkte und der Entstehung multisektoraler

Konglomerate (in Mexiko *grupos* genannt) zusammen. Die Zugangsmöglichkeiten zu relativ günstigen Kreditbedingungen für die „Großen" auf internationaler Ebene und die Verwendung dieser Ressourcen im Inneren (wo in der Regel sich wesentlich höhere Zinsraten und Profitmöglichkeiten boten) führte nicht nur zu einer starken Segmentierung zwischen international integrierten Sektoren einerseits und national limitierten Sektoren andererseits, sondern auch zu einer deutlich spekulativ-finanziellen Akzentsetzung im weiteren Investitionsverhalten (Maxfield, 1990: 97ff.).

Die Eröffnung von Repräsentationsbüros ausländischer Banken in Mexiko, die Erlaubnis für mexikanische Banken, im Ausland zu operieren, der Übergang zu dem Universalbankensystem sowie die damals legalisierte Möglichkeit, in mexikanischen Banken Depositen in Dollars zu halten – all dies führte – vor dem Hintergrund erheblicher Zinsdifferenzen zwischen Mexiko und den USA – zur Tendenz kurzfristiger, spekulativer Kapitalbewegungen, die wesentlich höhere und sicherere Gewinne einbrachten als Realinvestitionen. Der Erdöl-, Finanz- und Kreditboom Ende der 70er Jahre ließ zudem die Gewinnverteilung noch ungleicher werden: Zum Beispiel konzentrierten 5% aller Kreditnehmer aus dem Umkreis der *grupos* 68% aller Bankkredite auf sich. Das gleiche trifft für die Auslandsverschuldung zu: Zehn Konglomerate vereinigten schon 34% der privaten Auslandsverschuldung auf sich (Maxfield, 1990: 103f.). Parallel hierzu vollzog sich in den 70er Jahren eine starke Bankenkonzentration. Die Zahl der Banken fiel von 1970 auf 1981 von 240 auf 97 und 75% aller Bankaktivitäten wurden statt vorher von 18 nunmehr (1981) von 6 Banken allein getätigt. Zur gleichen Zeit nahm die Konzentration im industriellen Sektor und den übrigen Wirtschaftsbereichen ebenfalls rapide zu. „In der Zeit von 1973–1979 nahm der Anteil der 23 größten Wirtschaftsgruppen des Landes an den Umsätzen der 100 größten Unternehmen von 32,8% auf 43,2% zu. Noch eindrucksvoller war die Steigerung des Anteils dieser wenigen Unternehmen am Produktionswert der Industrie, der sich in den entsprechenden sechs Jahren von 6,3% auf 12,1% verdoppelte." (Imbusch, 1991: 328) Dieser Konzentrationsprozeß war teilweise schon in dieser Periode identisch mit einer gewissen Machtverschiebung zwischen den großen ökonomischen Kraftzentren innerhalb Mexikos, d.h. während die Anteile der größten nationalen Wirtschaftsgruppen an den Umsätzen der größten fünfhundert Unternehmen in der Boomphase von 1977 bis 1980 stiegen, verkleinerte sich der entsprechende Anteil der transnationalen Unternehmen und des staatlichen Unternehmenssektors (wenn man PEMEX ausklammert). Diese Tendenz dürfte sich zunächst in den ersten Jahren nach Beginn der Verschuldungskrise fortgesetzt und – was den Anteil der staatlichen Unternehmen angeht – sogar bis heute verstärkt haben. „Mit der Nationalisierung der Banken wurde die hegemoniale Position und Vormachtstellung der Großbourgeoisie nur zeitweise geschwächt. In den Jahren nach 1982 konnten sich wesentlich diejenigen Gruppen weiterentwickeln, die sich bereits während der Jahre des Erdölbooms und der externen Verschuldungsmöglichkeiten bereichert hatten. Sie profitierten auch von der Krise der 80er Jahre und den veränderten Bedingungen der Wirtschaftspolitik, so daß es auf dieser Ebene eine starke Kontinuität gab. In diesen Jahren fand eine komplex verlaufende Umstrukturierung innerhalb der Bourgeoisie statt, die sowohl zum Aufstieg neuer Unternehmen als auch zum Abstieg anderer, bis zur Nationalisierung vorherrschender, führte. Determinanten dieses Prozesses können zum einen in dem Versuch der industriellen Rekonversion und der staatlich betriebenen Umorientierung der Produktion hin zum Weltmarkt gesehen werden, die mit erheblichen Vergünstigungen für exportorientierte Unternehmen durchgesetzt werden sollten, zum anderen darin, daß der Privatisierung von Staatsunternehmen eine bedeutende Rolle zukam. Sofern diese Staatsunternehmen nicht einfach liquidiert wurden, eignete sich das private nationale und ausländische Kapital die profitabelsten und produktivsten Einheiten an und vergrößerte seine wirtschaftliche Basis. Aufgrund der traditionell komplementären Ausrichtung des staatlichen Produktionsapparats komplettierte der Kauf von Staatsunternehmen auch aus ‘strategischen Bereichen’ die vertikale und horizontale Integration der nationalen Wirtschaftsgruppen und transnationalen Konzerne. Als weitere Determinante des seit 1982 stattfindenden Umstrukturierungsprozesses der Bourgeoisie sind schließlich die transnationalen Konzerne zu betrachten, deren Direktinvestitionen sich zwar in den Jahren 1982 bis 1986 verringerten, aber keineswegs versiegten. Sie wurden einerseits zu Trägern der Exportorientierung, andererseits waren sie Aufkäufer ehemaliger Staatsunternehmen. In diesem Prozeß verschmolzen sie weiter mit dem nationalen Großkapital. Untersucht man etwa die Entwicklung der fünfhundert größten Unternehmen im Zeitraum 1982 bis 1986, so stellt man eine wachsende Präsenz des Auslandskapitals in den Sektoren mit den größten Entwicklungsperspektiven fest. Von den fünfhundert größten Industrieunternehmen verfügten 27 über eine ausländische Kapitalbeteiligung in Höhe von 30 bis 100%. Von den hundert größten Unternehmen erhöhten 11 ihre Auslandsbeteiligung erheblich. Die Position der Unternehmen mit ausländischer Kapitalbeteiligung unter den ersten 100 verbesserte sich zudem signifikant: Ein Hinaufklettern der Leiter um bis zu 40 Positionen in den 4 Jahren war bei diesen Unternehmen keine Seltenheit." (Imbusch, 1991: 334f.)

Obwohl sich innerhalb des mehrdimensionalen Koordinatensystems (groß versus klein; Zugang zu äußeren Finanzquellen versus kein Zugang zu solchen; Exportorientierung versus Binnenorientierung; Verbindung bzw. Nähe zu Auslandsunternehmen versus keine Verbindung zu solchen) in den letzten 20 Jahren kontinuierlich das Gewicht der großen, international orientierten Unternehmen, die über Finanzquellen des Auslands verfügten und Verflechtungen mit transnationalen Unternehmen aufwiesen, eindeutig gesteigert hat, entsprach dem auf der politischen Ebene kein ähnlich klarer und sukzessiver Einflußgewinn. Die Beziehungen zwischen der jeweiligen Regierung und den Unternehmerverbänden gestalteten sich während der letzten 20 Jahre durchaus verschiedenartig und lassen zunächst keine eindeutige Tendenz erkennen. Der konfliktiven Phase unter Echeverría, wo soziale und reformerische Absichten dieser Regierung mit der selbstbewußter gewordenen Unternehmerschaft zusammenstießen, folgte die Versöhnungsphase zwischen Unternehmen und Regierung unter López Portillo, die allerdings relativ abrupt mit der Nationalisierung der Banken (September 1982) drei Monate vor dem Präsidentschaftswechsel zu Ende ging. Dieses Ereignis, das einerseits ein gespaltenes Echo fand, andererseits aber die Mehrheit der Unternehmer, die diesen Akt als Ausfluß „totalitär-populistischer" Politik scharf verurteilte, nun noch geballter und intensiver auf die politische Bühne drängen ließ, hatte einen erheblichen Einfluß auf die Beziehungen zwischen Regierung und Unternehmern während des gesamten Sexenniums von Miguel de la Madrid. Paradoxerweise hielt die scharfe Opposition und Kritik an dieser Regierung fast bis zu ihrem Ende an, obwohl Miguel de la Madrid alles tat, um der „populistischen Vergangenheit" abzuschwören und (fast) alle Wünsche bezüglich der wirtschaftspolitischen Neuorientierung der Unternehmer schon erfüllt hatte (Luna/Millán/Tirado, 1985: 215ff.).[5]

[5] Dies hängt einmal mit dem großen Mißtrauen der Unternehmer gegenüber einem Präsidenten des PRI-Regimes zusammen (López Portillo hatte ja auch zunächst die enge Zusammenarbeit mit ihnen gesucht und sie hernach jäh enttäuscht!) und zum zweiten damit, daß in der anfänglichen Politik Miguel de la Madrids durchaus widersprüchliche und aus Unternehmersicht gefährliche Tendenzen sichtbar geworden waren: z. B. die Verfassungsänderung,

Erst gegen Ende dieses Sexenniums und im Übergang zur Periode von Salinas de Gortari entspannte sich das Verhältnis zwischen Regierung und Unternehmern etwas und die weniger radikale Gruppierung der Unternehmerschaft gewann die Oberhand, was sich u.a. in dem ersten Abschluß des Sozialpakts zwischen Regierung, Unternehmern und Gewerkschaften niederschlug.[6] Freilich führte dieser Wechsel in der Politik der wichtigsten Unternehmerverbände gegenüber der Regierung zu einer Neudefinition von Fraktionsgrenzen, die ihrerseits erhöhte Spannungen im Unternehmerlager selbst erzeugte. Die alte „radikale" Fraktion präsentiert sich jetzt als liberal-konservativ, während die ehemals „moderate" Fraktion nun in zwei Gruppierungen zerfällt: eine technokratische bzw. „liberal-pragmatische" einerseits, die das neoliberale Projekt unterstützt und der Regierung bzw. der PRI nahesteht, und andererseits eine „protektionistische" Gruppierung, die sich auch weiterhin mit der PRI identifiziert, aber gleichzeitig der Politik der Öffnung mißtraut und den Wettbewerb ausländischer Produzenten fürchtet (Luna/Tirado, 1993: 247). Trotz dieser Tendenzen, die eine gewisse Annäherung von Regierung und Unternehmerlager signalisieren, bleibt dieses doch parteipolitisch vor allem in PAN- und PRI-Anhänger gespalten. Die Gründe hierfür sind nicht immer in der sozialstrukturellen oder ökonomischen Verortung der betreffenden Unternehmer zu suchen. Während es zutrifft, daß aus der traditionellen Bourgeoisiefraktion des Nordens (mehr oder minder orientiert an der *grupo Monterrey*) überproportional viele PAN-Anhänger kommen und in der Unternehmerschaft der 40er und 50er Jahre aus dem Tal von Mexiko mehr PRI-Unterstützer zu finden sind, reicht dies für eine aktuelle und differenzierte Zuordnung keineswegs mehr aus. Während von seiten großer, exportorientierter Unternehmer (mit ohnehin engen, informellen Beziehungen zum Regierungsapparat) die parteipolitische Option nicht so starr und als entscheidend angesehen wird, sind es – neueren Untersuchungen zufolge – gerade kleine und mittlere Unternehmer (eventuell mit einer spezifischen regionalen

die den Führungsanspruch und die Verantwortlichkeit des Staates für die Wirtschaft fixierte oder diejenige, die einen „sozialen Sektor" in der Wirtschaft verankerte.

[6] Die relative Mäßigung der politisierten und teilweise radikalisierten Unternehmer (innerhalb und außerhalb der PAN) im Hinblick auf die Schärfe ihrer Anti-PRI-Agitation seit 1987/88 hängt sicherlich auch mit dem sehr raschen politischen Aufstieg des *neocardenismo* zusammen (Tirado/Luna, 1992: 27ff.).

Tradition), die überraschenderweise für die PAN votieren. Nur durch die Schaffung von institutionellen Kontrollen, mehr Transparenz und strikte Rechtsstaatlichkeit scheint diesen Unternehmern das Privateigentum geschützt werden zu können und eine Garantie für ihre dauerhafte und unkonditionierte Präsenz im politischen System gegeben zu sein (Mizrahi, 1994: 157).

Im Verhältnis von Regierung und Bourgeoisie sind für ein besseres Verständnis verschiedenartiger, ja entgegengesetzter Ereignisse zumindest zwei Ebenen zu betrachten. Zum einen die der aktuellen Politik, die Verhältnisse herbeiführen kann, welche gegen die langfristige Grundausrichtung stehen und von vielen einzelnen Momenten bestimmt werden können: z. B. von der augenblicklichen wirtschaftlichen und politischen Konstellation, von bestimmten Einzelmaßnahmen (wie z. B. der Bankennationalisierung), von symbolischen Handlungen etc. Zum anderen ist die gewissermaßen darunter liegende Ebene langfristig-struktureller Entwicklung zu betrachten, die eine wesentlich größere Kontinuität und Stringenz aufweist. Auch dieser Entwicklungsstrang kann aber an besonderen Ereignissen bzw. Stellungnahmen der Mehrheit der Unternehmer zu politischen Weichenstellungen abgelesen werden. Diese Ebene bestimmt letztlich langfristig auch die Einzelbewegungen, die z. T. taktischer Natur sind, und auf der Oberfläche der politischen Bühne ablaufen. Am Beispiel der sich wandelnden Auffassungen zum Eintritt Mexikos in das GATT sowie an den Stellungnahmen zu NAFTA kann dieser längerfristige Prozeß sich verändernder Hegemonialstellung bestimmter Fraktionen des Unternehmertums und der allmählichen Herausbildung neuer, strategischer Entwicklungskonzeptionen nachvollzogen werden.

Der entscheidende Wandel innerhalb der Unternehmerschaft Mexikos kann an der lange geführten Diskussion um den Beitritt des Landes zum GATT exemplarisch demonstriert werden. Als 1979/80 starke Kräfte innerhalb der mexikanischen Bourgeoisie – CONCAMIN, die die größten industriellen Unternehmer organisiert, COPARMEX, der Arbeitgeberverband des Landes – den GATT-Beitritt und damit einen Beginn der Außenhandelsliberalisierung befürworteten, besaßen sie noch nicht genügend Kraft und Einfluß innerhalb der Unternehmerschaft, in der Regierung und in der Öffentlichkeit im allgemeinen, um eine entsprechende positive Entscheidung herbeizuführen. Die über sechzigtausend kleinen und mittleren Unternehmen, organisiert in der CANACINTRA, im Verbund mit nationalistischen Intellektuellen und der Mehrheit der Ministerien (z. B. von Industrie und Handel) und mit Unterstützung relevanter Teile des Finanzkapitals, die in der mexikanischen Bankiers-Organisation vereint waren, konnten diesen Schritt gerade noch verhindern (Story, 1986: 127ff.). 1986 hatte sich das Blatt gewendet: Der Eintritt in das GATT wurde nunmehr ohne große Kämpfe beschlossen, die einseitige Handelsliberalisierung (seit 1985 im Gang) wurde damit beschleunigt. Der Hinweis darauf, daß die exportorientierten, liberalen Unternehmerkreise ihr Gewicht und ihren Einfluß auf allen Ebenen mittlerweile – nicht zuletzt infolge der langandauernden Krise – markant erhöht hatten, ist so zutreffend wie einigermaßen tautologisch. Zu fragen ist, was hinter diesem einschneidenden, einen Modellwechsel ankündigenden Veränderungsprozeß gestanden haben mag. Die besondere Schwächung der primär binnenmarktorientierten und auf alltägliche Konsumgüter spezialisierten Unternehmensbereiche (Schuh-, Textilindustrie etc.) durch die Schuldenkrise ist ebenso als Hintergrundfaktor zu nennen wie der gewachsene und weiter wachsende Anteil grenzüberschreitender interindustriellen und intraindustriellen Austauschs (d.h. zwischen und innerhalb von Industriezweigen) sowie vor allem auch von internationalen Handelsbeziehungen innerhalb eines Unternehmensverbandes, insbesondere zwischen Mexiko und den USA. „Das Anwachsen eines solchen Handels ist bedeutsam, weil die intraindustriellen- und intra-Unternehmenshandel Betreibenden zur Liberalisierung neigen, da dies die Kosten ihrer importierten Inputs reduziert; dagegen bringt sie der Protektionismus sowohl zu Hause wie im Ausland in einen Wettbewerbsnachteil [...]. Um 1986 waren die Geschäftsleute, die am meisten von freierem Handel profitieren, sowohl der Zahl wie des Einflusses nach noch stärker geworden und waren daher besser in der Lage, den GATT-Eintritt zu bewerkstelligen. Kurzum, die Herausbildung stärkerer intra-industrieller Handelsbeziehungen bietet einen sehr plausiblen Grund dafür, daß Mexiko auf die Verschlechterung der weltwirtschaftlichen Bedingungen nicht mit dem Schließen, sondern mit der Öffnung seiner Grenzen geantwortet hat." (Pastor/Wise, 1994: 464f.) Darüber hinaus muß wohl auch ein erheblicher Teil der kleinen und mittleren Unternehmen für eine solche Handelsliberalisierung gesprochen haben, da sie diese als Element des gesamten ökonomischen Reformpaketes begriffen, welches Stabilisierung und Inflationseindämmung zu versprechen schien (Pastor/Wise, 1994: 467). Externe Zwänge und Anreize (z.B. in Gestalt von bedeutenden Weltbankkrediten) spielten bei diesem Sinneswandel, der bei der Entscheidung über den Eintritt in das Nordamerikanische Freihandelsabkommen (NAFTA, 1990–1993) abermals auf die Probe gestellt wurde, eine gewichtige Rolle. Die Verschärfung der internationalen Konkurrenz und die zunehmend sichtbare Tendenz zur Bildung regionaler Wirtschaftsblöcke ließ entscheidende Unternehmergruppen für eine nordamerikanische Integrationsvariante votieren, was den bislang vorherrschenden Traditionen und Ideologien im Unternehmerlager diametral entgegenstand (Schirm, 1994: 75ff.).

7.2 Städtisch-industrielle Arbeiterklasse und Gewerkschaften

Der wesentliche Hintergrund für die Betrachtung nicht nur der städtischen Lohnabhängigen, sondern auch anderer Kategorien von Erwerbspersonen (z.B. im sog. „informellen Sektor") wird durch die generelle Beschäftigungsentwicklung konstituiert. Auf der Basis einer hohen Wachstumsrate des BIP, die sich ihrerseits auch von einer hohen Investitionsquote herleitete, wuchs die Zahl der ökonomisch aktiven Bevölkerung in Mexiko von 1950–1970 jährlich um durchschnittlich ca. 2,3%, einer Größe, die in etwa dem Wachstum der Bevölkerung entsprach. Von 1970 bis 1980 beschleunigte sich sogar noch der Anstieg der Erwerbsbevölkerung auf jährlich etwa 4,2%, was den der Bevölkerung von 3,3% übertraf und damit zu einer Erhöhung der Erwerbsquote führte; allerdings zeigten sich seit 1970 deutliche Anzeichen dafür, daß ein wachsender Teil der neugeschaffenen Arbeitsplätze als prekäre oder marginale Beschäftigungsverhältnisse mit geringer Produktivität einzustufen war (Trejo Reyes, 1989: 156ff.). Diese Tendenz hat sich im Krisenjahrzehnt 1980 bis 1990 offenbar erheblich verstärkt. Während die offiziell ausgewiesene Zahl der Erwerbspersonen bei 22 Millionen scheinbar stagnierte (INEGI, 1990 und INEGI, 1994), muß aber angenommen werden, daß die tatsächliche Zahl ökonomisch Aktiver auf etwa 29,3 Millionen (1988) angewachsen war. Die um über 7 Millionen angestiegene Zahl von de facto Erwerbspersonen verteilte sich offenbar in etwa gleicher Höhe auf den Bereich „städtischer informeller Sektor" (3,4 Millionen) und die gestiegene Arbeitslosenzahl (3,7 Millionen) (Imbusch, 1991: 425), wobei gerade in Ländern wie Mexiko, wo eine Arbeitslosenversicherung nicht existiert, faktisch diese beiden Gruppen kaum voneinander unterscheidbar sein dürften. Fragt man zunächst nach den durch Krise und Restrukturierung hervorgerufenen Veränderungen innerhalb der städtischen Lohnabhängigen, die überwiegend dem formellen Sektor zuzurechnen sind (zum informellen Sektor vgl. 7.3), fällt auf, daß sich die Verteilung auf die Hauptsektoren im Zeitraum 1982–1992 wenig verändert hat. Die leichte Zunahme der offiziell erfaßten Erwerbspersonen um knapp zwei Millionen[7] in diesem Zeitraum kam fast allen Branchen zugute, nur die verarbeitende Industrie hatte Einbußen zu verzeichnen (ca. 50000). Die absolut größten Zunahmen wurden für diesen Zeitraum (bei zwischenzeitlich starken Schwankungen) für die Bauwirtschaft (ca. + 400000), den Handel und das Hotelgewerbe (ca. + 400000) und die Rubrik „kommunale, soziale und persönliche Dienstleistungen" (+ 550000) registriert; relativ groß ist auch die Steigerung um fast 25% in den Sparten Finanzen, Versicherungen und Immobilien ausgefallen (INEGI, 1990: 274; INEGI, 1994: 72), aber in absoluten Größen ist dieser Sektor immer noch verhältnismäßig klein.

Das Wachstum der Lohnabhängigen innerhalb der gesamten Beschäftigten (und damit der potentiell gewerkschaftsfähigen Arbeiterschaft) wird für den Zeitraum von 1980 bis 1989 auf etwa 4 Mio. geschätzt,[8] doch entfielen hiervon nur ca. 750000 auf die verarbeitende Industrie, den Bergbau, das Transportwesen und die Bauwirtschaft, wo die Arbeiterbewegung ihre traditionellen Hochburgen hatte; der größte Teil des Zuwachses kam den Dienstleistungen, dem Handel und der Rubrik „andere Bereiche" zugute. Hinzu kommt, daß sich zweifellos die Lohnabhängigenquote – bezogen auf die Gesamtheit der de facto Beschäftigten – verringert hat, da ein erheblicher Teil der informell Beschäftigten sich als mehr oder minder selbständig, d.h. zumindest „individuell arbeitend" definieren dürfte. Zu diesen Schwächungsmomenten des traditionellen Kerns der Arbeiter- und Gewerkschaftsbewegung kommt die regionale Umverteilung und Dezentralisierung der lohnabhängigen Arbeitskräfte hinzu. Allein durch das überproportionale Wachstum der Maquiladora-Industrie, die mittlerweile ein Viertel bis ein Drittel der Beschäftigten der verarbeitenden Industrie repräsentiert, und durch die Schließung von Unter-

[7] Die Unterschiede der Aussagen bezüglich der Entwicklung der offiziellen Erwerbspersonen im Zeitraum von 1980–1990 und 1982–1992 erklären sich u.a. daraus, daß 1982 die Krise den Arbeitsmarkt schon negativ beeinflußt hatte und 1992 gerade ein Jahr war, in dem sich der leichte wirtschaftliche Aufschwung seit 1990 auch auf dem Arbeitsmarkt reflektierte. Dagegen war das Basisjahr 1980 von Hochkonjunktur und hohem Beschäftigtenstand, das Endjahr 1990 noch von der langen Stagnationsphase gekennzeichnet.

[8] Auch die Zahlen der bei IMSS und ISSSTE versicherten Arbeiter deuten darauf hin: 1980 ca. 6,5 Mio., 1989 ca. 10,6 Mio., was allerdings auch eine Ausweitung der Sozialversicherung und/oder einen Zuwachs der Lohnabhängigen reflektieren kann (Whitehead, 1991: 63f.).

nehmen und Betrieben im Zentrum des Landes sowie durch die Neugründung dieser Betriebe in nördlichen Landesteilen, die über nur geringe gewerkschaftliche Strukturen verfügen, kam es zu einer erheblichen Verlagerung der Industriebeschäftigten. Die Veränderungen der Beschäftigtenstruktur hinsichtlich der Betriebsgrößen bleibt unklar und widersprüchlich: einige Tabellen weisen eine größere Konzentration in Großbetrieben im Verlauf der 80er Jahre aus (Lauth, 1991: 150), andere deuten daraufhin, daß in Mikro-Betrieben und Kleinbetrieben die Beschäftigtenanteile erheblich stärker gewachsen sind als z.B. in mittelgroßen Betrieben (Alvarez, 1991: 830).

Neben den alten Dimensionen und Determinanten von Heterogenität innerhalb der städtisch-industriellen Arbeiterklasse kamen neue im Zuge der neoliberalen Restrukturierung hinzu: Die schärfere Differenzierung zwischen exportorientierten und binnenmarktzentrierten Unternehmen und Branchen (häufig verbunden mit unterschiedlichen Produktivitätszuwachsraten) hat die Arbeitsplatzsicherheit und die Entwicklung der Lohneinkommen unterschiedlich gemacht. Die Einführung neuer Technologien und die Auslagerung von Produktionsteilen in (teilweise informelle) Subunternehmen und sogar in die Bereiche der Hausarbeit sind weitere Quellen der Dezentralisierung und Atomisierung der Arbeiterklasse gewesen, wodurch allerdings für die Verwertungsbedingungen des Kapitals optimale Kombinationen von kapitalintensiver und arbeitsintensiver Fertigung bereitgestellt werden konnten (Calderón, 1988: 274). Vor dem Hintergrund wachsender und hoher Arbeitslosigkeit und der Erweiterung des informellen Sektors sind die Offensiven der Unternehmer und der neoliberalen Regierungen gegen die erkämpften materiellen Positionen und rechtlichen Absicherungen der städtisch-industriellen Arbeiterschaft durchaus plausibel. Die beträchtlichen, durchschnittlich 50%igen Reallohnverluste im Laufe der 80er Jahre und die sich darin widerspiegelnde Verringerung der Lohnquote (vgl. 6.4) sind allerdings mit dem alten sozialstaatlichen und populistischen Selbstverständnis der Gewerkschaften kaum zu vereinen.

Gemäß dem neoliberalen Entwicklungsmodell, daß eine offene Absage an die gerade in Mexiko lange tradierten populistisch-korporativen Strukturen in dem Verhältnis zwischen Staat/Regierung einerseits und Gewerkschaften/Arbeitern andererseits impliziert, wäre ein Rückzug des Staates aus der ökonomischen und gesellschaftlichen Sphäre der beiden Tarifpartner zu erwarten gewesen, ebenso eine einschneidende Veränderung des seit 1931 bestehenden *Ley Federal del Trabajo* (Bundesarbeitsgesetzbuch), das starke korporativistische

Züge enthält. Auffällig ist aber, daß trotz aller Proklamationen der neoliberalen Regierungen und trotz der entsprechenden Forderungen der Unternehmerverbände eine Änderung des Verfassungsartikels 123 (vgl. oben Kap. 2), der wesentliche Elemente des geltenden mexikanischen Arbeitsrechts absichert, auf Druck der offiziellen Gewerkschaften bislang verhindert werden konnte. Dennoch haben Regierung und Unternehmer seit Beginn der neoliberalen Wende fast alles unternommen, um unterhalb der Schwelle der Verfassungsänderung die Schranken des noch bestehenden und gültigen Arbeitsrechtes zu unterlaufen. „In vielen mexikanischen Unternehmen sind die kollektiven Tarifverträge geändert worden, vor allem im Hinblick auf a) den Abbau von Sozialleistungen, b) die Abschaffung von Klauseln, welche die Vergabe von Instandhaltungsarbeiten, Teilfertigung oder Bautätigkeit usw. an Subunternehmer erschwerten, c) die Abschaffung von festen Arbeitsplatzbeschreibungen, stattdessen Einführung von beruflicher Vielfalt und Mobilität der Arbeiter im Betrieb, d) die Abschaffung von Beförderungsstufen, um die Zahl der Angehörigen mittlerer Lohngruppen zu vermindern, e) unternehmerische Freiheit, Gelegenheitsarbeiter anzustellen, gleichzeitig Vermehrung der Vertrauensstellungen, also Wege, um die gewerkschaftliche Kontrolle über die betriebliche Einstellungspolitik zu schwächen, f) Bewegungsfreiheit für die Unternehmen bei der Einführung neuer Technologien und der Festlegung der Arbeitsorganisation ohne Rücksicht auf die Gewerkschaften." (Rojas, 1995: 89) Dem entsprechen schleichende Veränderungen im Arbeitsrecht, die ohne Verfassungsänderung und ohne größere Diskussion vorgenommen wurden. So z. B. wurde der Begriff des Minimallohns in der von Regierungsvertretern, Unternehmens- und Gewerkschaftsvertretern besetzten nationalen Kommission zur Festlegung dieser Minimallöhne zugunsten von „Lohnvereinbarungen je Betrieb" eliminiert, dabei soll stärker auf die Erfordernisse der jeweiligen Unternehmen eingegangen werden. Des weiteren wurden Löhne „desindexiert", d. h. eine Lockerung der bisherigen Parallelität von Nominallöhnen und dem Index der Lebenshaltungskosten fand statt, so daß das reale Niveau der Minimallöhne stark abfiel. Dauerhafte Arbeitsverhältnisse wurden zugunsten von Zeitarbeitsverträgen umgewandelt, so daß die Zahl sogenannter *eventuales* (zeitlich befristet Arbeitender) innerhalb der Belegschaft sich erhöhte. Die sog. *eventuales* sind nicht berechtigt, Gewerkschaftsmitglieder zu werden. Umgekehrt wurde in vielen Branchen die Zahl der Angestellten, die einen Sonderstatus genießen (*empleados de confianza*), erhöht, da auch diese Kategorie wegen ihrer angenommenen

Nähe zur Unternehmensleitung sich nicht gewerkschaftlich organisieren darf. Auch hinsichtlich der sozialen Sicherung kam es zu Einschnitten, so wurden z. B. die im Falle von Entlassungen zu zahlenden Entschädigungsleistungen weitgehend abgeschafft und die Zahlungen von Sozialversicherungsgeldern stark reduziert. Wo kollektivvertragliche Regelungen sich nicht umgehen ließen, wurden Betriebe geschlossen und in anderen Regionen, in denen sozusagen gewerkschaftliches Neuland oder „Gewerkschaftsfreiheit" bestand, neu gegründet (Gutiérrez, 1989: 21ff.). Die Zunahme von einzelbetrieblichen Regelungen der Arbeitsbeziehungen hat im allgemeinen die gewerkschaftlichen Positionen weiter stark relativiert. Die schon erwähnte bedeutende Ausdehnung der Maquiladora-Beschäftigten hat gleichfalls eine negative Wirkung für die Gewerkschaftspräsenz gehabt, da in diesen Sektoren gewerkschaftliche Aktionsmöglichkeiten nur in Ausnahmefällen und sehr eingeschränkt zugelassen werden.

Die Beschneidung der Gewerkschafts- und Arbeiterrechte über neue Kollektivverträge war außerordentlich vielfältig und – je nach Kräfteverhältnissen und Traditionen – durchaus unterschiedlich gravierend (Bizberg, 1992: 77ff.). Die staatlichen Instanzen griffen oft zuungunsten der Arbeiter ein und benutzten die Methode der sog. *requisa* (zeitweise Beschlagnahme oder Treuhandschaft des Staates), der Illegal- oder Nichtexistent-Erklärung von Streiks, der Schließung von Unternehmen mit dem Ziel der späteren Neugründung an anderer Stelle. Zielpunkte waren vor allem a) staatliche Unternehmen in strategischen Bereichen (Erdöl, Elektrizität, Telekommunikation, Metallproduktion, Nuklearindustrie, Fluglinien etc.), die zur Privatisierung vorbereitet werden sollten oder bei denen der Einsatz dieser Mittel mit der Privatisierung einherging und b) transnationale Unternehmen (z. B. Automobilindustrie, Gummiindustrie etc.). In diesen Bereichen waren die für die Arbeiterklasse günstigsten Tarifverträge abgeschlossen und bedeutende soziale Errungenschaften erkämpft worden (Aguilar, 1992: 55f.).

Diesen Zugriffen von Regierung und Unternehmen waren die Arbeiter ohne genügende Vorbereitung ausgesetzt. Die dominanten offiziellen Gewerkschaften bzw. Gewerkschaftsföderationen, die CTM und die weiteren, dem CT (*Congreso del Trabajo*) angeschlossenen Föderationen kritisierten zwar einzelne Maßnahmen der Regierung, akzeptierten aber im Prinzip das neoliberale Wirtschaftsprogramm als notwendige Modernisierungsstrategie, ebenso die Politik der Lohnkürzungen und die Politik der Arbeitskraftflexibilisierung. Zu bestimmten Zeitpunkten drohte die CTM mit Generalstreiks, ohne jedoch dafür zu mobilisieren; mehrfach zog sie im letzten Augenblick – als einzelne Gewerkschaften bereits in den Ausstand getreten waren – ihre Unterstützung zurück (Middlebrook, 1989: 203), nicht zuletzt, weil die Regierung Miguel de la Madrid in einer solchen Situation offen die Konkurrenzföderationen (z. B. CROC und CROM) bei der Registrierung neuer Gewerkschaften begünstigte. Sowohl die rigide staatliche Kontroll- und Drohpolitik (mit gelegentlichen offen repressiven Eingriffen) wie auch die innerorganisatorische Schwäche der gesamten Gewerkschaften erklären, daß eine Gegenwehr gegenüber der harten und langandauernden Austeritätspolitik in Mexiko noch schwächer als in anderen lateinamerikanischen Ländern war (Roxborough, 1989: 91 ff.).

Seit der neoliberalen Wende von 1982/83 kam es zunächst zu einer erheblichen Streikwelle im Jahre 1983, die dann aber in den folgenden Jahren abebbte und nur eine leichte Erholung – parallel zur allgemeinen Wirtschaftsentwicklung – Anfang der 90er Jahre zeigte. Die wenigen Kämpfe von Gewerkschaften trugen überwiegend defensiven und stark interessenbeschränkten Charakter: Sie bezogen sich zumeist auf die Einhaltung von früheren Kollektivverträgen und auf die Beibehaltung von bereits früher erkämpften Arbeiterrechten (vgl. eine detaillierte Schilderung der Lohnkämpfe in den 80er Jahren: Lauth, 1991: 513 ff.). Solidaritätsstreiks und weitergehende politische Forderungen oder solche, die auf Autonomie und Demokratisierung der Gewerkschaften hinzielten, waren absolute Ausnahmeerscheinungen geworden (de la Garza, 1991: 163). Dort, wo es dennoch zu bedeutenden Streiks und Auseinandersetzungen kam, griff die Regierung in der Regel massiv ein, entweder durch Illegalerklärung der Streiks, durch Repression oder sonstige „legale“ Mittel.[9] Nur in seltenen Fällen konnten Streikauseinandersetzungen mit partiellen Erfolgen für die Gewerkschaften bzw. die betroffenen Arbeiter beendet werden (Méndez/Quiroz, 1992: 161).

Die neoliberale Offensive der Unternehmer und die überwiegend negative ökonomische Situation, besonders die beschäftigungspolitische Lage, hat die Gewerkschaften Mexikos in den 80er und 90er Jahren generell geschwächt; dazu haben wesentlich die Regierungen

[9] Z. B. Entzug der Registrierung als Gewerkschaft, Beschlagnahmung des bestreikten Unternehmens durch die Regierung (*requisa*), „Überprüfung“ der Finanzen der Gewerkschaft etc. Es versteht sich, daß hiervon insbesondere unabhängige und kämpferische Gewerkschaften betroffen waren (vgl. La Botz, 1988: 159 ff.).

seit 1982, aber auch die überwiegend passiven offiziellen Gewerkschaftsführungen beigetragen. Diese Konstellation hat zu dem Versuch geführt, die Rolle der Gewerkschaften innerhalb eines modernisierten, noch einseitigeren Korporativismus neu zu definieren. Die abermalige Aufnahme der Politik „sozialer Pakte“ mit einer weitgehenden Unterwerfung der Gewerkschaften (bei kleinen, wenig bedeutsamen Gegenkonzessionen der Regierung) und die Herausbildung eines neuen Typus von Gewerkschaften waren in dieser Hinsicht bedeutsam. Dieser sollte entpolitisiert wirken, betriebsbezogen arbeiten und vor allem produktivitätsorientiert denken; diese von der Regierung favorisierten Kriterien erinnern an das klassische US-amerikanische Modell der sog. „Brot und Butter“-Gewerkschaften. Eine neue Gruppierung, alsbald als neue Föderation von der Regierung anerkannt, bildete sich im Jahre 1990 mit der Bezeichnung *Federación de Sindicatos de Empresas de Bienes y Servicios* (FESEBES), der im wesentlichen die Gewerkschaft der Telefonarbeiter, der Elektrizitätsarbeiter, ein Teil der Eisenbahnarbeiter, der Piloten und der Techniker der Kinoindustrie angehörten. Diese Föderation trat auch bald der Dachorganisation, dem „Kongreß der Arbeit“ bei und bildet eine neue und prägende Tendenz in ihm.[10] Sie repräsentiert gewissermaßen den neokorporativen, in ein neoliberales Wirtschafts- und Entwicklungsmodell passenden Typus von Gewerkschaften (Aguilar, 1992: 79f.). Zu Beginn des Sexenniums von Salinas de Gortari, insbesondere im Jahr 1989, entstand der Eindruck, daß der neue Präsident tatsächlich an einer gewerkschaftlichen Erneuerung (*renovación sindical*) interessiert sei. Er organisierte mehrere Diskussionsforen über die Erneuerung des geltenden Arbeitsrechtes und griff in einzelne Gewerkschaften ein, indem besonders korrupte, ineffiziente und während der Präsidentschaftswahl gegen Salinas de Gortari votierende Gewerkschaftsführer abgesetzt, teilweise sogar ins Gefängnis gebracht und durch neue, dem Präsidenten genehme Gewerkschaftsführer ersetzt wurden. Dies betraf vor allem die mächtige Führung der Erdölar-

[10] Zunächst hatte nur die FESEBES die angestrebte „totale Qualität“, Produktivitätssteigerung und Modernisierung zu ihren Grundprinzipien gemacht; im Mai 1992 unterzeichnete die CTM zusammen mit der Regierung und den Unternehmerverbänden – nach langen Auseinandersetzungen – das „nationale Abkommen über die Steigerung von Produktivität und Qualität“, „demzufolge im Interesse einer erhöhten Produktivität der mexikanischen Wirtschaft eine ‘neue Arbeitskultur’ auf der Grundlage des Prinzips der ‘totalen Qualität’ entwickelt werden soll“. (Rojas, 1995: 108)

beiter-Gewerkschaft sowie die nicht weniger bedeutsame Gewerkschaft der Lehrer, die gerade in den Jahren 1988/89 mit einer starken demokratischen, internen Oppositionsströmung zu kämpfen hatte. Diese und andere Ansätze des neuen Präsidenten versickerten bald bzw. machten durch die Umstände, in denen sich diese Veränderungen vollzogen, deutlich, daß es auch diesem Präsidenten nicht ernsthaft um eine gewerkschaftliche Erneuerung im Sinne einer grundlegenden Demokratisierung ging, sondern um eine zeitgemäßere und effizientere Machterhaltungsstrategie, die mit der Durchführung des ökonomischen Projekts nicht in Konflikt geraten sollte.

Die gegenüber früheren Perioden mit der neoliberalen Wende eingetretene politische Schwächung der Gewerkschaften und Arbeiterpositionen ist offenkundig und an vielen Einzelmomenten ablesbar: Auszug der gewerkschaftlichen Vertreter aus bestimmten politischen Gremien (z.B. aus der Schiedskommission, aus bestimmten Positionen des Arbeitsministeriums etc.), Rückgang des politischen Einflusses der Gewerkschaften innerhalb der PRI, Wahlniederlagen besonders der Gewerkschaftsvertreter in den Wahlen von 1988, verstärktes gegeneinander Ausspielen verschiedener Gewerkschaftszentralen oder neuer Gewerkschaftsgruppierungen in einem bisher nicht bekannten Ausmaß, weitgehende, überwiegend einseitige Unterordnung unter die neoliberale Modernisierungspolitik. Der mit dieser Freisetzung der Gewerkschaften verbundene Macht- und Einflußverlust muß – zumindest auf absehbare Zeit – als gravierender und negativer eingestuft werden als die potentiell positiven Momente einer „Entstaatlichung" bzw. einer *decorporativización* der Gewerkschaften. Insofern scheint die mit der von außen angestoßenen Verselbständigung und Abnabelung der offiziellen Gewerkschaften verbundene Hoffnung auf größeren Autonomiezuwachs und damit zukünftig größere reale Stärke – auch im Zusammenhang mit dem NAFTA-Prozeß (Cook, 1995: 87ff.) – doch eher auf Wunschdenken zurückzugehen und nicht sehr realistisch zu sein.

Der zweite, damit eng zusammenhängende Diskussionspunkt zum Problem der Perspektive gewerkschaftlicher Aktivitäten unter neoliberalen Bedingungen ist die Frage, inwieweit tatsächlich mit der neoliberalen Orientierung eine Trennung des Staates, der Regierung und der Staatspartei PRI von den offiziellen Gewerkschaftsverbänden stattgefunden hat oder ob nur neue Formen von Korporativismus (Neokorporativismus) sich abzeichnen. Die Tatsache, daß es in vielen Bereichen immer noch keine vollkommen autonome Tarifauseinandersetzung zwischen den Tarifparteien gibt, die Fortsetzung der Sozialpakt-Tradition sowie die Rücksicht auf essentielle Interessen des Gewerkschaftsapparats und die Inaugurierung von PRONASOL als neue staatliche, sozialpolitische Integrationsstrategie scheint für die These des „Neokorporativismus“ zu sprechen (de la Garza, 1994: 213ff.).[11] Die widersprüchliche Haltung sowohl der neoliberalen Regierung wie auch der von dieser geschwächten und reduzierten offiziellen Gewerkschaften verdankt sich der schier unauflöslichen Symbiose von PRI-Herrschaft und Dominanz korporativistischer, staatsfixierter Gewerkschaftsapparate. Obwohl die neoliberalen Regierungen sich eigentlich von den offiziellen Gewerkschaften radikal distanzieren und trennen müßten, können sie es aus machtpolitischen Gründen nicht wagen; und: obwohl die Gewerkschaften die neoliberale, gewerkschafts- und arbeiterfeindliche Regierung eigentlich heftig attackieren müßten, können sie – d.h. vor allem die Gewerkschaftsbürokratie – es aus Selbsterhaltungsgründen ebenfalls nicht riskieren. „Der relative Erfolg dieser Strategie und die hohen Kosten, die mit einer Alternative dazu zusammenhängen, sind für die Unterstützung des Regimes durch die offizielle Arbeitervertretung trotz der Serie von arbeiterfeindlichen Maßnahmen verantwortlich.“ (Cook, 1995: 87)

Unter diesen Umständen wäre ein Fortschritt der Arbeiter- und Gewerkschaftsbewegung (und damit Verbesserungen der Arbeitsbeziehungen) nur unter der Bedingung denkbar, daß auf politischer Ebene ein effektiver Demokratisierungsschritt vollzogen würde. Zu einer solchen Wende, die eine gründliche Reform des Gewerkschaftswesens und der PRI bedeutet hätte, sahen sich weder Miguel de la Madrid noch Salinas de Gortari imstande. Ob die Regierung Zedillo unter den gegenwärtigen – abermals zugespitzten – ökonomischen und sozialen Verhältnissen dazu in der Lage ist, muß bezweifelt werden.

7.3 Informeller Sektor und „Marginalität“

Gegenüber den bisher behandelten Sozialkategorien (Bourgeoisie/ Unternehmer, städtisch-industrielle Arbeiterklasse) ist die seit Anfang der 70er Jahre in die sozialwissenschaftliche Entwicklungsländerdiskussion eingeführte Begrifflichkeit „informeller Sektor“, „informelle Tätigkeit“ wesentlich unschärfer. Dieser Begriff ist eher als eine Sammel- und Residualkategorie zu verstehen, die alle der sog. for-

[11] Kritisch zu dieser These: Bizberg, 1990a: 726f.

mellen oder „normalen“ bzw. offiziell erfaßten Ökonomie nicht angehörenden ökonomischen Tätigkeiten und Beschäftigungsverhältnisse zusammenfaßt.[12]

Weitgehende Einigkeit herrscht mittlerweile darüber, daß dieser Sektor durch eine hohe Heterogenität charakterisiert ist und die Verbindungen zum „formellen“ Teil der Ökonomie je nach Kategorie der Informalität unterschiedlich intensiv und vielfältig sind. Auch aus diesem Grund ist man von der früher gebräuchlichen Begrifflichkeit „Marginalität“ abgekommen, da ein integraler Teil der gesamten Ökonomie, der zudem starke Wachstumsraten aufweist, kaum noch als „marginal“ eingestuft werden kann. Wenn auch über die Ursachen und Quellen des Anwachsens des informellen Sektors in Lateinamerika – während der 80er Jahre hat er sich überall ziemlich stark ausgeweitet – keine völlige Übereinstimmung erreicht werden konnte, scheint doch kaum bezweifelbar, daß das Wachstums dieses Bereichs auf mehrere Faktoren zurückzuführen ist: Einmal auf die Beschleunigung des Bevölkerungswachstums seit den 50er Jahren und die wesentliche Erhöhung der Rate der auf den Arbeitsmarkt gelangenden Personen seit der zweiten Hälfte der 60er Jahre (mit Steigerungen bis in die 80er Jahre hinein). Eine leichte Verlangsamung dieses Wachstums der potentiellen Erwerbsbevölkerung scheint erst in den 90er Jahren erreicht worden zu sein (Trejo, 1989: 160ff.). Zum zweiten ist das Wachstum auf die weiter anhaltende Land-Stadt-Wanderung (ebenfalls mit absoluten Höhepunkten zwischen den 60er und 80er Jahren) zurückzuführen. Drittens muß der Übergang der Industrie und dann vieler Dienstleistungssparten zu kapitalintensiveren Produktionsformen für die geringere Arbeitskräfteabsorption je Einheit des Wachstums oder je Einheit der Investition (vor allem in den 70er und 80er Jahren) genannt werden. Viertens kommt sozusagen konjunkturell und aktuell hinzu, daß in den 80er Jahren in Mexiko praktisch „Null-Wachstum“ herrschte und die mit der Austeritätspolitik verbundene Kürzung der staatlichen Haushalte eine weitere Schranke der Beschäftigungsexpansion bildete. Gerade dieser letzte Faktor hat das ohnehin bestehende Problem des informellen Sektors in Mexiko (wie in vielen anderen lateinamerikanischen Gesellschaften) während der 80er Jahre enorm zugespitzt. Bis 1980 machte die Addition aller Segmente des informellen Sektors (Stadt/Land; je nach Sektoren, je nach Stellung im Arbeitsprozeß) nach eher konser-

[12] Zur Konzeption und theoretischen Diskussion des „informellen Sektors“ vgl. Gorr, 1989; Tokman, 1987 und Castells/Portes, 1989.

vativen Schätzungen ca. 6,7 Millionen aus. Dies entsprach etwa 31% der Erwerbsbevölkerung; 60% der informell Tätigen waren im städtisch-industriellen Bereich angesiedelt und machten hier sogar ca. 40% der Erwerbsbevölkerung aus (Imbusch, 1991: 424).

Obwohl der informelle Sektor schon seit den 70er Jahren offensichtlich seinen Anteil erweiterte, gehen fast alle Schätzungen oder Berechnungen des gegenwärtigen Umfangs des informellen Sektors davon aus, daß er nach 1982, mit dem Beginn der langandauernden Krise, erheblich zugenommen hat.[13] Die Schätzungen gehen zum Teil recht weit auseinander. Während Imbusch das Wachstum der informell Tätigen im urbanen Bereich von 4,0 Mio. (1980) auf 7,4 Mio. (1988) – und damit auf eine Anteilserhöhung von ca. 18 auf ca. 25% – schätzt, kommen Márquez/Ros auf eine Anteilssteigerung von 16 auf 20% im Zeitraum von 1982–1985, wobei hier allerdings nur die Kategorie der „Arbeiter auf eigene Rechnung" und die Kategorie der „mithelfenden Familienangehörigen", die nicht entlohnt werden, einbezogen sind (Imbusch, 1991: 425; Márquez/Ros, 1990: 367f.). Der Anstieg der Beschäftigungslosigkeit, der zumindest grob ein Indikator für die informellen Tätigkeiten ist, wird von 1980 1,8 Mio. auf 6,6 Mio. für das Jahr 1987, also auf mehr als das Dreifache, geschätzt (Gutiérrez, 1990: 72). Das „Zentrum für ökonomische Studien des Privatsektors" (CEESP) kommt mittels zweier unterschiedlicher Methoden zu dem Ergebnis, daß die informelle oder „Untergrund"-Ökonomie in Mexiko etwa 25 bis 33% des BIP's gleichkommt, also diesem praktisch zugerechnet werden müsse, wobei ein andauerndes Wachstum dieses Bereichs informeller Ökonomie während der 80er Jahre zu konstatieren sei (CEESP, 1991: 329).[14] Leider sind Informationen über die

[13] Z. B. Rendón/Salas, 1993: 729, ohne sich allerdings auf konkrete Zahlen bzw. Anteile festzulegen.

[14] Neuerdings sind ähnliche Studien in Mexiko erschienen, die besagen, daß 12 Millionen von Unbeschäftigten bzw. Unterbeschäftigten etwa 30% des BIP in informellen Tätigkeiten erstellen (El Financiero v. 21. 5. 1995). Zu unterscheiden ist nach Anteil der Beschäftigten des informellen Sektors und nach Beitrag dieses Sektors zum BIP; da die Produktivität des informellen Sektors – gewissermaßen definitionsgemäß – unterdurchschnittlich ist, müßte der Anteil der informell Tätigen höher sein als der Beitrag des informellen Sektors zum BIP. Eine aktuelle Studie gelangt sogar zu noch höheren Schätzungen: „Zusammenfassend können wir sagen, daß 1993 in prekären Beschäftigungsverhältnissen zwischen 19,9 und 12,2 Mio. Personen, die zwischen 65,2% und 40% der gesamten beschäftigten Bevölkerung repräsentieren, lebten." (Talavera/Rodríguez, 1995: 171f.)

Entwicklung der genauen Anteile des informellen Sektors während der Krise kaum zu ermitteln. Exaktere Angaben kann es nicht geben, denn einmal ist die Kategorie „informelle Tätigkeit" unscharf definiert (bzw. wird unterschiedlich gebraucht), zum zweiten kommt es häufig gerade in der Krisensituation vor, daß ein und dieselbe Person sowohl formellen wie informellen Tätigkeiten – und zwar mit wechselndem Gewicht im zeitlichen Verlauf – nachgeht; noch häufiger und variantenreicher trifft das für Haushalte als einer denkbaren Grundeinheit ökonomischer Analyse zu. Drittens ist die bloße Unterteilung in organisierte Großunternehmen mit formeller Arbeit einerseits und Mikro-Unternehmen, Bauchladenbesitzer bzw. lohnabhängige informelle Aktivitäten andererseits ebenfalls nicht zutreffend, da gerade in Großunternehmen die Zahl informell Tätiger (ohne Sozialversicherung, ohne Vertrag, temporär arbeitend, mit besonders geringer Entlohnung etc.) durchaus nicht unbeträchtlich ist (Roberts, 1989: 43, 49). Alle drei Aspekte werfen erhebliche und praktisch unlösbare Probleme für eine exakte statistische Erhebung auf.

Typisch ist, daß die Masse der selbständigen informellen Tätigkeiten a) in sehr kleinen Einheiten erfolgte und b) vor allem im Bereich des Handels und der Dienstleistungen stattfand. „In den drei untersuchten Sektoren [Handel, Dienstleistungen, verarbeitende Industrie, D. B.] fand insbesondere im Handel eine bemerkenswerte Erhöhung der Anzahl sehr kleiner Betriebe (bis zu zwei Arbeitskräften) und ein ungewöhnliches Wachstum der 'Arbeit auf eigene Rechnung' statt. Zum Beispiel hatten 90% der zwischen 1985 und 1988 entstandenen Einzelhandelsläden höchstens zwei Arbeitskräfte. Diese kleinen Geschäfte trugen zu 45% zu den neuen Arbeitsplätzen in diesem Sektor bei. Von diesem Prozentsatz besteht der größte Teil aus Nicht-Lohnarbeitsplätzen. Auf der anderen Seite scheint die Expansion von Betrieben mit bis zu zwei Beschäftigten – wo die 'Arbeit auf eigene Rechnung' dominiert – auf Überlebensstrategien jener Bevölkerungssektoren zurückzuführen sein, die sonst keine andere Möglichkeit der Einkommenserzielung besitzen." (Salas, 1992: 29) Leichter Zugang, keine besonderen Qualifikationen und geringe Eigenkapitalnotwendigkeiten sind gerade in diesen Sektoren am ehesten gegeben; interessant ist auch, daß ein überproportionaler Anteil am Wachstum dieser Tätigkeiten von weiblichen Erwerbstätigen getragen wurde (García, 1993: 145ff.).

Dennoch darf nicht übersehen werden, daß der informelle Sektor – auch in den 80er Jahren – sehr heterogen blieb. Bestimmungsfaktoren für die Einkommensdifferenzierung in ihm sind allgemeine ökonomische Konjunktur- und Konkurrenzbedingungen, die Qualifikationsgrade der Beschäftigten, Möglichkeiten, zusätzliche Ressourcen zu mobilisieren, die Fähigkeit zu Produktdifferenzierung und Spezialisierung sowie die Verfügung über kleine Summen von Geldkapital (Imbusch, 1991: 426). Im allgemeinen waren und sind die materiellen Bedingungen im Handels- und Dienstleistungssektor am schlechtesten für die informell Tätigen, da hier der Zugang am leichtesten und die Konkurrenz am größten ist; aber auch hier sind Differenzierungen zwischen unterschiedlichen Handelskategorien und unterschiedlichen Dienstleistungen – etwa im Bereich persönlicher Dienstleistungen in fremden Haushalten – nicht zu übersehen. Eine weitere Gruppe informeller Tätigkeiten bildeten kleine Werkstätten, die in Subkontraktbeziehungen zu großen Unternehmen stehen. Hier handelte es sich vor allem um Sektoren innerhalb der Textil-, Bekleidungs-, Schuh- und Lederindustrie, teilweise auch der Möbelindustrie; gerade in den 80er Jahren wuchs die Abhängigkeit dieser Kleinbetriebe von Zulieferern und Abnehmern stark an. Häufig drückte sich der damit verbundene Pauperisierungsprozeß kleiner Produktionslokale auch in der Entlassung informeller Arbeiter und Arbeiterinnen aus, was nicht selten durch verstärkten Rückgriff auf unbezahlte Familienkräfte kompensiert wurde. Die relativ günstigsten Bedingungen innerhalb des informellen Sektors weisen häufig kleine Reparaturbetriebe und Anbieter spezieller Dienstleistungen auf: Autoreparaturwerkstätten, Elektrohandwerker, Schuster, Klempner, Reparateure von Hausgeräten, Taxibetreiber etc. Die Möglichkeit, die Preise jeweils neu festlegen zu können bzw. mitbestimmen zu können, hat in diesem Bereich dazu geführt, daß die Einkommensverluste während der Krise am geringsten waren, weshalb die Verdienste teilweise sogar erheblich über den durchschnittlichen Einkommen der Beschäftigten des formellen Sektors lagen. Häufig handelt es sich bei diesen „besserstehenden“ Informellen um ehemalige Arbeiter großer Industriebetriebe mit guter Ausbildung und Qualifikation, die ab einem bestimmten Alter (z.B. 40–45 Jahre) sich aus den Großbetrieben zurückziehen und eine eigene Werkstatt oder Taxibetrieb eröffnen. In diesen Fällen können die informellen Tätigkeiten nicht als bloß residuale Überlebenstätigkeiten oder gar als Ausweis eines gesellschaftlichen Abstiegs gedeutet werden (Pries, 1992: 655ff.).[15]

[15] Vgl. Genaueres zu diesem Problem der inneren Differenzierung des informellen Sektors in Mexiko: Cortés/Benítes, 1991: 165ff.; Giner de los Ríos, 1991: 59ff.

Allerdings dürfen derartige Lebenszyklen und Lebenschancen von Informellen nicht verabsolutiert werden; insgesamt dürften solche Kategorien von informell Tätigen mit relativ guten Einkommensverhältnissen eine Minderheit im angewachsenen Heer der Informellen bilden und sicherlich nicht mehr als höchstens 20% von ihnen ausmachen. Zudem wird dieser Anteil bei denjenigen, die im Verlaufe der 80er Jahre ihre informelle Tätigkeit – sei es erstmals oder nach Entlassung aus einer formellen Tätigkeit – aufgenommen haben, noch geringer sein. Viele Arbeiten weisen aus, daß die durchschnittlichen Einkommen von informellen deutlich unter denen der formellen Arbeiter liegen (z.B. Roberts, 1989: 51). Die weitere Absenkung der Einkommen aus informeller Tätigkeit während der langandauernden Krise der 80er Jahre scheint aus zwei Gründen plausibel zu sein: Zum einen war mit dem Fall des durchschnittlichen Reallohns, des Mindestlohns und dem Anstieg der Arbeitslosigkeit gewissermaßen von der „Angebotsseite“ ein Druck auf die informellen Einkommen gegeben; zum anderen nahm gerade auch die kaufkräftige Nachfrage nach informellen Tätigkeiten oder Produkten aus informeller Arbeit, soweit sie von „formellen Arbeitern“ oder Mittelschichtsangehörigen getragen wurde, während der Krise erheblich ab.

Daß der Anstieg der Armutsquote und der der informell Beschäftigten während der 80er Jahre parallel läuft und die entsprechenden Anteile über 40% bzw. zwischen 30 und 40% angesetzt werden zeigt, daß breite Überlappungszonen zwischen beiden Phänomenen bestehen. Gleichwohl wäre eine mechanische Ineinssetzung der beiden Kategorien falsch; alle diejenigen, die weniger als den gesetzlichen Mindestlohn verdienen, als arm einzustufen, ist zweifellos überzeugend, dennoch ist mit Informalität auch ein spezifisches Arbeitsverhältnis gemeint, das nicht auf die Einkommenshöhe reduziert werden kann. Zweifellos gibt es viele Arme, die im strengen Sinne nicht als informell Tätige angesehen werden können; z.B. gerade im ländlichen Sektor, wo die Subsistenzproduktion bedeutsam ist. Ohne diese zur hervorragenden Emanzipationschance gerade während der Krise hochstilisieren zu wollen (Bennholdt-Thomsen, 1988: 132ff.), ist durchaus einzuräumen, daß die sozialen Beziehungen und Netze dieser Tätigkeit derart strukturiert sind, daß die Unsicherheit und Abhängigkeit von Marktschwankungen, das zerbrechlich-prekäre von informeller Tätigkeit in diesem Falle weder objektiv noch subjektiv im Vordergrund steht. Umgekehrt gibt es, wie gerade ausgeführt, durchaus sehr unterschiedliche Kategorien von Informalität, deren oberste Gruppierungen sicherlich nicht zu den Armen gerechnet werden können.

Wie anderswo in Lateinamerika verfügen auch in Mexiko die informell Tätigen weder über ein gemeinsames Interessen- oder Kollektivbewußtsein noch gar über ein Klassenbewußtsein bzw. eine Einsicht in die Ausbeutungsbedingungen, denen sie unterliegen. Gerade ihr komplexes Verhältnis zum formellen Sektor einerseits wie auch ihre Individualisierung und Zersplitterung andererseits verhindern weitgehend die Herausbildung dauerhafter politischer Artikulationsformen. Der extreme, fast alle Energien verschleißende Kampf um das tägliche Überleben sowie das Fehlen eines klar sichtbaren „sozialen Gegenübers" erschweren gemeinsame Aktionen in der Regel; allerdings werden solche Barrieren zumindest zeitweise dadurch überwunden, daß auf lokaler oder Stadtteilebene bestimmte Zwänge und Notwendigkeiten entstehen, die kollektive Vorgehensweisen für konkrete Ziele erfordern. Auch die Tatsache, daß formelle und informelle Tätigkeiten sich überschneiden bzw. in einem Haushalt beide gleichzeitig anzutreffen sind, können hier zur Relativierung der Individualisierungstendenz beitragen. Die parteipolitischen Optionen und das Wahlverhalten der informell Beschäftigten sind stark an den jeweiligen makro-politischen Konjunkturen orientiert. Sofern sie überhaupt zur Stimmabgabe veranlaßt werden konnten, war die relativ hohe Fluktuation zwischen unterschiedlichen Parteien und Bewegungen charakteristisch für das Wahlverhalten der Informellen; sowohl in Mexiko wie auch in anderen Ländern Lateinamerikas bildeten gerade die Informellen häufig die Basis von neuen Bewegungen und Parteien und waren nicht selten jenes Element, das für schnelle Wechsel und jähe Wendungen des politischen Prozesses verantwortlich war.

7.4 Zur Rolle der Frauen

Wie schon in dem vorangegangenen Abschnitt angedeutet wurde, waren Frauen in Mexiko von der Krise und der neoliberalen Strukturanpassung in vielfältiger Weise besonders betroffen: Als Arbeitskräfte, als „Ernährungs-, Gesundheits- und Erziehungsverantwortliche" in der Familie, als sozialpolitische Subjekte einer evtl. Gegenwehr angesichts der massiven und von Frauen vielleicht am drastischsten spürbaren Verschlechterung der Lebenslage und Lebenschancen. Dabei gingen drei verschiedene Tendenzen häufig ineinander über: Die Feminisierung der Erwerbstätigkeit, die Fortsetzung der Tertiärisierungstendenz der Erwerbsbevölkerung und die Ausdehnung des informellen Sektors. Diese Tendenzen überschneiden sich z.T. stark,

d. h. nicht selten fallen Feminisierung, Tertiärisierung und Wachstum informeller Kategorien zusammen, teils ergibt sich eine quasi automatisch aus der anderen, oder die Zusammenhänge sind nicht so direkt bzw. überhaupt nicht gegeben. Besonders schwierig erscheint es, diese oder jene Tendenz einigermaßen genau zurückzuführen auf a) langfristige Entwicklungen der Sozialstruktur, die auch ohne Krise eingetreten wären, auf b) die Krise selbst oder c) die im Anschluß daran erfolgten Strukturanpassungsprozesse. Es ist zu vermuten, daß durch die Krise und die Strukturanpassung langfristige Tendenzen in einer ganz bestimmten Weise beschleunigt fortgesetzt wurden, andere von der vorherigen Sozialstrukturentwicklung her denkbare und mögliche Entwicklungslinien aber abgeblockt wurden.

Die Erhöhung der weiblichen Erwerbsquote, auch „Feminisierung der Erwerbsbevölkerung" genannt, hat sich in Mexiko wie im übrigen Lateinamerika (Rott, 1994: 157ff.) kontinuierlich vollzogen. In Mexiko scheint in den beiden letzten Jahrzehnten – zweifellos vor allem bedingt durch die Krise – eine Beschleunigung dieser Tendenz eingetreten zu sein. Die weibliche Erwerbsquote von 13% (Anteil von Frauen im erwerbsfähigen Alter von über 12 Jahren an den gesamten Erwerbstätigen) im Jahre 1950 stieg auf 16% (1970) – also relativ langsam in der Zeit hohen, kontinuierlichen Wirtschaftswachstums – und auf 21% (1979) an, um dann 1982 (25%) und 1987 sogar 32% zu erreichen (zitiert bei Braig/de Barbieri, 1992: 44). Interessant ist es, daß vor allem bestimmte altersspezifische Frauenerwerbsquoten steil anstiegen, so die Gruppe von 25 bis 34 Jahren, was indiziert, daß jetzt auch verheiratete Frauen mit Kindern – im Unterschied zu früher – auf dem Arbeitsmarkt präsent sind bzw. gerade jetzt auf den Arbeitsmarkt drängen (Pedrero, 1990: 141). Diese Tendenz ist durch unterschiedliche Faktoren bedingt: Einmal die langfristige Entwicklungslinie zur Anhebung des Bildungsniveaus der Frauen, die damit verbundenen Emanzipationsansprüche etc., zum anderen, aber sicher nicht weniger gewichtig, durch den ökonomischen Zwang, angesichts der gestiegenen Arbeitslosigkeit, des massiven Reallohnverfalls, der gestiegenen Gesundheits- und Erziehungskosten etc. das physische und soziale Überleben der Familie zu sichern. „Konnte noch bis 1982 die Existenz der meisten Haushalte der städtischen Unterschichten durch die Einkommen der männlichen (jungen und älteren) Mitglieder (mit Unterstützung lediger Frauen) gesichert werden, so ist es seither notwendig geworden, daß auch die verheirateten Frauen mit kleinen Kindern zum Haushaltseinkommen beitragen. Oftmals müssen sie es im wesentlichen sogar alleine erwirtschaften. Im gleichen Zeitraum ist nämlich auch die Zahl der von Frauen geführten Haushalte rapide angestiegen, sei es aufgrund der Migration des Ehemanns in die USA oder nach Kanada oder sei es, weil die Praxis der Männer, Frauen und Kinder im Stich zu lassen und die Vaterschaft zu verleugnen, zugenommen hat." (Braig/de Barbieri, 1992: 450)[16] Allerdings sollte dies nicht generell als quasi emanzipativer Prozeß der Frauen mißverstanden werden; es gibt Untersuchungen, die das Gegenteil demonstrieren, und zwar dort, wo die Frauen fast heimlich ihren Erwerbstätigkeiten nachgehen mußten, da die Männer ein Verlassen des Hauses häufig verboten. Daß die erhöhte Präsenz der Frauen im Erwerbsleben keineswegs immer oder überwiegend mit einer höheren Gleichberechtigung einhergehen muß, zeigen viele empirische Studien: „Die Frau hat auf eine sehr wichtige Weise dazu beigetragen, die Aufgabe der Überlebenssicherung während der Krisenperiode zu erfüllen, sowohl über ihre wachsende Einbindung als erwerbstätige Arbeitskraft wie auch über die Intensivierung der häuslichen, nicht entlohnten Arbeit [...]. Die wachsende Teilnahme der Frauen an entlohnten Arbeiten scheint aber nicht – zumindest nicht in den letzten Jahren – Ausdruck eines größeren Autonomie- oder Erziehungsgrades zu sein, auch nicht eines geringeren Grades der männlichen Herrschaft im Haushalt. Im Gegenteil kann diese wachsende Partizipation am Erwerbsleben sich als Ausdehnung der häuslichen Unterordnung erweisen." (Gonzáles de la Rocha, 1989: 172) Ein weiterer Aspekt, der mit dem Ansteigen der Frauenerwerbstätigkeit während der Krise einhergeht, ist der Wandel des Profils der Frauentätigkeiten. Während in den 50er, 60er und teilweise auch vor allem den 70er Jahren viele Frauentätigkeiten auf der Basis gehobener Erziehungs- und Bildungsniveaus in den Bereich der Akademiker und Fachleute vorstießen, war die Steigerung der Frauenerwerbstätigkeit in den 80er Jahren überwiegend in nichtqualifizierten Bereichen zu registrieren.[17] Fast die Gesamtheit des Wachstums der ökonomischen

[16] Diese Tendenz zu einem größeren Anteil von Haushalten mit weiblichen Haushaltsvorständen wird allerdings von einigen Autoren mit dem Hinweis auf bestehende Umfragen und Zensen bestritten (Tuirán, 1993: 672).

[17] Siehe für eine weitergehende Analyse der Absorption des Zuwachses weiblicher Arbeitskraft M. Pedrero, 1990: 133ff. Überraschend ist, daß 1987 gegenüber 1978 geringere Frauenanteile vom Dienstleistungssektor aufgenommen wurden und gleichzeitig ihre Präsenz in diesem Sektor (gegenüber der der Männer) zurückging; dies gilt für die Metropolen Mexiko-Stadt, Guadalajara und Monterrey (a. a. O., S. 144f., Tab. 5 u. 6). Die Auswirkungen der Intensivierung der weiblichen Arbeitsverausgabung bzw. der Aufnahme der

Aktivität der Frauen fand in manuellen Tätigkeitsbereichen, die schlecht entlohnt und/oder nicht dauerhaft waren, auf eigene Rechnung statt (García, 1993: 141). Die Ausweitung dieser Arbeitsplätze, die im weitesten Sinne als überwiegend informelle Tätigkeiten eingestuft werden können, steht natürlich auch mit der erheblichen Reduktion öffentlicher Leistungen und Stellen im Gesundheits-, Erziehungs- und Sozialbereich während der 80er Jahre im Zusammenhang. Gerade gut qualifizierte weibliche Arbeitskräfte waren von diesen Austeritätsmaßnahmen überdurchschnittlich betroffen. Ein weiterer wichtiger Teil der Ausdehnung der Frauenerwerbstätigkeit ist auf die überproportional starke Teilnahme der Frauen an der Maquiladora-Industrie zurückzuführen; dies entspricht ca. 50% des gesamten Zuwachses der städtisch-industriellen Arbeiterschaft. Das gilt auch für die 80er Jahre, obwohl seit Krisenbeginn das jährliche Wachstum der männlichen Beschäftigten höher als das der weiblichen liegt; trotz der seit dieser Zeit zu konstatierenden Tendenz der „Vermännlichung" der Arbeitsplätze in der Maquiladora-Industrie sind Anfang der 90er Jahre noch 63% der Arbeitenden weiblichen Geschlechts (Carrillo, 1991: 242).

Wenngleich diese Phänomene keineswegs als Ausdruck von Frauenemanzipation mißverstanden werden dürfen, läßt sich dennoch nicht übersehen, daß die Arbeits- und Lebenssituation von vielen Frauen sich insofern verändert hat, als unterschiedlichere Handlungsalternativen innerhalb wie außerhalb von Familie und Haushalt immerhin möglich geworden sind. Im häuslichen Bereich gewinnt die erwerbstätige Frau, die zum Lebensunterhalt der Familie substantiell beiträgt, mehr oder minder deutlich eine andere Stellung; eine gewisse Modifikation der innerhäuslichen Arbeitsteilung zwischen den Geschlechtern ist auch schon häufig Resultat unterschiedlicher Arbeitsrhythmen und wird teilweise gerade bei jüngeren männlichen Partnern partiell und allmählich akzeptiert. Die erhöhten Kontakte außerhalb des Haushalts, neue Informationsquellen, Beziehungsmöglichkeiten etc. können zur Distanz von Familie und Haushalt beitragen und eine gewisse Unabhängigkeit gewährleisten. Das veränderte Verhalten der Frauen zu ihrem Körper, zur Sexualität, zu Ehe und Geburten deutet sich u. a. in dem rapiden Rückgang der durchschnittlichen Fruchtbarkeitsziffern von ca. 7 Kindern pro gebärfähiger Frau in den 50er und

Erwerbsarbeit als zusätzlicher Einkommensquelle für die Familie, die persönliche Perspektive der Frauen, die Lohndifferenzierung zwischen Männern und Frauen (für gleiche Arbeit) etc. beschreibt Solís de Alba, 1995: 187ff.

60er Jahren auf ca. 3–4 Kinder pro Frau in den 80er Jahren – mit weiter fallender Tendenz – an (Zlotnik, 1993: 627).[18]

Die Frage, wie sich diese Veränderungen der Rolle der Frauen auf dem Arbeitsmarkt und im Erwerbsleben, wie sich die tendenzielle Modifikation der innerhäuslichen Arbeitsteilung zwischen den Geschlechtern, die ökonomisch-soziale Bedeutungssteigerung der Frauen im politischen Leben bzw. auf der Ebene der politischen und sozialen Partizipation ausgewirkt hat, ist nicht einfach zu beantworten. Sicherlich gibt es zwischen den beiden Ebenen Arbeitsleben und Politik keine eindeutige Parallele oder kausalmechanische Beziehung. Dennoch kann im allgemeinen davon ausgegangen werden, daß in derartigen längeren Krisenperioden, die gleichzeitig Phasen des Legitimationsverfalls eines Regimes sind, die Notwendigkeit der kollektiven Organisierung und Gegenwehr sich klarer aufdrängt, auch wenn die Schwelle zur öffentlichen und kollektiven Artikulation bei Frauen vielleicht höher als bei Männern liegen sollte.

Ausdruck dieses größeren Handlungszwanges und -spielraums war die steigende Beteiligung von Frauen an verschiedenen sozialen Bewegungen. Vor allem in den Stadtteil- und Nachbarschaftsbewegungen in den großen Städten sind sehr viele Frauen seit Ende der 70er Jahre aktiv geworden. Mitunter wird ihr Anteil an der sozialen Basis dieser Bewegungen auf zwischen 60 und 80% geschätzt, allerdings liegt dieser in den Führungsgremien dann nur noch bei etwa 30% (Mogrovejo, zitiert bei Braig/de Barbieri, 1992: 455). Die Teilnahme an traditionellen Organisationen und Verbänden, wie politischen Parteien, Gewerkschaften und Bauernorganisationen blieb seitens der Frauen gering, vor allem weil diese Organisationen keine besonderen Mühen entwickelten, Frauen zu gewinnen. Umgekehrt erschienen diese Organisationen den Frauen als geschlossene und vollkommen institutionalisierte Gebilde, in die einzutreten es besondere Schwierigkeiten macht.[19] Gerade bei den neuen, spontan sich bildenden Bewegungen, die zur Lösung von konkreten Problemen (Wohnraum, Wasser, Elektrizität, aber auch Menschenrechtsverletzungen etc.) entstanden, waren Frauen überproportional stark betei-

[18] Für detailliertere Analysen dieses Prozesses vgl. Juárez/Quilodrán, 1990: 33ff. und Partida, 1990: 223ff.

[19] Der Anteil der weiblichen Abgeordneten im Parlament stieg zwar von 2,5% (1955–1958) kontinuierlich an, erreichte 1988–1991 sogar 12,2%, um dann wieder für die Periode von 1991–1994 auf 8% zurückzufallen (Lamas/Martínez/Tarrés/Tuñón, 1994: 14f.).

ligt. Die konkrete Sorge um die Angehörigen und die alltägliche Zwangssituation waren hier die wichtigsten Triebfedern des Handelns; im Verlaufe der Aktionen werden natürlich auch frauenspezifische Probleme bzw. solche der Geschlechterbeziehungen angesprochen, denen allerdings ein unterschiedlicher Stellenwert eingeräumt wurde. Wichtig waren konkrete Anlässe, teilweise auch Hilfe von außen (z. B. Studenten, linken Gruppen, Fraueninitiativen). Besonders bekannt wurde die enorme Solidaritäts- und Organisationswelle, die nach dem Erdbeben vom 19. September 1985 sich in Mexiko-Stadt entwickelte und die neben der Sorge um die Erdbebengeschädigten generell vor allem das Schicksal der informell tätigen, völlig schutzlosen Näherinnen an den Tag brachte (Wiener, 1991: 33 ff.). Diese Bewegungen führten nicht nur zur Gründung einer nationalen, autonomen Näherinnengewerkschaft, sondern auch zur Einrichtung von speziellen Frauengruppen und -abteilungen in vielen Gewerkschaften (Lamas, 1989: 130 f.). Auch in dem Dachverband der Stadtteilbewegungen (CONAMUP) wurden Frauenabteilungen eingerichtet. Wenn auch nach der Lösung von akuten Problemen ein Absinken der Aktivitäten häufig zu registrieren war, waren doch zweifellos mit diesen Vorstößen grundsätzliche Breschen geschlagen worden. Deutlich wurde dies auch daran, daß die „große Politik" sich verstärkt um Frauen bemühte, die nun immer mehr als wichtige politische Ressource erkannt wurden. Insbesondere die Regierung von Salinas de Gortari hat verschiedene Frauenthemen aufgegriffen und Frauenkongresse veranstaltet und deren Forderungen dazu benutzt, sie als Teil seiner Modernisierungskonzeption zu bezeichnen. Mit Bezug auf die Regierung von Salinas führt Marta Lamas aus: „Im Rahmen eines Modernisierungsvorhabens hat die jetzige Regierung sich vorgenommen, ganz speziell für Frauen neue Räume zu schaffen und ihre Rechte zu verteidigen. Auch wenn dieses politische Vorhaben von entscheidenden Widersprüchen gekennzeichnet ist, bleibt ohne Zweifel, daß es vielen Frauen nützen und sie anziehen wird. Für die Bewegung [gemeint ist die Frauenbewegung, D. B.] wird es deshalb wichtig, ihr Verhältnis zum Staat und zur Teilnahme an Regierungsprogrammen viel deutlicher zu definieren." (Lamas, 1989: 133) Auch innerhalb von PRONASOL (5.3) wurden spezielle Teilprogramme für marginalisierte weibliche Bevölkerungsteile mit dem Namen *Mujeres en Solidaridad* (MUSOL) durchgeführt (Hellmann, 1995: 315 ff.). Die ausschließliche Frauenbewegung, gar die feministische Bewegung, war in Mexiko zunächst stark von Problemen der Mittelschichtsfrauen bestimmt; ihren Höhepunkt hatten diese Bewegungen und Gruppen in der Periode von 1975 bis 1982 (Lamas, 1989: 126ff.). Mit Beginn der Wirtschaftskrise von 1982 und den folgenden Jahren werden klassenübergreifende, weibliche Initiativen wesentlich seltener, da die jeweils unterschiedliche soziale und ökonomische Ausgangslage durch den Krisenprozeß eher noch unterstrichen und infolgedessen gemeinsame Zielsetzungen und Aktionsvorhaben immer geringer bzw. an den Rand des Interesses gedrängt wurden. Mit dem Ausdruck des Bedauerns formuliert eine feministische Theoretikerin: „Die Wirtschaftskrise behindert den feministischen Kampf, weil sie Frauen dazu veranlaßt, eher Klassen- oder ethnische Bündnisse einzugehen als feministische. Die Aufgabe der Zukunft wird es sein, den von Mittelschichtsfrauen und Akademikerinnen geprägten Feminismus in eine Kraft zu verwandeln, die die Bedürfnisse der mexikanischen Frauen aller Klassen und ethnischen Gruppen umfaßt, indem wir eine stabile geschlechtliche Identität und eine neue Gesellschaftsordnung schaffen." (Hierro, 1989: 147) Konzepte, Ideen und Utopien hierzu sind ansatzweise bereits vorgelegt worden (Lagarde, 1992: 225ff.).

Trotz der Auf- und Abbewegung der Partizipation der Frauen am sozialen und politischen Prozeß hat sich die Thematik und Problematik der Geschlechterbeziehungen mittlerweile einen festen Platz im politischen Diskurs und teilweise auch der politischen Praxis erobert und wird perspektivisch zweifellos wieder an Bedeutung gewinnen. Mit Beginn der 90er Jahre haben sich die Aktivitäten der „breiten Frauenbewegung" (*Movimiento Amplio de Mujeres*, MAM – wie in Mexiko der Oberbegriff für alle Mobilisierungen von Frauen, gleichgültig wo, lautet) wieder erhöht. Sowohl auf der politischen Ebene (Aufnahme frauenspezifischer Punkte in die Programmatik fast aller Parteien) wie auch auf der kulturell-wissenschaftlichen Ebene – hier vielleicht noch mehr – sind wichtige Fortschritte in der Präsenz, Verbreitung und Erforschung entsprechender Themen gemacht worden (Lamas/Martínez/Tarrés/Tuñón, 1994: 34f., 39f. und Tuñón, 1995: 235ff.). Eine völlige Rückentwicklung in eine vom „Machismo" einerseits und dem Jungfräulichkeitskult andererseits bestimmte „Idylle" – eine die Vorstellungswelt und Praxis großer Teile der mexikanischen Bevölkerung noch stark prägende Kombination – wird es auch in Mexiko nicht mehr geben. „Der langsame, aber stetige Erosionsprozeß der traditionell von Männern dominierten politischen Kultur stellt in vielfältiger Weise die altbekannten, geschlechtsspezifischen Stereotypen infrage. Eine alternative, auf Gleichberechtigung – nicht nur zwischen den Geschlechtern – beruhende politische Kultur ist damit jedoch noch nicht geschaffen. Für viele mexikanische Frauen ist und bleibt es die Mutterschaft – gerade angesichts der mangelnden Konsistenz der Paarbeziehungen und der Geringschätzung der Vaterschaft –, die Sicherheit und Identität verleiht und ihnen erlaubt, in neue Räume vorzustoßen, ohne die alten aufzugeben" (Braig/de Barbieri, 1992: 457).

7.5 Die Mittelschichten zwischen Pauperisierung und Prosperität

Die Entwicklung von Mittelschichten zu einem bedeutenden Segment in der mexikanischen Sozialstruktur ist relativ jungen Datums (Loaeza, 1988: 124ff.). Vom Ende des vorigen Jahrhunderts bis in die 40er Jahre nahmen sie nur geringfügig zu und überstiegen kaum 15% der Bevölkerung. Mit dem forcierten Industrialisierungs- und Urbanisierungsprozeß seit jener Zeit sowie als Folge der sozialstaatlichen Kompetenzerweiterung (Gesundheits-, Erziehungs- und Sozialwesen) stieg der Anteil dieser Gruppe auf ca. 30% zu Beginn der 80er Jahre an. Diese Sozialkategorie, die in einer kapitalistischen Gesellschaft alle Gruppierungen zwischen und teilweise neben den Hauptklassen erfaßt, ist durch die Dispositionsfähigkeit über ein bestimmtes Produktivvermögen und/oder Bildungsqualifikation, durch einen gewissen Grad an Selbst- oder Mitbestimmung ihrer – überwiegend nichtmanuellen – Tätigkeiten (seien diese selbständig oder lohnabhängig verrichtet) und eine mittlere Einkommenskategorie gekennzeichnet. Diese naturgemäß äußerst heterogene Gruppierung ist in unterschiedlichem Ausmaß in allen Wirtschaftssektoren, im privaten wie im öffentlichen Bereich, dem städtischen und ländlichen Milieu und auf vielen mittleren Qualifikationsstufen zu finden. Im Zuge der absoluten und relativen Expansion der Mittelschichten in Mexiko haben sich – ähnlich wie in anderen Ländern – die Proportionen der beiden Hauptgruppen, selbständige und lohnabhängige Mittelschichten, im Vergleich zu den ersten Jahrzehnten des Jahrhunderts genau umgekehrt und standen 1980 etwa im Verhältnis von 1/3 zu 2/3 zueinander. Innerhalb der selbständigen Mittelschichten hat der Anteil der freiberuflichen gegenüber den handwerklichen bzw. gewerblich Produzierenden, weniger gegenüber den im Zirkulationsbereich (einschl. des Transportwesens) Tätigen zugenommen. Bei den lohnabhängigen Mittelschichten wuchsen die in Verwaltung, Erziehungs- und Gesundheitswesen Tätigen am schnellsten. Nach Sektoren und Ort der Tätigkeit betrachtet, sind die Mittelschichten zu über 60% im Tertiärsektor und in einem noch größeren Umfang im urbanen Bereich lokalisiert. Schon in dieser Phase der Expansion waren die Mittelschichten durch große Differenzen im Einkommen und in der Selbstbestimmung ihrer Tätigkeit gekennzeichnet gewesen. Vor allem in der Phase des Erdölbooms Ende der 70er und zu Beginn der 80er Jahre dehnte sich dieser Sektor noch einmal deutlich aus und erreichte insgesamt eine klare Verbesserung seiner sozioökonomischen Position: Steigerung der Realeinkommen, günstige Aufstiegschancen, bedeutende Ausdehnung des Ausbildungswesens und Steigerung bzw. Diversifizierung des Konsums sowie die Erhöhung der auch ins Ausland führenden Reisetätigkeit – alle diese Momente wurden seither als typisch für die Lebensweise der Mittelschichten betrachtet.

Mit der Krise von 1982 war die beständige Expansion der Mittelschichten abrupt zu einem vorläufigen Ende gekommen. Die deutlich verringerten Konsum- und Investitionsmöglichkeiten und die harte Austeritätspolitik der Regierung Miguel de la Madrids – im Verein mit der fortdauernden hohen Inflationsrate – ließen nicht nur keine weitere Ausdehnung zu, sondern führten bei einem Teil der Mittelschichten zu einem Pauperisierungsprozeß, der teilweise auch mit einem Abstieg in den informellen Sektor verbunden war.

Obwohl die Einkommen der Mittelschichten absolut gesehen im Durchschnitt natürlich über denen der Arbeiter oder der Angehörigen des informellen Sektors lagen, scheinen sie relativ am stärksten von der Krise betroffen gewesen zu sein. Dies läßt sich auch an den unterschiedlichen Rückgängen der Einkommensanteile der einzelnen Einkommensdezile zwischen 1984 und 1992 ablesen. Während die untersten 4 Dezile die prozentual geringsten Verluste zu verzeichnen hatten, das oberste Dezil starke Zugewinne einbringen konnte, waren die prozentualen Verluste vom sechsten bis achten Dezil, also sicherlich der sozialen Gruppen, die überwiegend zu den Mittelschichtsangehörigen zu zählen sind, am größten (vgl. Tabelle 6h). Gegenüber den drei Jahrzehnten von 1950 bis 1980, in denen gerade die mittleren Dezile ihre Anteile am stärksten ausweiten konnten (Escobar/Roberts, 1991: 102, 106), stellt dies eine direkt umgekehrte Tendenz dar. Die lohnabhängig arbeitenden Teile der Mittelschichten waren von Inflation und Reallohnverfall stark berührt, da ihre Lohnsenkungen noch über die Rückgänge der Minimallöhne hinausgingen. Vor allem im öffentlichen Sektor waren die Reduktionen besonders stark, verbunden übrigens mit einer Verringerung der Streuungsbreite der Einkommen im öffentlichen Sektor (Imbusch, 1991: 399). Die dramatischsten Einkommensverluste mußten öffentliche Angestellte, Gesundheitsarbeiter und Lehrer hinnehmen; bei letzteren wird der reale

Einkommensverlust zwischen 1981 und 1989 auf über 70% geschätzt (Escobar/Roberts, 1991: 104). Die besondere Betroffenheit gerade einiger Mittelschichtssegmente durch die Krise erklärt sich auch daraus, daß in diesen Schichten die entlohnte Arbeit eines Familienmitgliedes (in der Regel des männlichen Familienvorstandes) häufig die einzige Einkunftsquelle der Familie gewesen ist. Dies ist durchaus anders bei den ärmsten Schichten, wo natürlich mehrere Familienmitglieder mitarbeiten müssen, wie auch bei den oberen und höchsten Einkommensschichten, wo das Familieneinkommen wesentlich diversifizierter angelegt ist (Samaniego de Villarreal, 1990: 56). Aber auch angesichts ihrer schichtsspezifischen Ausgabenstrukturen und der Anforderungen ihres Arbeitsmilieus waren die Mittelschichten von der hohen Inflationsrate und den gleichwohl notwendigerweise zu erwerbenden Gütern und Dienstleistungen noch stärker negativ betroffen. Desgleichen waren die selbständigen Teile der Mittelschichten von der Schrumpfung der Gesamtnachfrage nach den von ihnen produzierten Gütern und Dienstleistungen deutlich und relativ lange negativ tangiert. Dies drückt sich z.B. im Erziehungs- und Gesundheitsbereich darin aus, daß nunmehr Klienten, Patienten oder Schüler von dem Privatsektor auf die – zweifellos schlechteren – Möglichkeiten des öffentlichen Sektors und der öffentlichen Versorgung auswichen. Deutlich wird das im Rückgang der Nachfrage nach privaten medizinischen Leistungen, im starken Abfall der Schülerzahl im privaten Bereich und anderen Dingen mehr. Das Ausweichen auf Leistungen in Naturalien (z.B. verbilligtes oder kostenloses Benzin) bot eine gewisse Erleichterung gegenüber der Verschlechterung der Einkommen von Mittelschichtsangehörigen. Aber es ist auch notwendig festzuhalten, daß andere Teile der Mittelschichten durchaus von dieser Situation profitieren konnten: Immobilienbesitzer, Angehörige des Finanzsektors sowie solche Teile der Mittelschichten, die mit Import- und Exportgeschäften verbunden waren, konnten ihre Position während der 80er Jahre zweifellos noch ausbauen. „Im Privatsektor haben akademisch gebildete, abhängig arbeitende Angestellte ihre Position bald wieder erlangt oder sogar verbessert. Auf mittlerem Niveau tätige Fachkräfte und Manager hatten fast 10% ihres Realeinkommens bis 1987 verloren, aber sie machten schnell in den Jahren 1988 und 1989 verlorenes Terrain wieder gut." (Escobar/Roberts, 1991: 105) Neben höheren öffentlichen Funktionären im Staatsapparat, einem Gutteil der Fachleute und Freiberufler, die mit den größten Industrie-, Handels- und Dienstleistungsunternehmen verbunden sind, haben durchaus auch Teile des sogenannten alten Mittelstandes, die sich erfolgreich an die veränderten gesamtwirtschaftlichen Bedingungen anpassen konnten, ihre Einkommenssituation beibehalten oder verbessern und in gewissem Umfang sogar noch an einer Aufwärtsmobilität partizipieren können (Imbusch, 1991: 401). Dennoch handelt es sich bei diesen Segmenten der Mittelschichten um eine Minorität, deren Umfang wohl kaum über 20%–30% der gesamten Mittelschichtsangehörigen hinausgehen dürfte. Diese Polarisierung im Bereich der Mittelschichten läßt sich auch in den Wachstumsraten verschiedener industrieller Produkte bzw. Branchen nachvollziehen: während die Automobilbranche und die langlebigen, z.T. Luxuscharakter tragenden Konsumgüter schwere Verluste hinnehmen mußten, konnten die auf Massenkonsum abstellenden Industriebranchen bzw. Produktarten ihre Produktionsumfänge relativ stabil halten. Auch dies reflektiert „eine akzentuierte Polarisierung, die die Erosion der ökonomischen Position und die Aufhebung guter Möglichkeiten für einen nennenswerten Teil der Mittelschichten anzeigt; gegenüber diesem hat sich die Absetzung einer Minderheit verstärkt, die das hohe Niveau ihrer Realeinkommen aufrecht erhalten konnte." (Samaniego de Villarreal, 1990: 58)

Angesichts der tiefgreifenden Differenzierungen innerhalb der Mittelschichten kann davon ausgegangen werden, daß auch auf der Ebene des politischen Verhaltens – trotz mancher Ähnlichkeiten im Lebensstil und in der Konsumorientierung – erhebliche Unterschiede bestehen. Wie die Krise selbst auf die soziale Lage der einzelnen Mittelschichtssegmente in durchaus variierter Form einwirkte, so war die Reaktion der Mittelschichtsangehörigen auf die sozioökonomische Entwicklung der 80er und 90er Jahre keineswegs homogen und immer entsprechend der Art der jeweiligen ökonomischen Betroffenheit. Das hohe Eigengewicht von Ideologien und Wahrnehmungsweisen, von spezifischen Sozialisationserfahrungen und Traditionen, von organisatorischen Bindungen (etwa in Gewerkschaften oder Berufsverbänden) spielte hierbei neben der materiellen Stellung im Erwerbsprozeß eine große, mitunter entscheidende Rolle. Ein wichtiger Trend innerhalb der Mittelschichten bestand in den 80er Jahren darin, sich überhaupt aus der Gleichgültigkeit und Enthaltsamkeit gegenüber dem politischen Prozeß herauszubewegen und sich zu politisieren. Nicht selten kam dieser Prozeß der rechtskonservativen PAN zugute, versprach sie doch die Werte des Privateigentums, des Rechts, der Sauberkeit, des Individualismus und der geordneten Familienverhältnisse noch glaubwürdiger als die PRI zu vertreten, was einen Teil der Mittelschichten zweifellos ansprach. So wurde auch die ökonomische

Krise der schlechten, ineffizienten, korrupten und staatsfixierten Politik der PRI noch zugeschrieben, als diese sich längst nicht mehr zum Staatsinterventionismus und Protektionismus bekannte (Tarrés, 1986 u. 1990). Ein weiterer Teil der Mittelschichten, wahrscheinlich der über die CNOP (*Confederación Nacional de Organizaciones Populares*) integrierte, blieb trotz einiger negativer Erfahrungen und Einschätzungen dem PRI-Regime treu, da ungeachtet der neoliberalen Neuorientierung der Regierung diese Gruppierungen noch stark an die revolutionären Traditionen und die sozialstaatlichen Verantwortlichkeiten des PRI-Regimes und der PRI-Regierung glaubten. Ein anderer, dritter Teil der Mittelschichten hat sich kritisch von der alten wie neuen Politik der PRI abgewandt und sich weiter nach links, d.h. zur PRD hin orientiert; dieser Wechsel fand vor allem in der Zeit von 1987 bis 1989/90 bei einem beträchtlichen Teil der städtischen Mittelschichten statt. Bei diesen Gruppen handelte es sich offenbar überwiegend um lohnabhängige Mittelschichten im öffentlichen Dienst (Lehrer, Gesundheitsarbeiter, Studenten, kleine Angestellte etc.). Die Zuordnung zu diesen drei Parteien des mexikanischen politischen Systems ist allerdings nicht als starr fixiert zu betrachten. Gerade die Wahlen von 1988, 1991 und 1994 zeigen erhebliche Fluktuationen, Wählerwechsel und Neumobilisierungen von Wählerschichten an, die vor allem aus den sich mitunter rasch verändernden politischen Optionen von Mittelschichtsteilen erklärt werden können.

8. Aspekte der politischen Entwicklung

Wie in anderen Ländern Lateinamerikas stellt sich auch im Falle Mexikos die Frage, in welchem Verhältnis die Durchführung der neoliberalen Strukturreformen auf der ökonomischen Ebene zu den Formen politischer Herrschaft (Diktatur, autoritäres System, Demokratie) steht. Während in einigen Staaten Lateinamerikas der Übergang zu neoliberalen Reformen in die erste oder noch häufiger in die zweite Phase nach einer Militärregierung (z.B. Argentinien, Ekuador, Bolivien) fiel, in einigen Fällen die neoliberale Wende von Militärs initiiert und weitgehend durchgeführt wurde (Chile, teilweise Uruguay), stellt sich die Situation in Mexiko insofern anders dar, als es sich hier nicht um den Übergang von einer diktatorischen Militärregierung zu einer formellen Demokratie handelt, sondern vielmehr um den Transitionsprozeß von einem autoritär-populistischen zu einem demokratisch-pluralistischen politischen System – jedenfalls in den Versprechungen der neoliberalen Präsidenten und Politiker. Daher steht das Verhältnis von ökonomischer und politischer Reform (mit dem Ziel der Demokratisierung) im Zentrum der Debatten um die politische Entwicklung des Landes. In der gegenwärtigen Transitions- und Demokratisierungsforschung wird das Verhältnis von ökonomischer Liberalisierung und politischer Demokratisierung in zumindest vierfacher Weise gesehen: a) als sich wechselseitig bedingend und mehr oder minder parallellaufend, b) als voneinander unabhängige und neutral gegeneinander verlaufende Prozesse, c) als tendenzieller Antagonismus zwischen beiden Formen der Liberalisierung bzw. Demokratisierung und schließlich d) als Verhältnis, in dem die politische Demokratisierung als Gegengewicht oder soziale Abfederung gegenüber der durch den Neoliberalismus hervorgerufenen ökonomischen und sozialen Polarisierung gilt. Die Erfahrungen in Mexiko zeigen, daß die Variante a) sich keineswegs zwangsläufig einstellt, vielmehr die Variante b) oder c) für die Erklärung der Entwicklung des politischen Systems in Mexiko während der letzten zwölf Jahre in Frage kommt. Das heißt, daß eine weitgehende ökonomische Liberalisierung durchgeführt werden konnte, ohne zugleich von tatsächlichen Demokratisierungsschritten von ähnlicher Tragweite wie im ökonomischen Bereich begleitet worden zu sein.[1]

Im folgenden soll zunächst ein grober Überblick über die Entfaltung der wichtigsten politischen Parteien, die Wahlen und institutionellen Änderungen (8.1) gegeben werden, dann wird die Entwicklung sozialer Bewegungen (8.2) zu diskutieren sein, um schließlich ein besonders wichtiges Beispiel dieser, die Aufstandsbewegung in Chiapas darzustellen (8.3); im letzten Unterpunkt wird eine kurze Analyse des Wahlausgangs vom August 1994 und des Präsidentschaftswechsels auf Ernesto Zedillo gegeben (8.4).

8.1 Parteien, Wahlen, politische Prozesse

Es ist schon früher aufgezeigt worden (4.3), daß die Regierungsperiode Miguel de la Madrids zwar mit zahlreichen Versprechen zur „moralischen Erneuerung", zur PRI-Reform und der allgemeinen Öffnung des autoritären Regimes begann, daß aber im Verlaufe des Sexenniums, speziell seit 1985, eine ähnliche Politik des Wahlbetrugs, der Vermischung von Partei und Regierung/Staat, der Beeinflussung der judikativen Gewalt durch die exekutive etc. wie früher betrieben wurde. Vor dem Hintergrund der ökonomischen Dauerkrise führte dies zu einem rapiden Legitimationsverfall, der in die gravierende Niederlage der PRI in den Juli-Wahlen von 1988 einmündete.

Salinas de Gortari trat sein Amt in dieser schwierigen Situation an, in der offenkundig geworden war, daß die PRI nur aufgrund eines kräftigen Manipulationszugriffs (über die stundenweise angeblich „ausgefallenen Wahlcomputer") mit knapp 50% Mehrheit ihren Kandidaten hatte durchsetzen können. So verwundert es nicht, daß Salinas de Gortari ein umfassendes Modernisierungsprogramm für das Land ankündigte, dessen Bestandteil auch die politische Demokratie und ein pluralistisches Parteienwesen sein sollte. Wie viele seiner Vor-

[1] Gelegentlich sprachen internationale Beobachter davon, daß in Mexiko eine „Perestroika" ohne „Glasnost" stattgefunden habe; und Salinas de Gortari meinte selbst gelegentlich, daß er den Fehler von Gorbatschow nicht wiederholen wolle und infolgedessen zunächst eine wirtschaftliche Umgestaltung anstrebe und dann erst im zweiten Schritt eine politische Demokratisierung zugelassen werden könne. Dies bezeichnete der mexikanische Politikwissenschaftler Lorenzo Meyer als „salinastroika". – Zum komplexen Verhältnis von ökonomischer Liberalisierung und politischer Demokratisierung z. B. Roett, 1993 für Mexiko, Lateinamerika allgemein: Smith/Acuña/Gamarra, 1994.

gänger ließ er zunächst exemplarisch einige besonders korrupte Gewerkschaftsbosse (wie der langjährige Führer der Erdölarbeiter-Gewerkschaft) bzw. andere Regimerepräsentanten hinter Gefängnisgittern verschwinden oder halfterte besonders autokratische, unbeliebter und ineffizienter werdende PRI-Größen (Gewerkschaftsführer oder Gouverneure in Einzelstaaten) ab; doch war es bezeichnend, daß diese Schritte nicht von demokratischen Diskussionen und jeweiligen Neuwahlen begleitet waren, sondern daß der Präsident selbst jeweils die Nachfolger oder Interims-Gouverneure einsetzte. „Nicht Demokratisierung, sondern Stärkung der präsidialen Macht wird zur Leitlinie seines Handelns. [...] Die Modernisierung der Partei entpuppt sich als autoritäre Strategie der Machtkonzentration, die letztlich auf Widerstand der demokratischen Reformkräfte als auch der traditionellen korporatistischen Bastionen stößt." (Lauth, 1995: 197f.) Dennoch gelingt es Salinas de Gortari im Laufe seiner Regierungsperiode, die Abwärtsbewegung von PRI und Präsidialregime aufzuhalten und – zumindest für seine Person und damit indirekt für die PRI – die Zustimmungsraten wieder zu steigern. Die leichte Erholung der Wirtschaft, die mit den ersten Regierungsjahren zusammenfällt, die Allgegenwart des Präsidenten in Sachen PRONASOL sowie die gewaltige Propaganda-Maschinerie in bezug auf den NAFTA-Beitritt Mexikos waren möglicherweise für dieses überraschende Comeback mitverantwortlich. Die „Halbzeit-Wahlen" vom August 1991, bei denen die PRI offenbar ohne größeren Wahlbetrug und bei wiederansteigender Wahlbeteiligung auf 61,5% der Stimmen kam (Lauth, 1992: 59f.), scheinen deutlicher Ausweis dieses politischen Terraingewinns zu sein.[2] Das große persönliche Prestige des Präsidenten hält bis Anfang 1994 an, erfährt aber erhebliche Abstriche mit dem Aufstand in Chiapas und infolge der anfänglichen brutalen Reaktion der Zentralregierung. In einem Klima der Multiplikation der Gewaltverbrechen (u.a. Ermordung des Präsidentschaftskandidaten Luis Donaldo Colosio und des Generalsekretärs der PRI), der offenbar indirekten Beteiligung unterschiedlicher Drogenkartelle an wichtigen politischen Hintergrundentscheidungen, der verstärkten internen Auseinandersetzungen innerhalb der Regierungspartei PRI und der offenen politischen Diskussion über bislang als tabu geltende Themen scheinen die Grenzen des Regimes deutlich sichtbar zu werden. Dennoch führten die August-Wahlen von 1994 zu einer nochmaligen Bestätigung des PRI-Kandidaten E. Zedillo, und zwar bei

[2] Siehe für eine genauere Analyse dieser Wahlen: Gómez, 1992: 253ff.

einem abermaligen Anstieg der Wahlbeteiligung und – wie internationale Beobachter registrierten – relativ sauberen Wahlprozessen. Die wenigen Demokratisierungsfortschritte, die sich im Laufe der Regierungsperiode von Salinas de Gortari erkennen lassen, betreffen die Wahlrechtsänderungen, die Einrichtung einer relativ unabhängigen Menschenrechtskommission und einige Dezentralisierungsmaßnahmen im Erziehungs- und Gesundheitswesen, wobei die letztendliche Wirksamkeit dieser Maßnahmen von der Art ihrer Umsetzung und vom gesamten politischen Umfeld abhängt. Demgegenüber sind die von den gesellschaftlichen Akteuren selbst ausgehenden Demokratisierungsfortschritte (Steigerung der Bedeutung der Parteien, soziale Bewegungen, Denunziationen von Rechtsverletzungen und Unrecht etc.) als wesentlich bedeutsamer einzustufen.

Ein zentraler Gegenstand innenpolitischer Diskussionen (wie auch wissenschaftlicher Einschätzungen) ist die Frage nach dem Zustand der Regierungspartei PRI und ihrer internen Reformfähigkeit hin zu einer „normalen" Partei. Die seit Anfang der 80er Jahre stärker zu beobachtende Tendenz, daß die sog. *tecnicos* (wissenschaftlich geschulte Technokraten/Bürokraten) mit geringer Verwurzelung im Parteiapparat in immer größerem Ausmaß entscheidende Kabinettsposten oder sonstige hohe Ämter besetzen, führte zwar zu internen Spannungen, aber nicht zu einer grundsätzlichen Veränderung der PRI und ihres Verhältnisses zur Regierung. Die Unterordnung des Parteiapparats als ein die politische Linie vorbereitendes und später durchsetzendes Medium war immer durch die absolute Dominanz des Präsidenten gegeben: sie wurde nun – entsprechend der allgemeinen Tendenz der zunehmenden „Verwissenschaftlichung der Politik" – anders begründet und ausgefüllt. Gut ausgebildete Technokraten und Bürokraten scheinen dem Präsidenten spätestens seit der Ära Miguel de la Madrids (teilweise durchaus auch schon während der Präsidentschaftsperioden von Echeverría und López Portillo) wichtiger als Politiker mit starker Hausmacht. Gerade bei der Distanzierung von einem populistischen Politikstil – wie sie vor allem seit Miguel de la Madrid besonders demonstriert wurde – konnte der Eindruck aufkommen, daß die *politicos* weniger bedeutsam für den Präsidenten geworden seien; bei Wahlen, Demonstrationen und Einzelkonflikten aber mußten sich auch die neoliberal-antipopulistisch orientierten Präsidenten der traditionellen PRI-Größen, vor allem auf regionaler und lokaler Ebene und in bezug auf die sogenannten Sektoren (Arbeiter, Bauern, Mittelstand) wegen ihrer vergleichsweise hohen Mobilisierungs- und Bindungspotentiale bedienen. Insofern blieben diese beiden Gruppen (Technokraten und Politiker) innerhalb der PRI aufeinander verwiesen, und es kann nicht davon ausgegangen werden, daß die Technokraten per se demokratischer und reformbereiter seien als die Politiker, die ihre Machtstellung korporativen Mechanismen und staatlichen Ressourcen verdanken (Lauth, 1991: 396ff.).

Nach dem rapiden Verfall des Prestiges der Staats- und Regierungspartei im Jahre 1988 kam es (wieder einmal) zu zaghaften Versuchen der Parteireform. Auf der 14. Nationalversammlung der PRI (September 1990) wurde das Gewicht der sogenannten Sektoren verringert (so im Parteivorstand), die individuelle Parteimitgliedschaft erleichtert und die Kandidatenauswahl für parteiliche Ämter auf verschiedenen Ebenen an geheime Wahlen gebunden; auch die traditionelle Form der Auswahl des Präsidentschaftskandidaten durch das sogenannte *dedazo* (Fingerzeig des scheidenden Präsidenten) sollte nun durch ein klar bezeichnetes Entscheidungsgremium und Transparenz der Auswahl ersetzt werden. Die Tatsache allerdings, daß der ursprüngliche Präsidentschaftskandidat für 1994, Luis Donaldo Colosio, sowie nach dessen Ermordung Ernesto Zedillo nach den üblichen, streng geheimen Prozeduren innerhalb des engsten Führungskreises der PRI (früher wurde er *familia revolucionaria* genannt) auserkoren wurde, verweist darauf, daß die realen Reformfortschritte innerhalb der PRI bis heute noch nicht deutlich sichtbar geworden sind. Die grundsätzliche Reformbarriere für die PRI liegt darin, daß ihre wesentlichen Stützen auf allen Ebenen (national, regional, lokal und auch in sektoraler Hinsicht) durch die bestehende korporative Struktur erhebliche materielle Vorteile und politische Machtpositionen genießen und sie diese höchstwahrscheinlich verlieren würden, wenn die Verteilung von materiellen und immateriellen „Wohltaten" aufhörten und die PRI-Repräsentanten aus echten Wahlen hervorgingen. In diesem Falle würde das Gewicht der Partei vermutlich geringer werden und die regierende politische Elite würde sich ihrer eigenen politischen Basis berauben. So kleben letztlich die unterschiedlichen Segmente der PRI (auch wenn es sich eigentlich um reformbereite Kräfte handelt) an dieser für die Aufrechterhaltung der Herrschaft produktiven Symbiose, die aber für die Einführung formell demokratischer und pluralistischer Verhältnisse mit echten Wahlmechanismen von grundsätzlich prohibitiver Natur ist. Es ist nicht auszuschließen, daß über einen bestimmten Punkt der demokratischen Reform hinweg das gesamte Herrschaftsgebäude der PRI zusammenbrechen würde; diese durchaus reale Perspektive hindert selbst die reformbereiten Kräfte innerhalb der PRI, weitergehende und energische Schritte der Abkehr vom alten System zu fordern oder gar bedingungslos durchzuführen.[3]

Die PAN (*Partido de Acción Nacional* – Partei der Nationalen Aktion) ist nach der PRI die traditionsreichste Partei des Landes. Ende der 30er Jahre als konservatives, katholisches Gegengewicht zum populistisch-laizistischen Hegemonialtrend unter Präsident Lázaro Cárdenas (1934–1940) gegründet, war sie vor allem in den Mittelschichten und bürgerlichen Kreisen einiger nördlicher Staaten (Nuevo León, Chihuahua etc.) verankert (Mols, 1981: 284ff.). Bis zur politischen Reform (1977) unter López Portillo, die eine Erleichterung des Registrierungs- und Zulassungsverfahrens sowie eine Öffnung des Wahlmodus einschloß (Lehr, 1981: 220ff.),[4] war die PAN die einzige echte, offen auftretende Oppositionspartei. Die beiden anderen bis zu diesem Zeitpunkt zugelassenen Parteien, die Sozialistische Volkspartei (PPS – eine linke Absplitterung von der PRI) und die sog. Authentische Partei der Mexikanischen Revolution (PARM – Veteranen der Revolution eher rechter Orientierung), waren taktisch begründete Ablegerformationen der PRI, die in vielerlei Hinsicht die Bindungen zur Mutterpartei aufrechterhielten. Die Sozialistische Arbeiterpartei (PST) und die Kommunistische Partei Mexikos (PCM) wurden nach 1977 als Parteien der Linken, die Mexikanische Demokratische Partei (PDM) als rechte Partei zugelassen. Danach – gegen Ende des Sexenniums von López Portillo – wurden weitere schon vorher bestehende kleinere Parteien der Linken registriert: Die linksnationalistische Mexikanische Partei der Arbeiter (PMT) und die trotzkistische Revolutionäre Partei der Arbeiter (PRT). Die größte Bewegung von Zusammenschlüssen und Auflösungsprozessen setzte auf der linken Seite des Parteienspektrums ein: Die eigentlich schon seit 1919 bestehende Kommunistische Partei Mexikos, die Anfang der 40er Jahre im Gefolge der linken Strömung des Cardenismus und der

[3] Die besondere Fragilität der PRI in ihrem gegenwärtigen Zustand ist auch darauf zurückzuführen, daß die traditionellen innerparteilichen Allianzen, Machtquoten zwischen den „Sektoren" sowie die wechselseitigen „checks and balances" – auch jenseits der Trennungslinie zwischen „Reformern" und „Dinosauriern" – weitgehend ihre Wirksamkeit und Bindekraft verloren, ohne jedoch andererseits neue Integrationsformen und -medien schon entwickelt zu haben. Vgl. hierzu und zur jüngsten Entwicklung des mexikanischen Parteiensystems v.a. Maihold, 1995: 4, 7, 11ff.

[4] Vgl. zur neueren Entwicklung des Wahlrechts, der „politischen Reform" und der Parteien: Goméz, 1993: 64ff. und Nohlen, 1993: 195ff.

Burgfriedenspolitik während des Zweiten Weltkriegs sich selbst aufgelöst hatte, spielte nach ihrer Wiedergründung Ende der 40er Jahre kaum eine bedeutende Rolle, sieht man von einigen gewerkschaftlichen Bastionen und den von hier aus geführten sozialen Kämpfen ab (Martínez, 1983). Seit Mitte der 70er Jahre bewegte sie sich auf eurokommunistische Positionen zu, löste sich 1981 formell auf und verband sich mit vier anderen kleinen Linksparteien zur Vereinigten Sozialistischen Partei von Mexiko (PSUM). Nach sechs weiteren Jahren schloß sich die PSUM mit der Mexikanischen Arbeiterpartei (PMT) und drei weiteren kleineren Gruppierungen zur Mexikanischen Sozialistischen Partei (PMS) zusammen. „Ende der 80er Jahre veränderte sich das Parteienspektrum auf geradezu spektakuläre Weise. Nachdem eine innerparteiliche Reformbewegung im PRI um den früheren Arbeits- und Sozialminister Porfirio Muñoz Ledo und Cuauhtémoc Cárdenas, den ehemaligen Gouverneur von Michoacán und Sohn des legendären Präsidenten Lázaro Cárdenas, gescheitert war, verließ die Protestgruppe den PRI. Cárdenas gelang es, als gemeinsamer Kandidat der linken Parteien in den folgenden Präsidentschaftswahlen die Wahlergebnisse des PAN deutlich zu übertreffen und ein für den PRI bedrohliches Resultat zu erreichen. Nach den Wahlen zerbrach diese Koalition aufgrund ihrer Heterogenität und es entstand die Partei der demokratischen Revolution (PRD), in der der PMS weitgehend aufging. Der PRD mit seinem Parteivorsitzenden Cárdenas entspricht in seiner Programmatik in vielen Bereichen sozialdemokratischen Positionen. Neben dem PRD wurde in letzter Zeit auch eine ökologische Partei gegründet (PEM). Bei Einbezug kleinerer Splitterparteien ist somit zu Beginn der 90er Jahre etwa ein Dutzend offiziell registrierter Oppositionsparteien aktiv. Nach den Wahlen von 1991 hat sich gezeigt, daß PAN und PRD die maßgeblichen Oppositionsparteien in den 90er Jahren sein werden." (Lauth, 1992: 54; siehe Schaubild 8.1)

Hinsichtlich der Reform des Wahlsystems während des Sexenniums von Salinas de Gortari ist zum einen die wichtige Neuerung in der Wahldurchführung zu nennen. Während früher die Vorarbeiten, die Durchführung und die Auswertung dem Innenministerium (*Secretaría de Gobernación*) oblagen, wurde dies seit 1993 per Gesetz auf eine zwar auch dem Innenministerium unterstehende, aber relativ unabhängige Behörde – das Bundeswahlamt IFE (*Insituto Federal Electoral*) – übertragen. Die obersten Gremien dieser Behörde umfassen Repräsentanten der Exekutive, der Legislative, unabhängige Bürger und Repräsentanten der an den Wahlen beteiligten Parteien. Zwei-

Schaubild 8.1: Übersicht über Entwicklungen im mexikanischen Parteiensystem

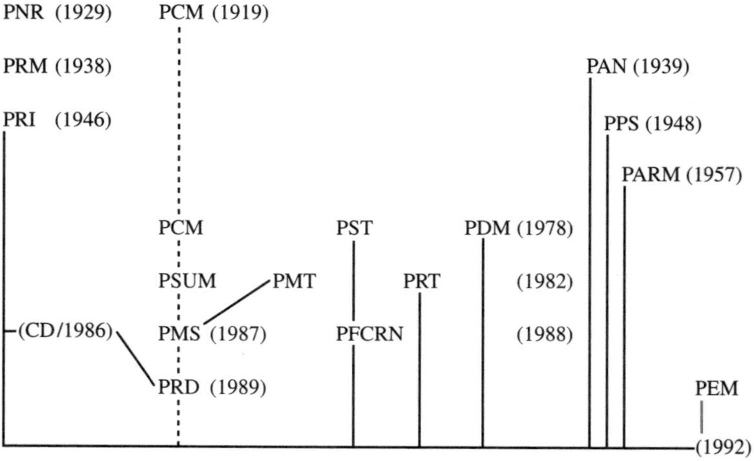

Erläuterung:
Jahreszahlen in Klammern bezeichnen das Gründungsjahr, das Jahr der Zulassung bzw. das Jahr der Umbenennung oder der Fusion

CD = *Corriente Democrática (Fraktion im PRI)*
PAN = *Partido de la Acción Nacional*
PARM = *Partido Auténtico de la Revolución Mexicana*
PCM = *Partido Comunista Mexicano*
PDM = *Partido Demócrata Mexicano*
PEM = *Partido Ecologista de México*
PFCRN = *Partido del Frente Cardenista de Reconstrucción Nacional*
PMS = *Partido Mexicano Socialista*
PMT = *Partido Mexicano de los Trabajadores*
PNR = *Partido Nacional Revolucionario*
PPS = *Partido Popular Socialista*
PRD = *Partido de la Revolución Democrática*
PRI = *Partido Revolucionario Institucional*
PRM = *Partido de la Revolución Mexicana*
PRT = *Partido Revolucionario de los Trabajadores*
PST = *Partido Socialista de los Trabajadores*
PSUM = *Partido Socialista Unificado de México*

Quelle: Lauth, 1992: 55.

tens wurde die Zahl der Senatoren von zwei auf vier je Bundesstaat erhöht und ein Viertel dieser Senatorenposten für die erste Oppositionspartei reserviert. Damit sollte auch auf diesem Felde dem Übergewicht der PRI entgegengewirkt werden. Weitere Reformen zielten, zumindest nominell, auf eine Chancengleichheit der Parteien ab. Dies bedeutet eine stärkere Kontrolle der Parteigelder seitens der Legislative, was sich vor allem auf die Herkunft von Parteifinanzen und die Ausgabenbegrenzung bezieht. So wurde es Staatsorganisationen, Beamten, kommerziellen Korporationen (z.B. Unternehmerverbänden), Kirchen und internationalen Organisationen untersagt, politische Parteien finanziell zu unterstützen. Zum anderen wurde die Höchstgrenze für den jeweiligen Präsidentschaftswahlkampf einer jeden Partei auf 42 Millionen US-$ festgelegt. Auch dies sollte zum Inhalt haben, eine größere Chancengleichheit zwischen den unterschiedlichen Parteien herzustellen. Weitere Bestimmungen hinsichtlich dieses Zieles wurden für die Nutzung von Massenmedien durch das IFE angeordnet, d. h., im Prinzip wurde allen Parteien die gleiche Zeit für die Wahlkampagne zur Verfügung gestellt (Franke, 1995: 42f.; sowie Becerra, 1994: 68ff.). Die reale Bedeutung dieser gesetzlichen Innovation muß allerdings von Fall zu Fall und generell mit Skepsis beurteilt werden. So wurde zeitlich parallel zu dem eben erwähnten Gesetz der Beschneidung der finanziellen Wahlunterstützung der Parteien bekannt, daß Präsident Salinas de Gortari dreißig hochkarätige Wirtschaftsmagnaten zu einem geheimen Abendessen geladen hatte und am Ende der Tafel – unter höchster Diskretion – um Schecks von ca. 25 Millionen US-$ je Teilnehmer zwecks Unterstützung der Fortsetzung der kapitalfreundlichen Wirtschaftspolitik der PRI bat.[5]

Die ökonomische Krise, die Anpassungsmaßnahmen und die allgemeine Reduktion von Ressourcenverausgabung seitens der Zentralregierung hat die Zentrums-Peripherie-Beziehungen innerhalb des Landes ebenfalls angespannter werden lassen. Ein Ausdruck dessen war, daß schon während der 80er Jahre entsprechende Konflikte innerhalb der PRI (zwischen Zentrale und Einzelstaaten bzw. Lokalitäten) auftraten wie auch Konflikte, die eine regional begründete Anti-PRI-Opposition – vor allem durch die PAN vorgetragen – beinhalteten. So wurden die Interventionen des Präsidenten in regionale Angelegenheiten während der 80er und 90er Jahre immer häufiger. Vielfach konnten die „gewählten" Gouverneure ihre Amtszeit nicht

[5] Siehe die abermalige Schilderung dieses Vorgangs in Proceso, No. 996 v. 4. 12. 1995: 18ff.

mehr beenden. Von 1988 bis 1992 wurden 8 von 12 dieser Gouverneure direkt durch Einschreiten der Zentralregierung abgesetzt und durch sogenannte „interimistische“, von der Zentralregierung bestimmte Gouverneure ersetzt (Heredia, 1994: 282f.). Offenbar konnten auch die Ansätze einer Dezentralisierungspolitik hinsichtlich des Gesundheits- und Erziehungswesens diese Zentrum-Peripherie-Spannungen nicht verringern, da mit der Externalisierung von Verantwortung seitens der zentralen Exekutive keine entsprechend veränderte Ressourcenausstattung (d.h. Verlagerung von Steueranteilen an die Einzelstaaten und Munizipien) einherging.

Die partiellen Reformen auf der obersten politischen Bühne und die institutionellen Neuerungen, die gewiß als Verbesserungen gegenüber früheren Zuständen anzusehen sind (z.B. die Etablierung einer relativ unabhängigen Menschenrechts-Kommission etc.), trugen nicht wesentlich dazu bei, daß der politische Stil und das politische Klima sich im Laufe des Sexenniums von Salinas de Gortari entscheidend änderte: Kämpfe um die Interpretation von Wahlausgängen auf regionaler und lokaler Ebene, die Besetzung von Rathäusern und ähnliches endete nicht selten in blutigen Zusammenstößen; die PRD z.B. beklagte allein zweihundert Tote während der Amtszeit von Salinas de Gortari, die auf solche Konflikte zurückgehen sollen.[6] Die Auseinandersetzungen der Regierung bzw. der PRI mit der PAN waren auf lokaler Ebene häufig nicht weniger scharf, doch konnte man in der Propaganda und der Gewichtung der Zentralregierung sehen, daß der Hauptfeind in der PRD und auf seiten der Linken gesehen wurde, während der Umgang mit der politisch näherstehenden, in wirtschaftspolitischer Hinsicht kongenialen PAN wesentlich gemäßigter ausfiel. Nicht zuletzt auch hierdurch war die Konsolidierung der PRD im Laufe des letzten Sexenniums ernsthaft behindert worden; hinzu traten interne Differenzen, so daß das politische Gewicht dieser Partei am Ende der Amtszeit von Salinas de Gortari – wie auch die Ergebnisse der Wahlen vom 21. August 1994 ausweisen (8.4) – weit unterhalb des von ihr 1988 erreichten Standes geblieben ist (Sotomayor, 1994).

[6] Siehe hierzu: Laurell, 1992b: 43ff.

8.2 Soziale Bewegungen und Partizipation

Gesellschaftliche Protest-Gruppierungen, die mehr oder minder dauerhaft zusammengeschlossen sind, gegen bestimmte, für sie als bedrohlich empfundene Mißstände angehen und sich jenseits parteipolitischer Bindungen engagieren, werden häufig als „soziale Bewegungen" bezeichnet.[7] In Mexiko gibt es eine reiche Tradition solcher Gruppierungen, die allerdings stets mit der starken Präsenz korporativer Strukturen konfrontiert waren (Knight, 1990: 78ff.). Eine Kernproblematik sozialer Bewegungen in Mexiko bestand und besteht immer noch in der Frage, in welcher Nähe oder Ferne diese zu den offiziellen Instanzen stehen dürfen und in welcher Weise der Gefahr begegnet werden kann, daß die Regierung solche Gruppierungen für eigene Zwecke instrumentalisiert. So ist es nicht verwunderlich, daß der Beginn der sozialen Bewegungen häufig mit dem Anfang des Niedergangs des PRI-Korporativismus angesetzt wird (z.B. Bennett, 1992: 240ff.). Die grundsätzliche Ambivalenz vieler dieser Bewegungen besteht darin, einerseits aus einer starken Kritik an Klientelismus, Korporativismus etc. entstanden zu sein, andererseits sich mit bestimmten Forderungen und Erwartungen an diese Regierung zu wenden. Aus der Vielzahl von ganz unterschiedlichen sozialen Bewegungen (z.B. Frauen-, Ökologie-, Friedens-, Homosexuellen-Bewegung etc.), die hier nicht vorgestellt und analysiert werden können, ragt nach Alter, Dauer und gesellschaftlicher Bedeutung die Stadtteil- oder Nachbarschaftsbewegung im urbanen Bereich heraus. Diese vor allem um die Schaffung von Wohnraum, materieller und sozialer Infrastruktur bemühten Bewegungen werden in Mexiko unter dem Oberbegriff *movimientos urbanos populares* (populäre städtische Bewegungen) gefaßt. Deren Entwicklung während der letzten zwölf Jahre soll hier kurz skizziert werden (Meffert, 1990: 56ff.).

Auch in Mexiko wiesen die sozialen Bewegungen im allgemeinen und die der Stadtteilbewohner im besonderen einen Zyklus von Tief- und Höhepunkten auf, der von einer Reihe von Faktoren determi-

[7] Vgl. die Definition von Rammstedt, 1978: 130: „Unter sozialer Bewegung soll ein Prozeß des Protestes gegen bestehende soziale Verhältnisse verstanden werden, ein Prozeß, der bewußt getragen wird von einer an Mitgliedern wachsenden Gruppierung, die nicht formal organisiert zu sein braucht." Eigentlich wären auch Gewerkschaften unter „soziale Bewegungen" zu subsumieren, da sie bereits unter 7.2 behandelt wurden, stehen sie hier am Rande.

niert wurde. Objektiv waren durch den rapiden Urbanisierungsprozeß und die explosionsartige Entstehung randstädtischer Elendsviertel seit den 50er und 60er Jahren genügend Konfliktstoffe und entsprechende Organisationsimperative gegeben. Interessanterweise entfalteten sich relativ unabhängige Bewegungen in diesem Gesellschaftsbereich erst seit Beginn der 70er Jahre. Bis dahin waren diese Bevölkerungssegmente mehr oder minder durch die korporativen Strukturen der PRI, vor allem durch die *Confederación Nacional de Organizaciones Populares* (CNOP), den sog. Volkssektor der PRI und die entsprechenden Unterabteilungen kanalisiert und kontrolliert worden.[8] Die organisatorische Beeinflussung von *colonias populares* (Armenviertel) durch PRI und CNOP geschah häufig weniger, um eine bestimmte Politik zu entwickeln und zu realisieren, als vielmehr eine alternative Organisierung dieser rasch wachsenden gesellschaftlichen Gruppen zu verhindern. Wegen der dadurch gegebenen sehr unterschiedlichen Situation in den jeweiligen Lokalitäten waren militante Einzelaktionen (z.B. auch Landbesetzungen und Errichtung von behelfsmäßigen Siedlungen) selbst unter der Ägide von CNOP möglich, von Fall zu Fall wurden hier – wie auch in anderen Bereichen, z.B. Gewerkschaften oder Bauernorganisationen – kleine Zugeständnisse seitens der Regierung gemacht, um dafür politische Loyalität einzutauschen (z.B. Mobilisierung bei Wahlen etc.).

Die erste Welle sozialer, städtischer Bewegungen setzte zu Beginn der 70er Jahre ein, ausgelöst durch entsprechende objektive Zwänge einerseits und begünstigt durch das Klima politischer Öffnung während der Präsidentschaft Echeverrías andererseits; in Durango und Oaxaca spielten als organisierendes Element Überbleibsel der Studentenbewegung von 1968 eine wichtige Rolle (Bennett, 1992: 244f.). Neue Kanäle der Interessenartikulation und neue demokratische Repräsentationsformen gehörten zu den wichtigsten Zielsetzungen dieser ersten, unabhängigen Stadtteilbewegungen, die der Konkurrenz durch staatlich beeinflußte analoge Bewegungen mit entsprechenden Vorteilen (schnellere Landzuweisung, geringere polizeiliche Repression etc.) standzuhalten hatten. Nach einer Flaute von ca. 1975 bis Ende der 70er Jahre entfaltete sich von 1979 an bis 1983 eine zweite Welle von Stadtteilbewegungen, die eine wesentliche regionale Ausweitung dieses Typs von sozialer Bewegung brachte. 1980 kam es zu

[8] Siehe zum keineswegs konfliktfreien Verhältnis der CNOP, die städtische, amorphe Unterschichten und urbane Mittelschichten integrieren sollte, gegenüber der PRI-Führung in den 60er und 70er Jahren: Davis, 1990: 346ff.

dem ersten bundesweiten Treffen unabhängiger Stadtteilbewegungen, dem bald ein zweites in Durango (1981) folgte, auf welchem eine Dachorganisation geschaffen wurde: *Confederación Nacional del Movimiento Urbano Popular* (CONAMUP). Verbesserung der Lebensverhältnisse der Armen und Bewohner von Elendsvierteln einerseits und Demokratisierung der Gesellschaft, einschl. der Respektierung der Menschenrechte andererseits waren die zwei wichtigsten Zielsetzungen dieses Dachverbandes. Der Umschlag vom Boom zur Krise 1981/82 war in der Entfaltung der Stadtteilbewegungen weniger spürbar als im Bereich der Mittelschichten, dennoch machte sich die harte Repressionswelle der Regierung gegenüber den gewerkschaftlichen Kämpfen 1983 und die tiefe und lange Dauer der Krise auch zunächst auf die Aktivitäten der Stadtteilbewegungen negativ bemerkbar. Erst im Anschluß an das Erdbeben vom September 1985 vor allem in Mexiko-Stadt kam es zu einer neuen Welle der städtischen Sozialbewegungen, die bis zu den Wahlen von 1988 anhielt.[9]

Angesichts der tagelangen Untätigkeit der Regierung nach den katastrophalen Folgen des Erdbebens, der Mitschuld von Regierungsmitgliedern an der unsoliden Bauweise zahlreicher zusammengebrochener Mietshäuser sowie angesichts der Gefahr des Mißbrauchs internationaler Hilfssendungen entfalteten sich spontane Aktionen der Stadtteilbewohner, die sich bald zu der Bildung einer vereinigenden Organisation verdichteten. Die *Coordinadora Unica de Damnificados* (CUD), die Koordinationsstelle der Erdbebengeschädigten, wurde einen Monat nach dem Erdbeben von zwanzig Nachbarschaftsorganisationen gebildet. Eine Fülle von weiteren Stadtteilbewegungen, vor allem in Mexiko-Stadt, wurde in der Folge gegründet, z. B. solche, die spezifische Probleme von Rentnern und Wohnungen für Rentner zum Gegenstand ihrer Aktivitäten machten. Im Zusammenhang mit der Linksabspaltung von der PRI und der Bildung der *Frente Democrático Nacional* (FDN) im Laufe des Jahres 1987 kam es – nicht zuletzt auch stimuliert durch die Symbolfigur Cárdenas – zu einem Umschwung der Meinungen in vielen Stadtteilbewegungen bezüglich der Teil-

[9] Davis, 1990: 335ff. vertritt die Auffassung, daß die sozialen Bewegungen im urbanen Bereich mit Beginn der Krise einen besonderen Aufschwung genommen hätten, da die Wohnungs- und Reproduktionsprobleme sich stark zugespitzt hätten, die Regierung infolge der Austeritätspolitik noch untätiger geworden sei und sich erstmals in auffälliger Weise viele Mittelschichtsangehörige, die von der Krise überproportional betroffen waren, an den Protestaktionen beteiligt hätten.

nahme an den Präsidentschafts- und Parlamentswahlen 1988, ein Thema, das in der Vergangenheit schon häufig Spaltungen und Uneinigkeit in den städtischen Bewegungen hervorgerufen hatte. Da weder die FDN noch die mit ihr verbündete Parteiengruppe eine ausreichende Infrastruktur zur Führung eines Wahlkampfs aufwies, waren es häufig die Lokale, die Frauen und Männer der Nachbarschaftsorganisationen und deren materielle Infrastruktur, die gewissermaßen als Substrat des Wahlerfolgs von Cárdenas gelten müssen, sowohl was die hohe Mobilisierung der armen und marginalisierten Bevölkerungsteile wie auch was deren Stimmabgabe betraf (Bennett, 1992: 255).

Der Aufstieg von CONAMUP nach 1985 erfolgte generell im Kontext ökonomischer Stagnation, der damit gegebenen Verringerung der staatlichen Ressourcen für die Armen und die Sozialpolitik im allgemeinen, einer anhaltend hohen Inflation und des raschen Wachstums des informellen Sektors. Daher ist die Ausweitung des traditionellen Aufgabenfeldes von CONAMUP nur zu verständlich. „Organisatorisch strebte die CONAMUP an, neben den Siedlern und Mietern auch die illegalen Händler und Händlerinnen (vendedores ambulantes) sowie Arbeiter und Arbeiterinnen des informellen Sektors zu organisieren, zumal diese Gruppen sich ohnehin mit der bereits organisierten Basis überschnitten. Dadurch sollte über die CONAMUP ein soziales Segment auf demokratische Weise repräsentiert werden, das in anderen offiziellen Institutionen, wie dem Volkssektor der PRI, nur untergeordnet vertreten war." (Bultmann, 1995: 189) Gleichzeitig mit der Ausweitung des Einflusses ging eine Mäßigung des politischen Diskurses einher, von Klassenkampftönen hin zu einer eher pragmatischen Zivilgesellschafts-Rhetorik.

Paradoxerweise kann der schnelle Zuwachs unmittelbarer politischer Bedeutung der Stadtteilbewegungen in der Zeit vor und kurz nach den Wahlen vom Juli 1988 in gewisser Hinsicht als Zenit betrachtet werden, dem ein Abstieg folgte. Diese Demobilisierung und der damit zusammenhängende Bedeutungsverlust der sozialen Bewegungen in diesem Bereich hat vielfache Ursachen. Die Politik von Salinas, die mit PRONASOL (vgl. 5.3) das Verhältnis von Staat und Gesellschaft neu definieren und zugleich Legitimation zurückgewinnen wollte, hatte ebenso wie der leichte ökonomische Wiederanstieg das Mobilisierungsniveau der autonomen Bewegungen mit Anti-PRI-Orientierung wesentlich beeinflußt. Die Entscheidung, aus der Wahlfront, in der die sozialen Bewegungen sehr aktiv und wichtig waren, eine politische Partei zu formen, war vielleicht noch wichtiger für die

Erklärung des Niedergangs. Die schon einen Mäßigungsprozeß anzeigende Auffassung, daß das politische System Mexikos grundsätzlich reformierbar und über Wahlen ein Machtwechsel zu erreichen sei, kanalisierte den größten Teil der Energien für den Aufbau der Partei und den Kampf um Wählerstimmen. Zugleich verstrickte sich die linke Opposition in erhebliche interne Machtkämpfe, die vor allem aus der starken Personalisierung und den geringen programmatischen Alternativgehalten ihrer Politik resultierte. Diese beträchtliche Zerrissenheit der aus der FDN bald gegründeten *Partido de la Revolución Democrática* (PRD) konnte das PRI-Regime durch kluge Bündnispolitik für sich nutzen (Bultmann, 1995: 205ff.).

Der relative Rückzug vieler sozialer Bewegungen von der politischen Bühne verdankt sich zum einen der Politik von Salinas, der verstand, mit dem Angebot von *convenios* (Übereinkommen mit bestimmten Gruppen, im Rahmen von PRONASOL bestimmte Projekte durchzuführen) den städtischen Bewegungen direkt und schnell materielle Ressourcen zukommen zu lassen. Zum anderen gelang es der PRD kaum, die sozialen Bewegungen in die Partei einzubinden und sie an wesentlichen Entscheidungen zu beteiligen, was neben anderen Aspekten wesentlich zur Schwächung der Parteiformation beigetragen hat (Haber, 1993: 240f.). – Trotz dieser Tendenzen der Spaltung, Neu-Bindung und/oder Entpolitisierung von Stadtteilbewegungen gerade während des Sexenniums von Salinas de Gortari darf nicht übersehen werden, daß dieser Rückschlag von einem relativ hohen Niveau der Organisierung und Mobilisierung aus erfolgte und die Situation auch Anfang der 90er Jahre in quantitativer und qualitativer Hinsicht sich sehr stark von dem Stand städtischer Bewegungen während der 70er Jahre unterschied.[10] Einigen wenigen städtischen Bewegungen – wie der in Durango (*Comité de Defensa Popular*, CDP) – gelang es sogar, sich auch auf ländliche Gemeinden auszudehnen (Haber, 1993: 226).

Ähnlich wie im städtischen Bereich ging auch auf dem Lande seit den 70er Jahren die Delegitimierung der jeweiligen korporativen Sektoren und Organisationen – der *Confederación Nacional de Campesinos* (CNC) – mit der Entstehung, Ausbreitung und Bedeutungssteigerung unabhängiger ländlicher Bewegungen einher (vgl. den Über-

[10] Dies kann wohl generell von der Breite, der Zahl und der organisatorischen Erfahrung der sozialen und populären Bewegungen in Mexiko in den 90er Jahren behauptet werden. Vgl. z.B. Monsivaís, 1987 und Foweraker, 1990: 19f.

blick bei Harvey, 1993: 199ff.). Diese nach unterschiedlichen sozialen Kriterien (Kleinbauern, landlose Bauern oder Landarbeiter), nach Region, Entstehungszeitraum, eventueller Nähe zu einer linken Partei etc. differierenden Organisationen (CNPA, CIOAC, UNORCA, UGOCP etc.) führten in den 80er Jahren verschiedene Aktionen durch, halfen bei Rechtsstreitigkeiten und waren in einem ständigen Prozeß der Auseinandersetzung mit der Regierung, der freilich auch gelegentliche Abkommen oder Übereinkünfte einschloß.[11] Aus den Wahlen von 1988 waren die der PRI entgegengesetzten Kräfte vor allem im städtischen Milieu stark hervorgegangen, was etwas vergessen macht, daß a) auf dem Land der offene Wahlbetrug, die Repression und der Klientelismus noch in relativ wenig abgeschwächter Form auftritt und b) daß sogar auf dem Lande der PRI-Stimmenanteil – zumindest in bestimmten Regionen – rückläufig war. Daher ist es durchaus konsequent gewesen, daß Salinas' Strategie der Rückgewinnung von Legitimität auch durch eine spezielle Politik gegenüber bestimmten ländlichen Regionen und Organisationen charakterisiert war. Neben der Ausbreitung der PRONASOL-Kampagne auf den mexikanischen Campo war es vor allem das Angebot, *convenios de concertación* mit allen Bauernorganisationen abzuschließen und diese in einer neuen Dachorganisation, dem *Congreso Agrario Permanente* („Permanenter Agrar-Kongreß"), CAP, einzubinden. 1989 wurden zehn solcher Abmachungen von 66 ländlichen Organisationen, auch unabhängigen darunter, unterzeichnet. Am CAP nahmen zunächst auch bislang kritische Organisationen teil, waren doch die im Mai 1989 verabschiedeten Maximen dieser neuen Dachorganisation auch von ihnen durchaus zu unterschreiben: Unterstützung von Landbesetzungen, um präsidentiellen Entscheidungen Nachdruck zu verleihen; Reduzierung der Größe privaten Grundeigentums und die Forderung, den sogenannten *Amparo* (Schutz von Eigentümern gegenüber staatlichen Eingriffen), den die großen Landeigentümer immer wieder bemühten, abzuschaffen; Einrichtung einer speziellen staatlichen Agentur zur Verteidigung der demokratischen Rechte von Bauern; Umänderung des Kabinetts hinsichtlich der Minister, die mit Agrarfragen zu tun haben, da diese angeklagt wurden, die Privatisierung des reformierten Sektors voranzutreiben (Harvey, 1993: 206). Aber schon bald fielen wieder mehrere Organisationen von dem Permanenten Agrar-Kongreß ab, da dessen Teilnahme an dem von vielen

[11] Vgl. zur genaueren Beschreibung der einzelnen, unabhängigen Campesino-Organisationen nach ihren spezifischen Aktivitäten: Reitmeier, 1990.

unabhängigen Campesino-Organisationen kritisierten „Pakt für Stabilität und Wachstum“ (PECE) nicht aufhörte; Wahlfälschungen auch auf regionalem und lokalem Niveau, Menschenrechtsverletzungen sowie die Politik der Privatisierung und der gezielten Unterstützung von Agrarexporteuren setzten sich ohne Änderung fort. Die Weltbankkredite von 300 Millionen US-$ (Februar 1988) und von 500 Millionen US-$ (1989) enthielten keinerlei Pläne zur Unterstützung der unterkapitalisierten Kleinbauern oder landarmen Campesino-Kategorien, sondern sollten vor allem für die agrarischen Exporteure eingesetzt werden. Eine neue Agrarpolitik konnte der CAP ebensowenig entwickeln wie die Menschenrechtsverletzungen stoppen, die Kontrolle der lokalen Kaziken und ihrer Pistoleros zurückdrängen, die ökonomische Unterstützung von Ejidos und indigenen Gemeinschaften vorantreiben oder die Privatisierungswelle aufhalten. Von daher waren die Gründe und Motive der Existenz unabhängiger Bewegungen auf dem Lande nach wie vor vorhanden und sogar durch die Forcierung der neoliberalen Programmatik seit 1990 in besonderem Umfang gegeben.

Für das Verständnis der Entwicklung der ländlichen Sozialbewegungen in Mexiko ist es wichtig zu erkennen, daß sich die Zielsetzungen auch der autonomen Bewegungen seit Ende der 70er und im Laufe der 80er Jahre grundlegend verändert hatten: Entsprechend der Relativierung der Bodenzuteilung (die stets verschleppt wurde, nur marginale Böden bescherte und vor allem die Frage der landwirtschaftlichen Inputs offenließ) war die Hauptforderung bald nicht mehr die nach Land, sondern nach Verbesserung der Produktionsbedingungen. Das heißt, die Kontrolle der Produktion gegenüber den Kreditbedingungen, hinsichtlich verbilligter Düngemittel, der Absatzgarantien, günstiger Versicherungsbedingungen etc. wurde – teilweise mit einigem Erfolg – Zielpunkt der Agrarbewegung in den 80er Jahren (Paré, 1992: 130ff.). Die rasche Liberalisierung und Privatisierung dieser Elemente und Vorbedingungen der agrarischen Produktion seit 1990 (Zollsenkung, Privatisierung der Düngemittelfabriken, Liberalisierung der Kredit- und Versicherungsbedingungen, die Auflösung staatlicher Vermarktungsorganisationen wie z. B. von INMECAFE, der Aufkauforganisation von Kaffee etc.) sowie die entscheidende Veränderung des Artikels 27 – all dies war wesentlich gegen die partiellen Errungenschaften der Agrarbewegungen gerichtet. Nachdem auf Initiative des Präsidenten Salinas die neue Dachorganisation CAP geschaffen worden war und unterschiedliche Bauernbewegungen hier vereint waren, kam es im Gefolge der neuen Maßnahmen der Regierung seit 1990 zu heftigen Diskussionen. Nach einer anfänglichen Bewegung des Widerstands spaltete sich die gesamte Agrarbewegung in Reaktion auf das Regierungsprogramm in zwei große neue Strömungen, die sogenannte „Neue Bauernbewegung“ und die *Coordinadora de Organizaciones Agrarias* („Koordinationsstelle agrarischer Organisationen“, COA), die die Regierungslinie rundweg ablehnte, während die zuerst genannte „Neue Bauernbewegung“ die salinistischen Reformen im Prinzip unterstützte. Interessant ist hierbei, daß keineswegs die alte Frontlinie zwischen staatsfixierten Bauernbewegungen und unabhängigen, kritischen Bewegungen eine Rolle spielte, sondern daß teilweise auch bisher unabhängige Bewegungen, wie z.B. die UNORCA und die UGOCP, sich der sogenannten produktivistischen Linie der Regierung anschlossen, während umgekehrt teilweise früher der PRI bzw. der Regierung verbundene, agraristische Bewegungen nun den regierungskritischen Strömungen, angeführt von der CNPA und der CIOAC, folgten (Foley, 1995: 67ff.). Zwar kam es von seiten der regierungskritischen Bewegungen zu bedeutenden Aktionen, Märschen, Besetzungen von Organisationen und Institutionen, doch durch die neue Konstellation und Mischungsverhältnisse von Regierungsgegnern und Regierungsbefürwortern, nicht zuletzt auch weiterbefördert durch die ganz unterschiedlichen PRONASOL-Aktivitäten, konnte eine relativ einheitliche und schlagkräftige Bauernbewegung, wie sie sich schon Ende der 80er Jahre tendenziell angezeigt hatte, kaum wirksam werden. Inwieweit die mexikanische Bauernbewegung, die in vielen Aspekten außerordentlich vital gewesen ist, im Zusammenhang mit dem bäuerlich-indigenen Aufstand in Chiapas in der Lage sein wird, eine Alternative anzubieten und zu neuer Kraft zu gelangen, muß offenbleiben (Fox, 1994a: 243ff.).

8.3 Exkurs: Der Aufstand in Chiapas

Systematisch betrachtet, muß der in der Neujahrsnacht von 1994 begonnene bäuerlich-indigene Aufstand in Chiapas zu den Sozialbewegungen gezählt werden, die in Reaktion auf die neoliberale Anpassungspolitik entstanden und die gegen wesentliche Leitlinien des Regierungsprojekts eine radikale Opposition artikulieren. Allerdings geschah dies in einer besonderen Form und mit einer Durchschlagskraft, die auch einigen anderen Sozialbewegungen in Mexiko wieder neuen Auftrieb verlieh. In Chiapas konvergierten allgemeine Bedingungen und besondere Faktoren, die auch in der langen, spezifischen Unterdrückungsgeschichte dieses südlichsten Einzelstaates Mexikos ihre Wurzeln haben.

Der „Film der Ereignisse“ ist weithin bekannt: Gerade am 1. 1. 1994, als der Freihandelsvertrag zwischen Kanada, USA und Mexiko (NAFTA) in Kraft trat und Mexiko gewissermaßen die Schwelle zur Ersten Welt überquerte (jedenfalls in den Phantasien und Wünschen seiner Regenten), bricht der Aufstand los, als einige hundert vermummte Guerilleros, die sich in ihren Kommuniqués das „Zapatistische Heer der nationalen Befreiung“ (EZLN) nennen, Polizeiposten und öffentliche Ämter in fünf mittleren Städten von Chiapas und der zweitgrößten Stadt San Cristóbal besetzen und sich heftige Schießereien mit den überraschten Polizeikräften lieferten. Nach einem Innehalten von ca. einem Tag antwortet die Zentralregierung mit heftiger Repression, schickt große Kontingente von Truppen, läßt vermutete Verstecke der Guerilleros bombardieren, verhaftet verdächtige Kollaborateure etc. Die Guerilla zieht sich in die Wälder zurück. Nicht zuletzt auf Druck einer breiten Öffentlichkeit an vielen anderen Orten des Landes (vor allem in der Hauptstadt selbst) kommt es zu einem einseitig verkündeten Waffenstillstand seitens der Regierung, die am 12. Januar die offenen Kampfhandlungen einstellt und Verhandlungen anbietet. Die Verhandlungskommissionen der Regierung und der Aufständischen treffen erstmals Ende Februar 1994 zusammen und gelangen bereits im März zu einigen vorläufigen Ergebnissen, die aber nach einer „Volksbefragung“ der „zapatistischen Basis“ Anfang Juni als unzureichend abgelehnt werden. Danach versuchte die EZLN verstärkt, die aus der Gesellschaft kommenden Sympathiebeweise (Erklärungen, Demonstrationen, Karawanen nach Chiapas etc.) zu bündeln und zu einer politischen Kraft zu formen. Sie rief alle Nicht-Regierungsorganisationen und oppositionellen Gruppen auf, an einer neuen *Convención Nacional Democrático* (CND) teilzunehmen. Im Juli und August fanden im Dschungel von Chiapas entsprechende Versammlungen mit über 6000 Delegierten statt, die jedoch zu keinen politischen Konkretisierungen führten. Im Zeitraum der Präsidentschafts- und Parlamentswahlen von August 1994 wurden die Gespräche zeitweise suspendiert. Danach, im September, werden sie wieder aufgenommen, und es wird sogar Einigung über bestimmte Punkte erzielt: Ein besonderes Sozialprogramm wird für Chiapas, als einem der ärmsten Bundesstaaten des Landes, ins Auge gefaßt, die bilingualen Schulen sollen erheblich ausgeweitet werden, besondere Ausgaben werden für das Gesundheitswesen vorgesehen und die Durchführung von sauberen Wahlen wird bekräftigt. In den Fragen der Legitimität der Regierung, des Rücktritts des Präsidenten (den die Zapatisten gefordert hatten) und der Herrschaft des PRI-Regimes war natürlich keine Übereinstimmung zu erreichen. Die neue Regierung von Ernesto Zedillo, die am 1. Dezember 1994 ihr Amt antrat, versprach zunächst die Fortsetzung der Linie der Verhandlungen und akzeptierte den bisherigen Ergebnisstand der Unterhandlungen zwischen Regierung und Guerillavertretung. Doch als die schwere Finanz- und Währungskrise Ende Dezember 1994 ausbrach, die die Regierung Zedillo in eine unerwartete Schwächeperiode stürzte, schien auch die „Geduld" der Regierung mit den Rebellen erschöpft zu sein. Angetrieben von einigen Stimmen im mexikanischen Militär und vor allem von ausländischen Banken (z. B. der Chase Manhattan Bank) steuert Präsident Zedillo plötzlich eine Linie der „harten Hand". Überraschend gibt er in einer Fernseherklärung am 6. Februar 1995 die bislang nicht bekannte Identität des Subcomandante Marcos bekannt und befiehlt dem mexikanischen Heer, in die Gebiete der Guerilla vorzustoßen und diese als „gemeine Kriminelle" zu verhaften. Trotz der Aufregung um den tiefen ökonomischen Rückschlag und den Beginn einer erneuten schweren Rezession bleiben große Bevölkerungsteile wachsam und engagieren sich wieder gegen diese Politik der Konfrontation seitens der Regierung. Nach einigen Tagen des Vorrückens des Militärs in die Urwaldgebiete, wo die zapatistische Armee vermutet wird, und nach entsprechenden Zerstörungen und Plünderungen, die vor allem die Zivilbevölkerung betreffen, wird diese Linie aufgegeben und die Politik der Verhandlungen wiederaufgenommen. Während dieser Zeit, vor allem im Sommer 1995, versucht die EZLN ihre politische Basis zu verbreitern, lädt zu nationalen Kongressen ein (in Aguascalientes/Chiapas) und propagiert eine sogenannte *consulta popular* (Volksbefragung) im August 1995, um zu erfahren, welches politisches Schicksal die EZLN in Zukunft haben soll. An dieser Volksbefragung nehmen etwa 1,5 Millionen Mexikaner teil, knapp die Hälfte votiert dafür, daß die EZLN sich zur politischen Partei fortentwickeln möge. Die Beteiligung ist zwar ein gewisser Erfolg für die EZLN gewesen, andererseits wird aber seit Herbst 1995 sichtbar, daß – nicht zuletzt durch die harte „Besatzungspolitik" des mexikanischen Heeres und dessen Übergriffe auf die Zivilbevölkerung – die Basis in Chiapas ins Wanken gerät und auch im übrigen Mexiko eine Konsolidierung oder Ausweitung des Einflusses der EZLN nicht mehr stattfindet. Seit diesem Zeitpunkt scheinen die Verhandlungen und Verhandlungsinhalte zwischen den Kommissionen der Regierung und der Guerilla weniger bedeutsam geworden zu sein als die allgemeine politische Entwicklung im Lande. Je nachdem, ob die Regierung Zedillo auf eine entschiedene Opposition von links im übrigen Mexiko trifft, können die Chancen der EZLN wachsen; umgekehrt arbeitet die Zeit gegen die Guerillabewegung und ihre Programmatik in dem Maße, in welchem sich die Regierung Zedillo – trotz der tiefen ökonomischen Krise – wieder stabilisieren sollte.

Über Ursachen, Strukturen und Resonanz der zapatistischen Guerillabewegung ist seit ihrem erstmaligen offenen Auftreten viel gerätselt worden. Die unmittelbar nach Aufstandsbeginn fast überall zu findenden Hinweise auf die besondere Armut und Rückständigkeit der Provinz Chiapas und die reiche Tradition der Rebellion der dortigen indigenen Bevölkerung seit dem 16. Jahrhundert sind zwar durchaus zutreffend (Benjamin, 1989; Wasserstrom, 1983), doch tragen sie für sich genommen zur Erklärung der konkreten Aufstandsbewegung von 1994 relativ wenig bei. Die Besonderheiten von Chiapas sind zwar herauszuarbeiten, dürfen aber nicht verabsolutiert werden, da durchaus ähnliche Problemkonstellationen sozialer, ökonomischer und politischer Natur in vielen anderen mexikanischen Bundesstaaten existieren. Letzteres erklärt auch den relativ großen nationalen Widerhall und die recht große Symphatie mit den Aufständischen.

Wesentlich scheint zu sein, daß die mexikanische Revolution erst mit erheblicher Verspätung (d. h. in den 20er und 30er Jahren) und gewissermaßen von oben nach Chiapas gelangte, die Agrarreformen sehr beschränkt blieben und die alte mit der neuen, teilweise bürokratisierten Oligarchie schnell verschmolz. Diese Konstellation führte dann dort mehr noch als in anderen Landesteilen dazu, daß die offiziellen politischen und gewerkschaftlichen Organisationen weniger der Interessenvertretung oder dem Interessenausgleich, sondern bald und relativ eindeutig als Instrumente zur Kontrolle der ländlichen Bevölkerung dienten. Die chiapanekische Regionaloligarchie konnte – obwohl besonders abgeneigt gegen reale Agrarreformen (die sie selbst wesentlich betroffen hätte) – auf Unterstützung durch die Zentralregierung rechnen, was die Situation besonders seit den 70er Jahren immer weiter zuspitzte (Wimmer, 1995: 62 ff.). Menschenrechtsverletzungen und politische Unterdrückung waren in Chiapas traditionell überdurchschnittlich hoch verbreitet. In diese ohnehin labile Konstellation fällt der deutliche Rückgang der Kaffee- und Maispreise auf dem Weltmarkt bzw. auch auf dem Binnenmarkt infolge der drastischen Zollsenkungen seit Ende der 80er Jahre. Die Kürzung bzw. vollständige Eliminierung von staatlichen Subventionen, die deutliche Verschlechterung der Kreditzugangsmöglichkeiten für Kleinbauern und die Auflösung staatlicher Aufkauforganisationen (wie z.B. INMECAFE) lösten den Zusammenbruch von mehreren tausend Kleinbauern in Chiapas aus. Dies erhöhte das ohnehin schon große Überangebot ländlicher Arbeitskräfte, das zusätzlich alimentiert wurde durch Anwerbung guatemaltekischer Gastarbeiter bzw. durch den späteren Zustrom von guatemaltekischen Flüchtlingen. Diese seit Beginn der 80er Jahre sichtbare Tendenz einer wachsenden relativen Überbevölkerung führte zu einer verstärkten Fern-Migration einerseits und zum Rückzug früherer saisonaler Wanderarbeitskräfte auf die indianischen Gemeinschaften andererseits. Beides bewirkte Auflösungserscheinungen der indianischen Gemeinschaften im Hochland von Chiapas, die wiederum den Hintergrund der jüngsten politischen Prozesse bilden. Die jahrzehntelange Dualität und Komplementarität von zeitweiser indianischer Arbeit auf den Plantagen und Gütern der Großgrundeigentümer im Tiefland an der Küste und von der Rückkehr bzw. Unterstützung der jeweiligen Familien in den indianischen Gemeinschaften ist durch Umstrukturierungen im Landwirtschaftssektor, Freisetzung von Arbeitskräften im größeren Maßstab, durch Preisverfall agrarischer Produkte, rapides Bevölkerungswachstum, Zustrom guatemaltekischer Flüchtlinge und nicht zuletzt durch die neoliberale Politik massiv gestört bzw. unterminiert worden. Sowohl die zunehmende Polarisierung in den Gemeinschaften, die erhöhte (externe) Mobilität der indianischen Mitglieder wie vor allem auch die Erosion der quasi korporativen Funktion der Gemeindevorsteher (Dorfältesten), die zwischen den politischen Instanzen (Staatsregierung, Gouverneur, Bürgermeister) und der indigenen Basis zu vermitteln hatten, hat die entscheidenden Vorbedingungen für die große Resonanz der zapatistischen Bewegung geschaffen (Rus, 1995: 85f.).

Vor allem darf aber auch nicht übersehen werden, daß der Abstieg von Chiapas während der Krise der 80er Jahre vor dem Hintergrund eines dynamischen Wachstums u. a. in den 70er Jahren erfolgte. In der Wachstumsregion Chiapas war die Konzentration des Reichtums von der Kumulierung besonderer Armut begleitet; schneller Fortschritt und überproportionale Rückständigkeit (bezogen auf den nationalen Durchschnitt) koexistierten zeitlich und regional in bemerkenswerter Weise. Neben dem Erdölboom, der Chiapas als zweitgrößten Produzenten von Erdöl unter den Bundesstaaten unmittelbar betraf, und dem gewaltigen Ausbau der hydroelektrischen Energie (Chiapas produziert heute allein mehr als die Hälfte von Mexikos hydroelektrischer Energie), galt Chiapas als größter Kaffee-Exporteur, drittgrößter Maisproduzent und fünftgrößter Viehproduzent (innerhalb der mexikanischen Bundesstaaten). Auch hinsichtlich der Tabak-, Bananen-, Sojabohnen-, Kakao- und Holzproduktion rangierte Chiapas seit einiger Zeit unter den vordersten Bundesstaaten Mexikos. Mit dem Fall der Kaffee- und Maispreise kam es zu einer starken Restrukturierung auch innerhalb der Landwirtschaft Chiapas', d.h., Sojabohnen, Erdnüsse, Sorghum, Tabak und vor allem Fleischprodukte stiegen auch in der Krisenperiode der 80er Jahre um mehr als das Doppelte an. Während Chiapas noch 1970 einen Anteil von 7,7% an den mexikanischen Agrarexporten hatte, war dieser im Jahre 1980 auf 12,4% angestiegen. Allerdings war dieser Umstrukturierungsprozeß von Freisetzungen und Wanderungsbewegungen begleitet. Gerade die wesentlich arbeitsextensivere Viehwirtschaft hat zu Konzentrationsprozessen und Freisetzungswellen geführt; ähnliches kann von der Ausbreitung hydroelektrischer Anlagen, Staudämmen etc. gesagt werden. Auch hier gingen über 100000 Hektar von bestem Land verloren, und allein aus diesen Gründen wurden etwa 90000 Menschen genötigt, neue Existenzmöglichkeiten auf dem Lande zu suchen. So hatte die Landknappheit und relative Überbevölkerung in Chiapas – neben dem raschen Bevölkerungswachstum – viele andere Ursachen, die im wesentlichen auf den Umstrukturierungsprozeß in den Infrastrukturanlagen und der Agrarwirtschaft zurückzuführen sind (Burbach, 1994: 114ff.).

Vor diesem – durch die objektive und ökonomische Entwicklung bestimmten – Hintergrund wachsender sozialer Polarisierung ist die Politik der Regierung, sowohl der Zentral- wie der Bundesstaatsregierung, zu betrachten. Mit dem Einsetzen der Austeritätspolitik seit 1982/83 verringerten sich die Spielräume für materielle Gratifikationen seitens des PRI-Regimes und damit die Grundlagen für die Erhaltung von Massenloyalität; die Bauern dagegen befreiten sich zunehmend von den korporativen Fesseln und waren immer häufiger zu kollektiven Aktionen bereit. Sowohl der Gouverneur von Chiapas, der von 1982 bis 1988 regierte, Absalón Castellanos Domínguez (den die Guerilla später entführte und kurz vor Verhandlungsbeginn freiließ), wie auch sein Nachfolger, Patrocinio González Garrído (1988–1993), interpretierten die Verfassung und das Strafgesetzbuch extrem einseitig und offen gegen ihren Geist und Buchstaben. Sie versuchten, die Schwächung des PRI-Regimes durch neue Rechtsinterpretationen und Entscheidungen „auszugleichen“; so wurde jede Demonstration z.B. als „Aufruhr“ oder „Störung der öffentlichen Ordnung“ begriffen und mit harten Strafen belegt. Die Gefängnisse von Chiapas füllten sich zusehends und platzten am Ende aus allen Nähten (Collier, 1994a: 127f.).

Das von Präsident Salinas inaugurierte Sozialprogramm PRONASOL (vgl. 5.3) hatte – quantitativ betrachtet – in Chiapas überdurchschnittliche Ausmaße (Harvey, 1994: 17f.),[12] doch war ein Hauptmangel in der Umsetzung, daß dort die Kontrolle durch die PRI-Gouverneure sehr scharf war; d.h., die regionale Verteilung wie auch die Adressaten wurden nach Parteiloyalitäts-Gesichtspunkten organisiert. Hohe INI-Funktionäre, die dem offenbar zuwidergehandelt hatten, wurden wegen „Korruption" ihres Amtes enthoben und ins Gefängnis geworfen. Aufgrund der rigiden PRI-Kontrolle der Solidaritätsfonds versickerte viel auf die übliche Weise oder wurde für nichtprioritäre Zwecke verwandt (Collier, 1994a: 144f.; Harvey, 1994: 19). Es ist klar, daß unter solchen Umständen eine Hoffnung auf die positive Wirksamkeit von PRONASOL-Ressourcen, die im Vergleich zum vorher verursachten Schaden durch die neoliberale Politik ohnehin gering waren (Hernández/Célis, 1994: 217ff.), kaum aufkommen konnte.

Die Änderung des Verfassungsartikels 27 (vgl. 6.1) hatte bei den Mitgliedern der Ejidos und Comunidades sowie den landlosen und landarmen Kleinbauern eine überwiegend negative Resonanz hervorgerufen, da hierdurch die Hoffnung auf Land, auf Fortsetzung der Agrarreform endgültig zunichte gemacht worden war. Gerade in Chiapas waren überproportional viele Agrarreformverfahren und -wünsche anhängig und der Rückstand der Entscheidung dieser Verfahren war hier besonders groß. Weniger die realen Veränderungen seit 1991/92 als vielmehr die mit der Verfassungsänderung verbundenen Erwartungen und Hoffnungen spielten bei dem Aufstand und seinem Widerhall im gesamten ländlichen Milieu Mexikos eine wichtige Rolle. „Es scheint klar zu sein, daß das Ende der Agrarreform einen symbolischen Bruch mit der Vergangenheit darstellte, der aber keinerlei Garantien für die Verbesserung der Zukunft anbot." (Harvey, 1994: 25)

[12] Manche Autoren sprechen sogar davon, daß Chiapas der größte Nutznießer von PRONASOL gewesen sein soll (Renard, 1994: 10); nach Fix-Fierro/Martínez-Uriarte (1995: 91) hatte Chiapas 1992 und 1993 mit 270 Mio$ die meisten Mittel aus dem PRONASOL-Programm erhalten, obwohl dieser Einzelstaat bevölkerungsmäßig nur den achten Platz auf nationaler Ebene einnimmt.

Die internationale Begründung (und Absicherung) dieser Politik der Privatisierung und Öffnung nach außen mittels des Freihandelsabkommens (NAFTA) hat sicherlich gleichfalls zum Gefühl der Ausweglosigkeit und Ohnmacht beigetragen. Seit den ersten Erklärungen der EZLN ist auf die negativen Implikationen von NAFTA für die Mehrheit der Kleinbauern in Chiapas hingewiesen worden.

Von vielen Kennern der Region wird die EZLN auf ca. 10000 bis 13000 bewaffnete Kämpfer geschätzt. Nach eigenen Angaben hat der Prozeß der Bildung der Guerilla über 10 Jahre in Anspruch genommen. Die Struktur der aktiven Kämpfer wie auch die gegenwärtige soziale Basis ist keineswegs homogen. Sie kommen vor allem aus drei verschiedenen Regionen von Chiapas: Erstens aus der „Selva Lacandona", dem Tropenwaldgebiet im Norden und Osten des Staates; in den am Rand dieses Gebiets gelegenen Kleinstädten Ocosingo, Las Margaritas und Altamirano lagen die Schwerpunkte der zapatistischen Erhebung. Zweitens aus dem Norden, aus El Bosque und Sabanilla, Gemeinden, die nahe dem Ort Simojovel liegen. Drittens aus dem zentralen Hochland (mit den Gemeinden Larrainzar, Oxchuk, Huixtan, Chanal u. a.). Ethnisch gehören ihnen entsprechend der unterschiedlichen Herkunftsgebiete Tzotziles, Tzeltales, Choles und Tojolabales an. Die jeweiligen Segmente, die aufgrund der Verschiedenheit der Sprachen auch untereinander Kommunikationsprobleme haben, sind vereint in dem sogenannten „Geheimen revolutionären indigenen Kommando" (CCRI), das das oberste beschlußfassende Organ der EZLN ist.

Aufgrund der Unterschiede in den ethnischen Zugehörigkeiten und Differenzierungen, in der sozialen wie religiösen Situation der Basis der zapatistischen Bewegung, war der Einigungsprozeß langwierig und keineswegs einfach. Eine Reihe von Organisationen und Bewegungen, teils von innen heraus, teils von außen kommend, war an diesem Prozeß in unterschiedlicher Weise beteiligt: Campesino- und Indígena-Organisationen, Elemente des fortschrittlichen katholischen Klerus (Befreiungstheologen), Gruppierungen gewerkschaftlich organisierter, zumeist bilingualer Lehrer (deren Gewerkschaftssektion Chiapas gerade dort seit 1979 einen energischen Kampf um gewerkschaftliche Demokratie und Autonomie geführt hatte),[13] Studenten aus der Bewegung der 68er und Reste der Guerillaformationen der 70er Jahre mit unterschiedlichen politischen Orientie-

[13] Siehe hierzu die politikwissenschaftliche Dissertation von Cook, 1990: 147 ff.

rungen (z.B. maoistisch, kommunistisch etc.) (Topitas, 1994: 148ff., 230ff.; Hernández, 1994: 53ff.).

Der östliche Teil von Chiapas, überwiegend vom lakandonischen Urwald eingenommen, war lange Zeit fast unbesiedelt – sieht man von den wenigen Indígenas aus dem Stamme der Lakandonen ab. Daher wurde dieses Gebiet in den 70er Jahren von der Landesregierung als Siedlungsterrain deklariert, das gewissermaßen als Ventil gegenüber dem anwachsenden Druck auf das Land in anderen Teilen der Region dienen sollte. Kolonisierung als Ersatz für Agrarreformen war hier – wie anderswo – die Losung politischen Handelns. Kleinbäuerliche Siedler aus anderen Regionen Mexikos, indigene Bevölkerungsgruppen aus dem Hochland sowie Vieh-Rancher kamen hier zusammen und entwickelten alsbald eine ziemlich konfliktive Koexistenz (Collier, 1994a: 37ff.). Zusätzliche Auseinandersetzungen entstanden, als die Landesregierung von Chiapas plötzlich (1978) einen erheblichen Teil des Lakandonen-Urwalds zur unantastbaren „Bioreserve" erklärte und Umsiedlungsaktionen von schon ansässigen Kolonisten begann. Die anderen „Reform"-Aktivitäten des Gouverneurs Castellanos (staatlicher Kauf von Ländereien privater Großgrundeigentümer zwecks Weiterverkauf an Bauern) boten insofern weitere Konfliktgründe, als bald deutlich wurde, daß auch bei diesen bescheidenen Umverteilungsmaßnahmen vornehmlich PRI-treue Mitglieder der Bauernorganisation CNC bedacht wurden, dagegen Mitglieder unabhängiger Bauernorganisationen von diesem Verfahren völlig ausgeschlossen blieben (Collier, 1994a: 49ff.).

Übereinstimmung herrscht darüber, daß der von Bischof Samuel Ruiz ausgerichtete Indígena-Kongreß vom Oktober 1974 anläßlich des 500. Geburtstags von Bartolomé de Las Casas (dem ersten Bischof von San Cristóbal und berühmten Indianer-Verteidiger) eine überragende Katalysator-Funktion für verschiedene Bewegungen und Organisationen in Chiapas hatte, da er erstmals die üblichen patriarchalischen Bevormundungen von staatlicher und/oder kirchlicher Seite zu vermeiden trachtete. Vor allem in zweierlei Hinsicht war dieser Kongreß bedeutsam. Erstens: In den selbstorganisierten Arbeitsgruppen und bei den eigenständig ausgewählten und behandelten Themen kamen erstmals unterschiedliche indigene Gruppen und Völker aus allen Teilen von Chiapas zusammen und erkannten, daß ihre grundsätzlichen Probleme – jenseits der ethnischen Grenzen – die gleichen sind und wechselseitige Kommunikation und Organisation notwendig und möglich sei. Zweitens: Auf dem Kongreß konnten nicht-indigene Teilnehmer, z.B. Lehrer, Ingenieure und technische

Berater sich davon überzeugen, daß die indigenen Gruppen – selbst wenn sie nur monolingual ausgerichtet waren – ein hohes Bewußtseins- und Organisationsniveau gegenüber den anstehenden Notwendigkeiten erreichen konnten (Collier, 1994a: 66).

Nicht zuletzt aus diesen Aktivitäten heraus und infolge der Enttäuschungen mit den offiziellen Bauernorganisationen entstanden in verschiedenen Regionen von Chiapas unabhängige Bauerngruppierungen. Vor allem die „Bauernorganisation Emiliano Zapata" (OCEZ), die regionale, unabhängige Bauern- und Arbeiterorganisation (CIOAC) und die Gruppe *Política Popular* (PP), die später unter dem Namen *Unión de Uniones Ejidales y Grupos Campesinos Solidarios de Chiapas* bekannt wurde. Die insbesondere auf Agrarreform abstellende OCEZ war vor allem um die Stadt Venustiano Carranza im Grijalva-Flußtal zentriert und war aus Konflikten zwischen Viehzüchtern und Bauern, auch im Kampf gegen Umsiedlungsaktionen infolge des Baus von Staudämmen, entstanden. Überregional war sie mit der bundesweit tätigen *Coordinación Nacional Plan de Ayala* (CNPA), einer unabhängigen, sich auf Emiliano Zapata berufenden Bauernorganisation verbunden und arbeitete eng mit fortschrittlichen Gruppen innerhalb der Lehrergewerkschaft zusammen. – Die CIOAC, die vor allem im nördlichen Chiapas um Simojovel agierte, war eine in vielen mexikanischen Bundesstaaten im Laufe der 70er Jahre entstandene unabhängige Arbeiter- und Bauernorganisation, die vornehmlich die arbeitsrechtliche Problematik des ländlichen Proletariats, der kleinen Pächter etc. in das Zentrum ihrer Arbeit stellte; es bestanden gute Beziehungen zur Kommunistischen Partei Mexikos, später zur PSUM. Die dritte wichtige unabhängige Bauernorganisation in Chiapas, die PP (später umgewandelt in *Unión de Uniones Ejidales*), war vor allem in den östlichen und nordöstlichen Teilen von Chiapas, also wesentlich der Selva Lacandona aktiv. Dort verband sie ihre maoistische Grundorientierung mit dem Kampf um konkrete Verbesserungen der Lage der Kleinbauern und Siedler bezüglich der Kredit- und Vermarktungsbedingungen, der Transportkosten etc.; diese Bewegung umfaßte nicht nur flächenmäßig den größten Anteil, sondern ihre soziale Basis wuchs schneller als die der anderen unabhängigen Bauernorganisationen (Marion, 1987: 52ff.). Wichtig zu erwähnen ist überdies, daß in diesem Gebiet die Gemeinden zwischen 20 und 50% protestantische oder evangelikale Bevölkerungssegmente, teilweise vertrieben oder geflohen aus dem Hochland, beherbergten. Diese Gruppen hatten insgesamt einen demokratischeren Verhaltensstil, was sich u.a. auch in einer wesentlich selbständigeren Rolle der Frauen ausdrückte. Ein nicht unerheblicher Teil der sozialen Basis der EZLN, auch ihrer weiblichen Mitglieder, rekrutiert sich gerade aus diesen protestantischen bäuerlichen Bevölkerungsgruppen (Collier, 1994a: 55ff.).

Diese und andere unabhängige Bewegungen ländlicher Unterschichten in Chiapas standen teils in Konkurrenz zueinander, teils ergänzten sie sich und fanden zu gemeinsamen Aktionen zusammen. Sie waren wiederum wichtige Zwischenstationen für die zapatistische Mobilisierung, konnten jedoch – trotz aller wichtiger Einzelerfolge (vgl. Topitas, 1994: 233f.) – aufgrund der letztlich wenig hoffnungsvollen Zukunftsperspektiven unter einem neoliberalen PRI-Regime nicht mehr eine wirkliche Alternative bieten. Doch auch wenn ein beträchtlicher Teil der bäuerlichen Unterschichten zu den Zapatisten tendierte, blieben in vielen Regionen vor und erst recht nach dem Aufstand neue Spaltungen in „Zapatisten“ und „Nicht-Zapatisten“ nicht aus und führten zu neuerlichen Migrationsbewegungen, Gewaltakten etc. Gerade aus dieser Perspektive sind relativ rasch erzielte Erfolge für die EZLN von überaus großer Bedeutung.

Die bisherige Bilanz der zapatistischen Rebellion muß auf verschiedenen Ebenen betrachtet werden. Erstens hat die EZLN einen großen propagandistischen Erfolg – sogar weltweit – errungen und deutlich darauf hingewiesen, daß der sogenannte Modernisierungsprozeß unter neoliberalen Vorzeichen in Mexiko mehr als ambivalent und nur zu außerordentlich hohen sozialen und politischen Kosten durchführbar ist. Vom militärischen Standpunkt aus haben die Zapatisten zweitens – zumindest bis Anfang 1995 – mehr aktive Kämpfer rekrutiert, mehr Waffen und Munition angesammelt als je zuvor. Drittens hatte die Revolte der EZLN auf nationaler politischer Ebene eine katalysierende, befreiende Wirkung, insofern als die Kritik am PRI-Regime immer offener und verbreiteter wurde; viele Zeitgenossen und Beobachter behaupten, daß im Bereich der Medienwelt und der Öffentlichkeit ein gänzlich neuer Stil der politischen Diskussion durch den Chiapas-Konflikt angestoßen worden sei. Eine Zeitlang sah es sogar so aus, als ob die Ereignisse im Gefolge des Aufstands von Chiapas eine wahlentscheidende Wirkung haben könnten. Die Diskussion um die Aufstandsbewegung und die Reaktion darauf hat viertens die Spannungen innerhalb der PRI offenbar noch erheblich gesteigert; ohne Chiapas wäre möglicherweise die Zuspitzung der Demokratisierungsproblematik durch den Präsidentschaftskandidaten Donaldo Colosio und damit dessen Ermordung nicht eingetreten. Fünftens schließlich hat auf der Ebene der bäuerlich-indigenen Bewegungen die zapatistische Erhebung zu kühneren Forderungen und Vorstößen auch in vielen anderen Regionen des Landes (z. B. Oaxaca, Guerrero, Hidalgo etc.) geführt. In Chiapas selbst hat die von der dortigen Landesregierung angestrebte Sammlung aller Bauernorganisationen zwecks Schaffung eines Gegengewichts zu der zapatistischen Bewegung offenbar zu kontraproduktiven Ergebnissen geführt. Der *Consejo Estatal de Organizaciones de Indígenas y Campesinos* (CEOIC) hat sich weitgehend den zapatistischen Forderungen angeschlossen. Über 30000 Hektar Land sind in Chiapas besetzt und viele Bürgermeisterämter von Oppositionskräften übernommen worden. Auch die Ende 1995 abgehaltenen Landes- und Kommunalwahlen haben an diesen turbulenten Auseinandersetzungen wenig zu ändern vermocht. Die Welle der Gewalt, vor allem auch von seiten der *Guardias Blancas* (weiße Garden bzw. gedungene Pistoleros der Großgrundbesitzer), hat sich auch zwei Jahre nach Beginn der offenen Rebellion nicht wesentlich abgemildert. Sowohl die Zentralregierung wie auch die chiapanekische Landesregierung haben verschiedene größere Sozialprogramme angekündigt; aber die alte Frage bleibt, wer sie durchführen und umsetzen soll und vor allem: ob es dazu nicht schon zu spät ist. Generell aber hat der Aufstand in Chiapas die allgemeine Diskussion um das PRI-Regime, die Änderung des Artikels 27 und die Agrarreform-Problematik sowie auch die ethnische Frage erneut zu einem zentralen öffentlichen Diskussionsthema gemacht (Renard, 1994: 17 ff.).

Die Tatsache, daß die EZLN in ihren öffentlichen Verlautbarungen nie die „Eroberung der Macht“, eine „Revolution“ o. ä. postulierte, hat ebenso wie das strikte Beharren auf der Einlösung der mexikanischen Verfassung (von 1917) dazu geführt, diese Guerilla als einen neuen Typus von „bewaffnetem Reformismus“ zu qualifizieren (Castañeda, 1995); der Umstand schließlich, daß ihr Vorgehen selbst allen traditionellen, avantgardistischen und „fokistischen“ Tendenzen eine klare Absage erteilte, ihr virtuoses Nutzen der neuen medialen Möglichkeiten (einschließlich von Internet) und die gegenüber dem militärischen Element als wesentlich wichtiger und höherrangig behandelte Ebene der zivilgesellschaftlichen Unterstützung – all dies hat manche Beobachter veranlaßt, von der „ersten postmodernen Guerillabewegung“ zu sprechen (Burbach, 1994).

Dennoch scheint im Jahre 1995 – nicht zuletzt aufgrund der schweren ökonomischen Krise, der politischen Zerrissenheit der PRI, der Wahlsiege der PAN etc. – im Vergleich zum Vorjahr die Chiapas-Problematik etwas in den Hintergrund getreten zu sein. Auf verschiedenen Ebenen des „Dialogs“ (Koch, 1995: 26ff.) versucht die Regierung, die von Fall zu Fall auch parallel dazu eine Politik der „harten Hand“ zeigt und die Militarisierung der Region weiter vorantreibt, den Gegner zu schwächen; durch partielle Versprechungen, Regionalisierung und Kleinarbeitung der Problematik versucht sie offensichtlich, Zeit zu gewinnen, und kann dabei durchaus Terrain wiedergutmachen, sofern in dieser Zeitspanne keine neue politische Kraft mit einer grundsätzlichen, real möglichen Alternative sich herausbildet. Umgekehrt versucht die EZLN in den diversen Dialogen, ihren politisch-militärischen Vorstoß von Anfang 1994 politisch zu konsolidieren und in eine dauerhafte, bessere Position umzuwandeln.[14] Doch scheint dies gerade auch wegen der gewachsenen politischen Instabilität und der tendenziellen Unregierbarkeit des Landes schwerer realisierbar zu sein, als es ursprünglich angenommen worden war. Der überraschende Wahlausgang vom August 1994 hat diese scheinbar paradoxe Konstellation erstmals allen deutlich vor Augen geführt.

8.4 Die Präsidentschafts- und Kongreßwahlen von 1994

Schon im Vorfeld wiesen die für den 21. August 1994 angesetzten Präsidentschafts- und Kongreßwahlen – neben selbstverständlichen Kontinuitätsmomenten – einige wichtige Besonderheiten auf. An erster Stelle steht natürlich das Zusammenfallen des Beginns des Guerilla-Aufstands in Chiapas und der Wahlen im selben Jahr, was per se eine massive Infragestellung der Wahlprozeduren bedeutete; die Ermordung des Präsidentschaftskandidaten der PRI, Luis Donaldo Colosio, im März 1994 während einer Wahlkampfveranstaltung, die bis heute ungeklärten Umstände dieses Attentates sowie weitere schwere, gewalttätige Zusammenstöße ließen zum einen die Wahlen und die Kandidaten zeitweise in den Hintergrund treten, zum anderen aber erschienen sie dann wieder – von einem bestimmten Zeitpunkt an – als stabilisierender Rettungsanker in einem Umfeld wachsender Turbulenzen und potentieller Unregierbarkeit. Vereinbarungen zwischen den acht wichtigsten Parteien des Landes im Januar und März 1994 hatten zum Inhalt, die Korrektheit der Wahlen (auch

[14] Anfang 1996, zum zweiten Jahrestag des Aufstands, kündigte sie die Bildung einer breiten politischen Front („Frente Zapatista“) an, die die kritische „Zivilgesellschaft“ repräsentieren soll; dennoch werde die EZLN damit nicht aufhören zu existieren (El Pais v. 2/1/1996).

eine der Hauptforderungen der Guerilla) nochmals zu bekräftigen. Verschiedene Reformen der Regelung des Wahlprozesses von 1990 und 1993 hatten gegenüber früheren Wahlen und ihren sprichwörtlichen Betrugskomponenten das Ziel, die Transparenz und Kontrollierbarkeit des Wahlprozesses zu erhöhen und die Chancengleichheit der Parteien im Vorfeld der Wahlen zu gewährleisten. Zum Beispiel spielten gesetzliche Bestimmungen über eine relativ unabhängige Wahlbehörde, neue Wahlorgane und die Zusammensetzung der Wahlbüros (8.1) neben der Neufassung der Parteienfinanzierung, neuen Vorschriften über Wahlkampfausgaben sowie Sendezeiten für die einzelnen Parteien in Rundfunk und Fernsehen eine erhebliche Rolle; zumindest formell und auf dem Papier waren diese Dinge jederzeit einklagbar, freilich blieb die Diskrepanz zwischen Gesetzesbuchstaben und Wirklichkeit weiter in gewissem Umfang bestehen. Die Tatsache schließlich, daß nach heftigen Auseinandersetzungen von der Regierung erstmals ausländische Wahlbeobachter – unter dem feinsinnigen Namen *visitantes extranjeros* (ausländische Besucher) – zugelassen wurden, muß als eine wichtige Neuerung angesehen werden; diese wäre ohne entsprechenden internen und vor allem externen Druck (NAFTA) kaum denkbar gewesen.

Die Wahlen vom 21. August 1994, die außer der Wahl des Präsidenten auch die der Hälfte der Abgeordneten und der Gesamtheit des Senats auf Bundesebene sowie von Abgeordneten auf der Ebene der Einzelstaaten einschlossen, wiesen gegenüber 1988 (50,2%) und 1991 (61%) eine außergewöhnlich hohe Wahlbeteiligung von 77,7% auf, was in absoluten Zahlen fast einer Verdoppelung der Wählerzahl gegenüber 1988 gleichkam: Sie stieg von 19 auf annähernd 36 Millionen an. Diese hohe Wahlbeteiligung, die in den letzten 25 Jahren niemals erreicht worden ist, wird von Wahlanalytikern zum einen auf die angeführten Reformen zurückgeführt; diese hätten einem größeren Teil der Bevölkerung erstmals das Gefühl vermittelt, prinzipieller Akteur bei tendenziell kompetitiven Wahlen zu sein. Zum anderen wird die hohe Wahlbeteiligung gerade als explizites Gegensignal zur umsichgreifenden Gewaltsamkeit politischer Prozesse interpretiert (Favela, 1994: 48ff.). Gleichzeitig war der Ablauf der Wahlen selbst – der Mehrheit der Berichte zufolge – für mexikanische Verhältnisse bemerkenswert korrekt, d. h., daß offenbar die auftretenden Fälle von Defiziten, Betrug oder sonstige Irregularitäten den Gesamtausgang der Wahlen nicht wesentlich modifiziert haben.[15]

[15] Auch hier gibt es ganz unterschiedliche Beobachtungen: v. Gleich, 1995:

Der Präsidentschaftskandidat der PRI, Ernesto Zedillo Ponce de León, erhielt 48,77% der Stimmen, der Kandidat der PAN, Diego Fernández de Cevallos, 25,94% und Cuauhtémoc Cárdenas von der PRD 16,6%; die anderen sechs Kandidaten erhielten zusammen knapp 6%, davon die Kandidatin von der Arbeiterpartei (PT) immerhin 2,74%, während die anderen jeweils weniger als 1% der Stimmen auf sich vereinigten. Mit leichten Abweichungen fielen die Abgeordnetenwahlen fast in denselben Proportionen aus (s. Tabelle 3 im Anhang); bei den Senatswahlen konnten die PAN und die PRD gegenüber 1991 ihr Gewicht – nicht zuletzt infolge der Wahlgesetzänderung – erhöhen. Vergleicht man diese Resultate mit den Wahlen von 1988, so fällt zunächst auf, daß der PRI-Kandidat – diesmal mit einer wesentlich höheren Legitimität und Korrektheit – praktisch denselben Stimmenanteil auf sich vereinigen konnte wie Salinas de Gortari, dagegen ein bemerkenswerter Platztausch zwischen dem PRD- und dem PAN-Kandidaten – mit wiederum fast identischen Proportionen wie 1988 – bezüglich des zweiten und dritten Platzes stattfand. Dies spiegelte sich entsprechend in der Sitzverteilung der Abgeordneten wider: Gegenüber 1988 konnten PRI und PAN beträchtliche Zugewinne verbuchen, die PRD mußte demgegenüber im Vergleich zu ihrer Vorgängerformation, der Demokratischen Nationalen Front (FDN), einem Bündnis von verschiedenen Parteien, erhebliche Einbußen hinnehmen. Bezieht man aber dieses Ergebnis von 1994 auf die Resultate des Zwischenwahljahres 1991, so modifizieren sich diese Tendenzen etwas, da gegenüber diesem Datum die PRI 20 Sitze verlor, die PAN 30 Sitze hinzugewann, die PRD sogar 31. Mit diesen Wahlen scheint sich das Ende der 80er Jahre herausbildende Dreiparteiensystem – mit einer Hegemonialpartei und zwei Oppositionsparteien, die auf unterschiedlichen Seiten des politischen Spektrums angesiedelt sind – stabilisiert zu haben; allerdings sind die regionalen Unterschiede so groß, daß man von einer Kombination des „tripartidismo nacional con bipartidismo regional“ (Dreiparteiensystem auf nationaler Ebene, mit einem Zweiparteiensystem auf regionaler Ebene) sprechen kann (R. R. García, 1994: 33; Favela, 1994: 52).

123ff. einerseits und Lateinamerika-Nachrichten, Nr. 243/244, Sept./Okt. 1994: 42ff. andererseits. In dieser Frage muß offensichtlich ein großer Unterschied zwischen den Vorgängen in den Städten und auf dem Lande gemacht werden. Während in den meisten Städten die Wahlen relativ sauber abliefen, wurden in ländlichen Gebieten – vor allem im Süden des Landes – die alten Wahlbetrugsmanöver in fast üblicher Weise wiederholt (Moguel/Botey, 1994: 141ff.).

Dennoch hat dieser Wahlausgang viele Beobachter überrascht; sowohl die Meinungsumfragen wie die generelle Stimmung im Lande seit Beginn des Jahres 1994 hatten die Erwartungen auf einen größeren Stimmenverlust der PRI und einen größeren Stimmenanteil der PRD gelenkt. Warum dies nicht eingetreten ist, warum die Wahlbeteiligung so hoch war, warum die PAN so gut abgeschnitten hat, wieso die klare neoliberale wirtschaftspolitische Orientierung von PRI und PAN gemeinsam ca. 75% der Stimmen auf sich vereinigen konnte – diese und andere Fragen des Wahlausgangs sind noch nicht hinreichend untersucht und geklärt worden. Bislang überwiegen Vermutungen und Plausibilitätserwägungen.

Abgesehen von den verschiedenen Momenten des „strukturellen Wahlbetrugs", die sich aus der Ressourcenüberlegenheit und der Staatsnähe der PRI ableiten und die auch durch die erwähnten Änderungen des Wahlgesetzes und des Wahlprozesses nicht eliminiert werden konnten, war es wahrscheinlich ein erhöhtes Streben nach relativer Sicherheit und Kontinuität, das bei vielen Mexikanern den Ausschlag für die PRI gegeben hat. Gerade in einer Periode des absehbaren Umbruchs – ökonomisch und politisch – schien offenbar vielen, zum Teil durchaus auch PRI-kritischen Bürgern, die PRI mit ihren Reformversprechen, mit der ihr zugeschriebenen Aussicht auf Fortsetzung des wirtschaftlichen Aufschwungs etc. die am wenigsten riskante Alternative (Couffignal, 1994: 20).[16] „Der Konflikt in Chiapas löste eine Kampagne aus, die vor allem durch die Ausbeutung des Sicherheitsstrebens der Bürger bestimmt war. Die Stimme für Ernesto Zedillo wurde als 'Stimme für den Frieden' dargestellt. Die Vorstellung vom Wandel, die von Kräften der Opposition vorgebracht wurde, vor allem vom Kandidaten der PRD, die einen gewissen radikalen Beiklang hatte, wurde mit Instabilität und dem drohenden Bruch der institutionellen Ordnung oder gar mit Bürgerkrieg gleichgesetzt." (Espinoza, 1994: 12) Die PRI konnte in den meisten Städten ihre Stel-

[16] Ähnlich meint Frehner: „Für die gravierenden sozialen Probleme des Landes (weit mehr als 50 Prozent der Bevölkerung leben in Armut) wurde die Regierungspartei offenbar nur bedingt verantwortlich gemacht. Von vielen Wählern aus den ärmeren Schichten wurde wohl dem Slogan des neuen Präsidentschaftskandidaten Glauben geschenkt, das Familieneinkommen gezielt zu erhöhen (bienestar para tu familia). Viele Wähler, so ist zu vermuten, belohnten mit ihrer Stimme die gute Wirtschaftspolitik, die von Präsident Salinas geleistet wurde und glaubten dem neuen Kandidaten Zedillo, daß er ernsthaft die verbleibenden Probleme des Landes angehen werde." (Frehner, 1994: 14ff.)

lung halten, im ländlichen Bereich – den traditionellen Hochburgen der PRI – kam es partiell zu empfindlichen Rückschlägen. Gerade in den nördlichen Bundesstaaten, die teilweise in Gouverneurs- und Regionalwahlen PAN-Mehrheiten zeigten, konnte die PRI wieder Stimmen zurückgewinnen. Ca. 65% ihrer Wählerschaft setzte sich aus Stammwählern zusammen, bei den beiden Oppositionsparteien betrug dieser Anteil nur etwa die Hälfte (Franke, 1995: 49ff.). Die PAN konnte ihr Image als konsequente und ehrliche Oppositionspartei offensichtlich weiter erfolgreich fortentwickeln, auffallend war, daß sie verstärkt von jungen Leuten (z.B. auch Studierenden) gewählt wurde. Damit wird sie immer mehr die Partei vor allem der städtischen, modernen Mittelschichten, die freilich materiell und ideologisch von wichtigen Unternehmerkreisen unterstützt wird. Im sozialchristlichen Arbeitermilieu hat sie – zumindest in einigen nördlichen Bundesstaaten – ebenfalls eine gewisse Klientel. Ihr Kandidat Diego Fernández de Cevallos schnitt im Wahlkampf – vor allem in der Fernsehrunde der drei Hauptkandidaten – am besten ab, was in einem Land mit großer personalistisch-caudillistischer Orientierung und Tradition nicht unwichtig ist. Das Ergebnis der Wahlen fiel für die PRD anscheinend schlechter aus als erwartet worden war, obwohl dieser erste Eindruck etwas korrigiert werden muß. Gegenüber 1991 registrierte sie – im Vergleich zu PRI und PAN – die relativ und absolut größten Zuwächse bei den Abgeordnetenwahlen. Im übrigen ist der Vergleich zu 1988 insofern zu relativieren, als die damalige FDN, die Vorläuferorganisation der PRD, einige andere Parteien, wie die Sozialistische Volkspartei (PPS), die Partei der authentischen mexikanischen Revolution (PARM) und die Partei der cardenistischen Front des nationalen Wiederaufbaus (PFCRN) einschloß. Nimmt man den Anteil der Abgeordneten dieser Gruppierungen heraus und hält lediglich die PRI-Dissidenten und die ehemaligen PSUM-Abgeordneten von 1988 dagegen (es sind 32 von 139), so kann seither – im Zuge der Bildung und Konsolidierung der PRD als einer neuen und selbständigen Partei – ein relativ kontinuierlicher Wachstumsprozeß (gemessen in Abgeordnetenmandaten) registriert werden. Dies festzuhalten, bedeutet keineswegs die offenkundigen Schwächen der PRD zu übersehen: Die immer deutlicher werdende Teilung der Partei in zwei Strömungen – die eine verbunden mit dem Namen Cárdenas, die für eine harte Anti-PRI-Politik und grundlegende gesellschaftliche Alternativen eintritt, und die andere Strömung, verbunden mit dem Namen Muñoz Ledo, die auf Verhandlungen auch mit der PRI und partielle Reformen abhebt – hat dem äußeren Image der PRD zweifellos geschadet.[17] Inwieweit auch ihre Kontakte zur EZLN sich nachteilig für ihren Stimmenanteil ausgewirkt haben – wie manche vermuten (Franke, 1995: 53) – muß offenbleiben. Der Mangel einer klaren und überzeugenden gesellschaftspolitischen Alternative war sicherlich die schwerste Hypothek der PRD.

So schienen die Präsidentschaftswahlen vom August 1994 trotz (oder gerade: wegen) zunehmender politischer Turbulenzen – vor allem auch innerhalb der PRI – eine mehrheitliche Option der Mexikaner für „Kontinuität im Wandel", d. h. die Fortsetzung der neoliberalen Modernisierungspolitik – bei gleichzeitiger Beschleunigung der politischen Demokratisierung und Akzentuierung des sozialen Ausgleichs – anzuzeigen.[18] Mit dem Versprechen, diese politische Linie zu verfolgen, trat Ernesto Zedillo das Präsidentschaftsamt am 1. Dezember 1994 an.

[17] Seit September 1993 gibt es sogar drei klar abgegrenzte Strömungen innerhalb der PRD, vgl. Sotomayor, 1994: 12f. Auf dem letzten Parteikongreß der PRD im August 1995 versuchte man die tiefgreifenden Differenzen zu verkleinern; offenbar hat die „dialogistische" Fraktion um Muñoz Ledo weiter an Zustimmung innerhalb der PRD gewonnen (Becerra, 1995: 14ff.). Vgl. generell zur Entwicklung der Linken während der letzten Jahre: Carr, 1993: 83ff.

[18] Zur weiteren Analyse der Wahlen von 1994 siehe neben dem Schwerpunktheft Nr. 65, November 1994, von „El Cotidiano" u. a. die Reflexionen und Kommentare von J. Woldenberg, 1995: 201ff. und C. Ramírez, 1995: 185ff., 241ff.

9. Synthese und Ausblick: Von der Krise 1982/83 zum Neoliberalismus und vom Neoliberalismus in die Krise von 1994/95

Drei Wochen nach dem Regierungsantritt Ernesto Zedillos begann die (bis dahin künstlich aufgeschobene) Krise. Infolge der Stützung des Peso, der schon seit einiger Zeit unter Druck geraten war, aber auch in Konsequenz des Abzugs beträchtlicher Mengen von Portfolio-Kapital schmolzen in den ersten Dezemberwochen die mexikanischen Währungsreserven schnell dahin; eine Abwertung der Währung schien unvermeidlich. Nach der völligen Freigabe des Peso am 21. Dezember 1994 fiel die nationale Währung innerhalb weniger Tage bis Anfang Januar 1995 um fast zwei Drittel ihres Wertes: Von der Relation 3,45 Pesos zu 1 US-$ auf 5,57 Peso je US-$. Der hektische Ausstieg der Anleger aus dem Peso und dem mexikanischen Engagement steigerte die Währungskrise zu einer Finanz- und Börsenkrise, die sich bald zu einer tiefen allgemeinen Wirtschaftskrise verdichtete. Nur mittels eines internationalen Hilfspakets von 50 Mrd. US-$, das in relativ kurzer Zeit versprochen worden war und unter Druck von Präsident Clinton und IWF-Direktor Camdessus schon Anfang Februar 1995 auf den Weg gebracht wurde, konnte eine Zahlungseinstellung seitens Mexikos verhindert werden.[1]

Wie war es möglich, daß das neoliberale Musterland in wenigen Tagen aus der Höhe des gerade erklommenen OECD-Status und der NAFTA-Mitgliedschaft in die Niederungen des ordinären Dritte-Welt-Landes abstürzte? Die meisten Mainstream-Ökonomen stehen noch heute ziemlich fassungslos diesem Phänomen gegenüber und sprechen z. B. von „einer äußerst ungünstigen Konstellation monetärer und politischer Faktoren [...], die angesichts der positiven Fundamentaldaten kaum vorhersehbar war." (Brand/Röhm, 1995: 22) Mit dieser offenkundig unzureichenden Lesart, die Schicksalskräfte, Zufälle oder Betriebsunfälle bemüht, verbinden sich auch andere Erklärungsvarianten. Viele Autoren weisen auf technische Unzulänglichkeiten der Durchführung der Abwertung (kein kohärentes Kon-

[1] Vgl. zu den Einzelheiten der Krisenvoraussetzungen und des Krisenverlaufs die Studie der OECD von 1995.

zept, keine ausreichende, parallele Information der Anleger etc.) hin; auch dies vermag kaum zu überzeugen – angesichts der dazu völlig unproportionalen Folgewirkungen. Der Hinweis schließlich auf die Diskrepanz von ökonomischer Modernisierung und Liberalisierung einerseits und fehlender Demokratisierung des politischen Systems andererseits, der auch in diesem Zusammenhang vorgebracht wird, trifft zwar in dieser Allgemeinheit zu, doch ist er zu wenig konkret und trennscharf, um die Krise diesen Ausmaßes erklären zu können. Auch die neuerdings vor allem in Kreisen der neoliberalen Gralshüter in Wissenschaft und internationalen Institutionen immer beliebter werdende Erklärungsversion, daß Mexiko gerade nicht im Vollzug neoliberaler Maximen, sondern aufgrund deren Verletzung in die Krise getaumelt sei, scheint wenig dem komplexen Sachverhalt angemessen zu sein. Denn – wie beim vorletzten Argument – muß gefragt werden, warum und wann Elemente der Wirtschaftspolitik, die seit 1987 oder 1989 wirksam waren und als erfolgversprechend angesehen wurden, sich in ihr Gegenteil verkehren und derart unheilstiftende Konsequenzen nach sich ziehen konnten. Im übrigen gehorchen bestimmte Abweichungen vom idealen Modell neoklassischer oder neoliberaler Theoriebildung bestimmten konkreten, materiell-ökonomischen Zwängen, die nicht einfach weggeschoben werden können.[2] Wichtig ist, die innere Spannung, das wechselseitige Exklusionsverhältnis,

[2] Es ist teils amüsant, teils wissenschaftssoziologisch interessant zu beobachten, daß viele derjenigen, die Mexiko jahrelang als Musterbeispiel marktwirtschaftlicher, neoliberaler Anpassungspolitik priesen oder als glücklichen Fall der Kombination „orthodoxer" und „heterodoxer" wirtschaftspolitischer Elemente feierten, jetzt – nach der Krise 1994/95 – entdeckten, daß Mexiko in den letzten Jahren ökonomisch gar nicht besonders erfolgreich war und vor allem, der neoliberale Politikkanon nur unvollständig und inkonsequent angewandt worden sei und gerade hierin die Ursache der neuerlichen Krise liege. So erteilte kürzlich der Weltbank-Chefökonom für Lateinamerika dem Musterschüler von einst nachträglich schlechte Noten und übte nebenbei eine scharfe Selbstkritik: „In spite of the rather modest performance of the Mexican economy during this period [1987–1993], some observers praised the experience as a major success. In a way, the financial media, academic analysts, Wall Street experts and the multilateral institutions participated in the 'invention' of the Mexican 'miracle'." (Sebastian Edwards u. a., 1995: 2) – Jenen Autoren, die die Ursache des mexikanischen Debakels im Mangel an neoliberaler Stringenz sehen möchten, ist entgegenzuhalten, daß ohne „heterodoxe" Elemente, wie z. B. den Sozialpakt (einschl. der Lohn- u. Preiskontrolle), die Wechselkursfixierung etc., die mexikanische Wirtschaftspolitik von 1988–1993 höchstwahrscheinlich noch weniger erfolgreich gewesen wäre, d. h. bei noch

zwischen verschiedenen Zielen und den entsprechenden Maßnahmen der neoliberalen Strukturanpassungspolitik wahrzunehmen: z. B. die prioritäre Inflationsbekämpfung und Stabilisierungspolitik einerseits und die radikale Außenöffnung andererseits. Zu Recht kann beispielsweise problematisiert werden, ob diese beiden Teilstrategien überhaupt miteinander kompatibel sind (Brand/Röhm, 1995: 24).

Die hier favorisierte Erklärung des jüngsten, tiefgreifenden ökonomischen und gesellschaftlichen Kollapses in Mexiko verortet sich zum einen jenseits der genannten Explikationsversuche und stellt zum anderen einen engen Bezug zur Argumentationslinie der vorangegangenen Kapitel her. Aus dieser Sicht, die natürlich nicht identisch mit der der „internationalen Rating-Agenturen", der Chefökonomen und Manager von Investmentsfonds sein kann[3], ist der Rückschlag der mexikanischen Ökonomie weder als überraschend noch als zufällig zu bezeichnen. Vielmehr muß er als Konsequenz der inhärenten Widersprüche und Blockaden der neoliberalen Grundorientierung selbst begriffen werden. Insofern stellt sich die neuerliche tiefe Krise Mexikos als vorläufiger Schlußpunkt einer fast zwölf Jahre währenden neolibe-

reinerer Umsetzung neoliberaler Modellannahmen das Scheitern – wie 1987/1988 schon absehbar – bereits früher eingetreten wäre. Es scheint theoretisch und wirtschaftspolitisch wenig ergiebig zu sein, die neoliberale Modellbetrachtung um jeden Preis retten zu wollen und dabei die notwendigen wechselseitigen Spannungs- und Ausschlußverhältnisse zwischen verschiedenen Variablen und Zielen dieses Modells systematisch zu übersehen.

[3] Bei dem tendenziellen Zusammenfließen oder Deckungsgleichwerden von Resultaten der ökonomischen Wissenschaft und der interessierten Marktbeobachtung, welches das ökonomische Denken unserer Zeit immer mehr kennzeichnet, muß an den wichtigen erkenntnistheoretischen und wissenschaftstheoretischen Unterschied gedacht werden, den Werner Hofmann schon vor über 30 Jahren den Mainstream-Ökonomen kritisch zurief: Daß die kritische, distanzierte „Volkswirtschaftslehre" oder „Nationalökonomie" keineswegs gleichgesetzt werden dürfe mit einer Art „Kapitalwirtschaftslehre", die interessierte, involvierte Partei im Geflecht des ökonomischen Geschehens ist. Neuerdings hat Moisés Naím wieder anläßlich der Mexiko-Krise auf diesen Unterschied hingewiesen: „On Wall Street, salesmen of Mexican stocks and bonds emphasized short-term profit opportunities and paid little attention to underlying trends. This oversight was partly induced by the fact that, in recent years, many economists and market analysts in securities firms have become part of the marketing effort. Their year-end bonuses depend more on their support of sales than on the rigor of their analyses." (Naím, 1995b: 120)

ralen Politik dar, die zwar hinsichtlich einiger makroökonomischer Daten (wie z. B. Inflationsreduzierung, Haushaltsausgleich, Schuldenabbau) gewisse Erfolge aufwies, hinsichtlich vieler anderer – nicht weniger wichtiger – makroökonomischer Daten aber als erfolglos qualifiziert werden muß: Insgesamt geringes Wachstum des Bruttosozialprodukts, niedrige Spar- und Investitionsquote, Pro-Kopf-Einkommens-Abfall, Senkung des Reallohnniveaus, geringes Produktivitätswachstum, wachsendes Außenhandelsdefizit, ständige Erhöhung der Abhängigkeit von ausländischem Geldkapitalzufluß, Fragmentierung und Polarisierung der ökonomischen Strukturen etc. Anlaß und Beginn dieses abermaligen Rückschlags resultierte im wesentlichen aus dem Zusammenwirken von vier Elementen, welches sich offensichtlich als eine besonders explosive Mischung erwies:

a) Eine schon länger währende Hinnahme der Überbewertung des Pesos,
b) ein u. a. auch hieraus resultierendes, gewaltiges Leistungsbilanzdefizit (in der Höhe von ca. 8% des BIP),
c) der Versuch, dieses durch Anlockung kurzfristigen Geldkapitals zu kompensieren (hoher Zinsfuß, hochrentable Staatsschuldscheine etc.) und
d) dadurch bedingter Anstieg der äußeren Verschuldung über kurzfristig fällig werdende und in US-$ rückzahlbare Staatspapiere (*Tesobonos*).

Diese Elemente resultieren direkt aus den defizitären Ergebnissen der neoliberalen Politik bzw. sind als Preis für andere erreichte positive Zielsetzungen (z. B. in der Inflationsbekämpfung) zu sehen. Denn in einem hochverschuldeten Land wie Mexiko, mit einer abhängigen, heterogenen und stark oligopolisierten Wirtschaftsstruktur, gibt es einem neoliberalen Strukturanpassungsprogramm innewohnende Blockaden, die mittel- oder längerfristig eine erfolgreiche Wirtschaftspolitik eher unwahrscheinlich machen. Diese typischen Antinomien, die auch für ähnlich gelagerte Fälle mehr oder minder stark gelten (siehe z. B. Argentinien, Brasilien usw.), sind in folgenden Punkten zu sehen:

1. Ein hoher und anhaltender Schuldendienst an das Ausland (z. B. in der Höhe von 3%–5% des BIP) verhindert systematisch den Haushaltsausgleich und heizt – ebenso wie der interne Schuldendienst – die Inflation beständig an. Dies galt vor allem während der Präsidentschaftsperiode von Miguel de la Madrid (1982–1988) und schwächte sich erst im Gefolge des Brady-Plans etwas ab, da durch ihn die laufenden Schuldendienstzahlungen verringert wurden.

2. Ein zum Zweck der Inflationseindämmung tendenziell fixierter Wechselkurs führt zu mehr oder weniger starker Überbewertung der nationalen Währung (d.h. zur Verringerung der Exportchancen und zur Begünstigung der Importe) und daher zu einer chronisch negativen Handels- bzw. Leistungsbilanz, und zwar um so mehr, je niedriger die Handelsbarrieren sind. Genau dies war im Vorfeld der NAFTA-Integration und vor allem nach Inkrafttreten des NAFTA-Vertrags der Fall. (Die Tendenz zur Überbewertung der nationalen Währung ergibt sich vor allem dann, wenn das interne Inflationstempo größer ist als das des wichtigsten Handelspartners, im Falle Mexikos der USA.)
3. Die Passivierung der Leistungsbilanz in größeren Ausmaßen (zuletzt im Jahre 1994 ca. 28 Mrd. US-$, was etwa einem Anteil von 8% am BIP entspricht) kann nur durch Kreditaufnahmen und andere Kapitalzuflüsse (Direktinvestitionen, Geldkapitalanlagen, Aktienerwerb usw.) kompensiert werden; diese Kapitalzuflüsse orientieren sich nicht selten am hohen Zinsfuß und an spekulativen Anlagemöglichkeiten im sogenannten Gastland. Sollte dieser Zinsfuß dort fallen oder woanders steigen (so z.B. in den USA selbst), so besteht die große Gefahr des Rückstroms dieser „volatilen" Geldkapitale, d.h., die fragile Konstellation wäre von dieser Seite ernsthaft bedroht.
4. Zwecks Inflationseindämmung ist die Übernachfrage (so die herrschende Inflationserklärung) zu beschränken; aber die Lohnrestriktion, die Haushaltskürzungen, der hohe Zinsfuß und die restriktive Geldpolitik bedingen einmal eine schwache Binnenmarktexpansion und führen zweitens zu geringen Realinvestitionen, wobei beide Tendenzen sich in der Regel wechselseitig verstärken (vgl. das Schaubild zu diesen Antinomien und Selbstblockaden neoliberaler Strukturanpassungspolitik im Anhang).

Es ist zu bezweifeln, daß diese Antinomien (besonders die drei letztgenannten) an einem Punkt überwunden oder durchbrochen werden können, ohne an einem anderen neue, modellbedrohende Widersprüche zu produzieren. Unter marktradikalen Bedingungen und bei unangetasteten Macht-, Einkommens- und Vermögensverteilungsverhältnissen müssen schon vorhandene soziale und ökonomische Polarisierungen sich noch weiter zuspitzen. Auch wenn noch soviel von „sozialem Liberalismus" oder der Notwendigkeit der Beifügung einer „sozialen Komponente" die Rede ist, bei uneingeschränkter Herrschaft des Marktes findet automatisch keine Homogenisierung, Umverteilung und binnenmarktwirksame Entwicklung statt. Wird der Inflationseindämmung über das Wechselkursmanagement bei gleichzeitiger weitgehender Außenöffnung höchste Priorität zugemessen, müssen die genannten Verzerrungen (Handelsbilanzdefizit, Notwendigkeit der Anlockung externer Kapitale usw.) entstehen. Das heißt, daß damit gleichzeitig die Alternative einer internen Homogenisierung, Vernetzung und Verstärkung der produktiven Investitionen, nicht zuletzt begünstigt durch eine Senkung des Zinsfußes, praktisch ausgeschlossen wird. Eine derartige Entwicklung wird höchstens als sekundäre oder tertiäre Auswirkung der Inflationsbekämpfungs- und Außenöffnungsstrategie erwartet. Die zeitweisen Erfolge des neoliberalen Modells hängen in immer stärkerem Maße von äußeren und teilweise spekulativen Bedingungen ab: von externen Absatzmärkten, vom Einströmen äußerer Geldkapitale, von ausländischen Direktinvestitionen, vom ausländischen Interesse an der internen Börsenentwicklung: wobei all dies durch den massenhaften Verkauf interessanter öffentlicher Unternehmen, einen hohen Zinsfuß, die Perspektive auf die NAFTA-Integration mit der Möglichkeit der Errichtung eines Standbeins im größten Binnenmarkt der Welt usw. bis zu einem gewissen Grade attraktiv gestaltet werden kann. Doch kann dies, wie die Erfahrung in Mexiko und anderswo lehrt, sehr schnell wie ein Kartenhaus zusammenbrechen, wenn diese günstigen Bedingungen infolge eines internen Kollapses der Ökonomie oder des kollektiven Schwindens des Vertrauens der Geldkapitalanleger nicht mehr gelten oder für längere Zeit nicht mehr wiederhergestellt werden können. Der spekulative „Casino-Kapitalismus" ist legitimes Kind der neoliberalen Orientierung und nicht etwa ein dieser wirtschaftspolitischen Ausrichtung fremdes Element.

Der mexikanische Ökonom Arturo Huerta hat diese Zusammenhänge erkannt[4] und zutreffend formuliert: „Um den Rückgang der Inflation mit einem nachhaltigen Wachstum der Ökonomie vereinbar zu machen, muß dieser Prozeß in der breiten Erhöhung der Produktivität und der Produktion gründen, wobei dabei interne multiplikative Effekte herbeigeführt werden, die ihrerseits das interne Spar- und Investitionsniveau erhöhen und damit eine bessere Steuerung des externen Sektors erlaubt. Nur auf diese Weise können dauerhafte Bedingungen der Stabilität des Geldes und der Währung geschaffen werden, welche die Bereitstellung von finanziellen Ressourcen unter günstigen Bedingungen garantieren, da diese langfristig unerlässlich für einen

[4] Dies bereits vor der Krise, vgl. z.B. Huerta, 1994 sowie die bei Castañeda, 1995: 9ff. genannten Autoren.

dauerhaften Wachstumsprozeß der Ökonomie sind. In Mexiko existieren aber nicht solche internen (endogenen) Elemente der Produktivität und der Wettbewerbsfähigkeit, die eine niedrige Inflationsrate, eine Sanierung der Haushalte und ein Wachstum der Ökonomie möglich machen könnten. Der Rückgang der Inflation und der Haushaltsausgleich wurden auf Kosten eines beständigen Verkaufs von öffentlichem Eigentum und Aktiva, auf Kosten eines wachsenden externen Verschuldungsprozesses des öffentlichen und privaten Sektors sowie durch Gewährung größerer Konzessionen an das Auslandskapital zwecks Finanzierung des externen Defizits erreicht. Damit wurde aber nicht nur die Souveränität des Landes berührt, sondern man vernachlässigte gleichzeitig die produktive Sphäre, wodurch wiederum der latente Druck auf den Wechselkurs, den Zinsfuß und infolgedessen natürlich auch auf die Preise und die öffentlichen Finanzen aufrechterhalten blieb und damit deutlich wurde, daß die erreichten ' Erfolge' lediglich temporärer Natur waren und die Unfähigkeit, die Dynamik der Wirtschaft wieder aufzunehmen, bestehen blieb." (Huerta, 1995: 4)

Von derartigen Einsichten und Schlußfolgerungen aus dem Scheitern neoliberaler Politik ist in den diversen Notprogrammen der Regierung Zedillo, vor allem in denen von Januar und März 1995, wenig zu spüren. Die Schwerpunkte umreißen unverändert die altbekannten Topoi neoliberaler Austeritätspolitik: Haushaltskürzungen, Reallohnsenkung, Zinserhöhung, Geldmengenreduktion, Mehrwertsteueranhebung, weitere Privatisierungen vor allem im Bereich der Straßen, Häfen, Infrastruktureinrichtungen generell, aber auch bis hinein in den PEMEX-Komplex und die Elektrizitätsgewinnung, weitere Deregulierungen, noch stärkere Öffnung nach außen etc. Damit soll vor allem auch erreicht werden, daß mit der Abwertung nicht gleichzeitig die Preis-Lohn-Spirale die Inflationsrate wieder in die Höhe schnellen läßt. Spezielle Hilfen für die Banken, die durch Kredite im Ausland einerseits und das hohe Zinsniveau im Inland andererseits unter schweren Druck geraten sind, werden aus dem internationalen Hilfspaket abgezweigt. Ebenso ist eine Umstrukturierung der äußeren Schuld vorgenommen worden, dahingehend, daß die *Tesobonos* von 29 Mrd. US-$ Ende Dezember 1994 auf nur noch 10 Mrd. US-$ im Juli 1995 reduziert wurden. Seit März/April 1995 ist die ökonomische Situation in Mexiko dadurch gekennzeichnet, daß einerseits die Regierung fast wöchentlich erklärt, daß das Schlimmste der Krise bereits überwunden sei, andererseits bis Ende 1995 Ereignisse eintraten und Statistiken veröffentlicht wurden, die genau das Gegenteil nahelegen: Im November 1995 wurde bekannt, daß auch im dritten Quartal das BIP um fast 10% (ähnlich wie im 2. Quartal) gegenüber dem gleichen Zeitraum des vorigen Jahres gesunken ist und mit einer Abnahme des BIP um 7% im Jahresdurchschnitt gerechnet werden müsse (FAZ v. 20. November 1995), also ein stärkerer Abfall der gesamten Wirtschaftsleistung zu erwarten ist als im Jahre 1983, das bislang als das schlechteste Wirtschaftsjahr in der neueren Geschichte des Landes galt. Fast gleichzeitig kam der Peso wieder unter Druck, von einer Relation von 1 US-$: ca. 6,5 Pesos sackte die Relation auf 1 : 8,2 Pesos ab. Die Mehrheit der Ökonomen ist wieder ratlos und entwirft Verschwörungstheorien (so z.B. wird gemunkelt, eine positive Erklärung des mexikanischen Militärs zur Wirtschaftspolitik von Zedillo habe den Druck auf den Peso ausgelöst), denn angeblich sind die Rahmendaten ebenso „gesund" wie die Fortsetzung der neoliberalen Austeritätspolitik des mexikanischen Präsidenten gewöhnlich als „mutig" qualifiziert wird, vornehmlich von externen Stimmen. Zwar ist die monatliche Inflationsrate seit Mitte 1995 nicht weiter angestiegen, die Exporte wuchsen infolge der starken Abwertung um ca. 33% im Jahre 1995, während die Importe sich im selben Zeitraum um etwa 8% reduzierten. Auch hat man auf den internationalen Kapitalmärkten wieder Anleihen plazieren können. Die Währungsreserven sind – nicht zuletzt infolge des exzeptionell hohen „Hilfspakets" von 50 Mrd. US-$ – zufriedenstellend hoch. Aber bezüglich anderer makroökonomischer Daten wie Zinsniveau, Investitionsvolumen und Investitionsquote, Reallohnentwicklung, Arbeitslosigkeitsrate etc. weist die Zedillosche Politik des „weiter so" („más de lo mismo") kaum nennenswerte Erfolge auf. Der Abbau der Arbeitsplätze wird für 1995 allein zwischen 1 Million und 2,4 Millionen (letzterer Wert erschien in der FAZ v. 11. 9. 1995) geschätzt. In ganzen Branchen – wie z.B. der Automobilindustrie – ist der Absatz auf dem Binnenmarkt um 70%–80% geschrumpft. Ein auf „gesunder Basis" beruhender leichter ökonomischer Wiederaufstieg wird von den Fachleuten erst für die zweite Hälfte des Jahres 1996 erwartet. Der Ende Oktober 1995 abgeschlossene, fast schon traditionelle Sozialpakt zwischen Regierung, Unternehmern und Gewerkschaften („Allianz für wirtschaftliche Reaktivierung") enthält Angaben über die Erhöhung der Mindestlöhne, der öffentlichen Tarife, über bestimmte beschäftigungspolitische Maßnahmen der Regierung sowie Prognosen bezüglich des Wachstums und der Inflation für 1996. Die Mindestlöhne, die gerade in einer Periode wachsender Arbeitslosigkeit eine wichtige Orientierungsfunktion haben, waren Anfang des Jahres um 7, dann im April –

im Zeichen beschleunigter Inflation – um 10% angehoben worden. Bei einer offiziell erwarteten (wahrscheinlich eher höher ausfallenden) Inflationsrate von 50% für das gesamte Jahr 1995 wird deutlich, daß die Reallohnverluste, soweit sie sich parallel zum realen Mindestlohnniveau bewegen, bei 20%–30% liegen dürften. Die im Sozialpakt vorgesehene Erhöhung der Mindestlöhne um 10% im Dezember 1995 und nochmals um 10% im April 1996 soll die zukünftige Inflationsrate von etwa 20% im Jahre 1996 ausgleichen. Das zeitliche Nachhinken und die nur sehr partielle Angleichung an das sich erhöhende Preisniveau wird als notwendiges Opfer der Arbeitenden für „gute Regierung" und einen evtl. späteren Wirtschaftsaufschwung – wie gehabt – deklariert werden.

Die weitere kurz- wie mittelfristige Entwicklung ist besonders schwer abschätzbar, da eine Reihe von Determinanten und relevanten Variablen im Spiel ist, deren Tragweite, Brisanz oder Flexibilität wohl niemand mit einiger Sicherheit beurteilen kann. Noch am deutlichsten scheint sich der ökonomische Krisenverlauf abzuzeichnen, der sicher tiefer und länger ausfallen wird, als es die Regierung immer noch verharmlosend verspricht; mehrfach mußten schon einige Prognosen – etwa bezüglich des BIP-Wachstums, der Inflationsrate etc. – zum Negativen hin korrigiert werden. Aller Wahrscheinlichkeit nach wird das Wiedereintreten einer gewissen ökonomischen Dynamik über den Außenwirtschaftsbereich (Exportexpansion, Direktinvestitionen etc.) – mit all den Hypotheken und Schwächen, die die aktuelle Krise gerade zeigt – erfolgen. Wird aber wieder ausschließlich nur die bisherige Praxis neoliberaler Orthodoxie repetiert, so ist ein neuerlicher Absturz fast schon absehbar. Die größten Unsicherheiten liegen im politischen und sozialen Bereich. Vielleicht die wichtigste Frage ist, ob die PRI, die mittlerweile zur dienstältesten Staatspartei der Welt „aufgestiegen" ist, sich noch einmal stabilisieren und/oder reformieren kann. Angesichts der zahlreichen tiefen Risse, die besonders in den letzten beiden Jahren offenkundig wurden, kann dies mit einigem Recht bezweifelt werden: Die einander entgegengesetzten politischen Fraktionen der PRI, die weit mehr als bloß „Reformer" und „Dinosaurier" umfassen, scheinen zumindest teilweise auch mit den unterschiedlichen Drogenkartellen und Familienclans verfilzt zu sein; die innere Zerklüftung und Unübersichtlichkeit wird noch durch die in den letzten Monaten sich abzeichnende Konfliktlinie zwischen der Parteizentrale und den regionalen PRI-Größen (Tabasco, Chiapas, Jalisco, Guerrero etc.) potenziert. Falls die PRI an zugespitzten, internen Kämpfen zerbrechen sollte, ist dieses politische Vakuum (einschl. des relativ schwachen Präsidenten) derzeit schwer mit klaren Alternativen (in programmatischer und organisatorischer Hinsicht) auszufüllen. In den Gouverneurs- und Kommunalwahlen von 1995 setzten sich die Tendenzen fort, die teilweise schon bei den Präsidentschafts- und Parlamentswahlen vom 21. August 1994 sichtbar geworden waren: Schwächung der PRI, Stärkung der rechtskonservativen PAN und weitere Bedeutungsabnahme der PRD. Die PAN, die auch unter internen – wenngleich weniger heftigen – Strömungsauseinandersetzungen leidet, gewann die Gouverneurswahlen in wichtigen Bundesstaaten wie Jalisco, Guanajuato und Baja California, wurde mit sehr knapper (umstrittener) Differenz die zweite Kraft in Yucatán und gewann viele Gemeinden im Norden und im Zentrum des Landes. Somit ist es zweifellos zutreffend, daß in den letzten Jahren viel Bewegung in das politische System Mexikos gekommen ist; der Ausgang allerdings ist ungewiß: „Was mit Sicherheit gesagt werden kann, ist, daß in die mexikanische Politik eine neue Beweglichkeit gekommen ist. Mexiko könnte ein stabiles System mit zwei Parteien, die sich in der Regierung abwechseln, werden; es könnte sich aber auch in einen von der Mafia gesteuerten Drogenstaat verwandeln.“ (The Economist v. 28. 10. 1995)

Die andere große Frage ist, wie weit die Geduld und Fügsamkeit der Masse der mexikanischen Bevölkerung, die die harte Austeritätsperiode von mehr als 12 Jahren bereits über sich ergehen ließ, reicht. Die schon sprichwörtlich hohe Frustrationsschwelle der Mexikaner kann gerade in Momenten des schlagartigen Bewußtwerdens, daß auch in mittelfristiger Perspektive keine Aussichten auf Verbesserung der sozioökonomischen Lage bestehen, leichter überschritten werden. Völlig unklar ist, ob der weiterglimmende Chiapas-Konflikt eine katalysierende Rolle spielen kann oder ob es der Regierung gelingen wird, ihn als Regionalproblem „kleinzuarbeiten“. Fest steht jedenfalls, daß Präsident Zedillo – nicht zuletzt infolge seines gescheiterten Vorstoßes gegen die Zapatisten im Februar 1995 – eingesehen hat, daß mit „harter Hand“ das überall reißende „gesellschaftliche Gewebe“ und die institutionellen Sicherungen sich wohl kaum reparieren oder stabilisieren lassen. Der ungewöhnliche Anstieg der Kriminalitätsrate von knapp 30% innerhalb des letzten Jahres, das explosionsartige Wachstum der Bewegung der zahlungsverweigernden Schuldner, *El Barzón*, die innerhalb der letzten Monate auf über 1 Million Anhänger angewachsen ist, die Häufung von Bodenbesetzungen sowie die Verbreitung von Akten zivilen Ungehorsams zeigen an, daß die Tendenzen zur gesellschaftlichen Anomie klar zugenommen haben.

Unter diesen Bedingungen mögen die Demokratie- und Rechtsstaatsversprechen des gegenwärtigen Präsidenten durchaus ernst gemeint sein; aber es könnte sein, daß sie schon zu spät kommen und zu wenig energisch umgesetzt werden können bzw. von zahlreichen Kräften des bisherigen Establishments wirksam konterkariert werden. Alle Szenario-Varianten[5] zwischen den Extremen eines „business as usual" unter erschwerten Bedingungen (vielleicht unter dem Dach einer Zweiparteienkoalition von PRI und PAN) und einem chaotischen Zerfall oder gar einer – bisher immer ausgeschlossenen – Intervention des Militärs werden gegenwärtig in Mexiko als mehr oder minder möglich und wahrscheinlich diskutiert. Der Umbruch der Gesellschaft hat unter neoliberalen Vorzeichen begonnen, wohin er ökonomisch und politisch führen wird, bleibt ungewiß.

[5] Vgl. hierzu z. B. Dresser, 1994c: 57ff.

10. Anhang

Tab. 1: Wirtschaftliche Kennziffern Mexikos von 1982–1994

	1982	1983	1984	1985	1986	1987	1988	1989	1990	1991	1992	1993	1994
Reale Wachstumsraten, BIP[1]	– 0,6	– 5,3	3,7	2,7	– 3,7	1,7	1,4	2,9	3,9	3,6	2,8	0,4	3,5
– Agrarsektor	– 2,0	2,0	2,2	3,7	– 2,7	1,4	– 3,2	– 3,1	3,4	1,1	– 1,4	1,8	2,0
– Industrie	– 2,1	– 8,1	4,4	4,8	– 5,4	3,1	1,9	5,3	5,4	4,0	2,3	– 1,5	3,6
– Dienstleistungen	0,2	– 4,8	3,4	– 2,7	0,8	2,0	1,8	2,7	3,1				
BIP pro Kopf (jährl. Wachstum)[1]	– 0,3	– 6,5	1,1	0,1	– 6,2	– 1,0	– 1,7	1,0	2,5	1,7			– 3,8
Pro-Kopf-Einkommen (1980 = 100)				97,6	91,9	91,3	90,6	91,6	93,6	94,9	95,4	94,1	98,3
Inflationsrate[1]	98,0	80,8	59,2	63,7	105,7	159,2	57,1	19,7	29,9	22,7	15,5	9,7	7,0
Auslandsschuld[2]	87,6	93,8	96,7	97,8	100,5	102,4	100,9	95,1	101,9	114,9	114,0	125,0	135,5
Handels- und Zahlungsbilanz[2]													
– Warenausfuhr				21,6		20,6	20,5	22,7	26,8	26,8	27,5	29,3	34,5
– Wareneinfuhr				13,2		12,2	18,8	23,4	31,2	38,1	48,1	48,9	60,9
Saldo der Handelsbilanz[2]	– 4,7	6,6	14,5	8,4	5,7	8,4	1,6	– 0,6	– 4,4	–11,3	–20,6	–19,5	–33,6
Gewinn- u. Zinsnettotransfer[2]	–12,8	– 9,4	–10,2	– 8,8	– 7,4	– 7,2	– 7,6	– 8,2	– 7,9	– 7,1	– 7,0	– 7,3	– 8,2
Saldo der Kapitalbilanz[2]	2,8	– 3,2	– 1,9	– 3,1	2,2	2,3	– 4,0	4,3	10,7	21,9	24,6	25,1	9,9
davon ausländische Direktinvestitionen[2]									2,6	4,7	5,3	4,9	8,0

[1] In Prozent.
[2] In Mrd. US-$.

Quellen: CEPAL, verschiedene Jahrgänge; Banco de México, verschiedene Jahrgänge; Statistisches Bundesamt, Länderbericht Mexiko; FAZ vom 12. 9. 1994; Lateinamerika Jahrbuch, 1994: 226; Lateinamerika, Analysen und Berichte, 1994: 260; Nohlen/Lauth, 1992: 179; OECD, 1995: 176.

Tab. 2: Investitions- und Sparraten, 1980–1991, in % des BIP (in konstanten Pesos von 1980)

	1980	1981	1982	1983	1984	1985	1986	1987	1988	1989	1990[1]	1991[1]
in % des BIP (in konstanten Pesos)												
Fixkapitalanlagen	24,8	26,5	22,2	16,6	17,0	17,9	16,4	16,0	16,8	17,3	18,8	20,0
– Wohnungsbau (konsumtiv)	7,7	7,8	7,8	6,7	6,9	7,1	6,7	7,0	7,3	7,5	n. v.	n. v.
Betriebe und Infrastruktur (produktiv)	17,1	18,7	14,4	9,9	10,1	10,8	9,7	9,0	9,5	9,8	n. v.	n. v.
– Netto-Investitionen	16,2	17,9	12,7	5,0	6,2	7,4	4,8	4,6	6,3	6,9	n. v.	n. v.
– Abschreibungen	8,6	8,6	9,5	11,6	10,8	10,5	11,6	11,4	10,5	10,4	n. v.	n. v.
– privat	14,1	14,4	11,9	10,4	10,7	11,7	10,9	11,5	12,4	13,1	14,3	15,7
– öffentliche	10,7	12,1	10,3	6,2	6,3	6,2	5,5	4,5	4,4	4,2	4,5	4,3
in % des nominalen BIP												
Inlandsersparnisse	22,2	21,4	22,4	24,7	22,5	22,4	17,8	22,3	20,1	20,7	17,7	17,6
– öffentliche	7,1	2,1	4,7	7,0	6,3	5,8	4,1	7,0	1,4	2,7	6,6	7,0
– private Ersparnisse	15,1	19,3	17,7	17,7	16,2	16,6	13,7	15,3	18,7	18,0	11,1	10,6
reales Pro-Kopf-Einkommen	100,0	109,4	97,1	87,8	87,5	89,3	78,5	79,2	82,1	85,7	80,5	81,8
Kapital-Output-Relation[2]	2,6	2,6	2,9	3,1	3,2	3,4	3,5	3,6	3,6	n. v.	n. v.	
– ohne Bausektor[2]	1,5	1,5	1,7	1,8	1,8	1,9	2,0	2,0	2,0	2,0	n. v.	n. v.
Durchschnittliches Alter der Kapitalanlagen	10,9	10,7	10,8	11,1	11,5	11,7	12,0	12,3	12,6	12,9	n. v.	n. v.

[1] Vorläufige Zahlen.

[2] Bezieht sich auf Bruttokapitalbestand.

Quelle: Ros, 1994 a: 77.

Tab. 3: Ergebnisse der Präsidentschaftswahlen 1988–1994

Präsidentschaftswahl am 6. Juli 1988 Kandidat	Stimmen	in %
Carlos Salinas de Gortari (PRI)	9641880	50,36
Cuauhtémoc Cárdenas (PRD)	5958910	31,12
Manuel Clouthier (PAN)	3266400	17,06
Gumersindo Magaña Negrete (PDM)	199497	1,04
Rosario Ibarra de Piedra (PRT)	80124	0,42
	19146811	100,00
Präsidentschaftswahl am 21. August 1994 Kandidat	Stimmen	in %
Ernesto Zedillo Ponce de León (PRI)	17336325	48,77
Diego Fernández de Cevallos (PAN)	9222899	25,94
Cuanthémoc Cárdenas (PRD)	5901557	16,60
Cecilia Soto (PT)	975356	2,74
Weitere fünf Parteien	2114146	5,95
	35550283	100,00

Quelle: Frehner, 1994: 21.

Schaubild 1: Zusammenhänge, Widersprüche und Selbstblockierungen bei der Durchführung von neoliberalen „Strukturanpassungsprogrammen“

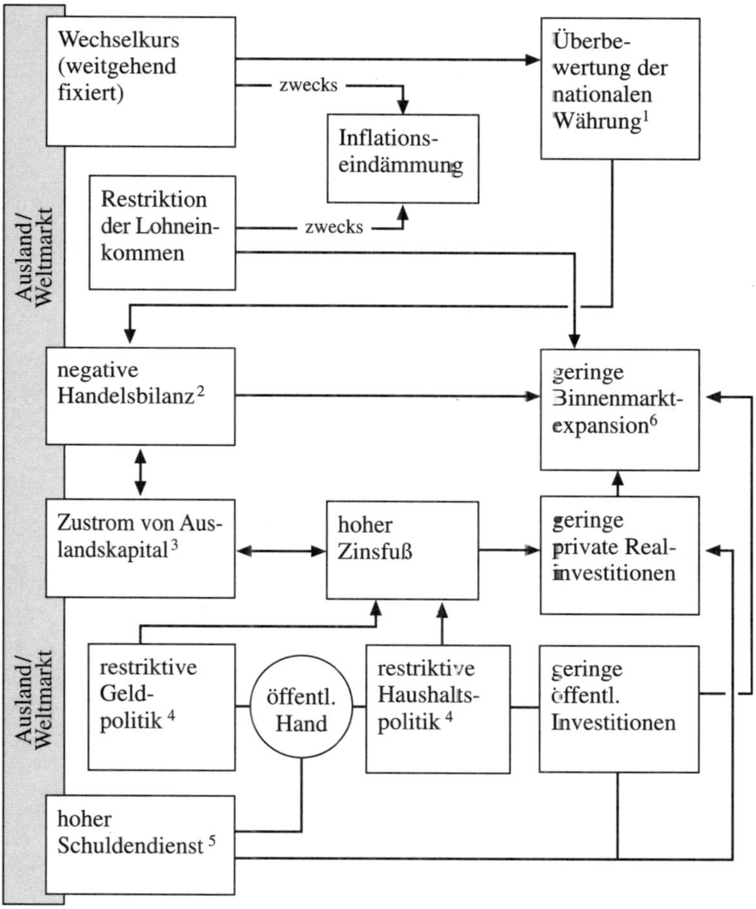

[1] Relativ teure Exporte und relativ billige Importe führen zu einer negativen Handelsbilanz.

[2] Eine über längere Zeit hin negative Handelsbilanz bzw. Bilanz laufender Posten kann durch Zufluß von Auslandskapital (in unterschiedlichen Formen) kompensiert werden.

[3] Der Zustrom von Auslandskapital richtet sich bei schwacher Binnenmarktentwicklung vor allem an einem hohen Zinsniveau, an günstigen Verkäufen von Aktien aus öffentlichem Eigentum, hochverzinslichen Staatspapieren u.ä. aus, erfolgt daher überwiegend in Form von Geld- und Finanzaktivitäten, viel weniger in Form neuer, produktiver Realinvestitionen.

[4] Ziel: Inflationseindämmung und Schuldendienstzahlung/Anlockung von ausländischem Kapital.

[5] An das Ausland; macht Inflationseindämmung und Haushaltskonsolidierung unmöglich.

[6] Die schwache Binnenmarktexpansion resultiert im wesentlichen aus vier verschiedenen Faktoren: 1) geringen privaten und öffentlichen Investitionen, 2) öffentlichen Ausgabenkürzungen, 3) der Lohnrestriktion (und hoher Arbeitslosigkeit) sowie 4) aus der ausländischen Konkurrenzüberlegenheit gegenüber inländischen Anbietern infolge starker Verbilligung der Importe und des fast völligen Wegfalls der Zollschranken.

Abkürzungsverzeichnis

BANAMEX	Banco Nacional de México/Nationale Bank von Mexiko
Banco de México	Bank von Mexiko (Zentralbank)
BANRURAL	Banco Nacional de Crédito Rural/Nationale ländliche Kreditbank
CANACINTRA	Cámara Nacional de la Industria de Transformación/Nationale Kammer der verarbeitenden Industrie
CAP	Congreso Agrario Permanente/Permanenter Agrarkongreß
CCE	Consejo Coordinador Empresarial/Koordinierungsrat der Unternehmer
CCI	Confederación Campesina Independiente/Unabhängige Bauernkonföderation
CEESP	Centro Estudios Económicos del Sector Privado/ Ökonomisches Studienzentrum der Privatwirtschaft
CEOIC	Consejo Estatal de Organizaciones de Indígenas y Campesinos/Einzelstaatlicher Rat der bäuerlichen und indigenen Organisationen
CFE	Comisión Federal Electoral/Bundeswahlbehörde
CGT	Confederación General de Trabajadores/Allgemeine Arbeiterkonföderation
CIOAC	Central Independiente de Obreros Agrícolas y Campesinos/Unabhängige Konföderation der Landarbeiter und Bauern
CNC	Confederación Nacional Campesina/Nationale Bauernkonföderation
CND	Convención Nacional Democrático/Nationale demokratische Konvention
CNDP	Comité Nacional de Defensa Proletaria/Nationales Komitee der proletarischen Verteidigung
CNOP	Confederación Nacional de Organizaciones Populares/Nationale Konföderation der Volksorganisationen

CNPA	Coordinadora Nacional Plan de Ayala/Nationales Koordinationskomitee „Plan de Ayala“
CNTE	Coordinadora Nacional de Trabajadores de la Educación/Nationales Koordinationskomitee der Erzieher und Lehrer
COA	Coordinadora de Organizaciones Agrarias/Koordinationsstelle agrarischer Organisationen
COCEI	Coalición de Obreros, Campesinos y Estudiantes del Istmo/Koalition von Arbeitern, Bauern und Studenten des Isthmus
COECE	Coordinadora de Organismos Empresariales de Comercio Exterior/Koordinationsstelle der Unternehmerorganisationen des Außenhandels
COMPLAMAR	Congreso General del Plan Nacional de Zonas Deprimidas y Grupos Marginados/Zentrale Koordinationsstelle des nationalen Plans für ökonomisch rückständige Regionen und marginale Gruppen
CONAMUP	Coordinadora Nacional del Movimiento Urbano Popular/Nationales Koordinationskomitee der Stadtteilbewegungen
CONASUPO	Compañía Nacional de Subsistencias Populares/ Nationale Gesellschaft für den Grundbedarf der Massen
CONCAMIN	Confederación de Cámaras Industriales/Konföderation der Industriekammern
CONCANACO	Confederación Nacional de Cámaras Nacionales de Comercio/Nationale Konföderation der nationalen Handelskammern
COPARMEX	Confederación Patronal de la República Mexicana/ Konföderation der Arbeitgeber der Mexikanischen Republik
CROC	Confederación Regional Obrera-Campesina/Regionale Konföderation von Arbeitern und Bauern
CROM	Confederación Regional Obrera Mexicana/Regionale Konföderation mexikanischer Arbeiter
CTM	Confederación de Trabajadores de México/Konföderation mexikanischer Arbeiter
CUD	Coordinadora Unica de Damnificados/Vereinigtes Koordinationskomitee der Erdbebenopfer
FAT	Frente Auténtico de Trabajo/Authentische Arbeiterfront

FDN	Frente Democrático Nacional/Nationale Demokratische Front
FESEBES	Federación de Sindicatos de Empresas de Bienes y Servicios/Föderation der Gewerkschaften von Immobilien- und Dienstleistungsunternehmen
FICORA	Fideicomiso para la Cobertura de Riesgos Cambiarios/Fonds zur Deckung der Wechselkursrisiken
GATT	General Agreement on Tariffs and Trade/Allgemeines Tarif- und Handelsabkommen
IFE	Instituto Federal Electoral/Bundeswahlbehörde
IMSS	Instituto Mexicano del Seguro Social/Mexikanisches Institut der sozialen Sicherheit
INEGI	Instituto Nacional de Estadística, Geografía e Informática/Nationales Institut für Statistik, Geographie und Informatik
INFONAVIT	Instituto del Fondo Nacional para la Vivienda de los Trabajadores/Nationaler Fonds für Arbeiterwohnungen/-wohnungsbau
INI	Instituto Nacional Indigenista/Nationale Indianerbehörde
INMECAFE	Instituto Mexicano del Café/Mexikanisches Kaffee Institut
ISSSTE	Instituto de Seguridad y Servicios Sociales de los Trabajadores del Estado/Institut für soziale Sicherheit und Dienstleistungen für Staatsbedienstete
IWF	Internationaler Währungsfonds
LFOPPE	Ley Federal de Organizaciones Políticas y Procesos Electorales/Bundesgesetz für politische Organisationen und Wahlprozesse
MAM	Movimiento Amplio de Mujeres/Breite Frauenbewegung
MUSOL	Mujeres en Solidaridad/Frauen in der Solidarität
NAFTA	North American Free Trade Agreement/Nordamerikanisches Freihandelsabkommen
OCEZ	Organización Campesina Emiliano Zapata/Bauernorganisation Emiliano Zapata
OECD	Organization for Economic Cooperation and Development/Organisation für ökonomische Zusammenarbeit und Entwicklung
PAC	Programa de Aliento y Crecimiento/Programm der Erholung und des Wachstums

PAN	Partido de Acción Nacional/Nationale Aktionspartei
PARM	Partido Auténtico de la Revolución Mexicana/ Authentische Partei der Mexikanischen Revolution
PCM	Partido Comunista de México/Mexikanische Kommunistische Partei
PDM	Partido Demócrata Mexicano/Demokratische Partei Mexikos
PECE	Pacto para la Estabilidad y el Crecimiento Económico/Pakt für Stabilität und ökonomisches Wachstum
PEMEX	Petróleos Mexicanos/Staatlicher Erdölkonzern Mexikos
PIRE	Programa Inmediato de Reordinación Económica/ Programm zur kurzfristigen Neuordnung der Wirtschaft
PMS	Partido Mexicano Socialista/Mexikanische Sozialistische Partei
PMT	Partido Mexicano de los Trabajadores/Mexikanische Arbeiterpartei
PND	Plan Nacional de Desarrollo/Nationaler Entwicklungsplan
PNR	Partido Nacional Revolucionario/Nationale Partei der Revolution
PPS	Partido Popular Socialista/Sozialistische Volkspartei
PRD	Partido de la Revolución Democrática/Partei der Demokratischen Revolution
PRI	Partido Revolucionario Institucional/Partei der Institutionalisierten Revolution
PRM	Partido de la Revolución Mexicana/Partei der Mexikanischen Revolution
PROCAMPO	Programa de Apoyos Directos para los Productores Rurales/Programm zur direkten Unterstützung der ländlichen Produzenten
PROFIEX	Programa de Fomento Integral de Exportaciones/ Programm zur integralen Förderung der Exporte
PRONAFICE	Programa Nacional de Fomento Industrial y de Comercio Exterior/Nationales Programm zur industriellen Entwicklung und des Außenhandels
PRONAMICE	Programa Nacional de Modernización y de Co-

	mercio Exterior/Nationales Programm der Modernisierung und des Außenhandels
PRONASOL	Programa Nacional de Solidaridad/Programm der Nationalen Solidarität
PRS	Partido de la Revolución Socialista/Partei der Sozialistischen Revolution
PRT	Partido Revolucionario de los Trabajadores/Revolutionäre Arbeiterpartei
PSE	Pacto de Solidaridad Económica/Pakt für ökonomische Solidarität
PSUM	Partido Socialista Unificado de México/Vereinigte Sozialistische Partei Mexikos
SAM	Sistema Mexicano Alimentario/Mexikanisches System der Ernährungssicherung
SECOFI	Secretaria de Comercio y Fomento Industrial/Ministerium für Handel und industrielle Entwicklung
SEDESOL	Secretaria de Desarrollo Social/Ministerium für soziale Entwicklung
SNTE	Sindicato National de Trabajadores de la Educación/Nationale Union der Erzieher/Lehrer
SUNTU	Sindicato Unico de Trabajadores Universitarios/ Einheitsgewerkschaft der Universitätsbeschäftigten
SUTIN	Sindicato Unico de Trabajadores de la Industria Nuclear/Einheitsgewerkschaft der Nukleararbeiter
TELMEX	Teléfonos de México/Mexikanische Telefongesellschaft
UCEZ	Unión de Comuneros Emiliano Zapata/Union der Mitglieder indigener Gemeinschaften Emiliano Zapata
UGOCM	Unión General de Obreros y Campesinos de México/Allgemeine Union der Arbeiter und Bauern Mexikos
UNAM	Universidad Nacional Autónoma de México/Nationale Autonome Universität Mexikos
UNORCA	Unión Nacional de Organizaciones Regionales Campesinas/Nationale Union regionaler Bauernorganisationen
UOI	Unión Obrera Independiente/Unabhängige Arbeiterunion.

Glossar

Comunidad (indígena): indianische Dorfgemeinschaft eigener Rechtspersönlichkeit und rechtlich-sozialer Struktur.

Debt-for-Equity-Swap (dt. Schulden-gegen-Aktien-Tausch): Mechanismus zur Reduzierung der Schulden (in Ländern der Dritten Welt), bei dem die Schulden bzw. Forderungen von einem Dritten mit Abschlag aufgekauft werden, um sodann von diesem in voller Höhe der Forderung, aber in der Landeswährung des Schuldnerlandes, in Aktien und/oder Beteiligungen (häufig von privatisierten ehemaligen Staatsunternehmen) umgewandelt zu werden.

Ejido: Gemeinschaftsland in familialer oder gemeinschaftlicher Nutzung; Basisorganisation der Campesinos, die Ejido-Land besitzen (= ejidatarios). Bis vor kurzem (1992) konnte dieses Land nicht verkauft, beliehen oder verpachtet werden.

Importsubstitutions-Industrialisierung: ökonomisches Entwicklungsmodell, das von den meisten lateinamerikanischen Ländern von 1930 bis etwa 1980 verfolgt wurde und das auf Ersatz vorher importierter Produkte durch eigene Produktion beruhte und hierdurch den Industrialisierungsprozeß mittels vielfältiger staatlicher Interventionen vorantrieb und in der Regel die einheimische Industrie durch hohe Zölle schützte.

Kazike: lokaler Herrscher „starker Mann" – in ökonomischer, politischer, teilweise auch militärischer Hinsicht.

Klientelismus: Leistungs- und Gefolgschaftsverhältnis zumeist auf lokaler Basis zwischen einem Herrn/Patron und einer untergeordneten Person/Knecht.

Komparativer Vorteil: ökonomisches Konzept aus der Theorie des Freihandels (D. Ricardo) Anfang des 19. Jahrhunderts, das besagt, der allgemeine Wohlstand könne durch Freihandel gehoben werden, wenn sich jede Nation auf die Produktion jener Güter konzentriert, die sie am leichtesten (kostengünstigsten) herstellen kann. Diese Ausgangsbedingungen können natürlich oder gesellschaftlich erzeugt sein.

Korporativismus: dauerhafte Einbindung von gesellschaftlichen Gruppen, Kollektiven, Klassen etc. in eine übergeordnete – auch entgegengesetzte Interessen vereinigende – Institution, welche in der Regel staatlicher Natur ist. Es gibt viele Spielarten dieser Grundfigur von Herrschaft und Integration, die dem Anschein nach auf dem wechselseitigen Geben und Nehmen der eingebundenen Gruppen aufgebaut ist.

Maquiladoras: Lohnveredelungsindustrie an der mexikanischen Nordgrenze, bei der überwiegend industrielle Vorprodukte aus den USA mit billiger mexikanischer Arbeitskraft verarbeitet und schließlich in der Regel in die USA exportiert werden.

Neocardenismo: politische Richtung/Bewegung seit 1987, die zunächst innerhalb der PRI als „demokratische Strömung" unter Führung von Cuauhtémoc Cárdenas, dem Sohn des berühmten Präsidenten Lázaro Cárdenas, stand.

Literaturverzeichnis

Adler Hellman, J. (1994): Mexican popular movements, clientelism, and the process of democratization, in: Latin American Perspectives, Vol. 21, No. 2 (spring), S. 124–142.

Aguilar, A. (1993): Authoritarianism and the North American free trade: the debate in Mexico, in: Grinspun, R. u. a. (Hrsg.): The political economy of North American free trade, Montreal, S. 205–216.

Aguilar, J. (1992): El Estado mexicano, la modernización y los obreros, in: Alonso, J. u. a. (Hrsg.): El nuevo Estado mexicano, Bd. III. Estado, actores y movimientos sociales, México, D. F., S. 33–86.

Alvarez , A./G. Mendoza (1993): Mexico 1988–1991: A successful economic adjustment program?, in: Latin American Perspectives, Vol. 29, No. 3 (summer), S. 32–45.

Alvarez, M. (1991): Las empresas manufactureras mexicanas en los ochenta, in: Comercio exterior, Vol. 41, No. 9 (septiembre), S. 827–837.

Andrés, H. (1994): Procampo: orígenes y perspectivas, in: El Cotidiano, No. 61 (marzo–abril), S. 39–42.

Anguiano, A. (Hrsg.) (1990): La modernización de México, México, D. F.

Appendini, K. (1994): Agriculture and farmers within NAFTA: a Mexican perspective, in: Bulmer-Thomas V. u. a. (Hrsg.): Mexico and the North American free trade agreement, London, S. 59–75.

Arroyo, A. (1993): Balance económico 1989–1992, México, D. F.

Arroyo, J. P./O. Guerra (1991): Evolución y transformaciones de la economía mexicana en la década de los ochenta, in: Economía informa, No. 200 (noviembre–diciembre), S. 67–84.

Aspe, P. (1993): El camino mexicano de la transformación económica, México, D. F.

Ayala, E. (1994): La evolución de los salarios y el empleo en el periodo de la modernización económica de México, in: El Cotidiano, No. 61 (marzo–abril), S. 118–127.

Ayala, R./C. Schaffer (1991): Salud y seguridad social. Crisis, ajuste y grupos vulnerables, Cuernavaca.

Bailey, J. (1994): Centralism and political change in Mexico: The case of national solidarity, in: Cornelius, W. u. a. (Hrsg.): Transforming state-society relations in Mexico, San Diego, S. 97–119.

Bailey, J. J. (1988): Governing Mexico. The statecraft of crisis management, Basingstoke–London.

Banco de México (1994): The Mexican economy 1994, Mexico, D. F.

Banco de México (1995): The Mexican economy 1995, Mexico, D. F.

Barkin, D. (1987): The end to food self-sufficiency in Mexico, in: Latin American Perspectives, Vol. 14, No. 3 (summer), S. 271–297.

Basáñez, M. (1990): El pulso de los sexenios. 20 años de crisis en México, México, D. F.

Baumgartner, H. (1984): Erdöl, ökonomische Krise und der Staat in Mexiko, in: Verfassung und Recht in Übersee, 17. Jg., 2. Quartal, S. 213–232.

Becerra, P. J. (1994): El Cofipe reformado ante la prueba de las urnas, in: El Cotidiano, No. 65 (noviembre), S. 68–74.

Becerra, R. (1995): El Tercer Congreso del PRD: la transición con izquierda, in: Nexos, Vol. 18, No. 214 (octubre), S. 14–17.

Béjar, A. (1991): Economic crisis and the labor movement in Mexico, in: J. Middlebrook (Hrsg.): Unions, workers and the state in Mexico, San Diego, S. 27–55.

Benjamin, Th. (1989): A rich land, poor people, Albuquerque.

Bennett, V. (1992): The evolution of urban popular movements in Mexico between 1968 and 1988, in: Escobar, A./S. Alvarez (Hrsg.): The making of social movements in Latin America. Identity, strategy and democracy, Boulder u. a., S. 240–259.

Bennholdt-Thomsen, V. (1988): Überleben in der Wirtschaftskrise und die Würde der Menschen – zwei Beispiele aus Mexiko, in: Peripherie, 8. Jg., Nr. 30/31, S. 132–155.

Bensusan, G./C. Garcia (Hrsg.)(1989): Modernidad y legislación laboral, México, D. F.

Beristain, J./I. Trigueros (1990): Mexico, in: Williamson, J. (Hrsg.): Latinamerican adjustment: How much has happened?, Washington, D. C., S. 154–168.

Bertranou, J. F. (1993): Programa Nacional de Solidaridad. Un nuevo o un viejo modelo de política pública?, in: Revista Mexicana de Sociología, Vol. 55, No. 3 (julio–septiembre), S. 225–243.

Betz, J. (1995): Einführung: Politische Restriktionen der Strukturanpassung in Entwicklungsländern, in: Ders. (Hrsg.): Politische Restriktionen der Strukturanpassung in Entwicklungsländern, Hamburg, S. 3–48.

Bitrán, D. (1989): Perspectivas de la industria mexicana, in: Gonzáles Casanova, G. (Hrsg.): México hacia el 2000. Desafíos y opciones, Caracas, S. 171–194.

Bizberg, I. (1990 a): La crisis del corporativismo mexicano, in: Foro Internacional, Vol. 30, No. 4 (abril–junio), S. 695–735.

Bizberg, I. (1990 b): Estado y sindicalismo en México, México, D. F.

Bizberg, I. (1992): Ouverture commerciale, marché du travail et relations industrielles, in: Problèmes d'Amérique Latine, No. 5 (avril–juin), S. 55–80.

Boris, D. (1987): Die Verschuldungskrise in der Dritten Welt. Ursachen, Wirkungen, Gegenstrategien, in: Boris, D. u. a. (Hrsg.): Schuldenkrise und Dritte Welt. Stimmen aus der Peripherie, Köln, S. 11–60.

Boris, D. (1990): Arbeiterbewegung in Lateinamerika, Marburg.

Bortz, J. (1986): El salario en México, México, D. F.

Bortz, J. L. (1991): El impacto social de la crisis económica de México, in: Revista Mexicana de Sociología, Vol. 53, No. 1 (enero–marzo), S. 43–69.

Brachet-Marquéz, V. (1992): Explaining sociopolitical change in Latinamerica: The case of Mexico, in: Latin American Research Review, Vol. 27, No. 3, S. 91–122.

Braig, M. (1992): Mexiko – ein anderer Weg der Moderne, Köln u. a.

Braig, M./T. de Barbieri (1992): Geschlechterverhältnis zwischen Modernisierung und Krise, in: Briesemeister, D./K. Zimmermann (Hrsg.): Mexiko heute. Politik, Wirtschaft, Kultur, Frankfurt a. M., S. 437–461.

Brand, D./Th. Röhm (1995): Ursachen und Konsequenzen der mexikanischen Währungskrise, in: ifo Schnelldienst, 48. Jg., H. 7 (6. März), S. 20–29.

Bronfman, M. (1990): Mortalidad infantil y crisis en México, in: Estudios Sociológicos, Vol. 8, No. 23, S. 335–350.

Brown, F./L. Domínguez (1994): The dynamics of productivity performance in Mexican manufacturing, 1984–90, in: The Developing Economies, Vol. 32, No. 3 (september), S. 279–298.

Bulmer-Thomas, V. u. a. (1994): Conclusion, in: Dies. (Hrsg.): Mexico and the North American freetrade agreement, London, S. 203–232.

Bultmann, I. u. a. (Hrsg.) (1995): Demokratie ohne soziale Bewegung? Gewerkschaften, Stadtteil- und Frauenbewegungen in Chile und Mexiko, Unkel/Rh.

Burbach, R. (1994): Roots of the postmodern rebellion in Chiapas, in: New Left Review, No. 205 (may–june), S. 113–124.

Calderón, J. M. (1988): Inflación y descentralización como estrategias capitalistas y su impacto sobre la fuerza de trabajo, Mexico 1982–1988, in: Trujillo, M. A. (Hrsg.): Organización y luchas del movimiento obrero latinoamericano (1978–1987), México, D. F., S. 257–297.

Calva, J. L. (1992 a): La agricultura mexicana frente al cadalso del libre comercio con Estados Unidos y Canada, in: Rey Romay, B. (Hrsg.): La integración comercial de México a Estados Unidos y Canada. Alternativa o destino?, México, D. F., S. 399–418.

Calva, J. L. (1992 b): La agricultura mexicana frente al tratado trilateral de libre comercio, México, D. F.

Calva, J. L. (1993): El modelo neoliberal mexicano. Costos, vulnerabilidad, alternativas, México, D. F.

Camp, R. A. (Hrsg.) (1989): Entrepreneurs and politics in twentieth-century Mexico, New York/Oxford.

Campbell, B. K. (Hrsg.) (1989): Political dimensions of the international debt crisis, New York.

Carabias, J. (1990): Las políticas de producción agrícola, la cuestion alimentaria y el medio ambiente, in: Leff, E. (Hrsg.): Medio ambiente y desarrollo en México, Bd. 1, México, D. F., S. 329–356.

Carr, B. (1993): Mexico: The perils of unity and the challenge of modernization, in: Carr, B./St. Ellner (Hrsg.): The Latin American Left. From the Fall of Allende to Perestroika, Boulder u. a., S. 83–99.

Carrillo, J. (1991): Relaciones laborales en la industria maquiladora ante el Tratado de Libre Comercio, in: Revista Mexicana de Sociología, Vol. 53, No. 3 (julio–septiembre), S. 235–257.

Carrillo, R. (1987): The role of the state and the entrepreneurial sector in Mexican development, in: Maxfield, S./R. Anzaldúa (Hrsg.): Government and private sector in contemporary Mexico, San Diego, S. 45–63.

Casar, J. I. (1989): Transformación en el patrón de especialización y comercio exterior del sector manufacturero mexicano 1978–1987, México, D. F.

Casar, M. A. u. a. (1988): Los empresarios y el estado en México: un análisis político, in: Garrido, C. (Hrsg.): Empresarios y estado en América Latina, México, D. F. S. 207–228.

Casar, M. A./W. Peres (1988): El estado empresario en México: Agotamiento o renovación?, México, D. F.

Casar, M. A. (1995): Party-government relations: The case of Mexico, in: International Political Science Review, Vol. 16, No. 2 (april), S. 183–198.

Castañeda, J. (1995): The Mexican shock. Its meaning for the United States, New York.

Castañeda, J. G./C. Heredia (1993): Hacia otro TLC, in: Nexos, Vol. 16, No. 181 (enero), S. 43–54.

Castells, M./A. Portes (1989): World underneath: The origins, dynamics, and effects of the informal economy, in: Portes, A. u. a. (Hrsg.): The informal economy. Studies in advanced and less developed countries, Baltimore u. a., S. 11–39.

Centro de Estudios Económicos del Sector Privado, CEESP (1991): La economía subterránea in México, in: Schatan, J. u. a. (Hrsg.): El sector informal en América Latina. Una selección de perspectivas analíticas, México, D. F., S. 297–330.

Clavijo, F. (1994): Perspectivas de la política industrial en México, in: García, A. (Hrsg.): La política industrial en México, México, D. F., S. 133–166.

Cleaves, P. S./Ch. J. Stephens (1991): Businessmen and economic policy in Mexico, in: Latin American Research Review, Vol. 26, No. 2, S. 187–202.

Collier, G. A. (1994 a): Basta! Land and the Zapatista rebellion in Chiapas, Oakland, California.

Collier, G. A. (1994 b): The new politics of exclusion: Antecedents to the rebellion in Mexico, in: Dialectical anthropology, Vol. 19, No. 1 (may), S. 1–44.

Collier, G. A. (1994 c): The rebellion in Chiapas and the legacy of energy development, in: Mexican Studies/Estudios Mexicanos, Vol. 10, No. 2, S. 371–382.

Conroy, M. E./A. K. Glasmeier (1992/93): Unprecedented disparities, unparalleled adjustment needs: winners and losers on the NAFTA „fast track“, in: Journal of Interamerican Studies and World Affairs, Vol. 34, No. 4 (winter), S. 1–37.

Cook, M. L. (1990): Organizing dissent: The politics of opposition in the Mexican teacher's union, Berkeley (unveröffentlichte Dissertation).

Cook, M. L. (1995): Mexican state-labour relations and the political implications of free trade, in: Latin American Perspectives, Vol. 22, No. 1 (winter), S. 77–94.

Cordera, R./E. González (1991): Crisis and transition in the Mexican economy, in: González de la Rocha, M./A. Escobar (Hrsg.): Social responses to Mexico's economic crisis of the 1980s, San Diego, S. 19–56.

Cornelius, W. A. u. a. (Hrsg.) (1989): Mexico's alternative political futures, San Diego.

Cornelius, W. A. u. a. (1994): Mexico's National Solidarity Program: An Overview, in: Dies. (Hrsg.): Transforming state-society relations in Mexico, San Diego, S. 3–26.

Cortés, F./M. Benites (1991): Crisis y comercio domiciliario en México, in: Estudios Sociológicos, Vol. 9, No. 25 (enero–abril), S. 165–187.

Couffignal, G. (1994): Méxique: Le cheminement convulsif vers le pluralisme politique, in: Problèmes d'Amérique Latine, No. 15 (octobre–decembre), S. 3–21.

Cypher, J. M. (1991): Promoción de exportaciones: un nuevo patrón de acumulación?, in: Revista Mexicana de Sociología, Vol. 53, No. 3 (julio–septiembre), S. 81–110.

Davis, Ch. L./K. M. Coleman (1994): Neoliberal economic policies and the potential for electoral change in Mexico, in: Mexican Studies/Estudios Mexicanos, Vol. 10, No. 2, S. 341–370.

Davis, D. E. (1990): Social movements and Mexico's crisis, in: Journal of International Affairs, Vol. 93, No. 2 (winter), S. 343–367.

Davis, D. E. (1992): Mexico's new politics: changing perspectives on free trade, in: World Policy Journal, Vol. 9, No. 4 (fall/winter), S. 655–671.

Díaz, A. (1995): Ajustes estructurales y actores sociales en México y Chile, in: Revista Latinoamericana de Estudios del Trabajo, Vol. 1, No. 1, S. 155–192.

Díaz-Polanco, H. (1992): El estado y los indígenas, in: Alonso, J. u. a. (Hrsg.): El nuevo estado mexicano, Bd. III (Estado, actores y movimientos sociales), México, D. F., S. 145–170.

Dietz, G. (1994): Neozapatismo and ethnic movement in Chiapas, Mexico: Background information on the armed uprising of the EZLN, in: Mexicon. Aktuelle Informationen und Studien zu Mesoamerika, No. 2 (April), S. 27–30.

Dombois, R./L. Pries (Hrsg.) (1993): Modernización empresarial: tendencias en América Latina y Europa, Caracas.

Dombois, R./L. Pries (1995): Industrielle Beziehungen im Strukturwandel Lateinamerikas am Beispiel von Mexiko und Kolumbien, in: Industrielle Beziehungen, 2. Jg., H. 3, S. 251–273.

Dornbusch, R./A. Werner (1994): Mexico: Stabilization, reform and no growth, in: Brookings Papers on Economic Activity, No. 1, S. 253–297.

Dresser, D. (1994 a): Bringing the poor back in: National solidarity as a strategy of regime legitimation, in: Cornelius, W. A. u. a. (Hrsg.): Transforming state-society relations in Mexico. The national solidarity strategy, San Diego, S. 143–165.

Dresser, D. (1994b): Embellishment, empowerment, or euthanasia of the PRI? Neoliberalism and party reform in Mexico, in: M. L. Cook u. a. (Hrsg.): The politics of economic restructuring, San Diego, S. 125–147.

Dresser, D. (1994c): Five scenarios for Mexico, in: Journal of Democracy, Vol. 5, No. 3 (july), S. 57–71.

Ebenroth, C. T./H. Jäger (1990): Die Entwicklung Mexikos im Zeichen der Brady-Initiative, in: Außenwirtschaft, 45. Jg., H. 2, S. 237–265.

Echeverría, R. (1992): El programa nacional de solidaridad: resultados y perspectivas, in: El Cotidiano, No. 49 (julio–agosto), S. 37–40.

Economic Commission for Latin America and the Caribbean (ECLAC) (1990): Changing production patterns with social equity, Santiago/Chile.

Edwards, S. u. a. (1995): Capital inflows, the real exchange rate and the Mexican crisis of 1994, Göttingen (unveröff. Manuskript).

Ehrke, M. (1980): Wirtschaftspolitik und staatlicher Sektor in Mexiko. Zu den politischen Rahmenbedingungen staatlicher Wirtschaftsintervention in einem Land des unterentwickelten Kapitalismus, Hannover, Philosophische Dissertation.

Ehrke, M. (1983): Von der „Verwaltung des Überschusses“ zur Abwertung – Zu einigen industrie- und finanzpolitischen Aspekten der mexikanischen Wirtschaftspolitik unter López Portillo, in: Gleich, A. von u. a. (Hrsg.): Mexiko. Der Weg in die Krise, Diessenhofen, S. 135–157.

Ehrke, M. (1986): Mexiko – der staatliche Sektor in der Stabilisierungspolitik der Regierung de la Madrid, in: Lateinamerika. Analysen, Daten, Dokumentation, Nr. 8 (Dezember), S. 51–61.

Ehrke, M. (1988): Die Präsidentschaftswahlen in Mexiko: Ursachen und Perspektive eines Umbruchs, in: Lateinamerika. Analysen, Daten, Dokumentation, Beiheft 5 (Oktober), S. 1–22.

Ehrke, M. (1989): Mexiko: Die Wahlen vom 6. Juli 1988 – ein Ende der Einparteienherrschaft, in: Aus Politik und Zeitgeschichte. Beilage zur Wochenzeitung „Das Parlament“, 4/89 (20. Januar), S. 51–62.

Elizondo, C. (1994): In search of revenue: tax reform in Mexico under the administrations of Echeverría and Salinas, in: Journal of Latin American Studies, Vol. 26, S. 159–190.

Equipo Pueblo (1993): Structural adjustment in Mexico: A grasroots perspective, o. O.

Escalante, R. (1989): El sector agropecuario en México. Tendencias recientes y lineas de estrategia para su crecimiento, in: Arroyo Ortiz, J. P. (Hrsg.): La economía mexicana ante el cambio, México, D. F., S. 187–215.

Escobar, A./B. R. Roberts (1991): Urban stratification, the middle class, and economic change in Mexico, in: Escobar, A./M. González de la Rocha (Hrsg.): Social responses to Mexico's economic crisis of the 1980s, San Diego, S. 91–113.

Espinoza, R. (1994): La campaña presidencial del PRI, in: El Cotidiano, No. 65 (noviembre), S. 3–13.

Ewald, U. (1994): Mexiko. Das Land, seine Geschichte und Kultur, Stuttgart u.a.

Fajnzylber, F. (1983): La industrialización trunca de América Latina, México, D.F.

Favela, A. (1994): Las elecciones federales de 1994: las sorpresas, in: El Cotidiano, No. 65 (noviembre), S. 48–52.

Favre, H. (1985): El cambio socio-cultural y el nuevo indigenismo en Chiapas, in: Revista Mexicana de Sociología, Vol. 47, No. 3 (julio–septiembre), S. 161–196.

Feldbauer, P. (1995): Mexiko und die historischen Wurzeln abhängiger Industrialisierung, in: Feldbauer, P. u.a. (Hrsg.): Industrialisierung. Entwicklungsprozesse in Afrika, Asien und Lateinamerika, Frankfurt a.M., S. 173–191.

Fitzgerald, E. V. K. (1985): The financial constraint on relative autonomy: the state and capital accumulation in Mexico, in: Anglade, C./C. Fortin (Hrsg.): The state and capital accumulation in Latin America, Bd. 1, London u.a., S. 210–240.

Fix-Fierro, H. (1995): Agrarreform und Landentwicklung, in: Lauth, H.-J./H.-R. Horn (Hrsg.): Mexiko im Wandel. Bilanz und Perspektiven in Politik, Wirtschaft, Gesellschaft und Kultur, Frankfurt a.M., S. 69–78.

Fix-Fierro, H./J. Martínez-Uriarte (1995): Chiapas: Der Schauplatz eines Aufstandes, in: Lauth, H.-J./H.-R. Horn (Hrsg.): Mexiko im Wandel. Bilanz und Perspektiven in Politik, Wirtschaft, Gesellschaft und Kultur, Frankfurt a.M., S. 79–99.

Foley, M.W. (1995): Privatizing the countryside: The Mexican peasant movement and neoliberal reform, in: Latin American Perspectives, Vol. 22, No. 1 (winter), S. 59–76.

Foweraker, J. (1990): Popular movements and political change in Mexico, in: Foweraker, J./A. L. Craig (Hrsg.): Popular movements and political change in Mexico, Boulder u.a., S. 3–20.

Fox, J. (1993): The politics of food in Mexico. State power and social mobilization, Cornell University Press.

Fox, J. (1994a): Political change in Mexico's new peasant economy, in: Cook, M. L. u.a. (Hrsg.): The politics of economic restructuring, San Diego, S. 243–276.

Fox, J. (1994b): The difficult transition from clientelism to citizenship. Lessons from Mexico, in: World Politics, Vol. 46, No. 2 (january), S. 151–184.

Frambes-Buxeda, A. (1994): La integración subordinada en América Latina, in: Nueva Sociedad, No. 133 (septiembre–octubre), S. 152–163.

Franke, U. (1995): Innenpolitischer Wandel und Wahlen, in: Lauth, H.-J./H.-R. Horn (Hrsg.): Mexiko im Wandel. Bilanz und Perspektiven in Politik, Wirtschaft, Gesellschaft und Kultur, Frankfurt a.M., S. 35–55.

Frehner, W. (1994): Wahlen in Mexiko: Mexiko stellt die Weichen für die nächsten sechs Jahre, in: Konrad-Adenauer-Stiftung. Auslandsinformationen, 10. Jg., H. 10, S. 3–25.

Fürst, E. (1992): Krise, Schuldenmanagement und Stabilisierung in Mexiko und Costa Rica, Hamburg.

Gabbert, W. (1992): Vom Land der Mestizen zur multiethnischen Nation: Staatspartei und Indianer im nachrevolutionären Mexiko, in: Lateinamerika – Analysen und Berichte, Nr. 16, Dirmoser, D. u. a. (Hrsg.), Hamburg u. a., S. 32–47.

Gabbert, W. (1993): Vom „Wohlfahrtsstaat" a la Mexicana zum sozialen Liberalismus, in: Dirmoser, D. u. a. (Hrsg.): Lateinamerika. Analysen und Berichte, Bd. 17, Bad Honnef, S. 61–75.

García, B. (1993): La ocupación en México en los años ochenta: Hechos y datos, in: Revista Mexicana de Sociología, Vol. 55, No. 1 (enero–marzo), S. 137–153.

García, E. (1994): Estrategia modernizante y perfil del movimiento campesino contemporáneo, in: Revista Mexicana de Sociología, Vol. 56, No. 2 (abril–junio), S. 59–75.

García, R. R. (1994): Tripartidismo y nueva geografía electoral, in: El Cotidiano, No. 65 (noviembre), S. 33–38.

Garrido, C. (1994): National private groups in Mexico, 1987–1993, in: CEPAL Review, No. 53, S. 159–175.

Garza, E. de la (1990): Reconversión industrial y polarización del aparato productivo, in: Albina Garavito, R./A. Bolivar (Hrsg.): México en la década de los ochenta. La modernización en cifras, México, D. F., S. 217–250.

Garza, E. de la (1991): Independent trade unionism in Mexico: past developments and future perspectives, in: Middlebrook, K. J. (Hrsg.): Unions, workers and the state in Mexico, San Diego, S. 153–184.

Garza, E. de la (1992a): Crisis y sujetos sociales en México, Bd. 1 u. 2, México D. F.

Garza, E. de la (1992b): La polarización del aparato productivo en México, in: El Cotidiano, No. 46 (marzo–abril), S. 3–9.

Garza, E. de la (1994): The restructuring of state-labour relations in Mexico, in: Cook, M. L. u. a. (Hrsg.): The politics of economic restructuring. State-society relations and regime change in Mexico, San Diego, S. 195–217.

Giner de los Rios, F. (1991): México: relaciones entre la microindustria y el sector formal. El caso de la maquila vista mediante una tipología, in: Schatan, J. u. a. (Hrsg.): El sector informal en América Latina, México, D. F., S. 59–77.

Gleich, A. von (1993): Die neuen Integrationsprozesse in Lateinamerika – Resultate und Perspektiven, in: Lateinamerika Jahrbuch 1993, Frankfurt a. M., S. 31–51.

Gleich, A. von (1995): Saubere Wahlen, aber eingeschränkte Wahlfreiheit und Chancengleichheit. Bericht über die Beobachtung der Wahlen des Präsidenten und zum Kongreß in Mexiko am 21. August 1994, in: Lateinamerika. Analysen, Daten, Dokumentation, Nr. 28, S. 123–128.

Gómez, S. (1992): Balance de las elecciones federales de 1991 en México, in: Revista Mexicana de Sociología, Vol. 54, No. 1 (enero–marzo), S. 253–287.

Gómez, S. (1993): Electoral reform and the party system, 1977–90, in: Harvey, N. (Hrsg.): Mexico. Dilemmas of transition, London u. a., S. 64–90.

González de la Rocha, M. (1989): Crisis, economía domestica y trabajo femenina en Guadalajara, in: de Oliveira, O. (Hrsg.): Trabajo, poder y sexualidad, México D. F., S. 159–185.

González, E. (1994): Social reform in Mexico: Six theses on the national solidarity program, in: Cornelius, W. A. u. a. (Hrsg.): Transforming state-society relations in Mexico. The national solidarity strategy, San Diego, S. 63–78.

González, M. A. (1992): La reprivatización en México, in: El Cotidiano, No. 45 (enero–febrero), S. 36–40.

Gordon, S. (1993): La Política Social y el Programa Nacional de Solidaridad, in: Revista Mexicana de Sociología, Vol. 55, No. 2 (abril–junio), S. 351–366.

Gormsen, E. (1995): Mexiko. Land der Gegensätze und Hoffnungen, Gotha.

Gorr, H. (1989): Zur Theorie und Empirie des sogenannten „informellen Sektors“ in Entwicklungsländern. Soziologische Diplomarbeit am Fachbereich Gesellschaftswissenschaften und Philosophie, Marburg.

Graham, C. (1994): Safety nets, politics and the poor. Transitions to market economies, Washington, D. C.

Griffith-Jones, St. (1988): Managing world debt, Hemel Hempstead u. a.

Guerrero, J. (1994): Análisis y perspectivas del sector agrícola en México, in: El Cotidiano, No. 61 (marzo–abril), S. 43–51.

Gurria, A. (1988): Debt restructuring: Mexico as a case study, in: Griffith-Jones, St. (Hrsg.): Managing world debt, Hemel Hempstead, S. 64–112.

Gutiérrez Garza, E. (Hrsg.) (1989): Reconversión industrial y lucha sindical, México, D. F.

Gutiérrez Garza, E. (Hrsg.) (1990): La ocupación del futuro. Flexibilización del trabajo y desreglamentación laboral, México, D. F.

Haber, P. (1993): Cárdenas, Salinas and the urban popular movement, in: Harvey, N. (Hrsg.): Mexico. Dilemmas of transition, London/New York, S. 218–248.

Haber, P. L. (1994): The art and implications of political restructuring in Mexico: The case of urban popular movements, in: Cook, M. L. u. a. (Hrsg.): The politics of economic restructuring, San Diego, S. 277–303.

Harvey, N. (1993): The limits of concertation in rural Mexico, in: ders. (Hrsg.): Mexico. Dilemmas of transition, London/New York, S. 199–217.

Harvey, N. (1994): Rebellion in Chiapas: rural reforms, campesino radicalism, and the limits to salinismo, San Diego.

Harvey, N. (1995): Rebellion in Chiapas: rural reforms and popular struggle, in: Third World Quarterly, No. 1, S. 39–73.

Hellmann, M. (1995): „Ohne uns gibt es keine Demokratie.“ Möglichkeiten und Grenzen für die Frauenbewegungen in Chile und Mexiko, in: Bultmann, I. u. a. (Hrsg.): Demokratie ohne soziale Bewegung? Gewerkschaften, Stadtteil- und Frauenbewegungen in Chile und Mexiko, Unkel/Rh., S. 259–336.

Heredia, B. (1994): Making economic reform politically viable: The Mexican experience, in: Smith, W. C. u. a. (Hrsg.): Democracy, markets, and structural reform in Latin America: Argentina, Bolivia, Brazil, Chile, and Mexico, New Brunswick (USA), S. 265–295.

Hernández, L. (1994): The Chiapas uprising, in: Harvey, N.: Rebellion in Chiapas, San Diego, S. 51–63.

Hernández, L./F. Célis (1994): Solidarity and the new campesino movements: The case of coffee production, in: Cornelius, W. A. u. a. (Hrsg.): Transforming state-society relations in Mexico. The national solidarity strategy, San Diego, S. 217–231.

Hernández, R./J. L. Reyna (1994): Méxique: Le risque de l'ingouvernabilité, in: Problème d'Amérique latine, No. 13 (avril–juin), S. 19–29.

Hewitt de Alcántara, C. (1992): Economic restructuring and rural subsistence in Mexico: Maize and the crisis of the 1980s, UNRISD Discussion Paper, No. 31, Genf.

Hierro, G. (1989): Geschichte der mexikanischen Frauenbewegung, in: Argument-Sonderband, Nr. 170 („Dritte Welt"), Hamburg, S. 136–147.

Hilker, T. (1990): Mexikos Weg zur wirtschaftlichen Gesundung, in: Vierteljahresberichte, Nr. 120 (Juni), S. 177–190.

Huerta, A. (1993): Riesgos del modelo neoliberal mexicano, México, D. F.

Huerta, A. (1994): La política neoliberal de estabilización económica en México, México, D. F.

Huerta, A. (1995): La inviabilidad de la política de ajuste para encarar la crisis, in: Momento Económico, No. 77 (enero–febrero), S. 4–9.

Imbusch, P. (1988): Mexiko. Entwicklungsstrategische Alternativen. Zu den Optionen und Handlungsspielräumen von Bourgeoisie und Staat seit 1970, Marburg.

Imbusch, P. (1991): Klassenstrukturen in Lateinamerika. Eine komparative Studie zu den sozialstrukturellen Folgen der Wirtschaftskrise der 80er Jahre in Argentinien und Mexiko, Münster/Hamburg.

Imbusch, P. (1992): Die mexikanische Sozialstruktur, in: Briesemeister, D./K. Zimmermann (Hrsg.): Mexiko heute, Frankfurt a. M., S. 267–290.

Imbusch, P./H. J. Lauth (1992): Staatswirtschaft und Privatisierung, in: Briesemeister, D./K. Zimmermann (Hrsg.), Mexiko heute, Frankfurt a. M., S. 167–184.

Instituto Nacional de Estadistica, Geografía e Informática (INEGI) (1990): Estadisticas Históricas de México, Bd. 1, Aguascalientes.

Instituto Nacional de Estadistica, Geografía e Informática (INEGI) (1994): Agenda Estadistica. Estados Unidos Mexicanos, Aguascalientes.

James, D. D. (1991): Capital goods production and technological learning: the case of Mexico, in: Journal of Economic Issues, Vol. 25, No. 4 (december), S. 977–991.

Juárez, F./J. Quilodrán (1990): Mujeres pioneras del cambio reproductivo en México, in: Revista Mexicana de Sociología, Vol. 52, No. 1 (enero–marzo), S. 33–49.

Kalter, E./H. E. Khor (1990): Mexikos Erfahrungen mit der Anpassung, in: Finanzierung und Entwicklung, 27. Jg. (September), S. 22–25.

Kaufman, R. (1989): Economic orthodoxy and political change in Mexico: the stabilization and adjustment policies of the de la Madrid administration, in: Stallings, B./R. Kaufman (Hrsg.): Debt and democracy in Latin America, Boulder u. a., S. 109–126.

Knight, A. (1990): Historical continuities in social movements, in: Foweraker, J./A. L. Craig (Hrsg.): Popular movements and political change in Mexico, Boulder/London, S. 78–102.

Knight, A. (1992): Mexico's elite settlement: conjuncture and consequences, in: Higley, J./R. Gunther (Hrsg.): Elites and democratic consolidation in Latin America and southern Europe, Cambridge, S. 113–145.

Knight, A. (1994): Solidarity: Historical continuities and contemporary implications, in: Cornelius, W. A. u. a. (Hrsg.): Transforming state-society relations in Mexico. The national solidarity strategy, San Diego, S. 29–45.

Knochenhauer, G. (1990): La modernización del agro en México, in: Comercio Exterior, Vol. 40, No. 9 (septiembre), S. 830–837.

Koch, C. G. (1995): Zwischen Wahlspektakel und Dialog. Die Stimmung nach den Wahlen in Chiapas, in: ila, Nr. 190 (November), S. 26–28.

Kohan, N. (1994): Chiapas-Aufstand und Moderne, in: Das Argument, Nr. 204 (März/April), S. 247–256.

Kouyoumdjian, A. (1988): The Miguel de la Madrid sexenio: Major reforms or foundation for desaster?, in: Philip, G. (Hrsg.): The Mexican economy, London u. a., S. 78–94.

Kraemer, M. (1995): The political economy of trade reform in Mexico, 1982–1988. Diskussionsbeiträge des Ibero-Amerika-Instituts für Wirtschaftsforschung, Nr. 66, Göttingen.

Kretzschmar, M. (1993): Der mexikanische Bergbau, in: Asien, Afrika, Lateinamerika, 20. Jg., H. 5, S. 909–921.

Kürzinger, E. (1992): Industrialisierung in Mexiko, in: Briesemeister, D./K. Zimmermann (Hrsg.): Mexiko heute, Frankfurt a. M., S. 149–166.

La Botz, D. (1988): The crisis of Mexican labor, New York u. a.

Lagarde, M. (1992): El feminismo: Alternativa al Estado patriarcal mexicano, in: Alonso, J. u. a. (Hrsg.): El nuevo estado mexicano, Bd. III, México, D. F., S. 225–264.

Lamas, M. (1989): Die feministische Bewegung in Mexiko, in: Argument-Sonderband, Nr. 170 („Dritte Welt"), Hamburg, S. 123–135.

Lamas, M./Martínez, A./Tarrés, M. L./Tuñón, E. (1994): Encuentros y desencuentros: El movimiento amplio de mujeres en México. 1970–1993 (XVIII. International Congress of the Latin American Studies Association).

Langhammer, R./R. Schweickert (1995): The Mexican reform process: Improving long-run perspectives and mastering short-run turbulences, Kiel.

Laurell, A. C. (1992 a) (Hrsg.): Estado y políticas sociales en el neoliberalismo, México, D. F.

Laurell, A. C. (1992b): Democracy in Mexico: Will the first be the last?, in: New Left Review, No. 194 (july–august), S. 33–53.

Laurell, A. C. (1994): Pronasol o la pobreza de los programas contra la pobreza, in: Nueva Sociedad, No. 131 (mayo–junio), S. 156–170.

Lauth, H.-J. (1991): Mexiko zwischen traditioneller Herrschaft und Modernisierung. Die Gewerkschaften im Wandel von Politik und Wirtschaft (1964–1988), Münster/Hamburg.

Lauth, H.-J. (1992): Parteien, Wahlen und Demokratie, in: Briesemeister, D./K. Zimmermann (Hrsg.): Mexiko heute, Frankfurt a. M., S. 51–66.

Lauth, H.-J. (1994): Das Nordamerikanische Freihandels-Abkommen NAFTA–Ausdruck einer neuen Phase der Zusammenarbeit zwischen Nord und Süd, in: Lateinamerika. Analysen, Daten, Dokumentation, Hamburg, Beiheft Nr. 14, S. 3–29.

Lauth, H.-J. (1995): Perspektiven der Demokratisierung, in: H.-J. Lauth/H.-R.Horn (Hrsg.): Mexiko im Wandel, Frankfurt a. M., S. 195–207.

Lavon, E. (1994): Das Nordamerikanische Freihandels-Abkommen (NAFTA): Weltmarktorientierte Entwicklung gegen die Gewerkschaften, Marburg.

Lehr, V. (1981): Der mexikanische Autoritarismus. Parteien, Wahlen, Herrschaftssicherung und Krisenpotential, München.

Linck, T. (1995): Les pauvretés a l'epreuve de concepts, in: L'Ordinaire Latino Americain, No. 155 (janvier–fevrier), S. 77–85.

Livas, R. (1989): México. Dos sexenios de deterioro en el salario: 1977–1988, in: Economía de América Latina, Nos. 18/19, S. 41–56.

Loaeza, S. (1988): Clases medias y política en México. La querella escolar, 1959–1963, México, D. F.

Loaeza, S. (1990): Derecha y democracia en el cambio político mexicano: 1982–1988, in: Foro Internacional, Vol. 30, No. 4 (abril–junio), S. 631–658.

Lopez Arellano, O. (1992): La política de salud en México: Un ejemplo del liberalismo social?, in: Laurell, A. C. (1992a) (Hrsg.): Estado y política sociales en el neoliberalismo, México, D. F., S. 165–183.

Lopez y Rivas, G. (1995): Nación y pueblos indios en el neoliberalismo, México, D. F.

Luke, P. (1988): Debt and oil-led development: The economy under López Portillo, in: Philip, G. (Hrsg.): The Mexican economy, London/New York, S. 41–77.

Luna, M./R. Millán/R. Tirado (1985): Los empresarios en los inicios del gobierno de Miguel de la Madrid, in: Revista Mexicana de Sociología, Vol. 47, No. 4 (octubre–diciembre), S. 215–257.

Luna, M./R. Tirado/F. Valdés (1987): Businessmen and politics in Mexico, 1982–1986, in: Maxfield, S./R. Anzaldúa: Government and private sector in contemporary Mexico, San Diego, S. 13–43.

Luna, M./R. Pozas (Hrsg.) (1992): Relaciones corporativas en un período de transición, México, D. F.

Luna, M./R. Tirado (1992): El Estado y los empresarios. De la activación al re-

pliegue político relativo, in: Alonso, J. u. a. (Hrsg.): El nuevo Estado mexicano, México, D. F., Bd. III, S. 13–31.
Luna, M./R. Tirado (1993): Los empresarios en el escenario del cambio. Trayectoria y tendencias de sus estrategías de acción colectiva, in: Revista Mexicana de Sociología, Vol. 55, No. 2 (abril–junio), S. 243–271.
Lustig, N. (1989): La desigualidad económica en Mexico, in: Economía de América Latina, Nos. 18/19, S. 35–39.
Lustig, N. (1992): Mexico. The Remaking of an economy, Washington, D. C.
Lustig, N. (1994): Solidarity as a strategy of poverty alleviation, in: Cornelius, W. A. u. a. (Hrsg.): Transforming state-society relations in Mexico, San Diego, S. 79–96.
Luz Arriaga, M. de la (1995): TLC, precarización y desempleo, in: El Cotidiano, No. 67 (enero–febrero), S. 8–15.
Maihold, G. (1989): Umweltprobleme als Thema der Außenpolitik: Mexiko – USA, in: Verfassung und Recht in Übersee, 22. Jg., 4. Quartal, S. 392–413.
Maihold, G. (1995): Mexiko in der Modernisierungsfalle – verpaßte Transition oder Chancen der Systemkrise? (unveröff. Manuskript).
Marion, M. O. (1987): Pueblos de Chiapas: una democracia a la defensiva, in: Revista Mexicana de Sociología, Vol. 49, No. 4 (octubre–diciembre), S. 37–73.
Márquez, C./J. Ros (1990): Segmentación del mercado de trabajo y desarrollo económico en México, in: El Trimestre Económico, Vol. 57, No. 226, S. 343–378.
Martínez, A. (Hrsg.) (1983): Historia del Comunismo en México, México, D. F.
Máttar, J./C. Schatan (1993): El comercio intraindustrial e intrafirma México-Estados Unidos. Autopartes, electrónicos y petroquímicos, in: Comercio Exterior, Vol. 43, No. 2 (febrero), S. 103–124.
Maxfield, S. (1990): Governing capital. International finance and Mexican politics, Ithaca/London.
McCaughan, E. J. (1993): Mexico's long crisis: toward new regimes of accumulation and domination, in: Latin American Perspectives, Vol. 20, No. 3 (summer), S. 6–31.
Meffert, K. (1990): Mexiko: Stadt der Massen – Stadt der Bürger, in: Dirmoser, D. u. a. (Hrsg.): Lateinamerika. Analysen und Berichte, Bd. 14, Hamburg, S. 56–83.
Méndez, J.S. (1994): Problemas económicos de México, México, D. F. u. a.
Méndez, L./A. Cano (1994): La guerra contra el tiempo. Viaje a la selva alzada, México, D. F.
Méndez, L./O. Quiroz (1990): Organización obrera: nuevos rumbos, nuevas perspectivas?, in: El Cotidiano, No. 36 (julio–agosto), S. 47–56.
Méndez, L./J. O. Quiroz (1992): Respuesta obrera: los sindicatos frente a la reestructuración productiva, 1983–1992, in: El Cotidiano, No. 50 (septiembre–octubre), S. 155–168.
Middlebrook, K. J. (1989): The sounds of silence: Organised labour's response

to economic crisis in Mexico, in: Journal of Latin American Studies, Vol. 21, S. 195–220.

Minda, A. (1992): Investissement étranger direct et développement économique, in: Problèmes d'Amérique latine, No. 5 (avril–juin), S. 105–124.

Minsburg, N. (1993): Privatizaciones y reestructuración económica en América Latina, in: Realidad Económica, No. 116 (mayo–junio), S. 76–97.

Mizrahi, Y. (1994): Rebels without a cause? The politics of entrepreneurs in Chihuahua, in: Journal of Latin American Studies, Vol. 26, S. 137–158.

Moguel, J. (1994): The Mexican left and the social program of Salinismo, in: Cornelius, W. A. u. a. (Hrsg.): Transforming state-society relations in Mexico. The national solidarity strategy, San Diego, S. 167–176.

Moguel, J./C. Botey (1994): El fraude rural en 1994, in: El Cotidiano, No. 65 (noviembre), S. 141–146.

Molinar, J./J. A. Weldon (1994): Electoral determinants and consequences of national solidarity, in: Cornelius, W. A. u. a. (Hrsg.): Transforming state-society relations in Mexico. The national solidarity strategy, San Diego, S. 123–141.

Mols, M. (1976): Faktoren der politischen Stabilität Mexikos, in: Berichte zur Entwicklung in Spanien, Portugal und Lateinamerika, 2. Jg., H. 8 (November–Dezember), S. 19–33.

Mols, M. (1981): Mexiko im 20. Jahrhundert. Politisches System, Regierungsprozeß und politische Partizipation, Paderborn.

Monsiváis, C. (1989, 1. Aufl. 1987): Entrada libre. Crónicas de la sociedad que se organiza, México, D. F.

Muñoz, H. (1975): Occupational and earnings inequalities in Mexico City: a sectoral analysis of the labor force, Austin (unveröff. Diss.).

Naím, M. (1995 a): Latin America the morning after, in: Foreign Affairs, Vol. 74, Nr. 4 (july–august), S. 45–61.

Naím, M. (1995 b): Mexico's larger story, in: Foreign Policy, No. 99 (summer), S. 112–130.

Nash, J. (1995): The reassertion of indigenous identity: Maya responses to state intervention in Chiapas, in: Latin American Research Review, Vol. 30, No. 3, S. 7–42.

Navarrete, J. E. (1990): Mexico's stabilization policy, in: CEPAL Review, No. 41 (august), S. 31–44.

Needler, M. C. (1994): The consent of the Governed? Coercion, co-optation, and compromise in Mexican politics, in: Mexican Studies/Estudios Mexicanos, Vol. 10, No. 2, S. 383–390.

Nohlen, D. (1993): Politische Reform „à la mexicana" – Zur mexikanischen Wahlreform, in: Sevilla, R./A. Azuela (Hrsg.): Mexiko. Die institutionalisierte Revolution?, Unkel/Rh. u. a., S. 195–206.

Nohlen, D./H. J. Lauth ([3]1992): Mexiko, in: Nohlen, D./F. Nuscheler (Hrsg.): Handbuch der Dritten Welt, Bd. 3, Bonn, S. 169–202.

Nuhn, H. (1994): Maquiladoras in Mexiko. Erfahrungen mit Lohnveredlungsindustrien 1965–1990, in: Festschrift für E. Gormsen zum 65. Geburtstag, Mainzer Geographische Studien, H. 40, S. 557–572.

OECD (1992): Economic Surveys: Mexico, Paris.

OECD (1995): Economic Surveys: Mexico, Paris.

Ornelas, R. (1991): Inversión extranjera directa y reestructuración industrial, México 1983–1988, México, D. F.

Ortiz, A. (1994): Política económica de México, 1982–1994. Dos sexenios neoliberales, México, D. F.

Paré, L. (1992): El Estado y los campesinos, in: Alonso, J. u. a. (Hrsg.): El nuevo Estado méxicano, Bd. III, Estado, actores y movimientos sociales, México, D. F., S. 125–143.

Partida, V. (1990): El volumen, la estructura por edad y el ritmo de crecimiento de la población de México, in: Revista Mexicana de Sociología, Vol. 52, No. 1 (enero–marzo), S. 223–246.

Pastor, M./C. Wise (1994): The origins and sustainability of Mexico's free trade policy, in: International Organization, Vol. 48, No. 3 (summer), S. 459–489.

Pazos, L. (1993): El final de Salinas. Entre la recesión y la devaluación, México, D. F.

Pécaut, D./M.-F. Prévot-Schapira (1992): La recherche d'une nouvelle légitimation: Le programme national de solidarité, in: Problèmes de L'Amérique latine, No. 5 (avril–juin), S. 91–104.

Pedrero, M. (1990): Evolución de la participación económica femenina en los ochenta, in: Revista Mexicana de Sociología, 52. Jg., No. 1 (enero–marzo), S. 133–149.

Philip, G. (1985): Mexico: Learning to live with the crisis, in: Durán, E. (Hrsg.): Latin America and the world recession, Cambridge, S. 81–97.

Poitras, G./R. Robinson (1994): The politics of NAFTA in Mexico, in: Journal of Interamerican Studies and World Affairs, Vol. 36, No. 1 (spring), S. 1–35.

Pries, L. (1992): Abhängige und selbständige Erwerbsarbeit in Lateinamerika. Eine empirische Überprüfung des Konzepts vom 'Informellen Urbanen Sektor', in: Kölner Zeitschrift für Soziologie und Sozialpsychologie, 44. Jg., H. 4, S. 655–676.

Provencio, E. (1992): Un país más desigual. Nota sobre la distribución del ingreso entre 1984 y 1989, in: Economía informa, No. 207 (julio), S. 18–21.

Ramírez, J. M. (1992): Entre el corporativismo social y la lógica electoral. El Estado y el Movimiento Urbano Popular (MUP), in: Alonso, J. u. a. (Hrsg.): El nuevo Estado mexicano, Bd. III, Estado, actores y movimientos sociales, México, D. F., S. 171–194.

Ramírez, C. (1995): Cuando pudimos no quisimos. El decenio del derrumbe: la transición y el caos, México, D. F.

Ramírez, M. D. (1989): The social and economic consequences of the national austerity program in Mexico, in: Handelman, H./W. Baer (Hrsg.): Paying the costs of austerity in Latin America, Boulder u. a., S. 143–170.

Rammstedt, O. (1978): Soziale Bewegung, Frankfurt a. M.

Reddig, B. (1989): Zahlungsbilanzwirkungen ausländischer Direktinvestitionen in Mexiko, Frankfurt a. M. u. a.

Reding, A. (1994): Chiapas is Mexico. The imperative of political reform, in: World Policy Journal, No. 11 (spring), S. 11–25.

Reitmeier, G. (1990): Unabhängige Campesino-Bewegungen in Mexiko 1920–1988. Entstehungsbedingungen, Handlungsspielräume und Einflußmöglichkeiten nichtstaatlicher Campesino-Organisationen im nach- und postrevolutionären Mexiko, Saarbrücken.

Renard, M. Ch. (1994): Le Chiapas est aussi le Mexique. Neo-Zapatisme et changement politique, in: Cahiers des Amériques Latines, No. 17, S. 5–23.

Rendón, T./C. Salas (1991): La transformación del empleo en los años 80. Una visión de largo plazo, in: El Cotidiano, No. 42 (julio–agosto), S. 17–29.

Rendón, T./C. Salas (1993): El empleo en México en los ochenta: Tendencías y cambios, in: Comercio Exterior, Vol. 43, No. 8 (agosto), S. 717–730.

Rivera, M. A. (1992): El nuevo capitalismo mexicano. El proceso de reestructuración en los años ochenta, México, D. F.

Roberts, B. R. (1989): Employment structure, life cycle and life chances: Formal and informal sector in Guadalajara, in: Portes, A. u. a. (Hrsg.): The informal economy. Studies in advanced and less developed countries, Baltimore u. a., S. 41–59.

Robles, R. (1992): La década perdida de la agricultura méxicana, in: El Cotidiano, No. 50, (septiembre–octubre), S. 169–185.

Rochas Nieto, J. A. (1989): Mexico: Una industria en severa transición, in: El Cotidiano, No. 31, (septiembre–octubre), S. 3–16.

Rodríguez, J. M. C. (1988): Inflación y descentralización como estrategias capitalistas y su impacto sobre la fuerza de trabajo. México 1982–1988, in: M. T. Bolio (Hrsg.): Organización y Luchas del Movimiento obrero Latinoamericano (1978–1987), México, D. F., S. 257–297.

Roett, R. (Hrsg.) (1993): Political and economic liberalization in Mexico. At a critical juncture?, Boulder u. a.

Rojas, I. (1988): El movimiento obrero ante la crisis, in: Memoría, No. 21 (julio–agosto), S. 10–13.

Rojas, J. (1995): Globalisierungsprozesse, die Arbeiterklasse und die Gewerkschaftsbewegung in Lateinamerika, in: Bultmann, I. u. a. (Hrsg.): Demokratie ohne soziale Bewegung? Gewerkschaften, Stadtteil- und Frauenbewegungen in Chile und Mexiko, Unkel/Rh., S. 65–141.

Rojas, R. (1987): Mexiko: 5 Jahre Verschuldungskrise, in: Altvater, E. u. a. (Hrsg.): Die Armut der Nationen. Handbuch zur Schuldenkrise von Argentinien bis Zaire, Berlin, S. 204–219.

Ros, J. (1987): Mexico from the oil boom to the debt crisis: an analysis of policy responses to external shocks, 1978–85, in: Thorp, R./L. Whitehead (Hrsg.): Latin American debt and the adjustment crisis, London, S. 68–116.

Ros, J. (1992): Free trade area or common capital market? Notes on Mexico-US economic integration and current NAFTA negotiations, in: Journal of Interamerican Studies and World Affairs, Vol. 34, No. 2 (summer), S. 53–91.

Ros, J. (1994 a): Mexico in the 1990s: A new economic miracle? Some notes on the economic and policy legacy of the 1980s, in: Cook, M. L. u. a. (Hrsg.): The politics of economic restructuring. State-society relations and the regime change in Mexico, San Diego, S. 67–103.

Ros, J. (1994 b): On the political economy of market and state reform in Mexico, in: Smith, W. C. u. a. (Hrsg.): Democracy, markets, and structural reform in Latin America: Argentina, Bolivia, Brazil, Chile, and Mexico, New Brunswick (USA), S. 297–323.

Ross-Schneider, B. (1988/89): Partly for sale: Privatization and state strength in Brazil and Mexico, in: Journal of Interamerican Studies and World Affairs, Vol. 30, No. 4 (winter), S. 89–116.

Rott, R. (1994): Zur Stellung der Frauen: Eine fesselnde Tradition?, in: Junker, D. u. a. (Hrsg.): Lateinamerika am Ende des 20. Jahrhunderts, München, S. 149–169.

Roxborough, I. (1989): Organized labor: A major victim of the debt crisis, in: Stallings, B./R. Kaufman (Hrsg.): Debt and democracy in Latin America, Boulder u. a., S. 91–108.

Ruiz, J. (1990): El redimensionamiento del sector paraestatal, 1982–1988: Hacia un balance del sexenio, in: Foro Internacional, Vol. 30, No. 4 (abril–junio), S. 789–813.

Rus, J. (1995): Local adaption to global change: The reordering of native society in Highland Chiapas, Mexico 1974–1994, in: European Review of Latin American and Caribbean Studies, Nr. 58 (june), S. 71–89.

Salas, C. (1992): Pequeñas unidades económicos o sector informal?, in: El Cotidiano, No. 45 (enero–febrero), S. 24–31.

Saldívar, A. (1980): Ideología y política del estado mexicano: 1970–1976, México, D. F.

Salinas de Gortari, C. (1989): First state of the nation report, México, D. F.

Salinas de Gortari, C. (1992): IV. Rapport de Gouvernement, México, D. F.

Salinas de Gortari, C. (1993): Fifth state of the nation report, México, D. F.

Salinas de Gortari, C. (1994): Sixth state of the nation report, México, D. F.

Samaniego de Villarreal, N. (1990): Algunas reflexiones sobre el impacto económico de la crisis en las clases medias, in: Loaeza S./C. Stern (Hrsg.): Las clases medias en la coyuntura actual, México, D. F., S. 51–68.

Sánchez, F. (1994): La nueva política industrial en México, in: García, A. (Hrsg.): La política industrial en México, México, D. F., S. 79–116.

Sanderson, St. E. (1986): The transformation of Mexican agriculture. International structure and the politics of rural change, Princeton.

Sandoval Lara, M./F. Arroyo García (1990): The Mexican economy at the end of the century, in: CEPAL Review, No. 42 (december), S. 195–209.

Sangmeister, H. (1992): Die mexikanische Verschuldung, in: Briesemeister, D./K. Zimmermann (Hrsg.), Mexiko heute, Frankfurt a. M., S. 185–198.

Sangmeister, H. (1995): Grundbedürfnisse, Wirtschaftsreformen und soziale Sicherung in Lateinamerika, Ebenhausen.

Santiago, M. (1983): Der Stellenwert des inländischen Marktes im Entwicklungsprozeß Mexikos, Köln.

Santiago, M. (1989): Strukturelemente der mexikanischen Landwirtschaft. Agrarmärkte und Agrarpolitik, Stuttgart (Diskussionsbeiträge aus dem Institut für Volkswirtschaftslehre, Universität Hohenheim).

Sarmiento, S. (1992): La lucha de los pueblos indios en la década de los ochenta, in: Garza, E. de la (Hrsg.): Crisis y sujetos sociales en México, Bd. 2, México, D. F., S. 447–479.

Schatan, C. (1986): Das Gewicht des staatlichen, privaten und transnationalen Sektors in der mexikanischen Exportwirtschaft: 1979–1985, in: Lateinamerika-Analysen, Daten, Dokumentation, H. 8, Hamburg, S. 63–70.

Schatan, J. u. a. (Hrsg.) (1991): El sector informal en América Latina, México, D. F.

Schedler, A. (1991 a): Die Verteilungswirkungen von Wirtschaftskrise und Anpassungspolitik in Mexiko, in: Journal für Entwicklungspolitik, 7. Jg., H. 4, S. 63–85.

Schedler, A. (1991 b): Zahlen oder nicht zahlen? Zur politischen Ökonomie der mexikanischen Schuldenkrise in den 80er Jahren, Baden-Baden.

Schirm, St. A. (1994): Macht und Wandel: Die Beziehungen der USA zu Mexiko und Brasilien. Außenpolitik, Wirtschaft und Sicherheit 1979 bis 1992, Opladen.

Schröder, R. (1992): Mexiko. Entwicklung und Krise aus monetär-keynesianischer Sicht, Marburg.

Schubert, A. (1985): Die internationale Verschuldung. Die Dritte Welt und das transnationale Bankensystem, Frankfurt a. M.

Schulenburg, P. (1973): Das kollektive Arbeitsrecht in Mexiko, Stuttgart.

Schulte, M. (1993): Der Charme von Korruption und Klientelen. Agrarmodernisierung und Kollektivismus aus der Sicht mexikanischer Kleinbauern, Münster/Hamburg.

Schumann, A. von (1985): El grupo Monterrey. Zur sozioökonomischen Formation einer regionalen Machtgruppe Mexikos, in: Verfassung und Recht in Übersee, 18. Jg., 3. Quartal, S. 303–314.

Serrano, M. (1995): The armed branch of the state: Civil-military relations in Mexico, in: Journal of Latin American Studies, Vol. 27, S. 423–448.

Sevilla, R./A. Azuela (Hrsg.) (1993): Mexiko – die institutionalisierte Revolution?, Unkel/Rh.

Shaiken, H. (1994): Advanced manufacturing and Mexico: A new international division of labour?, in: Latin American Research Review, Vol. 29, No. 2, S. 39–72.

Sklair, L. (1989): Assembling for development: The maquila industry in Mexico and the United States, Boston.

Smith, W. C./C. H. Acuña/E. A. Gamarra (Hrsg.) (1994): Latin American political economy in the age of neoliberal reform. Theoretical and comparative perspectives for the 1990s, New Brunswick/London.

Solís de Alba, A. (1995): Evaluación general del actual modelo económico y su impacto sobre la fuerza de trabajo femenina, in: Calva, J. L. u. a. (Hrsg.): Distribución del ingreso y políticas sociales, Bd. 1, México, D. F., S. 187–205.

Sotelo, A. (1993): México. Dependencia y modernización, México, D. F.

Sotomayor, J. (1994): La lección de la elección. Crónica de una derrota largamente anunciada, México, D. F.

Stahl, K. (1995): Soziale Kompensationsmechanismen der Strukturanpassung in Lateinamerika: Die Einrichtung von Sozialfonds, in: Betz, J. (Hrsg.): Politische Restriktionen der Strukturanpassung in Entwicklungsländern, Hamburg, S. 85–107.

Stamm, H. (1992): Krise und Anpassung in Mexiko. Eine Länderfallstudie zu Auf- und Abstieg in der Semiperipherie des Weltsystems, Saarbrücken.

Stanford, L. (1994): Analyzing class relations in rural Mexico: Theoretical and methodological developments, in: Mexican Studies/Estudios Mexicanos, Vol. 10, No. 2, S. 391–401.

Story, D. (1986): Industry, the state, and public policy in Mexico, Austin.

Székely, G. (1983): La economía política del petróleo en México 1976–1982, México, D. F.

Székely, M. (1994): Estabilización y ajuste con desigualdad y pobreza: El caso de México, in: El Trimestre Económico, Vol. 61, No. 241 (enero–marzo), S. 135–175.

Talavera, F./M. Rodríguez (1995): Empleo precario y desempleo, in: Calva, J. L. u. a. (Hrsg.): Distribución del ingreso y políticas sociales, Bd. 1, México, D. F., S. 161–186.

Tarrés, M. L. (1986): Del abstencionismo electoral a la oposición política. Las clases medias en Ciudad Satélite, in: Estudios Sociológicos, Vol. 4, No. 12 (septiembre–diciembre), S. 361–389.

Tarrés, M. L. (1990): Middle-class associations and electoral opposition, in: Foweraker, J./A. L. Craig (Hrsg.): Popular movements and political change in Mexico, Boulder/London, S. 137–149.

Teichman, J. (1989): The politics of the Mexican debt crisis, in: Campbell, B. K. (Hrsg.): Political dimensions of international debt crisis, New York, S. 163–186.

Teichman, J. (1992): The Mexican state and the political implications of economic restructuring, in: Latin American Perspectives, Vol. 19, No. 2 (spring), S. 88–104.

Ten Kate, A. (1992): Trade liberalization and economic stabilization in Mexico: Lessons of experience, in: World Development, Vol. 20, No. 5, S. 659–672.

Tiburcio, E. G. (1994): Social reform in Mexico: Six theses on the national solidarity program, in: Cornelius, W. A. u. a. (Hrsg.): Transforming state-society relations in Mexico, San Diego, S. 63–73.

Tirado, R./M. Luna (1992): El Estado y los empresarios. De la activación al repliegue político relativo, in: Alonso, J. u. a. (Hrsg.): El nuevo Estado méxicano, Bd. III, Estado, actores y movimientos sociales, Mexico, D. F., S. 13–31.

Tobler, H. W. (1976a): Agrarrevolution und politisch-gesellschaftliche Stabilität Mexikos, in: Berichte zur Entwicklung in Spanien, Portugal und Lateinamerika, 2. Jg., H. 8 (November–Dezember), S. 10–18.

Tobler, H. W. (1976b): Die Mexikanische Revolution zwischen Beharrung und Veränderung, in: Geschichte und Gesellschaft, 2. Jg., H. 2, S. 188–216.

Tobler, H. W. (1992): Mexiko auf dem Weg ins 20. Jahrhundert. Die Revolution und die Folgen, in: Briesemeister, D./K. Zimmermann (Hrsg.): Mexiko heute. Politik, Wirtschaft, Kultur, Frankfurt a. M., S. 11–31.

Tokman, V. E. (1987): El sector informal: Quince años despues, in: El Trimestre Económico, Vol. 54, No. 215 (julio–septiembre), S. 513–536.

Topitas (Hrsg.) (1994): Ya basta! Der Aufstand der Zapatistas, Hamburg.

Trejo Delarbre, R. (1985): Disparidades y dilemas en el sindicalismo mexicano, in: Revista Mexicana de Sociología, Vol. 47, No. 1 (enero–marzo), S. 139–160.

Trejo Reyes, S. (1988): Empleo para todos. El reto y los caminos, México, D. F.

Trejo Reyes, S. (1989): El empleo en México: Posible evolución al año 2000, in: González Casanova, P. (Hrsg.): México hacia el 2000. Desafíos y opciones, Caracas, S. 153–169.

Tuirán, R. (1993): Vivir en familia: Hogares y estructura familiar en México, 1976–1987, in: Comercio Exterior, Vol. 43, No. 7 (julio), S. 662–676.

Tuñón, E. (1995): Manchmal schreit das Schweigen – Vergleichende Studie über die breite Frauenbewegung in Chile und Mexiko: 1982–1992, in: Bultmann, I. u. a. (Hrsg.): Demokratie ohne soziale Bewegung? Gewerkschaften, Stadtteil- und Frauenbewegungen in Chile und Mexiko, Unkel/Rh., S. 235–258.

Unger, K. (1990): Las exportaciones mexicanas ante la reestructuración industrial internacional. La evidencia de las industrias química y automotríz, México, D. F.

Valdés, F. (1986): Die Unternehmer in der politischen Konjunktur Mexikos, in: Lateinamerika. Analysen, Daten, Dokumentation, Nr. 8 (Dezember), S. 45–49.

Valdés, F. (1994): From bank nationalization to state reform: business and the new Mexican order, in: Cook, M. L. u. a. (Hrsg.), The politics of economic restructuring, San Diego, S. 219–242.

Velasco, E. (1993): Industrial restructuring in Mexico during the 1980s, in: Grinspun, R./M. A. Cameron (Hrsg.): The political economy of North American free trade, Montreal u. a., S. 163–175.

Vélez, F. (Hrsg.) (1994): La pobreza en México. Causas y políticas para combatirla, México, D. F.

Vera, O. H. (1991): The political economy of privatization in Mexico, in: Glade, W. (Hrsg.): Privatization of public enterprises in Latin America, San Francisco, S. 35–57.

Villarreal, R. (1990): The Latin American strategy of import substitution: failure or paradigm for the region?, in: Gereffi, G./D. L. Wyman (Hrsg.):

Manufacturing miracles. Path of industrialization in Latin America and East Asia, Princeton, S. 292–320.

Wager, St. J./D. E. Schulz (1995): Civil-military relations in Mexico: The Zapatista revolt and its implications, in: Journal of Interamerican Studies and World Affairs, Vol. 37, No. 1, S. 1–42.

Ward, P. M. (1994): Social welfare policy and political opening in Mexico, in: Cornelius, W. A. u. a. (Hrsg.): Transforming state-society relations in Mexico. The national solidarity strategy, San Diego, S. 47–62.

Wasserstrom, R. (1983): Class and society in central Chiapas, Berkeley.

Waterbury, J. (1992): The heart of the matter? Public enterprise and the adjustment process, in: Haggard, St./R. R. Kaufman (Hrsg.): The politics of economic adjustment. International constraints, distributive conflicts and the state, Princeton, S. 192–217.

Weintraub, F. (1992): Modeling the industrial effects of NAFTA, in: Lustig, N. u. a. (Hrsg.), North American Free Trade. Assessing the impact, Washington, D. C., S. 109–143.

Whitehead, L. (1991): Mexico's economic prospects: Implications for state-labor relations, in: J. Middlebrook (Hrsg.): Unions, workers and the state in Mexico, San Diego, S. 57–83.

Wiener, A. (1991): Frauenbranche. Frauengewerkschaft. Frauenpolitik? Politische Mobilisierung mexikanischer Näherinnen im Spannungsfeld von Tradition und Feminismus, in: Reusch, W./A. Wiener (Hrsg.): Geschlecht – Klasse – Ethnie. Alte Konflikte und neue soziale Bewegungen in Lateinamerika, Saarbrücken, S. 33–59.

Wilson-Hannon, E. (1994): The politics of Mexican free trade and the North American Free Trade Agreement, in: Gustafson, L. S. (Hrsg.): Economic development under democratic regimes. Neoliberalism in Latin America, Westport u. a., S. 147–168.

Wimmer, A. (1995): Die erneute Rebellion der Gehenkten: Chiapas 1994, in: 1999. Zeitschrift für Sozialgeschichte des 20. und 21. Jahrhunderts, Nr. 3 (Juli), S. 59–68.

Woldenberg, J. (1995): Violencia y política, México, D. F.

Zermeño, S. (1989): El regreso del líder: crisis, neoliberalismo y desorden, in: Revista Mexicana de Sociología, Vol. 51, No. 4 (octubre–diciembre), S. 115–150.

Zermeño, S. (1993): La derrota de la sociedad. Modernización y modernidad en el México de Norteamérica, in: Revista Mexicana de Sociología, Vol. 55, No. 2 (abril–junio), S. 273–290.

Zlotnik, H. (1993): América y México ante el panorama de la población mundial, in: Comercio Exterior, Vol. 43, No. 7 (julio), S. 625–633.